U0959911

文化遗产·思行文丛

访谈卷（一）

单霁翔 著

天津大学出版社

图书在版编目（CIP）数据

文化遗产·思行文丛．访谈卷．1/ 单霁翔著．—天津：天津大学出版社，2012.12
ISBN 978-7-5618-4515-8

Ⅰ．①文… Ⅱ．①单… Ⅲ．①文物保护—中国—文集 Ⅳ．① K87-53

中国版本图书馆 CIP 数据核字（2012）第 237873 号

策划编辑 金　磊　韩振平
责任编辑 韩振平　郭　颖

出版发行 天津大学出版社
出 版 人 杨欢
地　　址 天津市卫津路 92 号天津大学内（邮编：300072）
电　　话 发行部：022-27403647
网　　址 publish.tju.edu.cn
印　　刷 北京华联印刷有限公司
经　　销 全国各地新华书店
开　　本 169mm × 239mm
印　　张 22
字　　数 456 千
版　　次 2012 年 12 月第 1 版
印　　次 2012 年 12 月第 1 版
定　　价 44.00 元

写在前面

这并非是一套研究文化遗产保护理论问题的学术著作，而仅仅是笔者在国家文物局工作的总结，是在近十年从事文化遗产保护工作中，思考与行动的真实写照，是心灵随笔、情感记录与亲身经历。

2002年8月，我从北京市规划委员会调入国家文物局，虽然只身赴任，但是并未感到孤单，新朋老友给予的热情帮扶，令我受益匪浅。在新的任务面前，深感个人能力微薄，知识短浅，自知原有的理论水平、知识结构、工作经验等都面临新的挑战，学习的任务极为繁重，于是，结合实际工作踏上了学习调研之旅。

过去的10年，是中国文化遗产事业面临考验的10年。城市化的快速发展，使城市建设以空前的规模和速度展开，文化遗产保护处于最危险、最紧迫、最关键的历史阶段。面对一片片历史街区被夷为平地，一幢幢文物建筑被强行拆除、一座座古代墓葬被野蛮盗掘、一处处考古遗址被蚕食侵占，文物工作者心如刀绞。

过去的10年，是中国文化遗产事业科学发展的10年。全国文物系统始终坚持文物工作方针，将文物法制建设、摸清文物家底、文物人才培养、文物安全保障，确定为重点抓好的四项基础工作，看作是给文物工作钉上的“四个桩”，不断努力加以夯实，为文化遗产事业的健康、持续、稳定发展奠定牢固的基础。

过去的10年，是中国文化遗产事业成果丰硕的10年。不仅有实践经验，更有理论收获，文化遗产保护的内涵逐渐深化，更加注重世代传承性和公众参与性；文化遗产保护的范围不断扩大，在保护要素、保护类型、保护空间尺度、保护时间尺度、保护性质、保护形态等方面呈现出若干新的发展趋势。

过去的10年，是中国文化遗产事业理念进步的10年。凝聚全国文物系统的集体智慧，不断探索新形势下的工作规律，通过实践清醒地认识到，文化遗产在社会生活中应拥有尊严，文化遗产事业应融入经济社会发展，文化遗产保护成果应惠及广大民众，这些应该成为新时期衡量文化遗产保护成效的重要标准。

我感到非常荣幸，能够工作在发展变革的时代里，参加文化遗产保护实践，体味其中甜酸苦辣，信心不断增加，视野不断拓展，思维不断开阔；我感到非常荣幸，能够获得难得的深造机会，跟随吴良镛教授学习，直接感受、学习大师的研究方法与工作作风，耳濡目染，受益良多；我感到非常荣幸，能够工作在团结和谐的集体中，全国文物系统就像一个大家庭，无论走到哪里，都有志同道合的同事，都有心照不宣的伙伴，相互鼓励，拼搏进取。至今与同事们朝夕相处的难忘经历，经常一幕幕浮现在眼前。

最难忘，一次次“中国文化遗产保护无锡论坛”的召开，每年从这里向全国发出新的类型文化遗产保护的号召，工业遗产、乡土建筑、20世纪遗产、文化线路、文化景观、运河遗产相继纳入保护视野，引起全国文物系统和社会各界的关注，推动保护行动的兴起。

最难忘，一次次大遗址保护论坛的举办，西安论坛、良渚论坛、洛阳论坛、荆州论坛，考古遗址公园的建设得到地方政府和社会各界的高度关注，保护成果不断涌现，逐渐形成以“六片、四线、一圈”为核心、150处大遗址为支撑、覆盖全国的大遗址保护整体格局。

最难忘，一次次世界文化遗产的成功申报，从高句丽遗址、澳门历史城区、殷墟，到开平碉楼与村落、福建土楼、五台山，再到登封“天地之中”、西湖，成功的消息不断从世界遗产大会传来，进而推动大运河、丝绸之路等申报世界文化遗产的整体行动扎实开展。

最难忘，一次次抗震救灾的文物保护行动，汶川地震后的四川灾区之行、楚雄地震后的云南灾区之行、玉树地震后的青海灾区之行，一场场抢险救灾的攻坚战，汗水伴随着泪水，激动伴随着感动，“一方有难、八方支援”的精神在全国文物系统得到发扬，涌现出许多感人事迹。

最难忘，一次次国际保护领域会议的成功举办，在苏州召开的世界遗产委员会第28届大会、在西安召开的国际古迹遗址理事会第15届大会、在上海召开的国际博物馆协会第22届大会，增强了中国在国际文化遗产保护领域的话语权，进一步丰富了国际文化遗产保护理论。

最难忘，一次次文化遗产保护机构的成长壮大，各省市文物行政部门的健全，各专业领域国家文物局文物保护科研基地挂牌，以及国家水下文化遗产保护中心、军队营区文化遗产保护研究中心、亚太地区世界遗产培训与研究中心等相继设立，文化遗产保护队伍的能量不断得到汇聚。

最难忘，一次次文物保护工程的启动与竣工，故宫整体修缮工程、西藏重点文物保护工程、“南海1号”沉船整体打捞工程、吐鲁番坎儿井维修加固工程、山海关长城保护工程、避暑山庄及周围寺庙文化遗产保护工程，全国文物保护工程资质得以建立，文物保护工程质量得以保证。

最难忘，一次次文化遗产保护的联合行动，三峡工程、南水北调、

和母亲在一起（2008年1月20日）

吴良镛导师（2008年1月21日）

西气东输、青藏铁路等国家重点工程中的文物保护和考古工作、长城保护工程、山西南部早期建筑保护工程、涉台文物保护工程，以及柬埔寨吴哥窟援外工程，凝聚全国文物系统共同力量，保证重点工程顺利完成。

最难忘，一次次文化遗产保护的宣传行动，中国“文化遗产日”得以设立，国际博物馆日主场城市活动持续开展，农民群体文化遗产保护事迹宣传，全国青少年文化遗产知识大赛、“中国记忆——文化遗产博览月”现场直播节目，营造出保护文物人人有责、保护成果人人共享的社会环境。

最难忘，一次次文物保护科学技术成果的转化，“指南针计划”和“中华文明探源”工程的推动、文化遗产保护领域国家科技支撑计划的实施、国家文化遗产保护科学技术区域创新联盟的成立、文化遗产保护国家标准化体系的建设，科学技术成果对于文化遗产保护的支撑作用日益增强。

最难忘，一次次博物馆发展成果的社会呈现，博物馆向全社会免费开放带来观众数量和结构发生显著变化，旧址博物馆、遗址博物馆、生态博物馆、社区博物馆、数字博物馆等新型博物馆相继涌现，推动博物馆发展从“数量增长”走向“质量提升”、从“馆舍天地”走向“大千世界”。

最难忘，一次次打击文物犯罪行动成果辉煌，一系列盗掘古墓葬案件成功破获、一系列破坏文物建筑案件受到制裁、一系列违法建设案件依法查处、一系列博物馆盗窃案件及时办理，全国打击文物犯罪行动持续展开，同时与相关国家签署双边协定，实现打击文物犯罪的国际合作。

2012年1月，我告别了在国家文物局的将近十载时光，来到故宫博物院工作，虽然仍是只身赴任，同样没有感到丝毫孤单，激动的心情难以言表。正当全身心投入新的工作之时，各地文物部门的同事们纷纷来访，一些朋友希望我能将多年来的心得和体会加以梳理，便于大家了解情况。当时虽然答应了下来，但是开始着手整理材料之后，才知道并非易事。500余次的调研，500余次的讲话，500余万字的素材。面对庞杂的内容，无论是选择与整理，分类与并卷，均需投入较多精力，确是一套自我挑战之作。

事实上，10年间桩桩件件的工作实践，从思考路径到计划行动，再到形成观点，推广经验，都来自于集体的智慧，一些报告和提案更是在专家学者和同事们的指导下成就，把他们整理记录下来，是我应尽的责任。最终保留下来的内容分为4个方面，即论文、报告、访谈、演讲。在此还要感谢刘浩、唐炜、张喆、闫石、邵军五位好兄弟，和他们在一起的日日夜夜令人怀念，他们所拍摄的精彩瞬间，记录下永远难忘的回忆。

转眼间，已进入秋日佳境，不揣冒昧地将我的“思”与“行”心得奉献给朋友们。“文化遗产·思行文丛”并非是一套官方主编的大型丛书，只是个人的体会与观点的汇编，是个人奉献给朋友们共享的学习心得，丛书中谬误不当之处还盼朋友们提出宝贵意见。在此，我要感谢出版与承编单位天津大学出版社与《中国建筑文化遗产》杂志社同仁们对本套文丛出版的全力支持。真诚希望“文化遗产·思行文丛”的出版，有助于文化遗产保护的蓬勃实践，有助于未来更美好的文化遗产事业发展蓝图。

故宫博物院院长

2012年9月

访谈卷 一

目录 CONTENTS

2006年

2007年

2008年

我国文物保护法制建设的重要举措——国家文物局局长单霁翔谈新《文物保护法》

《中国文物报》2002年11月6日

在修订后的《中华人民共和国文物保护法》颁布之际，国家文物局局长单霁翔就相关问题接受了本报记者专访。

问:《中华人民共和国文物保护法》(以下简称《文物保护法》)自1982年由全国人大常委会第25次会议通过公布实施以来，文物保护工作取得了很大的成就。目前我国文物保护工作的总体情况是怎样的?

答：近20年的实施情况表明,《文物保护法》所确定的各项原则和规定，已经成为各级行政执法部门依法行政的锐利武器和违法犯罪分子难以逾越的法律屏障，对我国的文物保护工作发挥了巨大的积极作用。我国文物工作取得了很大的成就。

目前，在中央和地方都建立了文物保护管理的行政机构和保护研究机构，初步形成了一支具有较高政治、业务素质的专业队伍和较为完整的文物保护管理体系，初步形成了以《文物保护法》为核心，行政法规、部门规章及地方法规相配套的文物保护法律框架，参加了全部四个文物保护国际公约:《关于禁止和防止非法进出口文化财产和非法转让其所有权的方法的公约》、《保护世界文化和自然遗产公约》、《国际统一私法协会关于被盗或者非法出口文物的公约》、《武装冲突情况下保护文化财产公约》。

目前，我国已知的地上地下不可移动文物近40万处，其中县级文物保护单位约6万处，省级文物保护单位约7 000处，全国重点文物保护单位1 268处。长城、故宫等28处文物古迹和自然遗产被列入《世界遗产名录》。通过文物抢救修缮工程和综合运用传统技艺和现代科技手段，一定程度上制止了人为破坏，减缓了文物的自然损坏，抢救、保护了大批珍贵文物。

全国有博物馆2 000余座，拥有馆藏可移动文物约1 200万件，其中一级文物63 000余件。每年举办各类文物展览8 000个，年接待国内外观众1.5亿人次。每年赴国外和港、澳、台地区举办各类文物展览30余个，宣传了中华民族悠久历史文化，扩大了国际交流。

依照《文物保护法》，确立了以配合国家基本建设为主做好抢救性发掘、暂不主动对帝王陵寝进行发掘的考古工作原则。在配合基本建设的考古发掘和学术发掘中，发现和研究均取得较大成果。

虽然说，文物事业取得了很大成就，但是随着改革的深入和市场经济的发展，文物保护工作也出现了一些新情况、新问题。在计划经济体制下制定的《文物保护法》已经不能完全适应形势发展的要求，迫切需要一部更加完备的法律，以保障文物事业的正常发展，这也是修订《文物保护法》的原因。

问：能否具体谈一谈在新形势下文物工作出现的新情况、新问题？

答：首先是大规模的基础设施工程、旧城改造工程等基本建设项目的进行，在某种程度上使由来已久的文物保护与基本建设的矛盾更加突出。在一些城市特别是历史文化名城的改造中，由于不能正确处理好建设与保护的关系，许多有价值的古代和近现代文物建筑、历史街区被拆毁。如前几年备受社会关注的舟山市在旧城改造中，大面积破坏定海古城的传统历史街区和具有舟山历史文化特色的古居老宅。历史文化名城福州“三坊七巷”老城区以租期 70 年出租给香港房地产商后，在规划建设中忽视文物保护，致使这处老城区面目全非。湖北省襄樊市以影响所谓名城形象工程汉江大道以及房地产开发的名义，将襄樊城区唯一保存的一段古城墙夷为平地。

同时，一些地方片面追求经济利益，出现了在文物利用过程中造成开发性破坏的现象。特别是，一些地方为了发展旅游，将一些重要的文物保护单位划归旅游公司经营管理，出现了一些混乱，有些甚至造成文物的破坏。

盗窃馆藏文物、盗掘古墓葬的犯罪活动屡禁不止，日趋严重。例如，2001 年全国共发生文物被盗案件（不含盗掘古墓，走私文物，倒卖文物等案件）30 起，丢失文物 348 件。文物案件比 2000 年发案率虽有所下降，但丢失文物数量比 2000 年上升 29.4%。犯罪分子已形成智能化、武装化、专业化、暴力化团伙，集盗、运、销、走私出境于一身。许多团伙与境外不法分子相勾结，形成国际文物犯罪网络。

近些年来，私人收藏文物已成为新的热点之一。全国许多地方出现了一些私人和企业兴办的博物馆，一些大中型城市的文物监管旧货市场十分活跃。但是，非法经营文物特别是出土文物的现象也很普遍。进一步明确和加强有关管理制度和措施，正确引导企业、个人的收藏行为，保护好收存于民间的文物，已经成为文物保护工作的重要组成部分。

问：修订后的《文物保护法》作了较大规模的调整，由原来的 33 条扩展到 80 条，在内容上也作了较大修订。新的《文物保护法》是否为解决这些文物工作中出现的新情况、新问题提供了更加完备的法律依据？与原法相比，新的《文物保护法》作了哪些方面的调整？

答：可以说新的《文物保护法》既坚持了文物工作方向、遵循了文物工作自身规律，又适应了市场经济发展的要求。新法在不可移动文物保护，历史文化名城、街区、村镇的保护，考古发掘管理，馆藏文物保护，民间文物收藏管理，文物进出境管理，法律责任等方面都进行了较大幅度的修改、增加或完善。

其中一个重要修改就是将文物工作长期以来在实践中行之有效的指导方针上升为法律准则。明确了各级政府负责本地文物工作的职责。在总则的第一条,明确指出《文物保护法》的制定是为了加强对文物的保护,建设社会主义精神文明和物质文明。将“保护为主、抢救第一、合理利用、加强管理”的文物工作方针，以法律的形式写进总则。明确规定地方各级人民政府负责本行政区域内的文物保护工作。要求各级人民政府应当重视文物保护，正确处理经济建设、社会发展与文物保护的关系，确保文物安全。基本建设、旅游发展必须遵守文物保护工作的方针，其活动不得对文物造成损害。规定公安机关、工商行政管理部门、海关、城乡建设规划部门和其他有关国家机关应当依法认真履行所承担的保护文物的职责，维护文物管理秩序。

进一步强调了国家对文物的所有权。除规定中华人民共和国境内地下、内水和领海中遗存的一切文物属于国有外，还指出国有不可移动文物的所有权不因其所依附的土地所有权或者使用权的改变而改变，可移动文物的所有权不因保管、收藏单位的终止或者变更而改变。规定国有不可移动文物不得转让、抵押，不得作为企业资产经营，非国有不可移动文物不得转让、抵押给外国人。禁止国有文物收藏单位将馆藏文物赠与、出租或者出售给其他单位、个人。

进一步强调了文物工作“五纳入”。修订后的《文物保护法》将一个时期以来工作实践中行之有效的“五纳入”上升为法律规范。《文物保护法》强调：“国家发展文物保护事业。县级以上人民政府应当将文物保护事业纳入本级国民经济和社会发展规划，所需经费列入本级财政预算。”“国家用于文物保护的财政拨款随着财政收入增长而增加。”“各级人民政府制定城乡建设规划，应当根据文物保护的需要，事先由城乡建设规划部门会同文物行政部门商定对本行政区域内各级文物保护单位的保护措施，并纳入规划。”《文物保护法》第一次将省、自治区、直辖市人民政府文物行政部门和县级人民政府文物行政部门写入法律。

完善法律责任规定，强化文物行政执法权力。在其他有关行政部门行政执法的基础上，新的《文物保护法》大大强化了文物行政部门的行政执法权，对于违反《文物保护法》的行为，文物行政部门有权责令改正或者予以处罚。关于法律责任部分，主要从三个方面入手：一是与现行刑法相衔接；二是补充了应当受到行政处罚的行为，加大了处罚的力度；三是对文物部门和从事文物工作的人员的违法乱纪行为，要求予以从严、从重处罚。

问：您刚才谈到《文物保护法》第一次把“保护为主、抢救第一、合理利用、加强管理”的文物工作方针写入法律，请问这一方针的重要含义是什么？它与以前所提的“保护为主、抢救第一”和“有效保护、合理利用、加强管理”的文物工作方针和原则有何不同之处？

答："保护为主、抢救第一、合理利用、加强管理"的文物工作方针是在总结新中国成立以来，特别是在改革开放以来文物工作经验的基础上，对现阶段文物工作基本任务和工作的高度概括。它与以前所提的"保护为主、抢救第一"和"有效保护、合理利用、加强管理"的文物工作方针和原则没有任何矛盾之处，只是更加符合当前文物工作的实际需要，符合文物保护的特殊性质和文物工作的客观规律，更容易贯彻执行。

我们需要从弘扬民族文化，振奋民族精神，实现民族伟大复兴的高度认识文物保护工作的重要性，认识到尽可能完整地保留祖先留下的珍贵遗产并传于后世，是我们这一代人不可推卸的历史责任。同时，科学利用这些资源和优势展示中华民族在漫长的历史进程中所拥有的强大凝聚力、创造力和生命力，帮助人民群众认识自己的悠久历史和优良传统，增强民族自信心，激发爱国热情，提高思想道德素质和科学文化水平，建设社会主义精神文明，是文物工作的首要任务。要合理规划，统一部署，在任务繁重而保护力量相对有限的情况下，抓住重点，解决当前存在的迫切需要解决的突出问题。本着既有利于文物保护，又有利于经济建设和提高人民群众生活水平的原则，对文物实行合理、适度、科学的利用。反对片面追求经济利益的倾向，反对恶性开发，竭泽而渔，甚至不惜以牺牲文物为代价的所谓充分利用，反对急功近利、急于求成的短期行为。必须依法管理、依法行政。要加强对文物保护工作的宏观调控，制定更加科学、合理、严密、完善的规章制度，采取切实可行的措施，真正强化文物保护的法制建设，加大文物保护的执法力度，依法制止和打击各种破坏文物的违法犯罪活动。增加文物保护管理工作中的科技含量，不断加大对文物、博物馆人才培养和文物科技保护研究的投入。

问：新的《文物保护法》强化了文物保护的各项管理措施，具体做了哪些规定？

答：加强了对不可移动文物的管理，增加了对尚未核定公布为文物保护单位的不可移动文物的保护，由县级人民政府文物行政部门予以登记并公布，制定具体保护措施。不可移动文物已经全部毁坏的，应当实施遗址保护，不得在原址重建。

增加了对历史文化街区的保护内容，要求历史文化名城和历史文化街区、村镇所在地的县级以上地方人民政府组织编制专门的历史文化名城和历史文化街区、村镇保护规划，并纳入城市总体规划。规定对文物保护单位的修缮、迁移、重建，必须有取得文物保护工程资质证书的单位承担。

加强了对考古发掘活动的监督和管理，明确了考古发掘的文物，任何单位或者个人不得侵占，应当登记造册，妥善保管，根据国家有关规定移交给省、自治区、直辖市人民政府文物行政部门或者国务院文物行政部门指定的国有博物馆、图书馆或者其他国有收藏文物的单位收藏。明确规定在基本建设工程范围内进行文物调查，在有可能埋藏文物的地方进行勘探时，对发现的文物，首先应由文物行政管理部门提出保护意见，并同有关部门共同商定处理办法。

加强了国有馆藏文物的保护管理，规定文物收藏单位的法定代表人在离任时，应当按照馆藏文物档案办理移交手续。在保证文物安全的前提下，对馆藏文物的合理利用也作了规范，如国有文物收藏单位在已经建立文物档案的前提下，经过各级主管文物部门批准，可以依法调拨、交换、出借馆藏文物。

问：对民间收藏文物的问题，新法做出了适当而明确的规定，文物收藏单位以外的公民、法人和其他组织合法收藏的文物可以依法流通，是否意味着文物市场的全面放开？

答：关于民间收藏文物的流通问题一直是社会普遍关注的问题。根据原法的规定，私人收藏的文物由国有文物购销单位归口经营、统一管理、统一定价。但是随着市场经济的发展，在许多大中城市出现了旧货市场，国家统购统销的局面被打破，同时非法经营文物特别是出土文物的现象也有所抬头，在一定程度上，刺激了各种盗掘古遗址、古墓葬，盗窃国家馆藏珍贵文物，走私文物出境的违法犯罪和文物流失海外现象的发生。为此，新的《文物保护法》根据我国民间收藏文物发展趋势及现行管理情况，在有利于文物保护的前提下，在民间收藏文物领域实行有序流通，规范流通的法律规定，既规范了公民合法正当获取文物的渠道，又有效防止私下非法买卖珍贵文物和倒买倒卖所有权归国家的出土文物。

新法规定了国有文物收藏单位以外的公民、法人和其他组织可以通过依法继承或者接受赠与、从文物商店购买、从经营文物拍卖的拍卖企业购买、公民个人合法所有的文物相互交换或者依法转让、国家规定的其他合法方式等有效途径收藏文物。为减少文物拍卖对地下文物、馆藏文物保护的负面影响，加强了对文物拍卖的管理，规定合法设立的拍卖企业，经营文物拍卖，应当取得国务院文物行政部门颁发的文物拍卖许可证，拍卖企业拍卖的文物应当经省、自治区、直辖市人民政府文物行政部门审核，并报国务院文物行政部门备案。强调禁止设立中外合资、中外合作和外商独资的文物商店或者经营文物拍卖的拍卖企业等。

问：一部法律的制定固然十分重要，但更重要的应该是如何更好地实施，把法律的规定落实到实际工作中。作为主管全国文物保护工作的国务院文物行政主管部门，国家文物局会采取何种措施进行《文物保护法》的贯彻落实工作？

答：首先是大力宣传。由文化部、国家文物局发出《关于开展〈文物保护法〉宣传活动的通知》。要求各级文化、文物行政管理部门把组织宣传、学习、贯彻新的《文物保护法》作为今后一段时期内的工作重点。建立文物法制宣传教育工作责任制，明确职责，落实到人，做到有部署，有检查，把工作落到实处。要把这项工作的重要性向当地党委、人大和政府领导进行宣传，取得支持，并争取将其纳入政府法制宣传教育规划中去。要充分发挥大众传播媒介在法制宣传教育中的重要作用，通过举办图片展览，开展法律知识咨询，组织法律知识竞赛等多种形式的活动，配合党的十六大的召开，在今冬明春掀起一个宣传《文物保护法》的高潮。

其次，要深入贯彻《文物保护法》。各级文物行政主管部门特别是领导干部要带头学好、用好《文物保护法》，在思想上进一步明确岗位职责，正确看待法律赋予的权力与责任，全面推进文物事业的依法治理。各地文物部门要指定专人负责，根据本地区文物工作的特点和实际需要，对《文物保护法》的贯彻实施提出具体意见。有条件的地区要举办各种形式的培训、学习班。要注意加强向有关部门如公安、工商、海关、城乡建设规划、旅游等部门的重点宣传和介绍，加强同这些部门的合作，共同把《文物保护法》的贯彻工作做好。

最后，要求各级文物部门适时组织有关力量，对本地区本单位制定的相关法律规章进行一次清理检查。要根据新的《文物保护法》所确立的原则和制度，结合本地区、本单位实际情况，对现行各类法律规范作出修订和完善。地区和部门的法律规定不得与国家法律相抵触。相关工作计划应尽早与当地党委、人大和政府协调沟通，争取他们的支持与指导。文物工作者要提高熟练掌握和运用《文物保护法》的水平和能力，提高自身法律素质，提高依法行政、依法管理的水平和能力，做到有法必依、执法必严、违法必究，保证文物工作健康有序发展。

问：《文物保护法》的公布实施，对我国的文物工作会带来怎样的影响？

答：新修订的《文物保护法》总结了新中国成立几十年来，特别是改革开放以来文物工作的经验和教训，广泛听取了社会各方面的意见，针对目前文物工作的实际情况，适时对《文物保护法》做出修订和完善。它的颁布和实施为文物保护工作提供了更加充分和完备的法律保障，标志着我国文物保护法制建设的进一步完善，也是加强文物保护管理工作的一项重要举措。进一步贯彻落实新的《文物保护法》，依法加强文物保护管理和科学研究工作，促进文物工作和文物事业繁荣、发展，促进社会主义精神文明和物质文明建设已成为当前各级文化、文物行政管理部门的一项重要的工作任务。

五位农民：最尊贵的客人

记者孙秀丽《中国文物报》2003 年 3 月 12 日第 1 版

特别的展览，特别的剪彩仪式

经了解，这次展览是国家文物局单霁翔局长倡议举办的。从 1 月 19 日发现到 3 月 9 日在京举办大型展览，只用了 49 天，是考古新发现进京办展速度最快的一次。展览还附带展出了部分专家作的释文及铜器铭文拓片，窖藏发现的经过，5 位立功农民照片，文物保护法有关奖惩规定等，也是对新《文物保护法》的一次宣传。

去年 10 月，全国人大常委会通过了修订后的《文物保护法》，这次杨家村村民保护文物正是当地文物保护宣传工作的一个成果，5 位村民说他们认出窖藏里面的文物是从电视上宣传《文物保护法》的片子里面看来的。

这次展览的一大亮点是农民剪彩，出席开幕式的都是青铜器、古文字研究方面顶尖级的专家和部级的领导，但主办方却单单邀请了几位农民剪彩，此举被认为是对保护文物的农民一种极大的尊重。

宝鸡文物局局长张润棠说，这次邀请立功人员来京，对他们以后的工作是个鼓励，比口头宣传多少都管用。5 位村民都要求发荣誉证，照相留念，因为这样他们的儿子就会因父亲的品质好容易找媳妇，用当地话说“老实娃，媳妇来了不受气”。村民王宁贤 70 多岁的母亲骄傲地说：“我娃光荣事做下了。”

此前，杨家村在 1954 年、1972 年、1985 年都发现过青铜器窖藏，1985 年出土了著名的“逨钟”。而当时发生的是一起违法犯罪事件，犯罪嫌疑人把几件东西埋在玉米地里面。文物贩子总共给了参与的村民 2 万元钱，最多的分到 153 元，最后被判了刑。当时逨钟案的主犯被判处死刑，至今还有 5 件在美国特立弗尔博物馆。1985 年，因倒卖被判处 18 年徒刑的李某今年才出狱。

保护珍贵文物的农民兄弟（2004年6月6日）

保护文物有功，广受社会尊重

最为可贵的是，5 位农民不仅及时报告，保护了文物，而且保护了出土现场。除了一开始见到的洞口，其他都没有动，连当初挖窖藏的工具痕迹还在，使得考古队能以正规的方式抢救整理。

张廷皓局长很感慨："这些农民，嘴上不善于表达，心里特热！这批文物出土的意义，一方面是文物本身的价值，再一个就是这件事的社会意义，特别是人民群众自发地、自觉地保护文物意义提高了。"

来京剪彩的5位村民都是第一次出省，他们将参观故宫、中国历史博物馆，攀登长城。憨厚而腼腆的他们表示，北京人非常重视文物保护，来北京这几天发生了不少感人的事。最初他们戴着大红花走在街上，就有人问他们是不是劳模，宝鸡市文物局的同志们赶紧为他们做了个"陕西省宝鸡市文物保护人"的标牌别在胸前。在出租车上，司机认出了他们，怎么也不肯收车钱，他们感动地记下了司机的驾驶证号：80544。因为两会安全问题，天安门广场实行警戒，刚好当天的晨报上头条就有 5 位农民的照片，有群众把他们认了出来，于是武警战士给 5 人开了"绿灯"，允许他们到天安门前拍照留念。

国家文物局局长设宴谢"功臣"

3 月 9 日晚上，单霁翔局长在文化部大楼邀请立功的 5 位农民吃饭，单局长真诚地说，只是想表示一下心意。5 人中年龄最大的残疾人王宁贤请求单霁翔局长、张柏局长在他的残疾证上签名留念，单局长欣然写下"国家珍贵文物保护功臣"。王宁贤解释说："我作为一个残疾人，给国家保护文物，得到这样的荣誉，受到部级领导的接见，非常荣幸。"

席间大家开玩笑问单霁翔局长和青铜器铭文记载的单氏家族什么关系。单霁翔局长风趣地说，"没关系没关系，不过可要说好了，什么氏家族的文物都得保护。如果以后这样保护文物的农民都来北京，那得保护多少文物！"此前文物刚出土之际，单霁翔局长曾作了两点批示：建议在两会期间办展览，突出农民兄弟的发现、保护文物的事迹。并指出，眉县杨家村群众自觉保护文物的事例很典型，很感人。

日前，国家文物局审批通过了宝鸡考古队的 2003 年眉县窖藏调查勘探项目。宝鸡市文物局局长张润棠说，他们计划做一次普遍的勘探。国家文物局有关领导指出，窖藏不同于王陵墓葬，应该鼓励调查发掘，像杨家村，出土这么重要的文物，学术界盯上了，文物贩子也会盯上。单霁翔局长建议陕西省文物局正式聘请 5 位农民担任文物保护监察员，即"业余文保员"。

建设中国特色的科学高效的文物保护工程管理体系——国家文物局局长单霁翔就《文物保护工程管理办法》答记者问

《中国文物报》2003年5月23日

4月1日，孙家正同志签署文化部第26号部长令，发布《文物保护工程管理办法》。本报记者就此采访了国家文物局局长单霁翔。

问：请您谈谈颁布《文物保护工程管理办法》的重要意义。

答：颁布、实施《文物保护工程管理办法》是文物事业发展的需要，也是文物部门的法定职责。

大家知道，文化部于1986年发布了《纪念建筑、古建筑、石窟寺修缮工程管理办法》。该办法对文物保护工程的管理工作作了较为详细的规定。例如以政府部门规章的形式确立了"不改变原状"的文物保护维修原则，将文物建筑修缮工程分为五大类，并对工程设计、报批、施工、验收等提出了要求等。实践证明，"不改变原状"的原则符合文物保护维修的客观规律，是非常科学的；修缮工程分类也比较合理；对维修工程按保护单位级别实行分级管理的做法也符合我国的国情。在相当长的一段时间里，它对保护我国的古建筑起了十分重要的作用。但是近年来，随着文物保护工程规模的进一步扩大，文物保护维修理论研究的不断深入，以及相关法律、法规的纷纷出台，《纪念建筑、古建筑、石窟寺修缮工程管理办法》自身存在的一些不足逐渐暴露出来，主要是：作为行政规章，纯技术性的要求和规定过多、过细。如该办法对设计图纸的比例、文物建筑的日常使用等纯技术性问题都做出了具体规定。这些规定在当时相关法规、技术规范不健全的情况下是十分必要的，但是显然已不适应现在的情况；该办法的一些规定已不适应新的体制要求，例如，该办法规定文物主管部门可指定或举荐设计、施工单位，这显然与现行法规相悖；该办法的实施对象没有包括古遗址、古墓葬，而古遗址、古墓葬的保护和展示是文物保护工程的重要组成部分，近年来这方面的工程越来越多，等等。因此，对这个办法进行修改、完善是事业发展的需要，十分必要。

新修订的《文物保护法》第二十一条规定："对文物保护单位进行修缮，应当根据文物保护单位的级别报相应的文物行政部门批准……文物保护单位的修缮、迁移、重建，由取得文物保护工程资质证书的单位承担。”国务院法制办起草《中华人民共和国文物保护法实施条例》，也明确规定了文物保护工程管理具体办法，由国家文物行政部门制定。《建筑法》第八十三条规定：“依法核定作为文物保护的纪念建筑物和古建筑等的修缮，依照文物保护的有关法律规定执行。”因此，制定、颁布文物保护工程管理的专项规章是现行法律所要求的，是国家文物行政部门的法定职责。

问：《文物保护工程管理办法》何时开始起草？经历了哪些过程？

答：《文物保护工程管理办法》的调研起草工作始于 1991 年。在工作过程中，通过召开专家研讨会、论证会，专家个别审核，征求各省、自治区、直辖市文物行政管理部门和有关机构的意见等方式，广泛征询、听取了各方面的意见。《文物保护工程管理办法》还经过国家文物局局长办公会议的多次研究、修改。最后，国家文物局有关部门在文化部政策法规司的帮助下，对办法文本作了最终修改，并一次通过文化部部务会议审议。

问：《文物保护工程管理办法》是在文化部 1986 年《纪念建筑、古建筑、石窟寺修缮工程管理办法》的基础上修改完成的。修改的内容有哪些变化？

答：第一章“总则”部分。第一条，明确制定本办法的法律依据是《文物保护法》和《建筑法》。第二条，明确本办法的适用范围较以前有所扩大，包括了文物保护单位的所有类别（按第四、五批全国重点文物保护单位的类别划分），增加了古遗址、古墓葬的保护工程。第三条，在坚持不改变文物原状的原则的基础上，进一步明确了文物保护工程的目的是全面地保存、延续文物的真实的历史信息与价值，保护文物本体及与之相关的历史、人文和自然环境。第四条，强调了文物保护单位总体保护规划对文物保护工程的指导作用。第五条，进一步明确界定了文物保护工程的内容和分类。文物保护工程既包括对文物的修缮，也包括文物迁移和附加的文物保护设施。另外，“文物复建”是文物保护法严格限制的。为此，本办法没有笼统地将其归入一般意义上的文物保护工程，而是在第十二条从管理程序方面做了规定，以依法加强对文物复建行为的控制和管理。第六条，申明国家文物局为文物保护工程各种规范、标准的主编部门，目的是改变文物保护工程执行其他行业规范的被动局面。第七条规定了文物保护工程的责任单位，为避免与一般建设工程的建设单位相混淆，本办法称为业主单位。第八条，提出了设计、施工、监理的资质问题，为下一步起草相关法规留下接口。

第二章“立项与勘察设计”和第三章“施工、监理与验收”部分，主要对相关工作程序和要求做出了明确规定。其中第三章除对施工提出要求外，还特别强调了工程监理和验收，以进一步加强工程质量管理。

第四章“奖励与惩罚”部分，首次明确国家将设立文物保护优秀工程奖。设立这

全国文物保护工程资质证书颁发仪式（2004年6月10日）

个奖项的目的是通过对在文物保护工程中做出突出成绩的单位和个人进行奖励，促进文物保护工程质量的提高。

问：颁布实施后，国家文物局将采取哪些措施?

答:《文物保护工程管理办法》的发布实施，切实把文物保护工程管理水平、质量等提高到一个新的阶段。近期国家文物局将努力做好四项工作，全面贯彻落实《文物保护工程管理办法》。

（1）抓紧制定《文物保护工程管理办法》配套规章。《文物保护工程管理办法》第六条、第八条、第二十六条分别规定:“国家文物局负责全国文物保护工程的管理，并组织制定文物保护工程的相关规范、标准和定额。”“承担文物保护工程的勘察、设计、施工、监理单位必须具有国家文物局认定的文物保护工程资质。资质认定办法和分级标准由国家文物局另行制定。”“文物保护工程设立优秀工程奖，具体办法由国家文物局制定。”根据这些规定，我们目前正在抓紧制定《文物保护工程勘察设计资质管理办法》、《文物保护工程勘察设计资质分级标准》、《文物保护工程施工资质管理办法》、《文物保护工程施工资质分级标准》、《文物保护工程设计方案编制办法》、《全国文物保护优秀工程奖评选办法》等专项规章。其中，前四项与文物保护工程资质密切相关的规章已经完成起草工作，目前正在修改完善，争取在上半年发布。其他几项标准性文件也力争在年内发布实施。同时，开展专项调研，拟订工作计划，逐步完善文物保护工程相关法规、规范和标准，最终形成符合我国国情、具有中国特色、科学高效的文物保护工程管理体系。

（2）根据《文物保护工程管理办法》及相关资质标准，做好准备工作，争取在明年认定第一批文物保护工程勘察设计、施工单位的资质。

（3）年内筹备、召开“全国文物保护工程管理工作会议”。全面总结新中国成立以来文物保护维修工作的经验、教训，学习、贯彻《文物保护工程管理办法》及相关配套法规，进一步推进、提高我国的文物保护维修工作水平。

（4）开展专项宣传活动，使《文物保护工程管理办法》等法规深入人心，培养依法管理、从事文物保护工程的意识和习惯。

国家文物局局长单霁翔谈《文物保护法实施条例》

《中国文物报》2003 年 6 月 4 日

《中华人民共和国文物保护法实施条例》(以下简称《实施条例》)已于 2003 年 5 月 13 日经国务院第 8 次常务会议通过，由温家宝总理于 5 月 18 日签发国务院令予以公布。本报记者就该条例的有关情况采访了国家文物局局长单霁翔同志。

问：目前举国上下正处于抗击非典的特殊时期，在这样的社会大环境下，国务院公布《实施条例》，具有什么样的重要意义?

答：在全国抗击“非典”的关键时期，国务院领导同志一手抓“非典”防治工作，一手抓包括文物法制建设在内的经济社会发展，充分体现了党中央、国务院对文物工作的高度重视，同时也对各级政府及其有关部门和广大文物工作者提出了更为严格和具体的要求。各级文物行政管理部门的任务更重了，承担的责任也更大了。广大文物工作者要继续发扬顽强拼搏、勇于奉献的作风，以科学的态度、负责的精神，创造性的工作，把中央“两手抓”的方针贯彻落实好，同时切实贯彻执行《文物保护法》和《实施条例》，恪尽职守做好自己的本职工作，为我国经济社会的发展贡献力量。

问：1992 年的《文物保护法实施细则》是在原《文物保护法》公布施行 10 年后，对文物保护法执行过程中出现的经验和问题进行总结的基础上出台的。而此次《实施条例》的发布距离新的《文物保护法》的公布实施仅仅几个月的时间，请问制定《实施条例》的基本原则是什么?

答：新修订的《文物保护法》总结了 1982 年《文物保护法》公布实施以来文物工作的实践经验，针对目前文物工作的实际情况，对市场经济条件下文物的保护、利用和管理等问题进行了规范，对当前文物工作的热点、难点问题做出了准确的回答，有关文物保护的原则和法理也更为清晰和严谨，加大了行政执法力度，是我国文物事业在法制化轨道上继续向前发展的里程碑。

一般来讲，一部行政法律在公布实施后，更为具体更具有操作性的实施细则应当尽快通过国务院颁布，以配合法律的顺利实施。虽然新修订的《文物保护法》施行的时间还不长，但是为了切实着力推动贯彻实施《文物保护法》，推动文物保护事业的进一步发展，有必要尽快制定《实施条例》，在法律规定的范围内对有关内容作进一步具体明确的规定，以利于《文物保护法》贯彻实施工作的开展。在《实施条例(草案)》的起草过程中，我们经过充分讨论确定了以下几条原则。

第一，虽然《文物保护法》有明确规定，但是需要在条例中进一步细化并做出具体规定的内容必须写进条例。

第二，经过多年工作检验，过去文物工作的有关行政规章和法规性文件中行之有效的内容，在条例中应予以明确。

第三，条例不涉及《文物保护法》规定范围以外的领域和《文物保护法》要求制定专项法规的内容。

问：那么，请您介绍一下条例的制定过程。

答：可以说，《实施条例》的制定是在国务院领导同志的直接关心下进行的。在新的《文物保护法》公布实施不久，国务院领导同志就要求国务院法制办和文化部、国家文物局抓紧制定实施条例草案，要求在规定的时间、规定的地点，完成规定的任务。国务院法制办会同文化部、国家文物局拟订了工作计划，起草了实施条例的征求意见稿，先后召开了多次有关专家和部门及省、自治区、直辖市文物行政部门负责人座谈会，又于去年 12 月份提交全国文物工作会议征求了会议代表的意见。国务院法制办还先后两次征求了建设部、国土资源部、财政部、国家经贸委、海关总署等国务院有关部门和有关专家的意见，并会同文化部和国家文物局对征求意见稿进行了反复研究、修改，形成了《实施条例（草案）》。在各方面对草案已达成一致意见的情况下，根据《国务院办公厅关于法规审查有关工作程序的通知的规定》，国务院法制办又将草案送文化部、国务院办公厅秘书局作了复核。最后提交国务院第 8 次常务会议审议通过。从制定条例草案的工作开始启动，到草案成形，征求意见，专家审核，部门讨论，直到国务院常务会议通过，前后只有半年左右的时间，虽然没有《突发公共卫生事件应急条例》那么快，但在行政立法工作中已经是非常快的了，这当然是与国务院领导同志、国务院法制办和文化部领导的亲切关怀以及对此项工作的精心组织和辛勤工作分不开的。

问:《实施条例》在《文物保护法》的有关规定的基础上，又做出了哪些具体规定?

答：在不可移动文物方面，为保证文物保护单位“四有”制度的落实，条例对文物保护单位的保护范围和建设控制地带的含义、划定标准、标志说明的设立、记录档案的建立、专门机构的设置以及专门人员的指定和聘请等具体制度作了规定。《文物保护法》规定，文物保护单位的修缮、迁移、重建，由取得文物保护工程资质证书的单位承担。条例规定了取得文物保护工程资质证书的条件。

在考古发掘方面，依照《文物保护法》“从事考古发掘的单位，应当经国务院文物行政部门批准”的规定，条例明确规定了考古发掘单位的资质条件，并规定了考古发掘项目实行领队负责制度。同时，条例明确了配合建设工程进行的考古发掘的审批期限以及考古发掘单位移交出土文物的时限。

在馆藏文物方面，为了确保馆藏文物的安全，《实施条例》对文物收藏单位的应建立的管理制度和馆藏文物档案的备案制度进行了明确规定。为了防止国有馆藏文物在交接、借用中流失，条例规定国有文物收藏单位未依照《文物保护法》第三十六条的规定建立馆藏文物档案并将馆藏文物档案报主管的文物行政主管部门备案的，不得

北京天坛祈年殿主建筑群修葺竣工重新开放仪式（2006年4月29日）

交换、借用馆藏文物。针对借用馆藏文物中存在的问题，条例规定，文物收藏单位之间借用馆藏文物，借用人应当对借用的馆藏文物采取必要的保护措施，确保文物的安全。《实施条例》还明确规定了修复、复制、拓印馆藏文物的资质条件。

在民间收藏文物方面，《实施条例》明确规定了设立文物商店和从事文物拍卖经营活动的拍卖企业必须具备的条件，以规范文物经营活动。考虑到我国的法律规定要和已加入国际公约的法律原则相一致，《实施条例》明确规定文物商店购买、销售文物，经营文物拍卖的拍卖企业拍卖文物，应当记录文物的名称、图录、来源、文物的出卖人、委托人和买受人的姓名或者名称、住所、有效身份证件号码或者有效证照号码以及成交价格，并报核准其销售、拍卖文物的文物行政主管部门备案。

在文物进出境方面，条例对文物出境审核程序和临时进境文物的进境和复出境程序作了具体规定，并且严格了文物出境展览管理制度，对出境展览的文物数量进行了具体规定。针对有的文物出境展览中存在的展期过长和展览期间发生意外事件以及文物滞留境外风险增高等问题，条例明确规定了文物出境展览的期限不得超过一年；因特殊需要，经原审批机关批准可以延期；但是，延期最长不得超过一年。

问：为了落实《文物保护法》和《实施条例》规定的各项法律制度，打击文物违法犯罪活动，《实施条例》还规定了严格、具体的法律责任。《实施条例》的公布实施对于《文物保护法》的贯彻实施会起到什么样的推动作用？

答：《实施条例》在《文物保护法》规定的各项原则、制度的框架范围内，进一步明确各级政府和各有关部门的权利、义务、责任、任务和工作程序；要求各级政府和各有关部门齐心协力，深刻认识保护文化遗产的重要意义，充分发挥各自的职能和力量，团结协作，积极承担起《文物保护法》规定的各项工作任务。

各级文物行政部门和广大文物工作者要认真学习《实施条例》的各项具体规定，进一步加强法律意识，对照《文物保护法》及其《实施条例》的有关规定，明确各项管理工作的具体要求和方法、程序，不折不扣地严格按照具体规定积极开展工作。各级文物行政部门在组织自身认真学习《实施条例》的同时，还应该采取措施，积极推动政府及其他有关部门和社会各界对《实施条例》的学习、掌握和运用。

问:《文物保护法》及其《实施条例》的相继公布实施，是进一步加强和完善文物保护法制建设的良好开端。近期文物保护法制化建设有哪些重要举措?

答:《文物保护法》及其《实施条例》的相继公布实施，标志着我国完善和丰富历史文化遗产保护法律体系工作进入一个新的发展阶段。依据《文物保护法》和条例的有关规定，适时组织有关力量对目前的文物保护法律体系进行清理和修订，已经成为当前文物保护工作的一项重要任务。对《文物保护法》明确规定需要制定具体管理办法的，要及时出台相关的行政规章。对与现行《文物保护法》不相协调的行政规章，要进行调整和修改。对实际工作中迫切需要通过行政规章进行调整的，要起草制定。同时应指导和督促地方文物行政部门对本地区的相关法规进行清理检查以及修订和完善。今年四月份，文化部发布了《文物保护工程管理办法》，随后很快还会有一系列的部门规章的出台。我们的目标是初步形成体系严谨统一、结构合理规范、符合文物工作实际并具有一定前瞻性、科学性、实用性的文物保护法规体系。

全国《文物保护法》知识大赛今起开始——单霁翔局长谈深入宣传贯彻落实《文物保护法》和《文物保护法实施条例》

《中国文物报》2003 年 6 月 20 日

新修订的《中华人民共和国文物保护法》(以下简称《文物保护法》)已于 2002 年 10 月 28 日经第九届全国人大第三十次常委会议审议通过并颁布实施，仅仅相隔半年多的时间,《中华人民共和国文物保护法实施条例》(以下简称《实施条例》)于 2003 年 5 月 13 日经国务院第八次常务会议通过，国务院总理温家宝于 5 月 18 日签发国务院令予以公布。新修订的《文物保护法》和《实施条例》的公布实施是我国文物保护事业发展的大事，充分体现了党中央、国务院对文物工作的高度重视，标志着我国文物工作在法制化、科学化和规范化方面取得了重要进展，必将有力地推动我国文物保护事业的进一步发展，同时也对各级政府及有关部门和广大文物工作者提出了新的、更为严格和具体的要求。

为更好地学习宣传贯彻《文物保护法》和《实施条例》，由国家文物局主办、中国文物报社承办的“全国《文物保护法》知识大赛”活动日前启动。此次大赛是向文物博物馆界和全社会宣传普及文物法律知识的一次有益的活动。大赛 100 道试题全部经权威专家审定，内容涵盖新修订的《中华人民共和国文物保护法》、《中华人民共和国文物保护法实施条例》方方面面。日前，国家文物局局长单霁翔就如何深入宣传贯彻落实《文物保护法》和《实施条例》以及此次全国《文物保护法》知识大赛活动等有关情况接受了记者的采访。

问：首先请您谈谈《文物保护法》及其《实施条例》颁布施行的重要意义。

答:《中华人民共和国文物保护法》在 20 世纪 80 年代初颁布施行以来的 20 多年，我国的政治、经济、文化等各个领域都出现了日新月异的进步，也促进了我国的文物保护事业产生了令人瞩目的巨大变化。全国广大文物工作者抓住机遇，迎接挑战，坚定不移地执行党中央关于文物工作的方针，积极探索文物工作在市场经济条件下的新思路、新举措。应该说 20 多年来，我国的文物保护工作在前所未有的历史时期中取得了辉煌的成就。

新修订的《文物保护法》总结了1982年《文物保护法》公布实施以来文物工作的实践经验，针对目前文物工作的实际情况，对市场经济条件下文物的保护、利用和管理等问题进行了规范，对当前文物工作的热点、难点问题做出了准确回答，有关文物保护的原则和法理也更为清晰和严谨，加大了行政执法力度，是我国文物事业在法制化轨道上继续向前发展的里程碑。《实施条例》在《文物保护法》规定的各项原则、制度的框架范围内，进一步明确了各级政府和有关部门的权利、责任、任务和工作程序，《文物保护法》中的有关内容在《实施条例》中进一步细化并做出了具体规定，经过多年工作检验，过去文物工作的有关行政规章和法规性文件中行之有效的内容在《实施条例》中都予以了明确；《实施条例》要求各级政府和有关部门齐心协力，深刻认识保护文化遗产的重要意义，充分发挥各自的职能和力量，团结协作，积极承担起《文物保护法》规定的各项任务。《实施条例》的出台，表明了我国各级政府及其有关部门对文化遗产保护工作的强烈事业心和高度责任感，它必将积极推进我国文物保护工作在新的历史条件下取得更大的成绩。

问：学习和宣传好《文物保护法》和《实施条例》是深入贯彻落实的前提和基础，请您谈谈这项工作的重要性。

答：《文物保护法》是文物工作的根本大法，是文物工作统一认识的基本依据，是规范政府、社会团体和公民行为的法律准绳。各地要进一步加强宣传《文物保护法》及其《实施条例》的力度，不断深入开展《文物保护法》学习宣传活动，大力倡导和树立保护文物人人有责的思想观念，营造人人爱护祖国文物、人人关心文物保护的良好社会氛围，使保护文物成为全社会的道德规范和法律准绳，成为每个公民的精神素质。文物行政部门要有针对性地把这项工作的重要性向当地党委、人大和政府领导进行汇报，取得支持，使《文物保护法》及其《实施条例》的宣传教育取得良好成效。此次由国家文物局主办、中国文物报社承办的“全国《文物保护法》知识大赛”活动就是一次更加深入学习、宣传、贯彻《文物保护法》的良机，各省、自治区、直辖市和计划单列市的文物行政部门要高度重视这项活动，积极组织本地本部门参赛，以达到让广大人民群众能够了解《文物保护法》的基本精神，各级领导干部能够熟悉《文物保护法》的原则要求，各级文物、博物馆工作的同志能够精通《文物保护法》的内容和各项规定的目的。

问：全面贯彻落实文物工作方针和《文物保护法》还需要加强哪些方面的工作？

答：全面学习宣传贯彻落实《文物保护法》及其《实施条例》，要求我们深入贯彻落实“保护为主、抢救第一、合理利用、加强管理”的文物工作方针。党中央、国务院确定的文物工作方针全面反映了在新的历史时期国家关于文物工作的基本理念。各地文物行政部门要全面、完整、准确地理解和执行文物工作方针，把思想统一到文物工作方针上来。

深入贯彻《文物保护法》，要求我们根据新修订的《文物保护法》，对现有的相关规章制度进行一次集中清理，对不符合法律规范的各种行为必须及时纠正，重点抓好与《文物保护法》相配套的法规体系的补充和完善工作。4 月 1 日发布的《文物保护工程管理办法》就是我们经过长期调研、总结实践经验制定的配套规章之一。今后还要加快《长城保护管理条例》、《文物保护单位管理办法》等规章的起草工作和前期调研工作。重点构筑更加完善的文物法律法规体系，用法律来指导和规范文物工作，提高依法行政的能力。各地文物部门要结合当地文物工作实际，逐条对照检查，对现行各类地方规章做出修订和完善，及时将工作纳入法制的轨道上。《文物保护法》更加明确了文物行政部门的行政执法主体地位，进一步加强了文物部门的相关执法权力。各地文物部门要及时请示当地政府，对文物执法工作做出部署，安排专门力量加强这方面的工作。

深入贯彻《文物保护法》,要求对文物保护工作切实做到“五纳入”。新修订的《文物保护法》将一个时期以来工作实践中行之有效的“五纳入”上升为法律规范，使我们做好“五纳入”工作有了法律保障，必将极大地促进这项工作的深入进行。各地要在学习贯彻《文物保护法》的过程中，对本地区“五纳入”工作进一步具体化、规范化。各地文物行政部门应积极配合当地政府，以责任在身，当仁不让，守土有责的精神，切实履行各级政府保护文物这一光荣而神圣的责任。

深入学习贯彻文物工作方针和《文物保护法》，还要扎扎实实做好基础工作，尤其是抓好各级文物保护单位的“四有”工作和建立馆藏文物的档案工作，抓好人才培养、培训和科研工作，抓好文物安全保卫工作等。

文物保护——北京城市规划建设无法回避的重大问题——访国家文物局局长单霁翔

《中国文物报》2003 年 8 月 22 日

从新中国成立初期的城市功能分区模式到后来的分散集团模式，北京的城市规划建设经历了一个演进的过程。在这一过程中，文物保护一直是一个无法回避的重大问题。如何协调传统和现代的矛盾？如何保护北京的城市个性？人们在积极地探索。日前，本报记者就文物保护与北京城市规划建设的关系问题采访了国家文物局单霁翔局长。

问：单局长，您到国家文物局任职以前曾先后在北京市城市规划管理局、北京市规划委员会担任过领导职务，对北京市的城市规划是很了解的，您认为北京在城市规划中应注意哪些问题？

答：现在北京市每年竣工的各类房屋建筑面积超过 2 000 万平方米。这一发展阶段将对北京城市形态产生深刻的影响，所以当前研究城市形态问题显得尤为重要。

制订和实施北京的城市规划首先应考虑以下三个主要因素。

一是城市性质。北京作为首都，是全国的政治、文化中心，是世界著名古都、历史文化名城。这是北京区别于其他城市的独具特色的个性，所以在制订城市规划时要突出它的城市性质和城市功能。

二是是城市规模。控制城市规模，一直是北京城市建设中的一个重大问题。究竟控制多少？要根据北京的实际情况来确定。受环境和地形的影响，北京的土地资源、水资源不很充足。城市规划对北京市的城市规模，包括用地规模、人口规模、用水规模、建筑规模等指标都应有所控制。

三是城市布局。北京市的城市布局既要结合北京的地理特点，又要结合北京的古都特色来进行规划。北京是历史文化名城，这是北京的城市布局中不能回避的重大问题。北京已经有 3 000 多年的建城史，最早是西周时期的蓟和燕，以后秦汉隋唐等各朝代都曾在这里建设城市，金代开始在这里建设都城，北京今年要纪念建都 850 周年。源远流长的历史在这片土地上遗存下大量的文物古迹，其中对城市布局最具影响的是紫禁城。紫禁城、天坛、先农坛、钟鼓楼、北海、妙应寺白塔……这些文物古迹构成了北京独具特色的城市风貌，使北京无愧于世界级历史文化名城的称号。这就决定了北京不能像西方国家那样规划城市布局。西方国家的很多城市，特别是一些新兴工业城市，一般会把现代气息浓厚的商业金融中心建在城市的中心位置，中心区的外沿则分布着加工工业区、居住休闲区以及郊野公园……洛杉矶就是这样。而北京的中心位置是文物古迹，就不可能在这里建设商业金融中心。北京应保持平缓开阔的布局，这是北京和其他城市不同的地方。

问：北京城市规划布局模式经历了怎样的演化过程?

答：北京在城市规划布局方面一直进行着不懈的探索，从 1958 年的规划到 1983 年的规划，再到 1992 年国务院批准的北京城市总体规划，这有一个演化的过程。随着城市的发展，随着经济文化生活的变化，对这一问题的认识也在不断地深化。新中国成立初期梁思成、陈占祥先生曾提出过著名的梁陈方案，建议在北京西郊建新城，把旧城保护起来，但是由于种种原因这个方案没有能够实施。20 世纪 50 年代在当时一些苏联专家规划思想的指导下，北京对市区区域作了比较严格的功能划分，比如通惠河两侧是以纺织、机械制造和化工工业为主的工业区，东北郊为电子工业区，西北郊为教育区，科研机构在北郊……但是这一明确的功能分区到 80 年代初就暴露出严重的问题，比如工人每天都要涌到城东去上班，学生则要赶到西北郊上学。人们每天早晚要在路上花一两个小时。用现在的话来说这样的城市规划布局缺乏人文关怀。更严重的是每天早晚两次大的城市人口移动，带来一系列城市问题，比如交通堵塞、环境污染……

1958 年提出分散集团式的城市布局。什么叫分散集团式？就是在北京城市的中心大团周围规划若干个边缘集团。为了避免中心大团向外扩张和边缘集团连成一片，在中心大团和边缘集团之间就规划出一个绿化隔离带。边缘集团相对独立，人口规模和工作岗位相对平衡，这就可以在一定程度上减轻交通的压力。如果北京城不采取分散集团式的布局，而像“摊大饼”似的向外伸展，就会造成一些“城市病”的产生，如能源紧张、环境污染、交通堵塞、犯罪频发……分散集团式的城市布局是北京的特色。

去年北京市制定了两项将对城市布局和环境产生深远影响的规划目标。第一项是针对北京历史文化名城的特性开展城市设计。首先北京城内明清时期留下的传统中轴线从永定门到钟楼一共 7.8 千米，随着城市的发展，这条中轴线逐渐向北向南延伸，形成了 50 千米长的规划中轴线。如今世界上有明显中轴线的最著名的 3 个城市是北京、巴黎、华盛顿，而北京的中轴线历史最为悠久，内容最为丰富，对这条中轴线开展规划和设计，具有重要的现实意义，对城市布局具有深远的影响。现在这个项目正在实施过程中，近期将在中轴线的北端规划建设奥林匹克公园。其次，北京有一条最美丽的街道——朝阜干街（从朝阳门到阜成门）。这条街沿途分布着的国家级、市级的文物古迹有 50 多处，比如鲁迅故居、妙应寺白塔、历代帝王庙、广济寺、西什库教堂、北京图书馆主楼、北海、中南海，再过去北边是景山，南边是紫禁城，还有北大红楼等……这条街两侧还分布着大片历史文化街区，如阜成门内历史文化保护区、西四北一条到八条历史文化保护区、北长街、北池子历史文化保护区……这条街是北京的一道独特景观，对它也开展了规划设计。最后，北京市最近对总面积 6.8 平方千米的旧皇城整体编制了保护规划，这是保护历史文化名城的重大举措。第二项规划目标是对第二道绿化隔离带进行调研论证和规划设计。

问：请您介绍一下绿化隔离带的规划建设情况。

答：刚才我提到过，在北京市的中心大团和周边若干个边缘集团之间有一道绿化隔离带，这是第一道绿化隔离带。第一道绿化隔离带内建了很多公园，形成一些 5 000 亩左右的大绿色板块。但是由于种种原因第一道绿化隔离带未能达到预期的规模和绿化水平。总体规划中第一道绿化隔离带是 240 平方千米，到去年只实现了 100 余平方千米。这次开展的规划设计是在第一道绿化隔离带之外、六环路以内再建第二道绿化隔离带。它主要解决 10 个边缘集团和 6 个卫星城之间的绿化隔离问题。如果第二道绿化隔离带能建起来，就能实现上千平方千米的绿化面积，就可使北京的绿化水平大规模提升，第二道绿化隔离带内的绿色空间可达到 60% ~ 70%。那么北京就会像莫斯科和伦敦的郊外那样有大片的绿地，人们在那里可以听到各种鸟类的歌唱，看到各种植物健康地生长，体会生物多样性的自然环境，享受大自然的无穷乐趣。那时就不是城市里面有绿地，而是绿地里面有城市。这一地带有很多湿地、河流、水库，还有大量文物古迹，人们在享受自然的同时还能欣赏到难得的人文景观。客观上北京城市的健康发展需要建设第二道绿化隔离带，实际上也有条件来实现。

问：建设第二道绿化隔离带与文物古迹的保护有什么关系？

答：这个绿化隔离带的建设与古都的保护是息息相关的。它是实现北京城市空间合理布局的一个重大举措。

我们常说北京的城市规划建设有三大矛盾：一是发展与控制的矛盾，二是分散与集中的矛盾，三是传统与现代的矛盾。特别是第三个矛盾很突出，引起的争论也最多。比如如何对待具有北京特色的胡同、四合院？有一种观点认为胡同、四合院代表落后的住居方式不适合现代人的生活，因此应该尽快地对其完成改造。另一种观点则认为最具有北京地方特色的，面对未来最有潜力的文化和旅游资源就是这些胡同、四合院。我记得有一位外国大使回国的时候在报纸上发表了一篇文章，给我的印象特别深，他说他所在国家的首都几十年前搞城市建设时把旧城大片大片地拆除了。最后在有识之士的强烈呼吁下保存了大约仅 1 平方千米的旧城，而现在该首都城市旅游收入的 75% 就来源于这片有幸保存下来的旧城。所以北京作为世界级历史文化名城，就必须保护好别人没有而我们有的而且是世界上最好的东西，这就是北京的皇城和它周围的历史环境。北京市政府提出要完整地保护皇城，将来还要申报世界文化遗产，这是十分正

北京市规划展览馆（2004年12月25日）

确的决策。

北京旧城保护的主要矛盾就是人口过于密集。旧城是指原来的明清城墙所围合的地区，面积是62.5平方千米，最多时这里居住了180万人，这么多人压得旧城喘不过气来。比如四合院，原来一家一户住时觉得挺好，后来人住多了变成了大杂院，超过了它所能承载的负荷，当然就不行了。强加给四合院以不合理的负荷，再评价它不适合现代人的生活这是不公正的。怎么解决这个问题？有两种办法，一是把四合院拆了盖楼房以便多住人，二是把一部分人疏散出去减少人口压力。我赞成后一种做法。北京的中心区人口一定要控制，不能以拆除文物古迹和历史文化街区为代价。否则胡同、四合院都拆了，北京仅剩下天坛、故宫等皇家文物建筑，就失去了它的整体风貌，就不再是世界文化古都了。清华大学吴良镛教授曾提出京津冀北地区协调发展的问题。他认为应该在更广阔的区域范围内研究首都的城市发展。这对于历史文化名城保护来讲，意义重大。当前开始有越来越多的居民要居住到边缘集团、卫星城去。这就要给他们安排好生活和工作空间，要加强环境保护，加强交通、电信、清洁水源和污水处理等市政基础设施建设。经过若干年的建设和养护，第二道绿化隔离带会逐渐形成规模，北京的生态就会变得更好，我相信，用不了多少年人们的观念也会有很大转变，更多的人将愿意到环境舒适的郊区去居住。那时人们会更加热爱文物古迹，也更加爱护良好的生态环境。

流失流散文物的征集抢救问题——国家文物局局长单霁翔答记者问

《中国文物报》2003 年 9 月 3 日

关于我国文物流失流散状况与征集抢救情况

问：中国文物艺术品有很多都流散到海外，目前国家文物局掌握的这方面情况如何？

答：随着国家昌盛、经济繁荣、社会各界文物意识的加强，我国珍贵文物的流失与回流成为近年来格外引人注意的大事。

19 世纪后半叶至 20 世纪百余年的时间里，我国历史文化遗产的散失毁坏难以计数。“英法联军”对“万园之园”圆明园进行的野蛮掠夺和焚烧，“八国联军”在北京对皇室珍宝的疯狂劫掠，以及在“文化考察”、“地理探险”名义下的斯坦因、斯文·赫定、伯希和、大谷光瑞等人，对我国西北地区的石窟、壁画和古文化遗址进行的肆意盗窃和非法挖掘，加之敌寇劫掠、战火损毁、奸商盗运，中华文物如同潮水一般涌出国门。辛亥革命之后，末代皇帝溥仪又携大量珍贵的宫廷藏品北上，途中的变卖加上在伪满皇宫中被士兵哄抢，致使 1 200 余件宫廷文物精品绝大部分流失海外。1928 年，清东陵陵寝被军阀孙殿英率部野蛮盗掘，墓中所聚国之瑰宝被洗劫一空，绝大部分被孙殿英用于购买军火而散佚异域他乡，损失浩大，至今无法估算。此外，日军侵华战争也给我国的文化遗产带来了一场浩劫。这一时期最为著名的是北京猿人头盖骨的失踪。

新中国成立初期，国家颁布了《禁止珍贵文物图书出口暂行办法》、《文物保护管理暂行条例》等一系列保护文物的法规法令，基本结束了我国文物大量流失的历史。这种局面一直维持到 20 世纪 70 年代末和 80 年代初。但 80 年代中期以后，我国又开始了新一轮的文物流失。

据不完全统计，目前在全世界 47 个国家的 200 多个博物馆里，中国文物不下百万件之巨，这其中绝大部分是我国数千年文明史中非常珍贵的实物资料。

非常时期非常渠道流落海外的中国文物，除具有一般意义的历史、科学、艺术价值以外，因为它们与国家、与民族的盛衰及多方面的利益密切相关而特别牵动人们的情感。因此，每当有珍贵的中国文物回到祖国，社会各界都会报以极大的关注。也正因为如此，作为国家文物局，我们也会在未来的时间里不遗余力，利用各种渠道，动用各种可以动用的力量，促成那些散佚在海外的祖国珍贵文物的回流。

问：能不能简单回顾一下国家在促使文物回流方面的工作和已经取得的成效？

答：正如流失渠道不止一条一样，促使文物回流的努力也是多方面的。

由国家出资购买是文物回流的一种方式。新中国成立伊始，周恩来总理即批准以重金从香港购回著名的王献之《中秋帖》和王珣《伯远帖》；数十年来故宫博物院通过多种途径从社会征集珍贵文物 24 000 余件；上海博物馆亦面向社会及海外征集了大量铜器、瓷器、金银器等文物珍品，特别是在香港友人的帮助下，于 1993 年从香港购回 1 200 余件战国竹简。近几年，随着中国拍卖业的迅速崛起，中国艺术品市场也发展起来，很多流失在海外的艺术珍品开始纷纷回到国内的拍卖场中。国家为了促成这些国宝的回归，不仅在《文物保护法》中给予了海外回流艺术品上拍的法律保障，同时也通过各种渠道鼓励国有收藏单位和国有企事业单位购买这些珍贵文物。1998 年，上海图书馆斥资 450 万美元从嘉德拍卖公司购回了流散在海外的《翁氏藏书》；2002 年，国家斥资 2 999 万元从中贸圣佳拍卖公司购回了流失在日本的米芾《研山铭》；今年，故宫博物院又以 2 200 万元从嘉德拍卖公司购买了散佚在民间近百年的故宫旧藏《隋人书出师颂》。

除此之外，我国政府 1996 年签署了《国际统一私法协会关于文物返还的公约》，郑重声明我国保留对历史上被非法掠夺文物的追索权利。同时我们也在通过法律的、道义的等多种渠道追索流失文物并获得成功。如 1988 年 11 月，中国有关方面发现纽约苏富比拍卖行公开拍卖的东周青铜敦系湖北秭归县屈原纪念馆当年 6 月所失，遂以完备的证明资料向美方索回；1998 年 6 月末，通过国际刑警组织从美国追回了河南巩义宋永泰陵前的客使头像；1998 年 5 月国家文物局又从英国一次追索回 3 000 多件（套）文物，是首次以法律武器为主、辅以外交等手段与国际走私团伙斗争取得的重大胜利；2000 年，当获悉在美国克里斯蒂拍卖行将要上拍我国河北曲阳王处直墓被盗浮雕之后，国家文物局会同河北省文物局仅用了 1 个月的时间就完成了大量的取证调查工作，从而通过外交手段和法律途径成功地将被盗文物追索回国。可以说通过国际公约和法律程序对境外流散珍贵文物的追索也是我们下一阶段的重点工作。

从当前来说，无论是国家出资赎买还是通过外交及法律途径追索都是国家实施珍贵文物回流工作的必要手段。除此之外，国家将利用各种优惠政策鼓励海内外有识之士的捐赠和返还义举。

总而言之，抓住一切有利时机和条件多管齐下，同时在全社会营造抢救祖国珍贵文物的时代新风，让全社会都能够有意识地投入到文物及文化遗产保护的事业中来，是我们今天乃至以后文物回流工作的重中之重。

关于国家与流失流散文物征集、抢救和管理等有关的法律政策依据

问：您认为在将来征集、抢救流失流散文物还有什么工作需要做？有什么需要注意的事项？

答：在今天，我们应该鼓励围绕文物开展的各种文化交流活动，但是为了不丧失文物携带的丰富珍贵的信息，文物的交流和流通应该做到流传有序，依法进行，使文物得到科学有效的保护，并能对文物进行更广范围、更大程度上的公开和共享。文物保护中最重要的一个原则是尽可能原地、原状地保护和保存，因为文物只有和其存在的背景联系起来，它所携带的信息才最丰富，体现的价值才最完整。与这个观念相伴，日益觉醒的国际社会正在掀起一场流散流失文物的回归运动，即流散文物应该回归故国，应该被收藏到博物馆里。无论国内还是国外，这种呼声越来越高。

有识者认为，可移动文物的最终和最佳归宿是博物馆，这是因为文物在本质上是全民族、全社会的财产，具有一定的公共性。而博物馆是近代人类社会制度和文化设施建设方面的重大创举，是为研究、教育、欣赏之目的征集、保护、研究、传播并展出人类及人类环境的物证，为社会及其发展服务的、非营利的永久性机构。博物馆以通过收集、保管、保护、研究和展示人类及其生存的物证，向大众开放而传播知识、推动文化的发展作为自己的使命，它最能代表社会的公正性和公益性。

为了丰富国有的文物收藏，更好地发挥可移动文物的作用，我认为我们应该继续加强和做好以下几方面的工作。

（一）坚持出土文物归国家所有，加强对可移动文物的保护管理

考古发掘出土的文物是可移动文物的最重要的组成部分。我国的法律规定，考古发现的文物属于国家所有，任何单位或者个人不得哄抢、私分、藏匿。非经国务院文物行政部门报国务院特别许可，任何外国人或者外国团体不得在中华人民共和国境内进行考古调查、勘探、发掘。考古发掘的文物，应当登记造册，妥善保管，按照国家有关规定移交给由省、自治区、直辖市人民政府文物行政部门或者国务院文物行政部门指定的国有博物馆、图书馆或者其他国有收藏文物的单位收藏。

同时要加强对可移动文物的保护与管理，建立和完善文物的发现、移交、建档、保存、保护、利用等程序与制度，防止国有可移动文物的流失流散。

（二）对民间收藏加以规范、引导

民间收藏活动本身对于普及文物知识、提高文物保护意识、弥补国家收藏之不足等都有很大的好处。提倡、支持民间收藏以及民间收藏活动的丰富多彩和灵活多样，大大丰富和繁荣了文物收藏事业和文化遗产传承的方式与途径。

但是民间收藏必须严格依法进行，依法管理，不能损坏国家和社会利益。国家对

民间收藏主要采取鼓励、规范、引导同时予以适当的限制的政策。首先，私人收藏文物必须具有合法的来源。这些来源包括：①依法继承或者接受赠与；②从文物商店购买；③从经营文物拍卖的拍卖企业购买；④公民个人合法所有的文物相互交换或者依法转让；⑤国家规定的其他合法方式。

法律严格禁止公民、法人和其他组织买卖和收藏下列文物：①国有文物，但是国家允许的除外；②非国有馆藏珍贵文物；③国有不可移动文物中的壁画、雕塑、建筑构件等；④来源不符合《文物保护法》第五十条规定的文物。

这些措施既鼓励了私人和民间参与文物收藏与保护的积极性，又保证重要和珍贵的文物为国家所有，为更多的人所分享和利用。

在鼓励私人和民间收藏的同时，我们特别提倡这样一种理念：由于文物是人类共同的文化遗产，特别是文物的价值具有社会性和公共性，因此，私人收藏文物保护得好坏不仅仅是收藏者个人的事情，收藏者有义务采取措施保护好自己的文物，并应该尽量对自己的藏品进行整理、研究和发表。有的国家法律明文规定，应当对私人收藏的文物予以登记，私人收藏的文物应该无条件地向国家指定的有关专业研究人员开放。我国的法律也规定，文物部门应当对私人收藏的文物在保护技术等方面给予指导，提供支援，如介绍保管和保护的知识，鉴定、维护方法，提供必要的咨询和援助等。

（三）鼓励收藏者向国家捐赠文物

国家特别鼓励文物收藏单位以外的公民、法人和其他组织将其收藏的文物捐赠给国有文物收藏单位或者出借给文物收藏单位展览和研究。国有文物收藏单位应当尊重并按照捐赠人的意愿，对捐赠的文物妥善收藏、保管和展示。

有很多真正热爱文物的、明智的收藏家最终也选择将文物捐献给国家。他们中不少人在收藏过程中节衣缩食甚至倾家荡产，晚年不愿看着极不容易收藏起来的文物再散落各处，纷纷选择将收藏捐献给博物馆，成为国有博物馆的构成部分甚至镇馆之宝，体现了他们的高贵品格。如张伯驹捐赠的古书画、朱家溍捐赠的古家具、周叔弢捐赠的古籍善本，都足以办一个不小的博物馆。上海博物馆是近年接受民间捐赠比较多的博物馆之一，据统计，其藏品中上等级文物有大约 10% 是来自民间收藏家的捐献，数量达 1.1 万件。

改革开放以来，一些民间收藏家根据自己的实力和特色，也尝试建立民办博物馆，向社会和公众展示自己的藏品。与传统的“秘不示人”的封闭式收藏不同，将自己的藏品公之于世，与世人共享，为社会服务，是民间收藏层次提高和与时俱进的表现，表明它已经成为社会公众文化事业的组成部分。

（四）继续追索非法流失海外文物

文物流失流散是民族文化遗产的悲剧。特别是流落海外的中国文物，在常规意义上的历史、科学、艺术价值之外，还因为它们与民族的盛衰荣辱的密切关联而特别牵动人们的情感。国际社会文物保护意识的提高和普及，为我们追索非法流失海外的文物提供了可能，而一系列国际公约的出台，则为追索非法流失海外文物提供了法律依据和操作手段。

追索流失文物完全是一种国家行为。通过这样的追索，不但可以使流失的文物完璧归赵，同时也通过阻断文物流失的去路，对文物的非法交易产生威慑作用，对文物的盗窃、盗掘等产生制约作用，和截断文物流失的来路一起构成一张文物保护的网络。

当然，尽管国际公约以及相关缔约国有关文物保护的法律法规让那些从事文物的非法交易和走私的人冒了极大的法律与经济风险，但是跨国追索海外流失文物是一件十分耗时费财的事情。这里不但有复杂的法律程序问题，还要对善意的购买者有补偿，整个过程也要花费高昂的费用。

（五）积极依法开展流失流散文物的征集抢救

随着我国文化事业的蓬勃发展和经济实力的不断增强，通过市场的方式促成文物回归，国家有选择地收购珍贵文物的行为将越来越频繁。

当然，以这种方式征集抢救珍贵文物，需要做细致的工作，这里边涉及文物的真伪问题、文物的定价问题以及具体的操作问题等。

为此，我们确定国有文物收藏单位收购文物过程中的几个原则：①一定要经过权威鉴定，确保真伪判断无误；②建立科学合理的价格评估体系，做到物有所值；主要是收购重要的、缺门断档的文物，其中特别是流失海外的这类文物。一些珍贵文物的出现是“千年等一回”，如果不采取适当的抢救措施，将面临再次流失的危险，因此，对这样的文物的抢救应该是“该出手时就出手”。去年，在国家财政部的支持下，设立了“国家文物征集专项经费”，并且开始在征集抢救中发挥积极的作用。

当然，抢救珍贵的流失文物，特别是通过市场征购的方式，我们才刚刚开始起步并正在进行探索，亟须完善有关的法律法规。2002 年新修订的《文物保护法》规定文物行政管理部门可以指定国有文物收藏单位优先购买被拍卖的珍贵文物，购买价格由文物收藏单位的代表与文物的委托人协商确定，同时也提出了对珍贵文物采取面向国有文物收藏单位的定向拍卖问题，都需要进一步在实际操作中予以落实和完善。

“二绿”建设中的文物保护——国家文物局局长单霁翔访谈

记者姚瑶《北京规划建设》2003 年增刊

城市性质、规模和布局是决定和影响北京城市建设的三个主要因素，也是绿化隔离地区规划的重要背景。其中北京的城市布局又存在一个不能回避的问题，就是历史文化名城保护。因此,在第二道绿化隔离地区的建设过程中,文物保护就显得尤为重要。

关于城市建设中三个最重要的问题

城市性质、规模和布局是决定和影响北京城市建设的三个主要因素，也是绿化隔离地区规划的重要背景。在以往的城市建设过程中，北京对这三个最重要的问题进行过不懈的探索。

第一是城市性质。北京区别于其他城市的独具特色的城市性质，就是北京是政治文化中心。城市性质在体现北京作为首都的城市特点的同时，也给北京的城市建设定下了主要方向，即首先要突出它的政治功能、文化功能。

第二是城市规模。北京的城市建设一直有一个重大的问题，就是控制北京城市的规模。北京的西面是太行山脉的西山，北面是燕山山脉的军都山，从房山的十渡一直到平谷的金海湖围合的是北京小平原。几乎三面是山、一面向东南方向摊平是平原的这种格局，造成北京的土地资源特别是水资源受到地形的影响，供应不是很充足。目前北京市域面积是 16 808 平方千米，而人口已经突破了 1 000 万。急剧增长的人口数量和有限的城市资源形成了严重的矛盾,因此在城市规模上,比如用地规模、人口规模、建筑规模、耗水量等，必须加以严格的控制，这在历次总体规划中都有表述。

第三是城市布局。北京的城市布局要结合北京的特点来进行规划。从地理形态上看，是呈华北大平原最北端的北京小平原、三面环山，永定河、潮河、温榆河三条大河纵贯全境。从古代特别是近代的中都（北京今年是纪念建都 850 周年，指的就是金中都的建都）开始，到后来的元大都、明清北京城、现在北京，对城市布局的探讨从未停止过。

新中国成立初期比较著名的“梁陈方案”，就是梁思成先生和陈占祥先生提出的规划建设的一个新城，把旧城加以保护的设想，后来没有实行。当时是在苏联专家的一些规划思想的指导下，在北京做了比较严格的功能分区，把城市按照不同的功能划分为不同的区域；通惠河北规划为纺织工业区、机械制造工业区；通惠河南规划为能源工业区；西郊规划为钢铁工业区；东北郊规划为电子工业区；教育区安排在西北，仓库安排在城南，军事首脑机关安排在西郊，科研安排在北郊。然而经过时间的检验，到了20世纪70年代末80年代初，这种非常明显的功能分区暴露出很严重的问题。工人上班要赶到城东，学生上学要赶到西北，人们早晚都要在路上花一两个小时，形成每天两次大规模的人口移动。这样就造成了城市交通的严重堵塞，环保等问题也接踵而来，这显然不符合北京城市发展的布局。

了解了北京的城市性质、规模和布局这三个主要问题，也就对绿化隔离地区以及文物保护的规划背景有所了解，因为北京的城市布局还有一个不能回避的问题，就是历史文化名城保护。

关于古城保护不能回避的城市布局问题

北京作为历史文化名城，已经有3000多年的建城史。从西周时期的蓟国、燕国，一直到秦汉隋唐，到辽建南京城，金建中都城，元建大都城……始终没离开过最初广安门这一带，所以在北京地区特别是平原上，遗存了大量的文物古迹，其中对城市布局最具影响的就是紫禁城。紫禁城、天坛、先农坛、钟鼓楼、北海、妙应寺白塔……北京的紫禁城和这些坛庙、建筑使北京无愧于世界级历史文化名城的称号，同时对城市布局产生了非常大的影响。

这些文物古迹不但是平面的而且是立体的制高点，是北京独具特色的一种城市风貌，也决定了北京不能走其他一些西方国家特别是新兴的工业城市走过的那种城市布局的路;城市中心是商业金融区,中心区外面分散着加工工业、居住休闲、郊野公园……越到中心越集中，越往边缘越分散。北京的中心地区被文物古迹所占据，而这些文物古迹是必须要保护的世界文化遗产，所以不可能在城市的几何中心里面发展商业金融区。这样北京的城市布局就存在一个不可避免的问题，就是古城保护。如何在建设现代新北京的同时，保留北京独具特色的古城风貌，给城市规划提出了重要课题。

2002年年初，在市委市政府领导的督促下，北京市规划委员会提出了新的一年城市规划建设上比较大的，对城市布局、城市环境、城市质量将产生深远影响的题目，主要是两个方面：一个是为文物古迹所作的城市设计，一个就是建议市政府进行第二道绿化隔离地区的调研、论证、规划设计。

城市设计是围绕历史文化名城这一主题进行的，主要有三项。北京有一条中轴路，这条中轴线是成长的轴线、发展的轴线，第一项城市设计就是针对这条中轴线。过去明清北京城留下的从永定门到钟楼一共是7.8千米的传统中轴线，新的规划又向北向南延伸,形成了现在50千米的中轴线。世界上有明显轴线的城市中最著名的有三个:巴黎、华盛顿、北京。这三个城市中最古老、发展前景更广阔的轴线就是北京这条中轴线。

第二个城市设计是针对北京最美丽的一条街道。北京哪条街道最美丽？就历史文化来讲，叫做朝阜干线——朝阳门到阜城门这条街道。街道沿途，世界文化遗产、国家级、北京市级的文物古迹就有 50 处，还有很多区域级的：鲁迅故居、妙应寺白塔、历代帝王庙、广济寺、万松老人塔、北海、中南海、景山、紫禁城、北大红楼、皇城根儿遗址、中国美术馆，等等。这条街的两侧还有大量的传统历史文化街区，比如阜成门内保护区、西四北一条到八条历史文化保护区、北池子、北长安街历史文化保护区，南锣鼓巷历史文化保护区……都在这条街上，所以这条街是一个非常特别的景观，又不像长安街那么笔直笔直的，一下子看到头。这条街道做了第二个城市设计。

第三个城市设计就是长安街。长安街的规划已经基本形成规模，南面的十块土地预计 2008 年前后建成，届时将为长安街创造更美好的形象。新的一年新的阶段，北京市规划委员会的工作重点，这些城市设计是第一类。

还有个工作重点就是第二道绿化隔离地区的调研、论证、规划设计。顾名思义，第二道绿化隔离地区就是第一道绿化隔离地区之后的绿化隔离地区，也就是从第一道绿化隔离地区再蔓延开来的第二道绿化隔离地区。

关于“绿区”缘起“分散集团式”布局

北京在城市性质、城市规模、城市布局方面存在的制约，使 1958 年、1983 年、1992 年的历次规划都对布局进行了一些非常积极的探索。1958 年开始探索出一个北京独特的城市布局——“分散集团式”布局。什么叫“分散集团式”的布局？总的来说就是一个城市的中心大团，周围规划若干个边缘集团，城市的中心大致是四个城区的全部和四个近郊区的大部这样一个 355 平方千米左右的中心区。为了防止中心大团无制约、无限制地往外蔓延，就在大团的周围规划了十个边缘集团，如果中心大团再向外膨胀，和边缘集团就会连成一块，这样就把十个边缘集团和中心大团、边缘集团和边缘集团之间，规划成绿地，也就是绿化带，使中心大团不是盲目扩张的，而边缘集团则规划建设成相对独立的居住人口和就业岗位比较匹配的边缘集团。

这个中心大团和边缘集团之间的绿地就是第一道绿化隔离带。第一道绿化隔离带实施的过程中产生了一些问题，由于规划的时间比较长，而实施的时间太久，没有能够迅速实现第一道绿化隔离。在城市大规模建设过程中，外来人口大量涌入北京，近郊的农民开始富裕起来，不再在农田里耕作。在这样的一种背景下，这些土地和乡镇企业里就容纳了大量的外地人。本地人，比如绿化隔离地区里的当地农民，就把房屋出租给外地人，发现收益比种地好，他们就会盖好多房子，不断地租给外地人，也就是我们平常说的违法建设。这样他们收益很好，当然也造成了其他后果，原来规划的 240 平方千米的第一道绿化隔离地区，到 2000 年的时间只能实现 125 平方千米，所占的比例不到 60%，也就是说第一道绿化隔离地区没有能够达到预期的绿化规模，这是一个重要的原因。

第一道绿化隔离地区实现了125平方千米的绿地。让人觉得很兴奋的一点就是，如果第二道绿化隔离地区能够建设起来，则能实现几百平方千米，甚至近千平方千米的绿地，这将使北京的绿化水平大规模提升，北京就会像莫斯科的郊外，像伦敦的郊外，布满大片大片的绿色。值得一提的是，这不是说实现城市里面有绿地，而是实现绿地里面有城市，大规模的生态环境非常好的绿化地区。

第二道绿化隔离地区的分析，最后设想是到六环路围合的区域，但是六环路外面还想做一个1000米的绿化隔离带，加起来这个绿化面积不得了，它主要解决的问题就是边缘集团和外面的八个卫星城之间能够有效地绿化隔离。这八个卫星城就是沙河卫星城、后沙浴卫星城、顺义卫星城、通州卫星城、亦庄卫星城、黄村卫星城、良乡卫星城、长辛店卫星城。这些卫星城和边缘集团之间并不是离得很远，事实上很多卫星城和边缘集团已经开始接近或者连上了，比如定福庄和通州卫星城，北苑和沙河卫星城，南苑和黄村卫星城等等。这些卫星城在新的布局方面的无限蔓延，首先就使绿化隔离带的建设非常必要。再有从城市形态方面，如果城市的用地无限制地供应，就会出现资源问题、土地资源、水资源短缺的问题。假如城市不采取“分散集团式”的布局，中心大团、十个边缘集团、十四个卫星城镇，卫星城下面还有重点建设城镇、一般城镇，实际上是四级城镇体系，如果不是这样一级一级的，那么就会摊成大饼，一个城市“摊大饼”以后就会出现我们通常说的城市病，人们上班要去很远的地方，随之而来交通的问题，环境污染的问题，犯罪的问题，管理方面的问题，还有能源短缺的问题，等等。那么，设想如果外面的卫星城都是相对独立的，生态环境良好的，卫星城和母城之间能有大片的绿化隔离地区，人们可以在绿化隔离地区里面来实现他们向往自然、崇尚体育等等这些需要的话，城市就会是一个很平衡的、很健康的城市。

实际上这块地里还有千百个村庄，所以范围现在有的说1 400多平方千米，有的说2 000平方千米，看怎么算。当时非常理想的计算，是希望达到绿色空间占70%，30%是建筑。当然这70%里面是所谓绿色空间，不全是绿地，它可以有河流，有实体，但不是盖房子的地。最后算下来，估计只能实现不足65%。总之，这种理念就是能够实现大面积的森林地区，人们会听到鸟儿的歌唱，看到动植物的生活，整个城市生态良好，人与环境、与其他生物和谐共处这样一个环境。

关于“绿区”与文化保护

那么，究竟绿化隔离地区跟历史文化名城保护有什么关系？二者是息息相关、相得益彰的。北京旧城保护的中心矛盾就是太密集，62.5平方千米的面积，最多的时候居住了180万人口，这180万人口就压得旧城喘不过气来。四合院好不好？都说四合院不好，都是因为人们没有平等对待四合院，强加给四合院以它难以承受的压力以后，就说它不好。四合院实际是最适合各种年龄、各种职业人群的一种居住形式，所以四合院才有800年的生命力，800年一直在成长，就是最近几十年拆了。一个四合院一两家住的时候挺好，塞进七八家甚至几十家住，变成大杂院了，原来的序列完全破坏了，这时候说它不好，就不公正了。那么问题出在哪儿？就是给它巨大的压力。这怎么办？两种办法，一种办法是把四合院拆了，盖楼房多装人，另一种办法是把人搬出去一些。我赞成后一种，否则四合院都拆了，北京光剩孤零零的故宫、天坛，就不是历史文化名城了，就不是世界文化古都了，两者必取其一。如果还是那么多人挤在四合院，老百姓也得不到很好的生活，也存在很多危险隐患，人们就还是说四合院不好。所以人搬出去就要给他很好的空间，让他们非常安稳地生活和工作，最合适的地方就是边缘集团和卫星城，而不能像摊大饼一样从城市中心一层层往外摊，所以保护历史文化名城、保护古都意义非常重大。

吴良镛教授曾经提出来京津冀北地区协调发展的问题，就联系到城市性质的问题。北京的城市性质不应该是跟别的城市去比工业，北京发展工业应该是高新技术产业，应该是占地少的、污染少的、运输少的、耗能少的、用水少的、科技含量高的、附加值高的；这些工业则可以在更大的空间里面寻找出路，比如河北地区、唐山地区、廊坊地区、京津冀北地区。一言以蔽之，对于古都的保护就是疏散。

在第二道绿化隔离地区中有更广阔的自然保护、生态保护、生物保护工作要做。第一道绿化隔离地区因为离城很近，都是密布的村庄，所以它没有；但是第二道绿化隔离地区就有很多的湿地，历史上的河流、湖泊还有新建的水库，这些都要加以保护，减少人工化，使之更加生态化。同时，这里面还有大量的历代遗留下来的文物古迹，这些文物古迹是绿化隔离地区里面难得的人文的自然。人们在森林里散步的时候，能够看到辽代的塔、清代的皇家园林……他就会更有兴致来休闲，更有心思来欣赏它们。文物古迹是能够加入绿化隔离地区内的一个重要的因素。

关于"绿区"农民仍可从土地获益

第一道绿化隔离地区在城市中心地区和边缘集团、边缘集团和边缘集团之间做了很多公园。古代的圆明园、颐和园都在里面，现在又做了朝阳公园、来广营公园等几十个公园，形成了 10 个 5 000 亩左右的大绿色板块。在这里面的农民就不能再种地了，因为要退耕还林，但是农民仍然可以从土地上获得收益，不一定是粮食生产，比如种特种果树，种速生丰产林，种苗圃；可以搞绿荫球场，比如来广营乡的绿荫球场就给很多城市居民提供了绿色的体育休闲设施，还建了一个森林公园，搞了一些温室采摘，还有一个高尔夫球场。对后两种我不是坚决反对，但是持控制的态度，因为在绿色空间里面建的温室太多它就不是绿地了，玻璃房子或阳光板反射都是很厉害，直接对生态、对环境造成影响，尽管里面是树木蔬菜什么的，但是对于环境来说贡献不大。还有高尔夫球场，绿化隔离地区的绿地最好都是能够向普通民众开放的，而现在高尔夫球还是高层运动。大组团中间的楼群里肯定空气并不是很好，坐着车，半小时以外就到郊区去，更远一点顺义、大兴、密云、延庆，去打球更好。所以对后两种我们是持限制的态度，有计划的可以搞一两个但不是搞多。

第二道绿化隔离带我认为也是这样，要更多地引导农民种树木，结合北方的特点以树木为主，而不是以草坪为主，因为草坪第一费水，第二它的绿量，就是绿色的量只是树木的 1/7，所以还是多种树好。种树不是说叫农民都去种那个北京地区的槐树、白果树、杨树，刚才说的特种果树、速生丰产林、苗圃，能取得比种地更大的效益。把违法建设都拆掉，把环境治理得更好，农民可以搬进新居，然后也实现了周围的大面积绿化。那么，实现了这样的第一道、第二道绿化隔离地区，就能够保证北京“分散集团式”的布局的实现，也能使北京的绿化面积特别是林木覆盖率的面积大规模地提升，使市民真正感受到北京是一个生态良好的城市。

关于加快卫星城建设是发展要务

最近建设部领导到重庆市视察讲到，现在全国的城市存在一个共同的问题，就是“千城一面”，千城的规划一面。所以，实现了绿化隔离地区这样的“分散集团式”的布局，北京就应该是一个很有特色的城市，不同于一般的城市，它的中间是文物古迹区，周围有功能分配比较齐全，工作岗位和生活居住比较匹配的边缘集团和卫星城，卫星城又有各自发展经济的一些具体的特点。所以，加快卫星城建设是发展要务。

实现绿化隔离地区还有很多基础工作要做，最重要的就是市政基础设施。市政基础设施里面主要是两个问题。一个是交通问题。母城跟卫星城之间需要通过高效的交通设施来连接。现在来看比较有效的就是大运量的轨道交通，即轻轨和高速公路，可以使人们从母城到卫星城的时间控制在一个小时之内。另一个就是基础设施问题。信息时代的电信网络都不成问题，供电也不成问题，比较成问题的就是清洁水源和污水处理的设施，只有这样才能保持绿化隔离地区生态良好，母城和卫星城之间联系便捷，人们愿意到卫星城去。

北京的中心地区人口不能再增长了，一定要控制，一定要引导加快卫星城的发展。从历史文化名城保护来看，疏散人口对于北京来说就是要加大到环境更好、生活会更舒适的郊区和近郊区的人口数量。其实这些年像回龙观、天通苑等地区盖的经济适用房，使大量的市民都从旧城搬过去了，所以旧城现在的人口从 180 万降到 170 万，现在可能还要少，这就减压了。重要的一点是，不能以大量拆除传统建筑甚至文物建筑为代价来减少旧城人口数量，而应该进行有机的疏散，从政策上调整，使旧城的人口向郊区疏散，减少城市中心的压力。

关于绿化隔离地区发展前景

北京的城市建设中存在三大矛盾：一是发展与控制的矛盾，二是分散与集中的矛盾，三是传统与现代的矛盾。瑞典大使回国的时候在《人民日报》发表了一篇文章，给人留下了深刻的印象。他说瑞典的首都斯德哥尔摩在20世纪70年代拆旧城，把旧城大片大片地拆了，人们都怀着一种非常矛盾的心理，既想住新房子又觉得旧城是自己祖祖辈辈生长的地方。最后，在有识之士的呼吁下保护了1平方千米的旧城、传统的街道、房屋。现在斯德哥尔摩的75%的旅游经济来源于这一个平方千米，人们到这个城市，都是要看中世纪的街道、房屋，到这儿来消费，没有人到新的居住区看新的工厂，看新的立交桥，因为这些建筑哪个城市都有，而那些城市没有历史城区。所以，北京要成为有特色的城市，就得保留别人没有的东西，而且是世界上最好的东西，是什么，就是北京的旧城、皇城、紫禁城。

北京市政府提出：北京要完整保护皇城，将来还要申报世界文化遗产。这是一个非常英明的决策。绿化隔离地区实际上跟古都的保护是息息相关的，它是北京城市形态、空间布局的一个重大决策和调整。当然，实施的时候如果实施不好也会出现"一绿"前期所出现的问题，大量外来人口涌入，跟当地农民利益结合在一起，导致大量的绿化地区被蚕食，而且蚕食的速度非常快，使原来要十年完成的绿化带，后来决定三年完成，绿化的速度比不过蚕食的速度。

北京要有所为有所不为，要扩大自己的发展空间，在更大的区域考虑自己的发展。第二道绿化隔离地区是写进1993年的城市总体规划的一个理念，是一个实现北京向良好的生态城市进步的一个过程。虽然还有一个生长的过程，但是经过大面积地植树和几十年的生态养护，就形成一些新的森林公园，像洼里森林公园现在已经成规模了。我相信，如果要那么多年，人们观念转变的速度就会比树长得还快，向往的东西也不一样了。我们对很多国家做了一个统计，内容就是不同阶段对城市形态影响最大的问题。当人均国内生产总值在2 500 ~ 3 000美元以下的时候，人们主要想解决衣、食、用的问题；3000美元以上，到7 000 ~ 8 000美元之间的阶段，主要是住和行；到7 000 ~ 8 000美元以上的时候，住、行满足了，文化娱乐、体育休闲、国际旅游、文化收藏、社会捐助等消费开始增多。

北京一年建设的量是整个欧洲建设量的总和，所以这个建设是对城市形态影响最大的事情，这时候研究城市形态问题就显得非常重要，因为这段时间城市形态的变化会对将来产生很大的影响。北京市现在的消费刚进入3 000美元，不到4 000美元，2008年的时候北京将达到7 000 ~ 8 000美元，也就是奥运会以后，北京将进入一个综合发展的水平，那时候人们的观念就会更加进步，更热爱文物古迹，更热爱环境。

深入贯彻《文物保护法》进一步推动历史文化村镇保护工作——访国家文物局局长单霁翔

《中国文物报》2003 年 12 月 10 日

在新修订的《文物保护法》颁布实施 1 周年之际，为深入贯彻《文物保护法》及其《实施条例》，为更好地保护、继承和发展我国优秀历史文化遗产，进一步推动历史文化村镇保护工作，建设部、国家文物局共同制定了《中国历史文化名镇（村）评选办法》，并据此评选公布了第一批中国历史文化名镇（村）。这为进一步推动历史文化村镇保护工作产生重大影响，具有十分重要的意义。日前本报记者就此采访了国家文物局局长单霁翔。

问：请您谈一下这些年来我国在历史文化村镇保护工作中开展了哪些工作，取得了哪些成绩？

答：早在 20 世纪 70 ~ 80 年代，国际上一些国家和组织已经开始了对历史文化街区、村镇的保护实践。1976 年 11 月，联合国教科文组织在内罗毕通过了《关于历史地区的保护及其当代作用的建议》，国际古迹遗址理事会于 1987 年 10 月在华盛顿通过了《保护历史城镇与城区宪章》。这两个重要文件在国际范围内确立了历史文化街区、村镇保护的理念，成为人们付诸保护实践的行为准则。

1986 年 12 月 8 日，国务院批转了《建设部、文化部关于请公布第二批国家历史文化名城名单的报告》，指出："对一些文物古迹比较集中，或能较完整地体现出某一历史时期的传统风貌和民族地方特色的街区、建筑群、小镇、村寨等，也应予以保护。各省、自治区、直辖市或市、县人民政府可根据它们的历史、科学、艺术价值，核定公布为当地各级'历史文化保护区'。对'历史文化保护区'的保护措施可参照文物保护单位的做法，着重保护整体风貌、特色。"这是首次在国务院文件中对历史文化街区、村镇的保护做出了明确规定，成为全国性历史文化街区、村镇保护工作的起点，具有里程碑式的意义。

此后，浙江、江苏、北京、重庆等许多地方相继公布了当地的历史文化保护区、历史文化名镇、历史文化街区等。在此次公布的第一批 10 个中国历史文化名镇中，就有 7 个属于省、直辖市公布的历史文化名镇。一些地方将历史文化村镇的保护列入了地方法规，对历史文化村镇的确定，保护规划的制定、实施和监督管理等方面都做了具体规定。许多历史文化村镇经过充分的科学论证，制定了详细的保护规划，对文物古迹采取了严格的保护措施，对保持古村镇的历史风貌发挥了重要作用。此次公布的第一批历史文化名镇基本上都制定了保护规划，对古镇的建筑风格、分类分区的各种保护措施等做了详细规定。我们还高兴地看到，一些历史文化村镇以其优美的自然和人文景观、鲜明的地方特色吸引了大批游人，成为新的旅游胜地，有力地带动了当地经济和社会文化的发展，取得了良好的经济和社会效益。但是，由于 1982 年全国人大常委会公布的《文物保护法》并不涵盖具有重大保护价值的历史文化街区、村镇。一些历史悠久、独具特色的历史文化街区、村镇由于得不到法律的保护，在城乡建设中遭到拆毁和毁坏。

去年 10 月 28 日，新修订的《中华人民共和国文物保护法》公布施行，第一次在法律上明确了历史文化街区、村镇受国家保护的制度，为我国将特定的城镇、街道、村庄作为历史文化遗产保护对象提供了法律依据。今年 5 月 18 日，国务院公布了《中华人民共和国文物保护法实施条例》(以下简称《实施条例》)，并于 7 月 1 日起施行。新的《文物保护法》及其《实施条例》对历史文化村镇的保护做了明确规定，是历史文化村镇保护最重要的法律基础，为进一步推动这项工作提供了有力的法律保障。

问：我国历史文化名村、名镇保护工作中还存在哪些不足？

答：当前历史文化村镇保护工作面临的形势尚不容乐观，从全国范围内分析，这项工作还刚刚起步，理论研究和法制建设都亟待加强，特别是今后一段时期，经济的快速发展必然伴随着大规模经济建设、城乡建设和大型基础设施建设与历史文化街区、村镇保护之间的矛盾。当前，历史文化村镇的保护工作主要还存在着以下一些问题。

(1) 全国的历史文化村镇保护工作发展还很不平衡。一些地方已经公布了本地区的历史文化村镇，并采取了地方立法、制定保护规划等保护措施，历史文化村镇的保护工作取得了明显成效。而相当多的地方还没有真正开展这项工作，保护工作处于停滞不前的状态。在新《文物保护法》及其《实施条例》出台后，在全国范围内全面深入地开展历史文化村镇的保护工作已经成为当务之急。

(2) 一些地方没有充分认识到历史文化村镇保护的整体性，将历史文化村镇的保护狭义地理解为对村镇中少数的文物保护单位本体的保护，忽视对文物周边的环境风貌和一些尚未列入文物保护单位的优秀传统民居建筑的保护。往往不经充分的科学论证，就在历史文化村镇中乱拆乱建，导致相当数量的优秀传统民居建筑被拆毁，而新建的一些所谓仿古景点却遍地开花，对历史文化村镇的整体风貌和文物的环境景观造成了严重影响。

(3) 制定和完善历史文化村镇保护规划的任务还十分艰巨。制定和严格执行专门的保护规划对历史文化村镇的保护具有极其重要的意义。当前，各地已经公布的历史文化村镇中还有相当数量的村镇没有制定专门的保护规划。随着工作的深入开展，随着更多的历史文化村镇的公布，保护规划的制定和完善工作将更加繁重。

（4）片面追求眼前利益和经济效益，对历史文化村镇进行无限度无规划的超容量开发的现象还相当严重。一些地方过度的旅游开发，已经对当地的文物古迹、自然环境和居民生活、风俗习惯形成了不容忽视的现实威胁，形成不利于历史文化村镇可持续发展的危机。

（5）有的地方违反《文物保护法》关于建立博物馆、保管所或者辟为参观游览场所的国有文物保护单位，不得作为企业资产经营的规定，擅自改变国有文物保护单位的管理体制，交给企业经营。还有的地方在开发利用中没有充分考虑当地群众的利益，挫伤了人民群众保护历史文化遗产的积极性。

问：我国文物保护工作中的一项重要内容就是历史文化村镇的保护，今后我们应在哪些方面努力加强这项工作？

答：历史文化村镇的保护是文物保护工作的重要方面，要进一步做好这项工作，必须坚决贯彻落实《文物保护法》和“保护为主、抢救第一、合理利用、加强管理”的文物工作方针。

十多年来历史文化村镇保护的工作实践已经证明，历史文化村镇是以丰富的历史文化遗产资源为基础的，首批授予中国历史文化名镇（村）的10个名镇、12个名村中就有5个名镇、8个名村是全国重点文物保护单位。文物保护搞不好，历史文化村镇就会名存实亡。新的《文物保护法》规定了历史文化村镇应当是保存文物特别丰富并且具有重大历史价值或者革命纪念意义的城镇、村庄，进一步明确了历史文化村镇的保护是文物保护工作的重要方面。

要进一步做好历史文化村镇的保护工作，必须严格遵循文物保护工作的客观规律，坚决贯彻《文物保护法》及其《实施条例》的规定和“保护为主、抢救第一、合理利用、加强管理”的文物工作方针。建设部、国家文物局已经根据《文物保护法》的规定，草拟了《历史文化名城和历史文化街区、村镇保护条例》，目前正在进行相关论证和修改，在稿子比较成熟后，将报请有关部门审核，之后报国务院批准。

各地文物部门要同建设部门密切配合，按照《文物保护法》和文物工作方针的要求，把历史文化村镇保护作为一项重要工作来抓，扎扎实实地做好本地区内历史文化遗迹比较丰富的村镇和村镇内的文物古迹的调查摸底，在今后一两年内公布一批新的历史文化村镇。对历史文化村镇内符合文物保护单位条件的不可移动文物，要及时核定公布为文物保护单位。同时，要充分认识到历史文化村镇的保护并不仅仅限于对文物保护单位的保护，而是对整个村镇的历史文化遗产的区域性的整体保护。要在科学论证的前提下，注重对历史文化村镇的文物本体、环境景观、历史风貌、地方特色等各方面历史文化资源的全面保护，制定和严格执行符合文物保护要求的历史文化村镇保护规划。要在有效保护、保存和展示历史文化遗产的前提下，坚持可持续发展战略，科学、适度地合理利用历史文化资源。要在历史文化村镇管理体制改革的探索过程中，坚持依法办事，下决心纠正那种擅自改变国有文物保护单位管理体制的错误做法。要按照“三个代表”的要求，在历史文化村镇的保护管理工作中，尤其是合理利用的收益分配上，充分考虑到当地人民群众的根本利益，有效地调动人民群众的积极性，使当地群众能够以主人翁的精神，自觉地保护好历史文化遗产，使历史文化村镇的保护工作真正落到实处。

问：这次首批中国历史文化名镇（村）的评选为我国历史文化村镇的保护工作树立了榜样，有关部门将采取哪些监督管理措施，对这项工作今后有何设想？

答：首批中国历史文化名镇（村）的评选、公布是建设部、国家文物局进一步推动历史文化名镇（村）工作的一项重要举措。

中国历史文化名镇（村）的称号既代表着崇高的荣誉，是对此次授牌的10个名镇、12个名村的历史文化遗产保护工作的肯定，也代表着重大的责任，对各个名镇（村）的保护工作提出了更高的要求。希望首批中国历史文化名镇（村）都能以此为新的起点，以“不负先人，传承子孙”的历史责任感和使命感，切实保护好宝贵的历史文化遗产，为全国的历史文化街区、村镇的保护工作树立良好的榜样。建设部、国家文物局将对中国历史文化名镇（村）实行动态管理，不定期检查和监督有关保护工作，对于已经不具备规定条件的，撤销其历史文化名镇（村）的称号。各地文物部门要同建设部门密切配合，抓住此次评选、公布首批中国历史文化名镇（村）的契机，同新的《文物保护法》颁布1周年的宣传活动相结合，广泛宣传《文物保护法》关于历史文化村镇保护的规定，尤其要在历史文化遗迹保存丰富的村镇大力宣传、普及历史文化村镇保护的知识和理念，在全国范围内将历史文化村镇的保护工作掀起一个新的高潮。

江苏昆山历史文化名镇（2009年7月6日）

共同担负起保护世界文化遗产的神圣职责——访国家文物局局长单霁翔同志

记者李让《中国文物报》2004 年 6 月 25 日

世界遗产委员会第 28 届会议即将在江苏省苏州市举行。这是中国承办的教科文领域规模最大、会期时间最长、参会人数最多的国际会议。

拥有悠久历史、灿烂文明的中国，自 1985 年加入《保护世界文化和自然遗产公约》后，在不到 20 年的时间里，已有 29 项文化和自然遗产被列入《世界遗产名录》，总数仅次于西班牙、意大利，名列世界第三。中国在世界遗产保护工作中做出的突出、卓越贡献，得到了联合国教科文组织和其他国际组织的充分肯定，赢得了全世界的尊重。

国家文物局在中国保护世界文化遗产事业中承担重要职责，它所发挥的作用以及所做的工作，已经成为社会公众关注的一个焦点。

日前，国家文物局局长单霁翔同志接受了本报记者的专访，就公众关注的中国世界文化遗产保护事业中的一些情况回答了记者的提问。

问：中国的世界遗产保护已经取得了举世瞩目的成就。在已经被列入《世界遗产名录》的项目中，有文化遗产 21 处，文化和自然双重遗产 4 处。应该讲，在国家保护世界遗产事业中承担重要职责的国家文物局，做出了很大努力。请您介绍一下这方面的情况。

答：6 月 28 日至 7 月 7 日将在苏州召开的联合国教科文组织世界遗产委员会第 28 届会议是首次在中国举行的世界遗产委员会会议。无论对中国，还是对世界，它都标志着世界遗产保护事业已经进入一个重要的历史阶段。

中国是世界公认的文明古国，目前在中国境内已经发现距今大约 200 万年旧石器时代人类活动的遗存。在漫长的历史进程中，中国的先人用勤劳和智慧创造了灿烂辉煌的中华文明。浩若繁星的中国文物就是重要物证。据国家文物局的统计，目前中国已知的地上地下不可移动文物有近 40 万处，国有馆藏的各类可移动文物约 1 260 万件。国家对各类重要的遗址、遗迹等不可移动文物，采取分级公布为文物保护单位的方式加以保护。目前全国共有县级文物保护单位 6 万余处，省级文物保护单位近 7 000 处，全国重点文物保护单位 1 271 处。国家对各类重要的可移动文物，包括历史上各时代重要实物、艺术品、文献、手稿、图书资料、代表性实物等，根据其历史、科学、艺术价值分别定为珍贵文物和一般文物，珍贵文物又分为一级文物、二级文物和三级文物。

中国文物是世界文化遗产的重要组成部分

1972 年 11 月 16 日，联合国教科文组织第 17 届大会在法国巴黎通过了《保护世界文化和自然遗产公约》。1976 年 11 月，世界遗产委员会在第一届《保护世界文化和自然遗产公约》缔约国大会上正式成立，并建立《世界遗产名录》。1985 年 11 月 22 日全国人大常委会批准我国加入《保护世界文化和自然遗产公约》。1987 年世界遗产委员会第 11 届会议批准我国的 6 处遗产列入《世界遗产名录》。到去年 7 月 4 日，我国已有 29 处文化遗产和自然遗产被列入《世界遗产名录》，拥有的世界遗产总数居西班牙、意大利之后，位列世界第三位。中国已经成为举世公认的世界遗产大国。

中国政府历来高度重视世界遗产的保护和管理工作。温家宝总理在今年的《政府工作报告》中明确要求“搞好自然、文化遗产保护工作”。正是由于政府采取了各种有力的措施，加强对世界遗产的保护和遗产的发掘、科研、管理工作，我国的世界遗产保护事业才在这样短的时间里取得这样举世瞩目的成就。

问：国家在保护管理世界文化遗产方面采取了哪些具体的措施?

答:《保护世界文化和自然遗产公约》对世界遗产保护做出了明确规定，缔约国均承认，“本国领土内的文化和自然遗产的确定、保护、保存、展出和遗传后代，主要是有关国家的责任。该国将为此竭尽全力，最大限度地利用本国资源，必要时利用所能获得的国际援助和合作，特别是财政、艺术、科学及技术方面的援助和合作”。这是一个国际承诺。加入《保护世界文化和自然遗产公约》就必须严格遵守公约，加强保护我国的世界遗产，这是直接关系到中国政府在国际社会形象的大事。

在将近 20 年的时间里，国家在保护管理世界遗产方面，应该说是在不断进步的，保护管理的水平不断提高。

我国的文物法制建设经过不断加强完善，现在已经初步形成了以《中华人民共和国文物保护法》为核心，以专项法规、部门规章和地方法规为骨干的文物保护法规体系。1982 年公布实施的《文物保护法》是我国文物保护事业的第一部法律，在保护文化遗产方面发挥了巨大作用。2002 年 10 月，全国人大常委会审议通过了《文物保护法》修订案，为 21 世纪我国文物工作和世界遗产保护事业的发展提供了更加有力的法律保障。各级人大、政府也着力加强文物保护法规体系建设，出台了一批具有很强针对性和操作性的行政规章和地方法规，初步营造了依法决策、依法管理的文物保护法律环境。此外，我国还加入了与文化遗产保护有关的 4 个国际公约。各级政府及相关职能部门加强了依法行政的力度，在充分发挥文物行政部门执法作用的同时，组建了各种形式的文物执法队伍。

各级政府对文物工作关心、重视的程度普遍提高，按照文物保护“五纳入”工作的统一部署，将文物保护纳入当地经济和社会发展计划，纳入城乡建设规划，纳入财政预算，纳入体制改革，纳入各级领导责任制，不断提升文物工作的社会地位和文物事业的整体水平。

2001 年，根据国务院三定方案的要求，国家文物局在文物保护司成立了世界遗产管理处，负责世界遗产的申报和管理工作。2002 年，国家文物局和文化部、国家计委、财政部、教育部、建设部、国土资源部、国家环保总局、国家林业局等九部委局联合发出《关于加强和改善世界遗产保护管理工作的意见》，强调一切开发、利用和管理工作，首先必须把遗产的保护和保存放在第一位，都应以遗产的保护和保存为前提，都要以有利于遗产的保护和保存为根本。对此前少数地方违规操作、破坏世界遗产的做法，给予坚决的纠正。

去年根据中央领导指示，国务院研究室组织了十几个相关部门对我国世界文化遗产的保护状况进行了调研。今年 2 月，国务院转发了文化部、建设部和国家文物局等部门《关于加强我国世界文化遗产保护管理工作的意见》，要求提高认识，端正对世界文化遗产保护管理工作的指导思想；强化责任，加强对世界文化遗产保护管理工作的领导力度，全面推进世界文化遗产的保护管理工作。

一些世界遗产地也进行了立法工作。比如长城，去年 5 月，北京市颁布了我国第一部长城保护专项地方法规——《北京市长城保护管理办法》。现在，国家文物局正在组织起草《长城保护管理条例》。

问：近年来社会公众已经注意到国家对世界遗产的维修保护力度正在不断加大，比如，故宫、布达拉宫、罗布林卡、云冈石窟的维修保护工程都已经被列入今年国家文物局的重点文物保护工程，而且现代科技手段已经被广泛应用在世界文化遗产的保护管理中。请您介绍一下这方面的情况。

答：科学技术作为第一生产力已经在文物工作中成为广泛的共识。现代科学技术在文物保护工作中正在发挥越来越大的作用。近几年，随着各级政府对文物保护工作的重视和我国综合国力的增强，文物保护经费不断增加，国家财政用于文物保护的专项补助经费从 1995 年的 1.29 亿元增加至 2002 年的 2.76 亿元。各级地方政府普遍设立文物保护专项资金，用于文物事业的经费也逐年有所增加，“九五”期间的投入达到 19.6 亿元。北京市政府于 2000 年出台了“三年 3.3 亿元文物抢救修缮计划”，并将于 2003 年至 2008 年间，每年再投入 1.2 亿元用于文物保护。这些为在世界文化遗产保护管理中使用当代最新科学技术提供了经费保障。由于在文物保护管理中使用了高新技术、高新材料，因此我们的文物保护管理水平较过去有了很大的飞跃。一大批有关古建筑、石窟保护维修、馆藏文物和重要出土文物保护等技术难题正在逐步得到解决。我们已有 100 多个项目被国家科技部、文化部、国家文物局评为科技成果一、二、三等奖或其他奖项。其中，“九五”

期间，文物科技保护领域有10项成果被列入国家重点科技项目。我们已经建立一批文物科研机构，拥有一支具有一定实力和水平的文物科研队伍，文物单位之间经常开展科技保护联合攻关，我们也在积极开展国际间的文物保护科技合作，探索多种国际合作形式，中国文物保护科技工作者参与了联合国援助柬埔寨世界文化遗产吴哥窟保护维修项目，在国际舞台上展示了我国文物保护工作的实力和水平。

国家文物局还狠抓了文物保护的科学管理。在文物保护工程管理方面，鉴于文物保护工程是一项专业性很强的工作，与一般建筑工程有本质的区别，去年4月，文化部制定了《文物保护工程管理办法》，明确规定"承担文物保护工程的勘察、设计、施工、监理单位必须具有国家文物局认定的文物保护工程资质"。5月，国家文物局又颁布了配套规章《文物保护工程勘察设计资质管理办法（试行）》和《文物保护工程施工资质管理办法（试行）》。11月，国家文物局组成专家委员会对各省、自治区、直辖市文物行政部门推荐的文物保护工程勘察设计单位和施工单位进行了认真的审查，批准了一批单位具有文物保护工程勘察设计资质、施工资质。在科研课题和科研项目管理方面，国家文物局加大了工作力度。8月，国家文物局成立了"文物保护科学和技术研究课题管理办公室"，10月，国家文物局发布了《文物保护科学和技术研究课题管理办法》，为了最大限度地利用业内外的人才优势和科技力量，国家文物局本着"公平、公正、公开"的原则，对重大科研课题和科研项目采取公开招标的方式，已经取得很好的效果。下半年，"国家文物局科技平台"开通。科研活动实施网上管理，大大提高了管理效率，也增加了管理工作的透明度。

问：在世界文化遗产保护方面还存在哪些问题？

答：现在，各级政府对世界文化遗产保护工作十分重视，公众也对世界文化遗产非常关注，在世界文化遗产所在地各级人民政府和有关部门积极努力下，我国世界文化遗产保护管理工作不断加强，世界文化遗产地及周边环境不断改善，社会效益和经济效益日益增强。但是，也应该看到，世界文化遗产保护管理的形势仍然十分严峻：一是一些地方世界文化遗产保护意识淡薄，重申报、重开发、轻保护、轻管理的现象比较普遍；二是少数地方对世界文化遗产进行超负荷利用和破坏性开发，存在商业化、人工化和城镇化倾向，使世界文化遗产的真实性、完整性受到损害；三是管理体制不顺，管理层次总体偏低，有的地方机构重叠，职能交叉；四是保护管理法制不健全，存在有法不依和无法可依的情况；五是保护管理经费严重不足。

问：今后国家文物局在保护世界文化遗产方面的基本思路和工作要点是什么？

答：人类社会已经进入充满生机与希望的21世纪。世界文化遗产保护事业联结着民族的历史、现实和未来，是我国社会主义精神文明和物质文明建设的重要组成部分。我们要在工作中树立和落实科学发展观，全面地、完整地、坚定不移地坚持"保护为主、抢救第一、合理利用、加强管理"的方针，认真履行相关的国际义务，认真执行我国的《文物保护法》以及其他相关法律法规，努力把我国建设成为世界文化遗产保护强国。

当前和今后一段时期要做的重点工作有以下几项。

（1）制订符合世界文化遗产保护管理要求的世界文化遗产保护中长期科学规划。申报世界文化遗产的工作也要制订规划。

（2）加强人才培养与资质管理。在世界遗产全球战略中，能力建设始终排在重要位置，这需要我们全系统都要支持和参与人才培训，并逐步建立和实行世界文化遗产地保护管理资质制度。

（3）加大宣传教育的力度，鼓励社会方方面面的力量参与到保护世界文化遗产的实际行动中来。

（4）建立更完备的监测体系和制度，及时发现、查处在世界文化遗产保护中出现的各种问题。为更好地做好监测工作，将设立国家级巡回监测工作机构，实行巡回监测制度。

（5）成立世界文化遗产专家咨询委员会，并制定相应的工作规则和监督机制。

（6）积极开展有关保护世界文化遗产的全球战略的研究和国际合作。

（7）加强和完善研究工作和档案资料基础工作，为今后的发展奠定坚实的科学基础。

（8）制定和完善世界文化遗产保护管理的专项法规，尽快制定出《世界遗产保护管理条例》。

中国在世界文化遗产保护事业中发挥的重要作用、做出的重要贡献，已经得到了全世界的普遍承认。我们今后的努力方向是进一步提高我国的世界文化遗产申报和管理工作水平，在做好申报工作的同时，加强世界文化遗产地保护管理和监测工作，将世界文化遗产保护事业引向深入。

会见世界遗产中心班德林主任（2004年7月18日）

大运河保护迫在眉睫——国家文物局局长单霁翔访谈

记者曲冠杰《中华遗产》2004 年 7 月创刊号

长达数千千米的京杭大运河，与袤延万里的长城，作为举世闻名的古代中国人创造的伟大工程，都是华夏民族的历史丰碑和永远的骄傲！长城早已作为全国重点文物保护单位跻身于《世界遗产名录》之中，而造福千年的大运河至今仍游荡在文物保护视野外。

如今，南水北调东线一期工程已次第展开，有关人士认为，南水北调工程文物保护工作之繁重比三峡工程有过之而无不及；在有关可行性研究报告中，东线工程主要是利用运河古河道整修后进行调水，但是对运河沿线文物古迹的保护未给予应有的重视，使其面临前所未有的严峻挑战。记者最近就此采访了国家文物局局长单霁翔。

针对大运河保护面临的诸多问题，单霁翔强调，目前亟须确定大运河作为人类文化遗产的特质与地位。

他介绍说：大运河肇始于春秋吴王夫差之凿邗沟；至隋代完成了以洛阳为中心的大运河；此线于唐宋时繁盛一时；元代截弯取直，形成了贯通南北的京杭大运河；有明一代和清前、中期，京杭大运河成为漕运通道，屡加疏通。

大运河连缀海河、黄河、淮河、长江、钱塘江五大水系，纵贯华北平原、淮海平原和杭嘉湖平原，在沿线与支线网附近崛起一大批如扬州这样繁华的城镇，极大地促进了中国东部和中部地区的发展，沟通着中国南北方经济文化交流。清嘉庆后，海运渐兴，运河失修，黄河北岸段放弃以致梗塞，大运河昔日辉煌终成过去。

大运河涉及长江与黄河这两个中国古代文化、文明的核心地区，连接着夏文化、商文化、楚文化、燕文化、齐鲁文化等中国历史上重要的文化区域，是古代人类生活集中、文化遗址密集的地区。各个时代的大运河贯穿之地，都留下了丰富的文物古迹，被人们誉为“古代文化长廊”、“古代科技库”、“名胜博物馆”、“民俗陈列室”，包含了历史、科学、艺术各方面的价值，其文物价值与意义都非同寻常。

不仅如此，大运河在长度、年代上还创下了傲视环宇的纪录，特别是沿岸几十座城市有着独特的人文景观和民俗风韵，保存了极具内河特色的文化。

令人遗憾的是，作为华夏先民智慧与创造力结晶的大运河至今未被列入全国重点

苏州刺绣研究所（2004年6月27日）

文物保护单位，也没有一部法律法规来肯定和保障它的历史地位。大运河文化遗存定性的观念迟滞，导致文物保护工作的师出无名。

历史文物价值的游移不定与管理上的条块分割，造成了大运河保护与管理的窘困，这是我们亟须认识与了解的又一个重要现实问题。

大运河的保护现状也令人忧虑。除自然原因外，更有管理体制上的症结。大运河作为航运水道一直由各地水运或交通部门分段管理，管理人员和工程技术人员一般对大运河历史文化不甚了了，对大运河的文化综合价值更无从知晓。人们关注的是运量的增长与否，无从顾及对文化资源的开发利用；有关部门也往往是只着眼投资河道整修，忽视了文化的综合效益。尽管有学者不断呼吁，但总是泥牛入海，从而给遗产保护造成了极大的损失。

在大运河保护与管理中存在的这些问题，亟须协调并统筹解决。去年 6 月，国家文物局与水利部联合下发了《关于做好南水北调东、中线工程文物保护工作的通知》（以下简称《通知》）。《通知》第一项即明确文物保护是南水北调工作的重要组成部分，要求南水北调一期工程沿线各省市水利部门和南水北调工作机构，应及时向文物行政部门通报相关情况，给文物保护工作留下合理的实施时间；对不可移动文物应尽量避开等。但是迄今各地对《通知》的执行却不尽如人意。

单霁翔认为：大运河虽然历尽沧桑，却衰而未亡，江南河段仍然泽被今人。如何保护、利用好运河故道，保护、管理好现在使用的运河，是需要从整体上重视的问题。已开工的南水北调工程涉及大运河的保护、管理和利用，需要科研部门通过文物调查与保护研究解决一些难点、重点项目，需要国务院协调统筹相关部委同意承担保护工作，安排财政预算，做到“保护为主、抢救第一、合理利用、加强管理”，避免大运河遭到新的破坏。

大运河长达数千千米，据初步调查资料，东线仅一期工程涉及的文物点即达 919 处，工程前期设计过程中因未充分征求文物部门意见，致使文物保护工作未能充分纳入工程可行性研究报告中。而一些线路如南四湖、东平湖段调蓄水库的淹没范围尚未确定，从而影响了文物保护规划的制定。各省开展文物调查、勘探的前期工作经费也未能及时拨付到位，从而导致工程文物保护工作进展缓慢。而南水北调工程从去年 11 月开始已陆续开工，由于一期工期仅为三年，未能给文物保护工作留下合理的工作时间，而且考古工程在时间与空间上都与水利工程重合，这就使得文物的保护勘察、考古发掘、规划设计等项工作异常紧迫。此外，在人员、经费上也是捉襟见肘。

对此，国家文物局作为国家文物行政部门已将做好南水北调工程文物保护工作作为近一时期的一项重点工程，专门组成了“南水北调工程文物保护工作领导小组”负责组织、协调工程中的文物保护工作。

单霁翔最后提出：作为中国古代文明的重要载体和人类历史上伟大的水利工程之一，大运河及其沿线相关古迹不仅应在南水北调工程中得到有效保护，而且也应作为一个整体申报世界文化遗产。

北京致力追寻流失海外文物

记者曹健《世界日报》2004 年 10 月 6 日

中国国家文物局局长单霁翔 5 日在纽约呼吁旅美华人、华侨向祖国捐赠历史文物。他说，北京政府已设立专项经费，追讨和购回流失海外的珍贵文物。

中国驻纽约总领事馆昨晚在中国馆为即将在大都会艺术博物馆举行的《走向盛唐》文物展举行招待会。总领事刘碧伟、副总领事周赛星、崔爱民，文化参赞舒晓及大都会博物馆亚洲部主任屈志仁等 50 多位文物收藏及博物馆界嘉宾出席。

单霁翔表示，在中国政府追寻流失海外的文物的过程中，海外华人是重要力量之一，有许多侨胞在购买文物后捐给中国。他说，希望有更多海外华人向中国捐赠文物，丰富中国文物界的收藏。

对于佳士得、苏富比拍卖行每年拍卖大量中国流失国宝，单霁翔说，流失国宝情况较为复杂，有战争掠夺和非法盗掘后流失海外的，也有因祖传继承来到海外的文物。他说，中国将遵循联合国文物保护公约（巴黎公约）等国际惯例进行追讨。单霁翔以去年美国政府在纽约无偿向大陆归还的 6 件西汉陶俑和 2001 年在纽约归还的五代王处直墓汉白玉武士浮雕为例，肯定司法方式对大陆追讨文物的作用。西汉陶俑就是因中国驻美机构在拍卖会上获知消息，随后向联邦法院申请封存和暂停拍卖，才得以完璧归赵的。

单霁翔昨日倡议在《走向盛唐》结束后，中美立即着手就新的展览进行策划和磋商，使中国文物成为展示中国古老文化的窗口。刘碧伟称，中美文物交流已达到新水平，搭建了中美人民友谊的桥梁。

"越王亓北古剑"等入藏海南省博物馆仪式（2008年10月11日）

传承中华文明 任重而道远——访国家文物局局长单霁翔

记者郭婧 杨杨《江西财大报》2004 年 10 月 30 日

在 10 月 25 日 8 点整举行的江西省第三次文物普查成果开幕式中，有位来自京城的嘉宾——国家文物局局长单霁翔。在参观完井冈山精神大型展览会后，单霁翔局长和江西省副省长危朝安一行人准备驱车前往赣江宾馆出席全国文物宣传教育工作会议，记者趁机上前希望能够进行采访。当单霁翔局长了解到我们是《江西财大报》记者时，欣然邀请我们上车随行采访。赶在其他媒体之前，对单霁翔局长进行如此近距离的面对面采访，不禁使我们心跳加快。

记者先请单霁翔局长就刚出席的开幕式及参观的展览谈谈感想。单霁翔局长调整了一下坐姿说："首先感谢江西省文物工作人员，因为他们的辛勤工作才有了今天的成果展示会。文物，是历史的见证，对推动整个社会活动都有很重要的作用。近年来，我国文物保护宣传力度不断加大。今天，你们高校在校生也能来参观展示会，也可以说是宣传工作成绩的很好体现了。而你们，现在不也成了文物宣传队伍中的一员了吗？"单霁翔局长看着我们欣慰地笑了笑。

看到单霁翔局长严肃的脸上有了笑容，我们也壮起胆问他，在我国文物事业的发展中存在哪些问题，制约发展的瓶颈何在。单霁翔局长从容地答道："做任何工作都会存在不同程度的难度，做文物工作也不例外。但是我认为目前最重要的有三点：第一，做好基础性工作，它是深入开展文物工作的前提；第二，加强文物保护法执行力度，对文物的保护、发掘在法律上给予正确定位，并通过法律手段来保证文物保护、发掘工作实施的合法性和有效性；第三，加强宣传教育，要使广大民众认识到国家保护文物的信心和决心，大力弘扬文物工作者无私奉献的精神，使更多的人投身到文物保护工作的行列中。"

汽车越开越慢，要到目的地了，记者请单霁翔局长对我校学生提点希望，单霁翔局长说："高校也可以举行一些文物宣传教育活动嘛。你们将来都是国家建设的主力军，在学好专业知识的同时，多了解祖国的历史文化是大有裨益的。"

到达赣江宾馆后，单霁翔局长和危朝安副省长邀请我们继续留下来，旁听即将召开的"全国文物宣传教育工作会议"。在会上，单霁翔局长作了题为《开拓进取，求真务实，努力开创文物教育工作新局面》的工作报告，重申了上述三点指导性方针。会议结束，单霁翔局长、危朝安副省长和记者合影留念，其间，和蔼的单霁翔局长不时地向有关领导介绍我们两个来自江西财大的学生记者。

近中午，单霁翔局长执意留我们与他一起共进午餐。恭敬不如从命，怀着对单霁翔局长的敬仰之情，我们再次坐在了他的身边，消除了对领导的神秘感和对文物保护工作的陌生感，深深感到传承中华文明，任重而道远。

河北紫荆关长城（2004年6月12日）

宝鸡五位护宝有功农民赴欧考察

《中国文物报》2004 年 11 月 26 日第 2 版

11 月 24 日，陕西省宝鸡市眉县杨家村农民王宁贤等 5 位保护文物的功臣从宝鸡启程，于 11 月 26 日从北京乘坐国际航班，赴意大利和法国进行为期 10 天的考察参观。

去年 1 月 19 日，眉县杨家村王宁贤、王拉乾、王明锁、汪秦宁、张勤辉等 5 位农民发现并保护了 27 件西周青铜器，为保护国家文物做出了突出贡献，受到了国家文物局、陕西省文物局和宝鸡市政府和眉县政府的表彰奖励，在全国产生了较大影响。为弘扬 5 位农民自觉保护文物的崇高精神和品质，展示当代中国农民的风采，宣传中国各级政府和广大群众积极贯彻落实《文物保护法》，保护人类历史文化遗产所取得的卓越成果，增进中外文化交流，经国家文物局局长单霁翔提议，由陕西省和宝鸡市文物局组织 5 位农民赴法国和意大利参观博物馆，考察国外历史文化遗产的保护情况。

5 位农民将在意大利罗马、梵蒂冈、佛罗伦萨、威尼斯和法国巴黎等城市参观考察圣彼得大教堂、斗兽场、君斯坦丁凯旋门、圣马可广场、圣马可大教堂、卢浮宫、埃菲尔铁塔、凡尔赛宫、巴黎圣母院、凯旋门、香榭丽舍大道等文物古迹。宝鸡市文物局局长张润棠作为团队领队，《华商报》记者随行采访报道。

组织奖励保护文物有功的农民出国考察参观，在新中国历史上还属首次。

宝鸡眉县杨家村珍贵文物出土地点（2004年6月6日）

国家文物局局长单霁翔谈《文物行政处罚程序暂行规定》

记者李让《中国文物报》2005 年 3 月 9 日

为了贯彻国务院《全面推进依法行政实施纲要》，规范文物行政部门的行政处罚行为，保护公民、法人和其他组织的合法权益，根据《中华人民共和国行政处罚法》、《中华人民共和国文物保护法》及其他有关法律、行政法规的规定，《文物行政处罚程序暂行规定》已经由文化部孙家正部长签发，并于 1 月 24 日起实施。《文物行政处罚程序暂行规定》为国务院文物行政部门以及县级以上地方各级文物行政部门处理违反文物保护法律、法规的行为，实施行政处罚提供了明确的依据。

日前，本报记者就《文物行政处罚程序暂行规定》出台后业内外人士关注的问题，采访了国家文物局单霁翔局长。

问：您在去年 12 月下旬召开的全国文物局局长会议上具体介绍了今年全国文物系统健全和完善文物保护法规体系的情况时，提到公布并实施部门规章《文物行政处罚程序暂行规定》，引起了当时与会的各地文物行政部门领导的关注。请问，国家有关部门制定《文物行政处罚程序暂行规定》是出于怎样的考虑？

答：行政执法是行政机关大量的经常性的活动，是行政机关依法履行职能的基本形式。行政机关依法行使行政处罚权，对于制止和纠正行政违法案件的发生，维护社会秩序起到了十分重要的作用。但也必须承认，行政处罚行使也存在“软”和“乱”两方面问题：一是法律依据不足，难以制止和纠正日益增多的违法行为；二是行政机关在行政执法过程中忽视程序的现象十分普遍，处罚不当的现象时有发生，有的严重侵犯了公民法人合法权益，也损害了法律尊严。

因此，各界人士强烈呼吁，必须尽快制定一部行政处罚法，统一解决目前实践中存在的各种问题。1996 年 3 月 17 日，第八届全国人民代表大会第四次会议审议通过了《中华人民共和国行政处罚法》，同年 10 月 1 日起施行。《中华人民共和国行政处罚法》对行政处罚的种类、设定、实施机关、管辖、适用等基本问题做了明确规定，基本规范了我国行政处罚的原则和方法。这是我国全面规范政府行政处罚行为的第一部法律。

为了保证行政处罚法的全面正确实施，国务院于 1996 年 4 月 15 日下发了《国务院关于贯彻实施〈中华人民共和国行政处罚法〉的通知》，对贯彻实施行政处罚法提出了明确的要求。

1997年12月，文化部发布《文化部文化行政处罚程序规定》，基本规范了文化行政处罚行为，保障和监督了文化行政部门有效实施文化行政管理，保护了公民、法人和其他组织的合法权益。

随着新修订的《中华人民共和国文物保护法》和《中华人民共和国文物保护法实施条例》的出台，文物行政部门被赋予了更多的行政处罚权，其中地方各级文物行政部门的行政处罚权占绝大多数。文物行政部门行政处罚权的增加，要求更为全面细致的程序性规定与之相呼应。否则，程序不合法，乱执法，乱处罚，必然造成新的行政违法现象。为了执行有关法律法规，规范文物行政处罚程序，需要细化对文物行政处罚的程序性规定。虽然文化部发布了《文化部文化行政处罚程序规定》，但是，由于一些地方的文物行政管理体制没有理顺，有相当一部分地区的文物行政处罚行为没有得到有效规范，导致文物行政处罚管理比较混乱。

因此，根据《中华人民共和国行政处罚法》、《中华人民共和国文物保护法》及其他有关法律、行政法规的规定，由国家文物局依法制定的《文物行政处罚程序暂行规定》，为国务院文物行政部门以及县级以上地方各级文物行政部门正确实施行政处罚提供了明确的依据，规范了文物行政处罚行为。总之，《文物行政处罚程序暂行规定》的出台，是十分及时、必要的，填补了文物行政处罚立法的空白。

问：据我所知，制定《文物行政处罚程序暂行规定》是国家文物局去年的一项重点工作，请您简要介绍一下起草过程。

答：2003年10月，国家文物局就开始与有关机构研究《文物行政处罚程序暂行规定》的起草工作。承担具体起草任务的北京市文物局先后走访了北京市的8个单位，并到文化部、国土资源部、国家药监局、国家工商总局等10多个中央国家机关，对行政处罚程序执行情况进行了调研，征求意见，收集资料，结合文物工作的特点和多年来执法工作实践，开始了《文物行政处罚程序暂行规定》的起草工作。

起草过程中，国家文物局组织局机关有关处室、省级文物行政部门多次召开座谈会听取对起草工作的意见。草案稿形成后，国家文物局又书面征求了全国省级文物行政部门的意见。根据各地意见，国家文物局对草案稿再次进行了讨论修改。最后，《文物行政处罚程序暂行规定》经文化部部务会议审议通过，以部长令的形式发布。

从这个过程中可以发现，《文物行政处罚程序暂行规定》是全国文物系统行政执法工作实践的总结，反映了中央国家机关、地方行政部门和许多法律、管理、文物专家的意见和智慧，是一个比较成熟的规章。

问：制定并实施《文物行政处罚程序暂行规定》有什么重大意义？

答：我国的法律、法规和规章大部分是属于行政管理性质的，要由国家行政机关来贯彻实施。行政处罚权是行政权力的一个重要组成部分，行政机关是行使行政权力的法定主体，当然也是行使行政处罚权的法定主体。许多法律法规规章后面都有法律责任一章，其内容一般是规定对违法者给予哪些行政处罚。这是行政机关贯彻法律法规规章，维护公共利益和社会秩序的重要手段。但是从另一方面讲，行政处罚的不当行使，将损害公民、组织的合法权益。《文物行政处罚程序暂行规定》的制定和实施，对于促进各级文物行政部门依法行政，加强廉政建设，密切政府与人民群众的关系，保护公民、法人或者其他组织的合法权益，具有重要的现实意义和深远的历史意义。

依法行政，就是用法律来规范政府的行政行为。制定并实施《文物行政处罚程序暂行规定》，有利于完善文物行政处罚的法律制度，促进、监督、保障行政部门依法行使职权，有效完成行政管理任务。过去，由于缺少《文物行政处罚程序暂行规定》，文物行政部门面对日益增多的违法现象，执行处罚缺乏有效处罚程序，处罚制度不健全，引发的行政诉讼案件逐年增多，各地在执法中由于对行政处罚的依据、证据要求、程序、原则及幅度等内容的规定不统一、不明确，给行政部门造成较大被动，使法院也难以审查裁决。

《文物行政处罚程序暂行规定》规范了文物行政处罚的实施，从程序上保证行政管理的公正，对行政机关正确实施行政处罚，密切政府与人民群众的关系，改善行政管理工作，提高执法水平，保护公民法人和其他组织的合法权益将起到积极作用。

最近，国务院总理温家宝在国务院第三次廉政工作会议上，要求各级政府今年要重点抓好八个方面的改革和制度建设。其中一项就是推进行政执法责任制。要加强行政执法程序建设，政府机关及其工作人员必须按法定程序办事。从这个意义上讲，贯彻实施《文物行政处罚程序暂行规定》也是各级文物行政部门抓好改革和制度建设的一个重要内容。

问：《文物行政处罚程序暂行规定》出台后，国家文物局对其在全国文物系统的贯彻实施有什么要求？

答：为保证《文物行政处罚程序暂行规定》在全国文物系统全面、正确实施，国家文物局要求各地要结合本地实际情况，认真研究、落实，切实做好贯彻实施中的各项工作。

（1）认真组织学习、宣传《文物行政处罚程序暂行规定》。要充分认识到《文物行政处罚程序暂行规定》是根据《中华人民共和国行政处罚法》、《中华人民共和国文物保护法》及其他有关法律、行政法规的规定，制定的规范文物行政机关行政处罚的程序性规定，与文物行政机关的关系重大，其所确立的行政处罚法定原则、行政处罚公正原则、行政处罚公开原则、教育与行政处罚相结合原则、保护当事人权益原则、受行政处罚不免除民事责任原则和行政处罚设定权制度、实施行政处罚主体资格制度、相对集中行政处罚权制度、听证制度、罚款决定与罚款收缴相分离制度、对行政处罚监督制度等，对提高行政机关依法行政水平具有重要意义。各级文物行政部门的工作人员特别是领导干部，都要充分认识实施《文物行政处罚程序暂行规定》的重要意义，认真学习《文物行政处罚程序暂行规定》。

(2) 进一步建立和完善文物行政执法的工作制度。《文物行政处罚程序暂行规定》对文物行政执法工作提出了更高的要求，尤其在执法程序的工作制度方面作了进一步规范。要结合《文物行政处罚程序暂行规定》的贯彻实施，加强文物行政执法队伍建设，切实提高文物行政执法的权威和效率。各级文物行政部门要高度重视文物行政执法队伍建设，把建立高效、廉洁的文物行政执法队伍作为贯彻实施《文物行政处罚程序暂行规定》、提高依法行政水平的关键工作来抓，切实抓出成效。要抓紧对文物行政执法人员进行培训，努力提高文物行政执法人员的整体素质和执法水平。

(3) 加强对文物行政处罚的监督工作，逐步建立文物行政执法监督机制。《文物行政处罚程序暂行规定》总则第四条规定："上级文物行政部门对下级文物行政部门实施的文物行政处罚行为进行监督。"各级文物行政主管部门要具体承担对行政处罚的监督检查工作，定期组织执法检查，加强执法队伍的层级监督，建立大案、要案审查和备案制度、行政处罚统计制度等，使文物行政执法监督工作规范、有序地进行，确保文物行政执法的有效公正。

问：以贯彻实施《文物行政处罚程序暂行规定》为杠杆，国家文物局在今年的文物行政执法工作中将有哪些新举措？

答：最近，国家文物局局长办公会对文物行政执法工作进行了专题研究。大家一致认为，应该把加强和改善文物行政执法和督查，作为国家文物局最重要的工作之一。我们初步设想，要在对涉及文物和文物保护单位安全的事故和案件的调查和处理方面，在对涉及全系统的四项基础工作的推动和检查落实方面，采取更加公开、公正和坚决的措施。具体情况很快就会向全系统公告。

平遥古城安全执法检查（2005年7月12日）

国家文物局局长单霁翔接受本报记者专访——《长城保护管理条例》今年实施

记者张瑾《京华时报》2005 年 3 月 10 日

昨天，记者敲开全国政协委员、国家文物局局长单霁翔的房间时，他正伏案疾书。“在政协社科组讨论时，一位委员提出了加大对南水北调工程中文物保护的建议，现在我正赶着答复。”在接受记者采访时，单霁翔说，他在前两届两会上反复呼吁的立法保护长城的问题，今年终于有了结果——《长城保护管理条例》已经起草完成，将于今年公布实施。

问：国家今年在文物保护方面有哪些大的动作?

答：今年，国家文物保护的专项经费投入比去年翻了一番，另外各地政府和文物主管部门也会有各自的规划和经费投入。加大投入的主要原因是要加大对大型墓群和城市古建筑群的保护力度，因为它们往往与城市建设之间的矛盾最为激烈。国家财政为此专门增加 2.5 亿元，要完成丝绸之路（新疆段）30 处大遗址保护规划纲要的编制工作。

此外，今年我们将第一次研究文物对国民经济和社会发展的贡献率，把它量化，特别是现在城市化进程很快，我们要看看文物保护究竟对经济和社会发展做出多大的贡献，做到心中有数。同时，我们还要健全和完善一系列文物保护法规。

问：南水北调工程的文物保护问题受到社会很大关注，请您谈谈这方面的情况。

答：在社科组讨论时，一位委员提出了加大对南水北调工程中文物保护的建议，我们对此事非常重视，会尽快做出答复。做好南水北调已开工项目的文物抢救工作，也是我们今年的工作重点之一。

问：如果工程和文物发生冲突，绕不开怎么办?

答：如果是重要文化遗产，南水北调工程就必须绕开。

问：我国流失海外的珍稀文物回收工作进展如何?

答：流失海外的文物分两种，一种是涉案文物，比如列强当年巧取豪夺走的；另一种是民间流失的。对于前者，我们要通过有关国际公约追索回来。用老百姓的话说就是“要回来”；而对于后者，需要抓住机会，从国外收藏家手中买回来。

问：回收的难度是不是很大?

答：这一点是肯定的。比如涉案文物，如果文物所在国还没有加入这个国际公约，那追索起来就很难，而且现在的情况是，许多国家还没有加入国际公约。我们只能在我国外交部门的配合下，不断努力做工作。许多珍贵文物，要回收可能需要几代人不懈的努力才可能完成，但我们没有理由放弃。

问：现在许多人对于海外文物的回收工作好像不是很满意，认为进展不大。

答：我可以负责地告诉你，这两年文物回收的数量非常大，是新中国成立之后文物回流的第二个高潮期。你说的“不满意”，可能和我们的“少说多做”有关吧。

问：为什么要“少说多做”？

答：回购一些珍贵文物需要几千万甚至上亿元。对于这个价格，业内人士知道这是物有所值，但那么多的农民朋友和下岗职工，会怎么想？花了这么多钱就买回来一幅字画？而且我在网上也看到了网友的指责。所以，我们只能“少说多做”。天价回收文物究竟值不值，我讲一个故事：

我记得前年，我们在回购一张米芾的书法作品时，商谈的价格是 3 000 万元。米芾的书法作品多是小字，像这样的大字书法，我们今天能够看到的只有 3 幅。当时启功先生曾说过这样一段话：北京修 1 千米地铁需要 6 亿元，6 亿能买 20 件这样的珍稀作品；但文物是真正价值连城的，修地铁的钱将来我们会有，而文物现在有了机会不回收，就怕再无回收之日了。所以我们在做这样的工作时，也希望能得到大家的理解和支持。

问：说到文物保护法规我记着您在前两届的两会上曾反复呼吁立法保护长城，现在进展情况如何？

答：对。《长城保护管理条例》的草案我们现在已经完成了，报送至了国务院法制办，等待国务院的批复。

问：今年会公布实施吗？

答：国务院法制办已经答复我们，《长城保护管理条例》的公布实施列入了国家文物局今年的工作计划。

问：制定这部法规的初衷是什么？

答：我国近几年来对长城的研究和保护取得了一些成绩，但就总体水平而言，长城仍然面临着严重的人为和自然破坏的威胁。特别是破坏性开发对长城造成的损害有加剧趋势，主要体现在两个方面：一是长城沿线部分地区，老百姓拆城砖盖房子吃起“长城饭”；二是个别地方政府和有关部门在搞建设、利用长城开展旅游时忽视对长城本体的保护。所以，立法保护长城的工作非常紧迫。

问：条例主要包括哪些方面？

答：应该是六大部分，主要包括明确长城的保护范围和建设控制地带、建设过程所需遵守的规范，以及对破坏长城的惩处规定等。

问：里面是否也规定了诸如对损坏长城者追究刑事责任的条款？

答：这一条当然有。如果没有处罚条款在其中，那它就构不成法律条例。比如2002年我们新修订的《文物保护法》，80个条款中有16个是关于处罚的内容。

问：在去年的世遗大会上，中国有5处世界遗产被列入联合国教科文组织的质询名单，这说明我国的世遗保护工作还存在一些问题。今年文物局在世遗保护方面有什么计划？

答：确实是这样。不少专家也曾呼吁我国应该尽快制定一部专门的世界遗产保护法。现在我可以告诉你，《世界文化遗产保护管理条例》目前正在制定当中，今年9月份将完成。这部条例将包括对世遗的保护范围、措施及相关的惩处等内容。另外一个方面，我们正在建立世界文化遗产保护监测巡视制度，要对世界文化遗产的保护状况定期进行周密的专业检查、审议和评估，对于存在或者潜在的问题和隐患进行预警处理。

问：今年的世遗申报工作是不是已经开始了？

答：今年的情况会有变化。我们要重新设定《中国世界文化遗产预备名单》，以前的100多个世遗预备申报项目都不算数了，要重新申报。我们也会按照世界遗产委员会的相应保护标准来对预备项目进行重新审核。

问：申报标准有什么新变化吗？

答:有。我们注意到,许多名胜古迹在申遗时往往热情很高,但在拿到“世遗”这块“金字招牌”之后，部分管理者就对这些文化遗产地和文物疏于管理，致使一些文化遗产地甚至出现了濒危迹象。因此我们现在做的工作是，要求申报单位首先要对文化遗产有完备的保护规划,符合这一点和其他申报要求后,这些文化遗产地才有可能被列入预备名单。

问：京杭运河沿线17座城市联合申遗的呼声很高，目前他们有没有提出申请？

答：目前还没有。像联合申遗这样的方式，我个人非常赞同，也一直呼吁，我认为这是一种比较新的文物保护方式，因为京杭运河沿线本身就是一条贯通的历史文化走廊。

问：您今年两会提交了什么提案？

答：我今年共提交了7个提案，大都与文物保护有关，而且每个提案都有40多位委员的联合签名。

问：有没有和“人文奥运”有关的？

答：还真有一个，是关于建设“中国文化遗产展示中心”的建议案。你知道，目前全国已登记注册的不可移动文物达40余万处，但对于这些不可移动文物的宣传方式还相对落后。经过研究和论证，我们提出在北京建设“中国文化遗产展示中心”，利用数字化展示手段，建立文化遗产的动态管理系统。这一方案已报给国家发改委审批。北京市有关部门获悉后，认为这是体现奥林匹克公园文化内涵的好项目。为此，他们提供了位于奥林匹克公园水系东侧地块用于项目建设。

中国和美国加强文物保护合作

记者司久岳 熊蕾《中国文物报》2005年3月25日第1版

中国国家文物局3月21日在旧金山与美国规划协会签署了一项交流合作谅解备忘录，以加强两国在城市和区域规划中文物保护信息的交流与合作。

中国国家文物局局长单霁翔在备忘录签字后说："今天是一个起点，来自东方文明古国的文物保护机构与世界规模最大的规划组织将为双方的合作共同开启新的篇章。"他表示，为了保护文化遗产这个共同的目标和理念，中国国家文物局和美国规划协会之间的合作必将具有美好而广阔的前景。

单霁翔说，文化遗产是人类文明世代相传的宝贵精神资源和物质财富，是城市的核心和精髓。妥善保护城市中的文化遗产，需要更多的城市规划师、建筑师积极参与，制定并严格实施与城市发展相协调的、切合实际的文化遗产保护规划。

单霁翔说，中国政府一直努力寻找更多的合作伙伴参与中国的文化遗产保护工作。中国国家文物局期待着与美国规划协会在更为广泛的领域中开展长期合作，并相信这一合作必将有助于促进城市规划与文化遗产保护的完美融合，使更多的历史性城市得到有效保护。

美国规划协会执行主任兼首席执行官保罗·法默说，这项备忘录将增进双方的合作与交流，共享教育、研究和发展机会。

根据备忘录，双方还将关注两国博物馆建设的进展，协助对方与各自国家的博物馆建立友好合作关系；鼓励开展人员、学术交流和培训活动；在科研领域与示范项目等方面合作并深入探讨遗产与文物保护的原则。

美国旧金山与美国规划协会合作备忘录签约仪式（2005年3月21日）

美国规划协会授予中国国家文物局局长单霁翔 2005年规划事业杰出人物奖

《中国文物报》2005年3月25日第1版

3月22日下午，美国规划协会（APA）在美国旧金山召开的年会颁奖大会上授予中国国家文物局局长单霁翔“2005年规划事业杰出人物奖”。“规划事业杰出人物奖”是美国规划协会今年评出的重要的奖项，颁发给为城市规划做出特别贡献的政府和规划专业人士，以往只授予美国联邦政府主管官员、参议员等，今年首次颁发给非美国籍人士。美国规划协会董事会主席David先生向单霁翔颁发了奖项，并在致辞中高度赞扬了单霁翔多年来在中国城市规划特别是在保护文化遗产方面做出的不懈努力。中国驻旧金山总领事彭克玉出席了颁奖仪式。

此前，应美方邀请，单霁翔在3月22日上午的高峰论坛上发表了题为“城市化加速进程中文化遗产的保护”的主旨演讲，着重阐述了中国在城市化加速进程中文化遗产保护所面临的形势和加强保护的理念、措施；并在3月21日下午的全球经济一体化与文化保护高峰圆桌会议上以“从功能城市到文化城市”为主题深入阐述了通过城市规划加强文化遗产保护的重要性，即席回答了现场提问，单霁翔的精彩讲演和答问得到了与会专家学者的充分认同和肯定。

单霁翔此次赴美接受颁奖并发表演讲，将对增进世界规划界对中国城市规划中保护文化遗产现状的了解，宣传中国城市规划和文化遗产保护政策，促进中国文化遗产保护工作起到积极作用。

美国规划协会2005年规划事业杰出人物奖颁发仪式（2005年3月22日）

美国规划协会是世界上历史最悠久、规模最大的非政府专业规划组织，在美国注册，其宗旨是在国家、州、区域及地方各个层面，从实体规划，经济规划及社会发展规划等全方位角度，推动规划艺术、规划科学和规划专业。该组织在规划界享有盛名，拥有美国和世界各地的34 000余名会员。

文化遗产不是城市发展的包袱——访国家文物局局长单霁翔

记者李韵《光明日报》2005 年 4 月 15 日

3 月 22 日，国家文物局局长单霁翔获得美国规划协会（APA）授予的“2005 年规划事业杰出人物奖”，成为第一位获此殊荣的非美国籍人士。APA 是世界上历史最悠久、规模最大的非政府专业规划组织，在规划界享有盛名，拥有美国和世界各国的 34 000 余名会员。“杰出人物奖”是颁发给为城市规划做出特别贡献的政府和规划专业人士，以往只授予美国政府的主管官员、参议员等，今年是首次颁给外国公民。

问：首先祝贺您获得美国规划协会“2005 年规划事业杰出人物奖”。我了解到，此奖项今年的候选人中不乏加拿大住房与社会发展部长、英国住房大臣等多位有力竞争者。您认为 APA 为什么要将此项规划业的殊荣授予一位遗产大国的文物局局长?

答：对于 APA 授予我“2005 年规划事业杰出人物奖”，我深表感谢。我认为，这不仅是对于我个人多年从事城市规划工作的一种肯定，也是对我们正在进行的文化遗产保护事业的理解和支持。

问：在中国城市化进程中，城市规划与文化遗产保护的矛盾日益突出。而您作为一名建筑师和注册城市规划师，20 多年来始终从事城市规划和文化遗产保护领域的工作。请谈谈城市规划与遗产保护之间有何关系?

答：长期的工作实践使我认识到，城市规划是一项前瞻性、综合性和战略性很强的工作，城市规划的编制和实施对于文化遗产的生存关系重大，而每一处文化遗产的兴衰又都与广大民众的长远利益息息相关；同时我还体会到，文化遗产保护不是一项简单的、短期性的修建行为，而是高层次的、长久性的文化活动。文化遗产保护需要通过城市规划将其理念贯彻到城市建设的各个层面，使更多的文化遗产得到应有的保护，城市规划也需要通过实施文化遗产保护使自身得以完善并达到应有高度，实现更好地服务于社会的根本目的。这种相互依存的关系对于今天的城市显得尤为重要。城市建设既要展示现代文明的崭新风貌，又要突出文化城市的高雅品位。

问：每个时代都在城市的建设中留下了自己的痕迹，使城市成为一个民族的记忆载体。现在，城市规划应更加关注文化遗产保护的呼声越来越高，但破坏现象又屡屡出现。

答：是的。保存城市的记忆，保护历史的延续性，保留人类文明发展的脉络，是现代社会发展的需要。城市现代化不仅仅意味着具备完善的基础设施、良好的生态环境，更要求拥有深厚的文化底蕴和内涵。有了这样的共识，就必然引发人们在城市现代化进程中竭力保护原有文化传统与特征的渴望与努力。如果我们不是将“功能城市”与“文化城市”相对立,如果我们在历史性城市的规划中,充分考虑到城市的文化特点,将文化遗产和城市特色作为城市形象的基础，文化遗产就不再被看做城市发展的包袱，而是城市中无可替代的重要财富，是城市可持续发展的资本和动力。

问：在城市化加速进程中，问题也接踵而至：单一中心的规划布局，造成历史性城市的中心区功能过分聚集，导致交通、环境和文化遗产保护状态愈发恶化；不少城市的规划设计抄袭趋同，追求大规模建筑群和大体量建筑物，导致“千城一面”，一些历史性城市和街区，正在被庞大的新建筑群所淹没；旧城开发造成“建设性破坏”；建筑设计缺少文化内涵，建筑的民族传统、地方特色不断失落；不合理利用造成文化遗产伤害，日益加剧的“商业化”、“人工化”和“城镇化”，严重影响了文化遗产的生存环境……

答：一位哲人说过：了解过去的一千年，是为了更好地建设今后的五百年。不幸的是，正如你所说，处于强烈发展激情中的城市，包括众多具有悠久文化传统的历史性城市，都无一例外地以规模化和形式划一的模式，扩展着原有的城市规模。于是，它失去了与其他城市之间的区别,失去了其固有的文化特征,也失去了这个城市的“根”与“魂”。

发展经济是当今世界的主旋律，这本身无可非议，但是失去记忆的城市无论如何不是我们理想中的城市。如果仅仅强调经济发展而忽视城市的文化价值，必将极大地影响“文化城市”的生存，属于“文化城市”重要载体的文化遗产就无疑会受到威胁，传统文化和特色的消失也就难以避免了。城市规划当然要考虑功能与发展的问题，但不是唯一要考虑的问题。

问：也就是说，不应该把城市发展与文化遗产保护对立起来。

答：对，我们期待在城市规划师与文化遗产保护工作者的共同努力下，将城市发展与保护文化遗产的关系处理得更加和谐，建立起一种相互促进和相互依赖的协调关系。

问：您刚才提到了城市化进程中出现的“失忆”现象，今年的“两会”上，您提交了一份关于北京天坛、地坛、日坛、月坛腾退整治工作的提案，这是不是给北京市提了个醒，并给他们“恢复记忆”支了个招儿?

答：天坛、地坛、日坛、月坛分别位于古都北京内城之外的南、北、东、西四个方位上独具特色地反映着北京明清都城建设上的规划理念及全城总体布局的设计思想，具有深厚的历史文化内涵，是北京历史文化名城的重要组成部分。但是，由于历史原因，这些文物建筑都先后为大量住户及单位所占用，其保护范围内存在着数量众多的违章建筑，已严重影响到这几组文物建筑的整体保护，破坏了历史坛庙建筑的传统景观，给文物整治维修工作造成障碍。

问：我们都看到了，天坛外坛西北角，整体占地 4 400 平方米，设置了某电台 13 组高约 50 米的天线，作为世界文化遗产的天坛的建筑控制地带内竟然存在破坏整体景观的建筑物、构筑物，据说，联合国教科文组织世界遗产委员会的专家在考察天坛时，对此提出了质疑。

答：是的，国内部分专家也已对天坛的保护状况多次提出警告。世界遗产委员会在 2003、2004 连续两年明确要求我国政府努力保护包括天坛在内的世界文化遗产及周边环境，加强对缓冲区的保护，评估和修订这些世界文化遗产的现行管理计划以确保长期的综合管理。地坛、月坛和日坛也都存在着部分古建筑、甚至是核心建筑被某些单位占用的情况。

问：据了解，规划中的奥运公园，有一块地是准备建“国家文化遗产展示中心”的。它的主要功能是什么？

答：我国的文化遗产大致分成可移动和不可移动两大类。前者如书画、器具等，多收藏展出于现有的 2 200 多座博物馆中；而后者如遗址、石窟，目前的展示方法、手段还相对落后，限制了对它的研究、利用。“中国文化遗产展示中心”就是采用数字化展示手段，结合实体模型、专题展览等形式，更多地展示不可移动文物。建成后，它将是我国文化遗产信息最丰富、展示手段最先进、服务最广泛的国际一流的新型国家级标志性文化设施。这一项目不仅填补了我国公共文化设施建设和文化遗产保护事业的空白，而且在国际上具有一定的超前性和先进性。如今，“万事俱备只欠东风”，只待国家发改委立项后，“中国文化遗产展示中心”便可进入建设阶段。

中国文化遗产标志（2005年12月18日）

城市要发展，城市更要留存文化：访国家文物局局长单霁翔

记者金磊 吴竹莲 李沉《建筑创作》2005 年第 5 期

编者注：2005 年 3 月 22 日，美国规划协会 2005 年年会在美国旧金山召开，中国国家文物局局长单霁翔被美国规划协会授予“2005 年规划事业杰出人物奖”，以表彰他多年来在城市规划建设特别是文化遗产保护工作方面所做出的贡献。“规划事业杰出人物奖”是美国规划协会今年评出的重要奖项，颁发给为城市规划做出特别贡献的政府和规划专业人士。以往只授予美国联邦政府主管官员、参议员等，今年首次颁发给非美国籍人士。日前，本刊记者采访了单霁翔局长，请他就城市规划建设与文化遗产保护工作的关系、如何在城市建设的新形势下做好文化遗产的保护工作、如何看待城市现代化建设与传统文化的继承与发扬等方面的问题发表了自己的观点和看法。

问：您曾长期从事城市规划设计及管理工作，后又担任国家文物保护部门的领导。许多人对您的转行不甚理解，请您先介绍一些您从事文物保护工作的经历。

答：有很多人曾问过我：你是建筑师又是规划师，为什么又从事上了文化遗产保护工作？实际上，我对文物保护工作的关注早在 20 多年前就已经开始了。20 世纪 80 年代初我在日本留学时，发现日本在城市现代化建设进程中越来越注意对传统文物的保护工作。当时日本的城市化率已到了 70% 以上，大规模的城市建设已经基本停止。在城市规划和城市建设方面，人们开始注重人文环境和生态城市发展等方面的研究。在这样的背景下，我选择的研究课题就是城市历史文化遗产的保护，当时在日本掀起了保护“传统建筑物保护地区”的运动，这一保护内容大致相当于国内后来开展的“历史文化保护区”保护工作，我国在 2002 年新修订《文物保护法》时才开始建立了“历史文化街区”和“历史文化村镇”制度。在日本进行研究期间，我用了一年多的时间，对日本各地的 30 个传统建筑物群保护地区和巴黎、罗马和雅典等城市的 4 个文物遗产保护地区实地进行了调查，对有关资料进行对比、分析、研究，毕业论文的题目为《历史的街并みの保存と再生に关する研究》，这一课题的研究，使我对文物保护产生了浓厚的兴趣。毕业回国之后，我选择了到北京市规划局工作，由于北京是历史文化名城，因此在规划设计和规划管理工作中，经常接触到文物建筑和历史街区保护的有关问题，促使我产生了对北京地区的文物资源情况进行研究调查的愿望。于是工作之余，

我用了两年多的节假日时间，骑着自行车到北京的城区内外、大街小巷调查，几乎转遍了北京市区，了解文物保护的实际情况。通过搜集资料，调查现状，用照片、幻灯片、文献资料和调查笔记，建立了一套档案。后来在工作中与北京市文物部门建立了经常的联系，也得到了他们越来越多的帮助，资料档案也不断得到充实，我自己也变成了一名较为投入的文物爱好者，在实践中对文物保护工作有了更深刻的理解，认识到城市规划与文物保护是那么的密不可分。文化遗产需要城市规划在各个环节和层面上予以特别的关注和呵护，城市规划也在落实文化遗产保护的过程中得到升华，达到应有的境界和高度。

为了更有效地做好城市规划与文物保护工作，北京市规划局与北京市文物局多年坚持了联合办公制度，共同专题研究在城市规划建设中如何加强文物保护。通过参与大量实际工作，我们感到不但要保护好北京地区星罗棋布的文物古迹，而且要加强对那些具有传统文化特色的历史街区的保护，特别是要注意对北京城区日渐消失的胡同、传统四合院地区的保护。经过两年多的调查，我们向市政府提出了设立历史文化保护区的报告，并很快得到了批准。1990 年，北京市公布了第一批 25 片历史文化保护区。这一工作成果的转化，使北京旧城数百条胡同、数千座四合院纳入了保护范围，我们为完成了这样一项开创性的工作感到由衷的高兴。随后，开展了国子监街等历史文化保护区的保护实践工作。从 1984 年到 1994 年整整十年，参与文物保护工作的实践，使我从一名文物爱好者成长为文物工作者，工作岗位也由北京市规划局调到了北京市文物局。

问：北京有着悠久的历史文化传统，而在现代化建设中，人们对文化遗产保护的认识有着一个相当长的变化过程，这个过程与国家的经济发展水平关系密切，这实际上也表明，文化遗产的保护工作要经过很长时期的努力才会得到人们的理解和重视。

答：我认为随着时代的发展和进步，特别是城市化进程的加快，城市规划与文化遗产保护的关系越来越引人注目，而且随着人们生活水平和文化素质的提高，这种认识也在不断提升。我国的城市化进程比西方发达国家晚得多，从 19 世纪后半期开始，速度很慢，发展也不平衡，至 20 世纪 70 年代末，城市化率仅达到 14%。改革开放以来，我国城市化速度加快，几乎在跨入 21 世纪的同时城市化率达到了 30%。国际上发达国家的众多城市的发展历程表明，城市化率达到 30%，就标志着城市化进程从此进入加速发展时期，直至城市化率达到 60% ~ 70% 以后，发展速度才会逐渐减缓下来。我国政府发表的《人类住区发展报告》，提出到 2010 年，全国城镇人口将达到 6.3 亿，城市化水平将达到 45% 左右。这是一个历史性跨越。照此发展，到 2020 年城市化水平有可能超过 60%。也就是说，今后二十年将是城市化进程加速发展时期。另一方面，包括北京在内的我国东部城市在跨入新世纪时，人均 GDP 先后达到 3 000 美元。国际上众多城市的发展历程也表明，当人均 GDP 在 1 000 美元以下时，人们主要考虑的是温饱问题，吃得好一些，营养一些；穿得好一些、体面一些。当人均 GDP 在 1 000 ~ 3 000 美元时，人们关注的不再只是“衣”、“食”，而“用”在家庭消费支出中占了较大比例，特别是空调、电脑等高档家用电器开始进入家庭。当人均 GDP 在 3 000 ~ 8 000 美元时，人们的生活标准将从温饱型向更高水平发展，也就是进入了以“住”、“行”为消费主体的阶段，私人住房和私家汽车成为人们消费的主要对象。有人开玩笑说，几十年来，家庭支出历经了一个几何级数变迁；20 世纪 70 年代花几十元就需要家庭成员集体商量，80 年代花几百元、90 年代花几千元才需要全家研究研究，现在则是花上几万元才算大额支出。这从一个侧面显示了中国人生活水平的发展和进步。将来，人均 GDP 超过 8 000 美元，“衣”、“食”、“用”、“住”、“行”的问题基本得到满足后，人们就会追求更高的生活质量，消费支出也将发生更大变化，我想可能一是文化娱乐，二是体育健身，三是境内外旅游，四是个人爱好收藏，五是投资公益事业。根据以上分析，当人均 GDP 低于 3 000 美元和高于 8 000 美元时，都不会引发大规模的城市建设。关键是在人均 GDP3 000 美元至 8 000 美元这一阶段，城市成为聚集经济能量的主体，由于人们对私人住房的需求，引发了房地产开发高潮，房屋建设的规模居高不下；由于人们对私家汽车的需求，引发了大规模城市道路建设，基础设施的投入成倍增长。北京、上海、苏州、深圳等大城市目前都已经进入了这一时期。城市化进程的加速，使每年有上千万的农村人口进入城市，更加刺激了对住房和基础设施的需求，城市规模不断扩大，旧房更新、新房建设，都引发了传统与现代、保护与发展的突出矛盾，可以说城市化加速进程时期，也是文化遗产保护工作最困难的时期，文化遗产保护和城乡建设的矛盾非常集中、异常激烈。对于经济指标的片面强调，对于发展速度的盲目追求，都会使文化遗产保护被放在极其边缘地位。国外许多城市的发展经历也都证明了这一点，比如 20 世纪 50 ~ 70 年代，欧洲许多国家的城市的经济发展经历了这一时期，在大量农村人口不断涌进城市，新的建筑大量出现的同时，许多历史街区悄然消失，传统建筑被大量拆除。几年前，瑞典驻华大使曾在文章中提到，首都斯德哥尔摩在当时也拆掉了许多历史建筑，但是在有识之士的呼吁下城市中保留了一平方千米的历史文化街区；几十年后，当世界各地旅游者纷纷来到这个城市后，人们去看的不是现代化的高楼大厦，而是都到这个历史文化街区去参观游览，历史文化街区为人们带来了美好的旅游印象，也为城市带来了可观的经济效益。所以说，越是城市化加速发展的时期，文化遗产保护工作越要引起重视。正像有的专家所指出的，在这一时期，如果文物经过努力保护下来了，就将久远的得以保留，反之，如果没有尽力地加以保护，珍贵的文化遗产就可能永远地消失。因此，这一时期必须动员全社会关注和支持文化遗产保护，各级政府更应义不容辞地承担起文化遗产保护的崇高责任。

问：文化遗产的保护不仅是城市规划管理者和建设者的任务，从事文物保护专业的人们如何积极应对新的形势，提高认识，将文化遗产保护工作搞得更好呢？

答：我国保护古代遗存有很长的历史。从宋代以来，人们就开始讲究收藏“古董”，研究和刊布金石铭刻也已经形成学科。20世纪初，随着现代考古学的引入，通过对古代遗存发掘和研究才带来了“文物”的概念，从此，古代遗存的文化内涵和价值得以不断揭示。20世纪末，中国文物保护进入了一个新的阶段。在理论和实践中对于文化遗存有了更加深入的认识，无论在保护的对象和范围方面，还是在保护的手段和措施方面，“文化遗产”的概念具有更为深刻、更为丰富的内涵。从“古董”到“文物”再到“文化遗产”，文化遗存对人们生活的影响在不断扩大。人们对文物的认识也从保护古代宫殿、寺庙等建筑艺术精品，发展到保护传统民居、手工作坊等反映人类生活方式的普通历史建筑；从保护单体的文物建筑，发展到保护建筑物群及周围的历史环境，再到保护成片的历史文化街区、历史文化村镇、进而发展到保护完整的历史性城市。从山西的深宅大院、江南水乡古镇、西南少数民族村寨，到对平遥、丽江等古城的保护,保护的对象和范围越来越大。特别是1985年中国加入了世界遗产公约，文化遗产成为更加博大的概念，我们对它的认识也在不断深化。文化遗产的保护领域还将不断扩大，我们已经认识到对那些体现不同时代、不同民族、不同地域的文化景观、文化线路，对那些在群体上更能体现人与自然的和谐，更能作为社会发展生动例证的文化遗产廊道、文化空间，同样应当给予更多的关注和呵护。如丝绸之路、京杭大运河等文化遗产廊道的保护，就不仅仅是不可移动文物的存留，而且是文化轨迹和民族精神的保护。同时我们也注意到，在文化遗产保护工作中，尊重文化多样性，重视保护不同文化背景的非物质文化遗产也逐渐成为世界潮流。我们要加强对这些文化遗产保护领域新成员的研究，在城市规划和建设中切实加强对它们的保护。我认为，从“文物”到“文化遗产”是一个飞跃，“文物”体现了对历史遗存从文化上的理解，文化遗产则更表达了人们对历史的责任。文化遗产概念告诉我们要把更多的珍贵历史文物作为“遗产”留给子孙后代。从这一意义上说,我们是在为未来人保管好文化遗产，我们只是一个中间过程。这种理念在我国逐渐为人们所理解和认识，人们开始以更加健康的心态来关注文化遗产的保护工作。

问：随着文化遗产概念的不断扩大，人们是否会问，如此大量的保护对象和内容是否会对城市建设、对人民生活产生影响，会阻碍城市现代化的发展进程？

答：我认为，今天我们没有必要担心列入文化遗产保护的内容和数量太多，与文化遗产保护先进国家相比、与居住在城市中的人们日益增长的文化需求相比，与我们子孙后代的需要相比，在每日每时都在变化着的城市中，可供我们保护的文化遗产已经不是太多，而是太少了。文化遗产保护工作还有许多空间需要拓展，我们的努力还很不够。我们必须争分夺秒地为当代，更为后代把城市中那些难得的、反映人类社会进程的文化遗产抢救下来，把更多的文化遗产列入保护之列。事实证明，文化遗产保护不应该成为城市发展的包袱和累赘，而是城市的财富和象征，是发展的资源和动力。这种观点越来越被文化遗产保护的实践所证明，为社会各界所接受。目前国内越来越多的城市申报历史文化名城，越来越多的文物保护单位申报世界文化遗产的现象，已经说明文化遗产的保护对树立城市的良好形象，提高城市的知名度，发展城市经济实力带来极大的好处。刚才提到的山西平遥、云南丽江等地，就是在成为世界文化遗产地后，游人呈倍数增长，旅游产业带来巨大的经济效益，人民生活和城市各项事业也呈现蒸蒸日上的形势。

另外，文化遗产既是历史的，又是现实的，还是将来的，同时更是大众的。今天，仅仅把文化遗产狭义地当做一件物品“保留下来”是不够的，更重要的是发现、发掘、发扬文化遗产所蕴涵的历史的、科学的、艺术的价值，是文化遗产进一步融入人们生活、融入社区、融入城市，既给专业人士，但更多的是给大众以启迪和精神的、情感的、美的享受。使越来越多的人认识到，在城市化加速进程中，城市优秀的文化遗产也是城市现代化的重要内容，城市现代化不仅仅意味着具备完善的基础设施、良好的生态环境，更要求拥有深厚的文化底蕴和内涵。有了这样的共识，就必然引发人们在城市现代化进程中竭力保护原有文化传统与特征的渴望与努力。

问：我们看到，中国的城市建设正在出现“千城一面”的发展态势，甚至有的江南中小城市也要盖40层以上的超高层建筑，破坏了城市原有的轮廓及景致，已让人看不清城市原有的历史风貌，您怎么看这一问题?

答：城市是一种历史文化现象，是一个民族的记忆载体，每个时代都在城市的建设中留下了自己的痕迹。保存城市的记忆，保护历史的延续性，保留人类文明发展的脉络，是现代化城市发展的需要。目前，“特色危机”已经成为城市建设中的共性问题。不少城市的规划设计抄袭趋同，盲目追求大规模建筑群和大体量建筑物，导致“千城一面”。有的人认为只有高架桥、宽马路、大片草地、高楼大厦才代表现代化城市，于是历史文化街区被庞大的新建筑群所淹没。特别是历史性城市的旧城往往是城市特色最明显的地区，但同时又是房地产开发激烈争夺的地段，有些地方为了追求经济效益，拆除历史房屋，拓宽传统道路，兴建高层建筑，使文化遗产及其周围环境遭到伤害。出现“千城一面”的现象，既有经济发展阶段问题，也有政绩工程的影响问题，但是更重要的是对待城市发展的理念和意识问题。我认为城市不仅是人类为满足生存和发展需要而创造的人工环境，更是一种文化的载体和容器。她积淀着丰富的文化底蕴，承载着人类文明的精华，从这个意义上说，城市本身就是文化遗产。因此，要重视城市文化的历史渊源，重视区域文化的差异，重视文化多元的保护。保护好城市独具的特色，保留住城市的“根”和“魂”。对于北京这个历史文化名城来说，我认为珍贵的文化遗产就是北京城市的“根”，独特的古都风貌就是北京城市的“魂”。即：旧城“凸”字形的城郭平面、棋盘式的道路街巷系统、“胡同—四合院”格局的传统建筑形态、各具特色的历史文化街区、星罗棋布的文物古迹和生动活泼的历史园林水系等共同构成了北京城市的“根”。旧城平缓开阔、布局严谨的空间形态，整齐对称、富有变化的传统中轴线，红墙黄瓦、绿荫碧水、刚柔相济的景观空间以及内容丰富、独具特色的非物质文化遗产等共同构成了北京城市的“魂”。保护好城市的“根”和“魂”，才能保留住北京城市的精神世界。

问：您作为国家文物保护部门的主要领导，日常的管理及繁杂的事务性工作已经很忙，还要抽出时间，如此细致地研究城市化进程中的文物保护工作，您是如何处理两者之间的关系的？

答：两者尽可能兼顾，也确实比较累。由于长期从事规划管理的工作，我已养成了调研习惯，利用处理各种工作中问题的机会，经常到各地去了解文化遗产保护的实际情况，要求自己掌握第一手资料。两年多来，我已经到过了 33 个省、自治区、直辖市和特别行政区的上百座城市，考察了数百处文化遗产。要想知道梨子的滋味就要亲自品尝，不亲自深入实际调查研究，恐怕永远也了解不到真实情况，也不能真实感受到解决问题的紧迫性。这是我的工作，更是我的责任。

问：在世界文化遗产保护方面，一些国家的经历很值得我们学习和借鉴，对此您有什么看法？

答：《世界遗产公约》明确规定，世界遗产是全人类集体保护的共同财富。因此，世界各国在保护世界遗产领域应当有密切地交流和合作，一些国家在这一领域探索出的好的经验完全可以为我国所学习和借鉴。如在加强世界文化遗产保护管理机构建设方面，埃及、以色列、津巴布韦等许多国家都由中央政府主管部门直接管辖全国的世界文化遗产，使遗产保护管理机构在人才培养、资金投入等各方面都能得到强有力的保障。为了加强文化遗产安全工作，埃及还专门设立了由文物行政部门直接管辖的文物警察部队，使文化遗产得到了全面有效的保护。我国的世界文化遗产实行属地管理，管理层次总体偏低，一些遗产地甚至由乡镇的单位来管理，很难保证其管理的科学性、权威性，也难以吸纳高素质的保护管理人才。为此，学习和借鉴文化遗产保护先进国家的经验很有现实意义。当前首先是要认真贯彻落实《文物保护法》和国务院办公厅于 2004 年 2 月转发的文化部、国家文物局等九部门《关于加强我国世界文化遗产保护管理工作的意见》，大力加强省级人民政府对世界文化遗产所在地保护管理机构工作的指导、督促和检查。对一些由县级政府管理的世界文化遗产，贯彻执行国家法律法规不力、管理混乱并造成文化遗产毁损的，必须改为由省级人民政府指定机构负责实施管理。又如在世界文化遗产保护资金保障机制上，意大利、摩洛哥等许多国家的世界文化遗产保护管理经费都是由中央财政予以保障，世界文化遗产地门票收入全部用于遗产保护管理。日本的世界文化遗产的维修保护经费由中央政府、地方政府和遗产所有者共同承担，一般中央政府的投资占 70% 以上，地方政府占 20%，遗产所有者只承担很少的比例。为广泛筹措资金，英国等国家将发行彩票的收入用于文化遗产保护，并对资助文化遗产保护的企业或个人授予荣誉或给予税收优惠，取得了很好的

东岳庙文物安全检查（2011年9月30日）

效果。这些好的经验都很值得我们学习借鉴。在当前我国世界文化遗产保护管理经费还相当紧张的条件下，一方面要加大国家财政投入，切实履行政府对保护好世界文化遗产应当承担起的历史责任，同时要拓宽资金来源渠道，研究探索通过发行彩票、减免税收、授予国家荣誉等方式吸引社会资金的投入。

问：您对这次在美国获奖有何感想?

答：我认为，这不仅是对于我个人多年从事城市规划工作的一种肯定，也是对我国正在进行的文化遗产保护事业的理解和支持。长期的工作实践使我认识到，城市规划是一项前瞻性、综合性和战略性很强的工作，城市规划的编制和实施对于文化遗产的生存关系重大，而每一处文化遗产的兴衰又都与广大民众的长远利益息息相关；同时我还体会到，文化遗产保护不是一项简单的、短期性的修建行为，而必须是高层次的、长久性的文化活动。文化遗产保护需要通过城市规划将其理念贯彻到城市建设的各个层面，使更多的文化遗产得到应有的保护；城市规划也需要通过实施文化遗产保护使自身得以完善并达到应有高度、达到更好地服务于社会的根本目的；两者之间这种相互依存的关系对于今天城市化加速进程的城市之影响力显得尤为必要。因此我认为，城市规划与文化遗产保护之间要进一步建立起更加紧密地联系。不仅两者在理论研究方面有着越来越多共同关心的课题，在实践中也将越来越不可分割，这对于两个学科领域的发展都将产生显著的促进作用。通过城市规划和文化遗产保护工作者的共同努力，使我们的家园、我们的城市既拥有更舒适、更高效的功能，又能突出文化特色与品位，真正达到可持续的和谐发展。

贯彻落实国务院通知精神 切实加强文化遗产保护——国家文物局局长单霁翔答记者问

记者李艳《中国文物报》2006年2月10日

去年年底，国务院下发《关于加强文化遗产保护的通知》(以下简称《通知》),《通知》阐述了当前保护文化遗产的重要性和紧迫性，并对今后的工作提出具体而明确的要求，是指导新时期文化遗产保护工作的纲领性文件。近日，记者就相关问题采访了国家文物局局长单霁翔。

问：今年是“十一五规划”开始实施的第一年，我国的文化遗产保护事业也进入了一个新的历史阶段，国务院《通知》对我们现阶段的工作有何指导意义？

答：“十一五”时期是我国全面建设小康社会的关键时期，对于文化遗产保护事业同样如此。国务院《通知》对新时期工作形势进行了分析，并进一步指明方向、明确重点、确定目标，是关于文化遗产保护工作的一个纲领性文件，对我们开启新的工作局面具有重要的指导意义。

总之，《通知》对我国文化遗产保护事业的法制化、规范化、科学化、民主化建设将起到推动作用。贯彻落实《通知》精神是我们今年工作的一个重点，各级文物行政部门一定要认真组织学习，深刻领会《通知》精神，确保各项要求的进一步落实。

问：《通知》提到我国将设立“文化遗产日”，能否介绍一下设立“文化遗产日”的缘起和它的社会意义以及具体内容？

答：国务院决定从今年起，将每年6月的第二个星期六设立为我国的“文化遗产日”。“文化遗产日”的设立借鉴了国外的成功经验。在我国，设立“文化遗产日”的事情得到越来越多社会各界人士的关心和支持。近两年的政协提案中，有关委员就关于国家设立“文化遗产日”的呼吁日益强烈。在全国政协十届三次会议上，我也曾提交过《关于设立“文化遗产日”的提案》，得到了与会代表的热烈响应，当时有40名政协委员在这一提案上签名表示支持。

去年7月，一些文博、文化界老专家就设立“文化遗产日”的事专门致信国家领导人，引起了有关领导的高度重视，并给予重要批示，要求相关部门研究并提出意见。这次国务院在《关于加强文化遗产保护的通知》中决定，国家设立“文化遗产日”，充分体现了我国政府对保护历史文化遗产的高度重视。

"文化遗产日"的活动将遵循政府主导、社会参与的原则。在此期间，各级政府和组织可以举办相关的公益活动。比如，对保护文化遗产的先进行为予以表彰，公布文化遗产遭受破坏的重大事件，公布依法核定的各级文物保护单位、历史文化名城（街区、村镇）名单等。各相关文化遗产保护机构应当根据实际情况，结合"文化遗产日"活动主题，举办学术研讨会、交流会、专题讲座、知识竞赛等面向社会公众，尤其是面向广大青少年的宣传与教育活动，同时还应尽量创造条件让公众接近文化遗产，介入文化遗产保护工作。

近两年，文博行业的体制改革已经启动并且向深广处推进，有的地方已经初显成效，我们应当以此为契机，逐步解决自身存在的问题。此外，文化遗产保护事业确实需要社会各界更多的关注和支持。

问：文化遗产保护需要多部门合作，而各级文物行政主管部门担当着更为重要的角色，请问今后几年文物行政主管部门将着重做好哪些方面的工作？

答：去年年底我们召开了全国文物局局长会议。会议在总结前 3 年工作的基础上确定了"十一五"期间的主要工作任务，具体地说有 11 项任务：包括开展文物普查；开展文物调查及数据库管理系统建设，基本实现文物数据的动态管理和资源共享；加大文物保护单位的保护管理工作力度；建立大遗址保护和利用的良性互动模式，建设好汉长安城、大明宫、隋唐洛阳城等一批重点大遗址保护展示园区；配合国家海洋开发战略，加强水下文物的调查保护；继续加强世界文化遗产保护管理工作，建立健全世界文化遗产申报预备清单制度；建成与中华文明和综合国力相适应的博物馆体系，加强对博物馆藏品保护和管理工作力度，建立全国国有博物馆馆藏珍贵文物总目录；依法规范文物流通秩序，打击文物非法交易和走私行为；加强科学和技术研究，提高文物保护科技含量；加大人才培养和队伍建设；强化科学管理和规范管理等。"十一五"规划完成后，我们希望全国重点文物保护单位的总量和全国博物馆总数都将有较大增长。

此外，国务院《关于加强文化遗产保护的通知》把保护文化遗产的重要性提升到维护国家文化安全的高度来强调，对我们文化遗产保护的部门来说，事业和发展提出了更高的标准和要求，我们一定要本着对国家和历史负责的态度进一步增强责任感和紧迫感，按照文件的要求，科学规划，加强协调与自主创新能力，精心组织，合理安排工作，分步实施，夯实基础，切实做好文化遗产保护各项工作。

让全民参与文化遗产保护——国家文物局局长单霁翔接受采访时呼吁

记者刘琼《人民日报》2006 年 2 月 13 日

国务院最近下发的《关于加强文化遗产保护工作的通知》决定，自 2006 年起，每年 6 月的第二个星期六为我国的“文化遗产日”。为什么要设立“文化遗产日”？当前我国文化遗产保护主要存在哪些问题？政府管理部门今后有何具体举措？日前，国家文物局局长单霁翔就相关问题接受了记者的专访。

问：设立“文化遗产日”是我国人民文化生活的一件大事。为何要设立这个专门的日子？

答：“文化遗产日”的设立凸显了文化遗产保护事业在国民经济与社会发展中的重要地位和作用。当前我国文化遗产保护工作正处在一个关键时期。近几年，政府对文化遗产保护的投入在逐步增加，各级政府和人民群众文物保护意识也有很大提高，但是破坏、损毁文化遗产的现象仍然屡有发生，少数地方的领导干部不按文化遗产保护工作的客观规律办事，公众关注、保护文化遗产的热情有待进一步提高。设立国家的“文化遗产日”，对于增强社会文化遗产保护意识，引导民众广泛参与文化遗产保护工作，促进我国建立国家保护为主、社会共同参与的文化遗产保护新体制具有重要意义。

“文化遗产日”的设立借鉴了国外的成功经验。在我国，设立“文化遗产日”的倡议得到越来越多社会各界人士的关心和支持。近两年的政协提案中，设立“文化遗产日”的呼吁日益强烈。在全国政协十届三次会议上，我也曾提交过《关于设立“文化遗产日”的提案》，当时有 40 名政协委员在这一提案上签名表示支持。去年 7 月，一些文博界专家就设立“文化遗产日”的事专门致信国家领导人，引起了有关领导的高度重视，并给予重要批示，要求相关部门研究并提出意见，这次国务院在《关于加强文化遗产保护工作的通知》中决定设立“文化遗产日”，充分体现了我国政府对保护历史文化遗产的高度重视。

西藏拉萨寺底小学（2005年8月29日）

保卫“老”中国：对话国家文物局局长单霁翔

记者程瑛 刘畅《瞭望东方周刊》2006 年第 13 期（2006 年 3 月 30 日）

52 岁的国家文物局局长单霁翔脚穿一双黑色平底布鞋，站在他紧邻东二环的办公室里。不久前，单霁翔去了贵州山区参加风雨桥重建开工典礼。

“一直下雨，布鞋在泥泞里走了一天，全完蛋了。第二天等泥巴干了，两只鞋对在一起搓一搓，接着穿。”单霁翔说。熟悉他的人都知道，这位经常下乡、下工地的官员最喜欢穿布鞋。

接受《瞭望东方周刊》专访时，单霁翔正在整理今年政协会上的提案。去年他提交了 7 份提案，其中关于设立中国“文化遗产日”的提案有 40 位政协委员的联署。2005 年 12 月 23 日，国务院印发了《关于加强文化遗产保护的通知》，并决定从 2006 年起，将每年 6 月的第二个星期六定为中国“文化遗产日”。

单霁翔一边罗列出文物系统的诸多“好消息”,一边表示仍有很多急需解决的问题。“写成提案的这些都是我实在憋不住要说的。”

保护文化遗产的共识正在凝聚

问：作为全国政协委员，你以提案的形式反映文物系统的需求或者不足；作为主管部门的官员，你又怎样针对这些问题来寻求实际的解决办法？

答：我们有一个计划——在“两会”之后用一两个星期时间，集中拜访与文化遗产保护工作相关的 16 个部委。目前我们已经和这些部门做过初步沟通，他们都表示愿意和我们一起就贯彻国务院通知、加强文化遗产保护共同发文或者进行研讨。上星期我们召开了一次座谈会，邀请有关部委领导、专家和一些地方省级文物行政部门的领导座谈，效果很好。这样广泛的部门间交流以前很少，过去大多是就南水北调、古生物化石保护等一些专门事项进行沟通。

问：与其他部门协调是否会有困难？

答：我觉得大家在落实文化遗产保护的理念上正逐渐走到一起来，这是最重要的。2005 年，令我们欣慰的几件事都得到了各部门的支持。

一是我们文化遗产保护的资金有了很大比例的增长，财政部很支持，还特别设立了 2.5 亿元的大遗址保护专项资金，对最为脆弱、面临破坏损毁威胁最大、保护任务最急迫的这部分古代文化遗存实施全面的保护，主要投向长城、丝绸之路（新疆段）、金沙遗址、殷墟遗址、周公庙遗址、汉长安城遗址、大明宫遗址、汉阳陵等一批具有重要价值、重大影响的项目。

二是机构设置，国家文物局新增两个与文化遗产保护有关的司。国务院特别批准，中编办在编制总体严格控制的前提下给我们增加了10个人、两个司的编制。这些对于全国的文化遗产保护都是有力的推动。

问：对于重大建设项目，环保部门可以通过环境影响评价机制一票否决，那么文物部门是否可能出台“文物保护评价”？

答：关于完善涉及文化遗产保护的重大工程建设项目审批制度的问题，回顾三峡工程、南水北调工程中的文化遗产保护情况，虽然取得了很大成绩，但是也应该看到，由于文物部门的前期参与机制不够健全，致使后期文物抢救任务繁重、时间紧迫、经费紧张等问题随之产生。这次国务院发出的通知特别强调在国家重点建设工程中要处理好与国家文化遗产保护的关系，我们向建设部门呼吁加强这方面的协调，特别是国家管理部门在项目立项之前能够与文物部门沟通，在文物考古勘探之后再开工，给文物保护在空间和时间上留有余地。

问：你经常谈到人均GDP在超过3 000美元时文物保护非常困难。

答：这个提法主要是指城市化发展水平和人均GDP之间有一定联系，当城市化发展到一定阶段，就会带来较大规模的城乡建设。人们的住房需求带来了房地产业的快速发展，城乡建设用地的增加也比较快；大家都需要私家车，道路建设就会形成高潮。这些建设，对于文化遗产的保护都是一种挑战。

人均GDP在3 000美元以下时，这种冲突还不明显；超过3 000美元，尤其在大城市，是矛盾最尖锐的时候；到了7 000美元以上，就会转向平衡缓和。全社会的教育程度达到新的水平，对文化遗产的保护将会更加重视。

大规模城市建设对于文化遗产的冲击、影响和破坏在很多国家都发生过。20世纪五六十年代，欧洲不少国家都有类似情况出现，以大规模改造为特征的城市建设，对文化遗产造成了无法挽回的破坏，至今很多欧洲国家回顾起这些事情还是感到很惋惜。

一些地方官员存在理念障碍

问：你从事规划工作十多年，那时看文物保护和现在看有没有不同？

答：我一直觉得规划和文物保护是不可分割的，有广泛的共同关心的话题和课题。举个简单的例子，在历史性城市的地下，有着大量的古代文物遗存，这些对于城市是非常重要的文化财富，如果在建设规划中有意识地把地下文化遗存保护好，展示出来，可以在城市中创造出有意义的文化空间和文化环境。比如北京市这些年建成了元代土城遗址公园、明代城墙遗址公园和明清皇城遗址公园，得到市民的广泛认可，对于这些文化遗产的永续保护和合理利用，也起到了很大作用。

这样的例子很多。比如城市里的老房子，我们越来越注意它们的合理利用问题，过去经常把旧房和危房并称，叫做“危旧房改造”，实际上危和旧是不同性质的两个问题，旧不一定就代表落后，许多旧房子不仅含有重要文化信息，还是可以利用的资源。

问：你经常到地方考察，就你所知，各地在发展经济建设中考虑到文化遗产保护因素的有多少？

答：这个问题与政府主要决策者的理念和重视程度有关，与城市经济发展阶段也有密切的关系。地方官员理念上的障碍，主要表现在加快经济发展、迅速改变城市面貌的压力，与保护文化遗产之间的平衡问题。

我自己也做过一个区的区委书记，在这方面深有体会。为官一任造福一方，作为地方官员都会这样不断激励自己。但是现代化建设、经济发展、改变城乡面貌，与文化遗产保护应该是和谐统一的，关键是怎么认识和处理这个问题。

比如对一个历史性城市来讲，现实问题是解决在什么地方发展。如果能及时调整城市规划布局，避开历史城区，到更广阔的空间发展建设，历史城区保护和新区开发就不仅互不干扰，还能够相得益彰。过去我们大多是在旧城基础上开发建设新城，把发展和保护的矛盾集中在一个空间内，冲突往往很激烈。实际上，如果跳出旧城来发展，就会有更多更好的思路。这方面最近有很多好消息，比如西安，最近跳出 11 平方千米的老城，将城市的重心向新城区转移；南京借十运会的契机，跳开 2 000 多年的老城建设新区。

我们国家历史性城市大小几百座，在大多数城市，分新旧城区发展的思路还没有被广泛接受，这不仅要决策者有理念，更需要好的规划。过去城市规划重视功能性、实体性，现在重视与经济发展、人居环境的结合。在旧城的基础上建设新城，可能旧的破坏了，新的也建不好，得到的是不新不旧的一个城；如果新旧城区分开发展，就可以得到一新一旧、相映生辉的两个城，一个是保护了历史文化遗存的古城，一个是发展经济的新城。这个道理很浅显，但是需要决策者的决心和觉悟，也需要公众的理解和适应。

问：北京的旧城保护一直有一些争议，你怎么看目前的状况？

答：2005 年北京市有一个重大决定，新的《北京城市总体规划》提出“旧城整体保护”的概念，成为总体规划中的一个章节，这是很了不起的。旧城整体保护 56 年前梁思成先生提过，56 年后写进城市总体规划的文件，这是认识上的一个飞跃。

对于历史性城市，是只保护城市中的一些历史遗存片断，还是对其整体的格局、特色进行保护，在思想境界上是不同的。比如，北京市这次在旧城整体保护方面就提出十个方面的内容：城市传统的中轴线，平坦开阔的城市空间格局，城市传统的街巷肌理，河湖水系，街道的传统景观，凸字形的城市轮廓等。

一个城市应该是有生命的，要发展，要有新陈代谢。一个日益被接受的观念是实现城市的有机更新，而不是大规模、激进的城市改造。要充分发挥城市居民对于自己所居住的街道、传统民居、院落的理解，让他们参与其中，进行有机的更新。特别是在传统民居中，应该倡导以院落为单位的小规模、微循环、渐进式的改造，而不是非常激烈的一刀切式的推倒重来。

问：这是否又牵扯到房屋产权的问题呢?

答:是的。过去我们城市改造,房屋产权收归城市管理部门,政府背上很大的包袱。如果充分利用产权机制，使千家万户都承担起维护、保护自己住房与传统建筑的责任，老百姓的积极性和能力是很大的。

最近这方面也听到一些新的消息，比如北京南城的四合院，每平方米价格升高 2 000 元，在房地产交易中走俏，而北京内城东西城的四合院单价已经达到 10 000 ~ 15 000 元每平方米的价格。这说明传统四合院被人们认为是很有价值、难以取代的东西。

不弄清文物家底是我们的失职

问：从文物到文化遗产，看起来这些年来文物部门关注的重点范围一直在扩大。

答：的确如此。人们对于文化遗产保护有一个转变过程，最初偏重鉴赏和收藏，认为文物就是可鉴赏、收藏、摆放的实物。到 20 世纪二三十年代，现代考古学进入中国,人们开始重视地下文化遗存,很多不可移动的文物也受到关注。到 20 世纪中期，人们对于不可移动文物的保护还只限于遗址、古建筑，随着更多国际理念的引入，古代建筑群的保护成为亮点。

1982 年《文物保护法》公布，一个很大的飞跃就是把历史文化名城列入文物保护范畴,这是一个了不起的事件。到 2002 年,新修订的《文物保护法》又把历史文化街区、村镇列入文物保护范围，建立起一个从单体文物、历史文化街区到历史性城市的全方位文物保护架构。

还不止于此，这些年“文化遗产”在很多场合比“文物”的使用频率还高，其内涵的新拓展有两个重要方向，一是民族民间文物的保护，特别是非物质文化遗产的保护得到进一步加强，目前也在考虑立法；另一个方向是文化空间、文化线路、文化景观等新品种的出现，比如京杭大运河、长城、茶马古道、丝绸之路等，有形的文化遗产和无形的文化遗产结合在一起，成为不可分割的共生体。

问：是否也要谨防另一种倾向，就是地方在文化遗产保护方面急功近利的做法?

答：媒体报道比较多的是两方面的问题，一是申报世界遗产方面，很多城市重在提升城市知名度，获得更多效益，真正从文化遗产保护的角度考虑的比较少，出现“重申报、轻管理”的现象。目前国际上对于世界文化遗产申报的制度也进行了更新，每年一个国家只能申报一处，所以现在也就不需要过去那样很长的、要十几年才能申报完成的预备清单，我们可以选择那些既重视文化遗产保护，又有申报积极性的单位，在达到文化遗产标准后才能列入清单，而不是看申报积极性如何高涨。第二个问题是对于文化遗产、文物保护单位合理利用的问题。一些文物在开发中不注意保护真实性和完整性，不科学地修缮，这种事情时有发生。

问："十一五"期间你对于文化遗产保护最大的期望是什么？

答：我个人特别希望搞一次全国文物普查。我们国家已经有两次文物普查，文物保护领域因此受益匪浅。第一次是 1956 年，第二次 1981 年，动员全国文物系统的力量清理家底。通过普查，登记在册的不可移动文物 40 万处，陆续公布为各级文物保护单位的有 1 271 处国家级，7 000 处省级， 6 万处市县级。即便是经历"文革"，列为全国重点文物保护单位的古代遗存也都得以保全。从上次文物普查到现在已有 20 多年，人们对于文物的认识已经有了很大的不同，在目前认识的基础上再进行普查非常必要。

我国现在是城市化加速发展时期，很长时间内大规模建设都不会停止，文化遗产受到威胁的状况还可能继续发展。这个时候把有价值的文化遗产明确地告诉社会，是我们的责任。如果文物部门都没有弄清家底，没有告诉公众，那是我们的失职。

我的第二个愿望是希望"十一五"期间有更多的人走进博物馆，博物馆应该变成人们生活中不可或缺的部分。去年开始，全国博物馆对青少年免费开放，一年就吸引了青少年 4 000 万人次。我不发愁各地建馆的积极性，几万平方米的省一级的大博物馆现在都像雨后春笋一般冒出来。与硬件相比，我更强调博物馆的社会功能。

第三个期望是建立一套完善的文化遗产保护的法规体系，从根本上杜绝破坏文物的行为。

第四个期望是建立文物公安局。文物系统保护着国家的重要财产，打击文物犯罪，世界各国都很重视，除了通过立法等，还要通过专门机构加强保护，意大利 1969 年起就有"文物宪兵"，埃及有文物旅游警察。

我国文化遗产保护形势严峻，犯罪分子手段越来越多，有集团化、智能化、暴力化的趋势。而由于经费所限，我们一些重要文物场所值夜班的大多是六七十岁的老人，面对有备而来的犯罪分子他们太无力了。

据统计，2004 年共立文物犯罪案件 971 起，其中盗窃文物案件 481 起，倒卖文物案件 131 起，走私文物案件 11 起，盗掘古墓葬案件 348 起。造成大批珍贵文物走私海外，在国际上给我国的声誉带来极大的损失。

国家的文物需要强大的公安部队保护。因此我希望能够按照目前铁路、交通、民航等系统公安的基本模式，成立文物公安局，专门负责打击盗窃文物、盗掘古墓和走私文物的犯罪活动。

保护文物安全，我想任何人当文物局局长都会有这样的期盼，因为保护祖国文物的安全是我们最大的责任。

全国重点地区打击文物犯罪专项行动成果展（2010年11月17日）

问：文化遗产保护是不是还有一个贴近公众的问题？如何让人们觉得文化遗产是和自己有关的？

答：我们现在很重视一个理念——要让更多人从文化遗产保护中受益，文化遗产不能变成城市的包袱。这样才能使更多决策者认识到文化遗产是城市发展的动力、资源和宝贵财富；使公众认识文化遗产离我们并不遥远，就在我们身边，我们唱的民谣，我们的生活习惯、房子、家具，都可能是文化遗产，保护它们不仅是政府的事。

北京市社科院曾经有一个关于“城市角落”的调查，七类“城市角落”中有一类就是文物保护单位。如果文化遗产都变成城市中被人遗忘的角落、脏乱差的角落，那就完全达不到效果。反过来，像大明宫、高句丽遗址、殷墟那样，变成城市最美丽的地方，市民最喜欢的遗址公园，城市最有文化品位的空间，人们对于文化遗产保护就会更有信心。在这方面我们还要继续积极探索。

国家文物局局长单霁翔就国务院公布第六批全国重点文物保护单位答记者问

《中国文物报》2006 年 3 月 31 日

3 月 30 日，国家文物局局长单霁翔就 3 月 29 日国务院第 130 次常务会议核定公布第六批全国重点文物保护单位回答了记者的提问。

问：请您介绍一下第六批全国重点文物保护单位评审工作的基本情况。

答：本次报送国务院核定公布的第六批全国重点文物保护单位推荐名单，包括 1081 个单独公布的单位和可以合并到 5 批全国重点文物保护单位中的 106 个单位。

第六批全国重点文物保护单位的遴选、评审工作始于 2004 年，首先是由各省、自治区、直辖市在本辖区进行初评，各省、自治区、直辖市共推荐了 1641 处报送国家文物局；然后由国家文物局组织来自中宣部、建设部、中央党史研究室、中央文献研究室、中国科学院、中国社会科学院、中国城市规划设计研究院、中国建筑设计研究院、故宫博物院、国家博物馆、中国军事博物馆、北京大学、清华大学、中国人民大学、天津大学、东南大学、北京建筑工程学院、中国文物研究所等单位的 60 多位文物、考古、建筑史、党史、近现代史等方面的权威专家，组成专家评审委员会进行分类评审。

在专家评审的基础上，国家文物局提出了第六批全国重点文物保护单位初步推荐名单，并分别征询了中宣部、外交部、发展改革委、财政部、建设部、宗教局、中央党史研究室、中央文献研究室等有关部门的意见。在充分尊重专家和各有关部门意见的基础上，形成了最终的推荐名单。

问：请问第六批全国重点文物保护单位评审的原则和标准是什么？

答：在这次评审过程中，我们坚持了以下基本原则和标准。

第一，评审对象必须是历史上遗留下来的真实的实物，就是说它的时代、性质、特征基本明确，学术界对其价值的认识比较一致；第二，对现代重建和严重改建过的，一般不予考虑；第三，在要求候选单位具有代表性、典型性或者独特价值之外，还特别要求当地地方政府能够对其实施有效保护和管理，文物保护“四有”（有保护范围、保护档案、保护标志和保护机构）工作完成得较好。

在选择标准方面，重点考虑了相关文物的价值、代表性、典型性等。例如，古遗址主要选择那些具有重大文物、学术价值的旧石器遗址，新石器时代不同文化类型的典型遗址，历史时期不同朝代、不同类别、不同地域、不同级别的保存基本完好的典型遗址；古墓葬重点考虑了具有重大文物、学术价值，保存基本完好的帝王陵寝、大型墓葬群及其他具有特殊意义的墓葬等；古建筑除重点考虑元及元代以前的早期木构建筑、五代以前的砖石结构建筑，也考虑了部分时代稍晚、但具有特色或重要价值的建筑以及明清时期的优秀建筑群等。对于具有典型特征（地区、民族、时代等方面）的古代民居、民族建筑等也给予了充分重视。

近现代重要史迹和代表性建筑较多地涉及在中国近现代历史上具有重要影响和作用的人物的故居、墓葬等。为稳妥起见，中宣部和国家文物局又组织专家对近现代重要史迹及代表性建筑的推荐标准进行了专门研讨，并就此形成了一致意见。例如，对于历史名人遗迹的推荐重点考虑了以下几个方面：在近现代史上占有重要地位，对中国近现代历史进程有重要影响的代表性人物；在某一领域具有突出贡献、在国内外有重要影响的代表性人物；著名民主人士、爱国华侨、少数民族、国际友人等代表性人物等。重大历史事件发生地旧址及遗存的推荐重点为：反映中国人民反侵略、反压迫斗争的重要历史事件发生地、重要遗迹；具有标志性的重大历史事件的发生地旧址及遗存；具有全局意义的重大战役旧址；帝国主义和反动势力侵略、镇压、残害中国人民，具有纪念、警示和重要教育意义的重大事件的发生地以及相关的建筑物、构筑物和设

"重走梁思成古建之路——四川行"活动闭幕式（2006年4月1日）

施等。对于代表性建筑则重点考虑 19 世纪 40 年代以来建造的，反映一定时期城乡建设进程、有明显建筑风格特征的建筑物、构筑物和设施；承载政治、经济、军事、文化、教育等历史发展信息的建筑物、构筑物和设施等。

问：请介绍一下第六批全国重点文物保护单位的基本情况。

答：新公布的第六批全国重点文物保护单位仍沿用国务院在公布第五批全国重点文物保护单位时采用的分类法，即分为古遗址、古墓葬、古建筑、石窟寺及石刻、近现代重要史迹及代表性建筑、其他类，它们的数量分别为 220 处、77 处、516 处、63 处、204 处、1 处。

古遗址主要包括具有重大学术价值的古人类化石和旧石器文化遗址；新石器时代的重要遗址；各个历史时期保存基本完好的重要遗址。古墓葬主要是已知保存较好的帝王陵墓、重要的大型墓葬、墓地以及其他具有特殊意义的墓葬等。古建筑主要是各类民居、园林、会馆、书院、衙署、王府、祠、寺、观、塔、桥梁、城堡等。石窟寺及石刻主要包括石窟寺庙以及摩崖石刻、造像、石碑、岩画等。近现代重要史迹及代表性建筑主要是与近现代重大事件及重要人物有关以及在建筑科学和艺术方面独具特色的史迹和建筑物、建筑组群等。

问：公布第六批全国重点文物保护单位的意义和必要性是什么？

答：我认为，可以从以下几个方面来看待这个问题。

首先，从总量上看，我国现有的全国重点文物保护单位数量偏少，与我们文明古国的历史地位及现存文物数量不相适应（我国经普查登记的不可移动文物为 40 余万处，前 5 批全国重点文物保护单位仅为 1271 处，而埃及由中央政府管理的文物古迹有 2 万余处；印度由国家管理的文物古迹有 5000 处左右；越南的国家级文物保护单位也有 2823 处）。

其次，国务院在去年 12 月发出了《国务院关于加强文化遗产保护的通知》，确定了我国文化遗产保护的指导思想、基本原则和总体目标，并明确要求建立完备的文化遗产保护制度，形成完善的文化遗产保护体系，使文化遗产得到全面有效保护；同时国务院还决定，从今年起，每年 6 月的第二个星期六为我国的“文化遗产日”。6 月 10 日，我国将迎来第一个“文化遗产日”。

在这一形势下，由国务院公布新一批全国重点文物保护单位，将是全国人民文化生活中的一件大事，是我国社会主义先进文化建设的一项重要成就；同时也再次向社会各界和国际社会表现了我国政府对保护文化遗产的高度重视和坚定决心，这对于促进经济发展和社会进步，振奋民族精神，扩大我国在文化遗产保护领域的国际影响，都将起到积极作用。

第三，多年来，全国重点文物保护单位在宣传、展示中华民族传统文化，对公众进行爱国主义、革命传统教育，并在国际文化交流工作中发挥重要作用的同时，也极大地提高了所在地的知名度，促进了所在地经济、特别是旅游业的发展。由国务院公布新的一批全国重点文物保护单位，有利于充分发挥文化遗产在社会主义建设中的重要作用，推动我国文化遗产保护工作的健康持续发展。

第四，随着我国经济建设的持续快速发展，正确处理经济建设和文化遗产保护的关系问题日益突出。文化遗产遭到违法建设、开发的威胁和破坏，盗窃盗掘古遗址古墓葬造成许多珍贵文化遗产损毁的情况时有发生。在这种严峻形势下，国务院公布新的一批全国重点文物保护单位，有利于依法加强对文化遗产的保护，规范对文化遗产的管理和利用行为，避免建设性破坏的发生。

问：国家文物局对下一步的工作有什么安排？

答：公布第六批全国重点文物保护单位是国务院在文化遗产保护工作方面做出的重大决策。为此，国家文物局将动员全国文物系统广大干部职工按照国务院的要求，进一步依法加强相关工作。例如，开展第六批全国重点文物保护单位“四有”工作。特别是及时划定保护范围和建设控制地带，建立和完善文物保护单位“四有”档案，设立保护标志和必要的保护机构，明确保护责任，建立健全必要的保护管理制度，确保这些文物保护单位的安全；我们将统筹安排包括第六批全国重点文物保护单位在内的世界文化遗产、全国重点文物保护单位的保护规划编制工作，并对规划实施跟踪监测，督促落实；要进一步加强文化遗产保护法律法规宣传，统一思想认识，正确处理文物保护与经济发展关系，规范各种行为，做好各项涉及全国重点文物保护单位的基本建设中的文物保护工作。针对各种基本建设项目，必须依法在立项前征求当地文物行政部门的意见，在落实文物保护措施以后方可实施；同时要统筹规划、集中资金，在深入调查研究的基础上实施一批文物保护重点工程，力争用最短的时间消除第六批全国重点文物保护单位中存在的重大安全隐患。

将文化遗产保护工作落到实处：专访国家文物局局长单霁翔

记者金磊 李沉《建筑创作》2006 年 4 月（2006 年 4 月 5 日出版）

国务院在最近下发的《加强文化遗产保护的通知》中决定，自 2006 年起，每年的第二个星期六为我国的“文化遗产日”。这对进一步开展我国的文化遗产保护工作，继承和弘扬中华民族的优秀传统文化，推动社会主义先进文化建设，将起到十分重要的作用。

2006 年 2 月 13 日，本刊就城市建设与文化遗产保护相关问题采访了国家文物局局长单霁翔。

问：随着社会经济的不断发展和变化，我国的文化遗产保护工作也取得相应的发展，“文化遗产日”的确定使得这项工作受到了全社会的关注，请您介绍有关设立“文化遗产日”的来历和意义。

答：“文化遗产日”的设立借鉴了国外的成功经验，并充分考虑了中国国情后，在征得多方面的意见和建议后才最后确定的。“文化遗产日”的设立凸显了文化遗产保护事业在国民经济与社会发展中的重要地位和作用。当前我国文化遗产保护工作正处于一个关键时期。近几年，政府对文化遗产保护的投入在逐步增加，各级政府和人民群众文物保护意识也有很大提高，但是破坏，损毁文化遗产的现象仍然屡有发生，少数地方的领导干部不按文化遗产保护工作的客观规律办事，公众关注、保护文化遗产的热情有待进一步提高，因此设立国家的“文化遗产日”，对于增强全社会文化遗产保护意识，引导民众广泛参与文化遗产保护工作，促进我国建立国家保护为主，社会共同参与的文化遗产保护新体制具有重要意义。

问：近些年，我国文化遗产的保护状况得到了更多关注，也得到了很大改善，但是也存在不少问题，请问当前我国的文化遗产保护主要面临哪些问题?

答：这要从文化生态、政策环境和文化遗产保护行为自身存在问题等几方面来分析。文化遗产是不可再生的珍贵资源，但随着经济全球化趋势和现代化进程的加快，我国的文化生态正在发生巨大变化，譬如城镇化带来的基本建设热潮，经济发展带来的旅游热等使文化遗产及其生存环境受到严重威胁，不少历史文化名城（街区、村镇）、古建筑、古遗址及风景名胜区整体风貌遭到破坏。由于经济利益的驱动，文物非法交易、盗窃和盗掘古遗址古墓葬以及走私文物的违法犯罪活动在一些地区还没有得到有效遏制，大量珍贵文物流失境外，过度开发和不合理利用，使许多重要文化遗产消亡或失传。在文化遗存相对丰富的少数民族聚居地区，由于人们生活、生产方式的改变，生活环境和条件的变迁，民族或区域文化特色消失加快。

问：2006年是“十一五规划”开始实施的头一年，而我国的文化遗产保护事业也进入到了一个新的历史阶段，国务院《通知》对文化遗产保护工作有何指导意义？

答：我认为这种指导意义主要体现在认识和实践两个层面上，在认识上《通知》引导我们从全局上把握当前的工作形势，再次明确了文化遗产保护的指导思想、基本方针，并对未来10年的总体目标做了一个大致规划。《通知》提出，到2010年，我国要初步建立比较完备的文化遗产保护制度，文化遗产保护状况得到明显改善。到2015年，要基本形成较为完善的文化遗产保护体系，具有历史、文化和科学价值的文化遗产得到全面有效保护；另一个目标就是要使保护文化遗产的观念深入人心，成为全社会的自觉行动，可以看到，这是一个有步骤、有计划，逐步推进的过程。

在实践层面上，《通知》明确指出今后将着力解决的几大突出问题，比如搞好文物调查研究，不可移动文物保护规划的制订实施，抓好重点文物维修工程，加强历史文化名城（街区、村镇）保护，提高馆藏文物保护和展示水平，清理整顿文物流通市场等，而且对下一步工作重点进行了部署，涉及的内容很全面，很具体，具有很强的操作性。譬如，在制度建设方面，《通知》要求建立历史文化名城重大建设项目公示制度，文化遗产保护责任制度和责任追究制度、文化遗产保护定期通报制度、专家咨询制度等，在政策制定方面，《通知》提出要抓紧制定和完善有关社会捐赠和赞助的政策措施，在机构建设上《通知》要求成立国家文化遗产保护领导小组，统一协调文化遗产保护工作，并要求地方各级人民政府也要建立相应的文化遗产保护协调机构。《通知》还进一步明确相关部门的权责，譬如要求国务院文物行政部门统筹安排世界文化遗产、全国重点文物保护单位保护规划的编制工作，并对规划实施情况进行跟踪监测，检查落实。

问：众所周知，文物保护与城市建设既是相辅相成，又是一对矛盾，您如何看待在城市建设中加强文物保护的工作的顺利进行。

答：在刚刚闭幕的全国政协十届四次会议上，我提出了15项议案，其中就涉及文物保护与城市建设问题。我认为，应协调处理好工程建设和文化遗产保护的关系，建立健全涉及文化遗产保护的重大工程建设项目的审批制度。

20世纪80年代以来，随着中国经济的迅猛发展，各类建设活动高潮迭起，文化遗产保护工作面临巨大挑战。由于目前涉及文化遗产保护的重大工程建设项目的审批

中国文化遗产标志永久雕塑揭幕仪式（2005年12月18日）

制度不够完善，有的地方政府和部门法制观念不强，片面强调经济建设的重要性，忽视文化遗产保护工作，没有把文化遗产保护工作作为工程建设项目的一个重要组成部分，文物部门很难参与到工程项目的立项审批过程，只能被动地配合工程开展考古和文物保护工作。在各地的大型工程建设中，由于文物部门的合理意见未被及时采纳，致使一些重要文化遗址在工程实施中遭到破坏。

为协调处理好工程建设和文化遗产保护的关系，我建议国家发展与改革委员会根据《文物保护法》和《国务院关于加强文化遗产保护的通知》，尽快建立健全涉及文物保护的重大工程建设项目的审批制度，将文物保护影响评估纳入重大工程建设项目的审批程序之中。凡涉及文物保护事项的工程建设项目，必须在项目立项前征求文物部门的意见。工程项目计划实施前，必须给文物部门预留合理的工作时间，开展必要的考古勘探、发掘并落实文物保护措施，使文化遗产保护工作真正纳入并参与到城乡建设工程的全过程，达到文化遗产保护和工程建设“双赢”的局面。

国务院发力文化遗产保护内情

记者王军《瞭望新闻周刊》2006 年 4 月第 15 期（2006 年 4 月 10 日出版）

4 月 1 日，国家文物局局长单霁翔头戴一顶白色太阳帽出现在成都，步入闹事之中的文殊院，听僧人介绍此处禅林圣地在清道光年间经历过一次较大规模的改建，幽默地表示："像这样的'大手笔'你们可不能再来一次了。"众人闻罢大笑称是。

他头顶的太阳帽上书"重走梁思成古建之路——四川行"红色字样，这处文殊院正是梁思成及其中国营造学社成员在抗日战争时期，调查西南地区 730 余处文化遗产单位中的一处。

此次赴蓉，单霁翔局长为出席"重走梁思成古建之路——四川行"活动的闭幕式而来。在文殊院幽静的庭院里，他向《瞭望新闻周刊》介绍了 3 月 29 日国务院常务会议审议通过第六批全国重点文物保护单位的情况，"通过的 1 081 个推荐名单，再加上此次核定的可以并入前五批'国保'单位的 106 个项目，数量已接近原有'国保'单位的总数"。

"能否一次公布这么多文物保护单位我们开始是很担心的，"单霁翔说，"但我们的回报得到了与会所有国务院领导和相关部门的充分理解和大力支持。现在全国重点文物保护单位的总数达到了 2 352 个，我们为此感到欣慰，同时更感到两个字的分量，那就是'责任'"。

不积极申报，文物局就直接指定

问：这次"国保"单位数量何以一次翻番？

答：这是我们国家提出可持续发展、建设和谐社会、把文化放在更突出位置这个大环境决定的。在动员全社会关心支持文化遗产保护方面，这些年我们遇到很好的氛围。比如去年下半年我们想做的三件事——设立"文化遗产日"、征集公布文化遗产标志、征集文化遗产歌曲，这三项在半年之内都完成了。特别重要的是"文化遗产日"的设立，胡锦涛总书记、温家宝总理亲自批示，国务院领导亲自协调，各个部门都很支持。国务院还下发了关于加强文化遗产保护的通知。

作为文物保护部门，我们当然希望有更多的文物被列入全国重点文物保护单位名单。新中国成立以来的实践表明，被列入全国重点文物保护单位，文物就有了一个护身符，相对来说就能够得到很好的保护，即使在"文化大革命"十分困难的时期，当时的 180 处全国重点文物保护单位，只是有的受到一些损坏，但没有一处是完全丧失的。这样，我们感到将更多的文物列入全国重点文物保护单位，使之受到法律的保护，对保护工作来说就是很大的保障和促进。

问：过去一些地方政府在申报“国保”时存在一些顾虑，不是特别积极，这次有何变化？

答：一些地方政府过去不愿多申报，认为被列入“国保”单位，不仅在其利用方面会受到制约，而且对其周边环境的开发也会受到约束。这次也有这种情况，有的地方政府不愿报，但我们直接指定。文物保护法规定，国务院文物行政部门有权在省级、市、县级文物保护单位中，直接确定全国重点文物保护单位，报国务院核定公布。

但总的来说，我们感到与前五批相比，地方政府的积极性要大得多。特别是地方文物保护部门的积极性空前地高，但也只有得到省级政府的支持才能够申报上来。我前两天在河南向河南省委书记徐光春、省长李成玉同志说起，河南这次有 97 项列入了“国保”单位，他们都很高兴。

问：“国保”单位的分布已形成怎样的格局？

答：目前“国保”单位最多的就是山西了，谁也比不了。我们这次确定了六条原则，其中之一就是不搞平衡，就拿文物的价值——历史的、艺术的、科学的价值，来做评判标准，而不是这个省多少那个省多少，这个省多照顾一点那个省少照顾一点。这个原则一定下来，山西的优势就显示出来了。山西早期的木结构古建筑群多，特别是以晋城为中心的晋东南地区，这次一大批辽、金、元代古建筑群进入“国保”，山西一下子就进了 150 多项；第二多的就是河南，主要是古代大遗址，还有石窟寺、石刻等进得比较多；再下来就是河北、陕西、四川和浙江了。

温总理要求以国务院名义下发通知

问：被列入“国保”单位是否意味着对其修缮将主要由中央政府出资？

答：中央政府在这方面的经费是逐年增加的。应该说，增加的比例我们是满意的。比如 2002 年我刚出任国家文物局局长时，每年是 2.5 亿，去年增加到 5.3 亿。但对这个基数我们是很不满意的，这跟我们作为文明古国和亟待修缮的文物数量来比是很不够的。现在修地铁，一千米的投资已是 8 亿左右，而我们一年在这一方面的经费还不如修一千米地铁。当然我指的是中央直接专项经费，但加上各个省级政府、市级政府、县级政府的投入，全国每年用于文化遗产保护方面的经费数量要比这个大得多，比如北京市每年就投入 1.2 亿元。

中央政府日常的维修经费数量是有限的，我们是补助性的，补助是有一些原则的。比如以亟须抢救的优先，对西部补助很大，西部 12 个省只要保护方案批准后，我们几乎百分之百地补助，对东南地区经济发达省份我们对不起了，有的补助只有 30%，对北京、上海我们几乎不补助。在这方面我们是有所倾斜的，但主要还是看抢救的紧迫程度。特别是中央这些年重视大遗址的保护，在这方面给予了更多经费的支持。

问：你出任国家文物局局长的这几年，人们感到文物保护的力度较过去大有提高。

答：这和我个人没有关系，主要是大环境决定的。新修订的《文物保护法》2002年10月由全国人大常委会通过后，对我们的工作是强有力的促进。首先是国务院行动迅速，在新《文物保护法》公布后7个月，国务院就制定了《中华人民共和国文物保护法实施条例》，与其他法相比，能够几个月制定条例是极少见的情况。

我们又在新《文物保护法》的指导下，出台了40多个规范性的文件，这对各项工作的规范和管理是很大的促进。为公布设立“文化遗产日”，国务院还专门发了通知。原来我们以为是由国务院办公厅发个通知，这也是一般的惯例。但这一次，温家宝总理主持会议说以国务院的名义发这个通知，规格上去了。

另外，过去国务院就文物保护发过通知，但这一次是第一次从文化遗产保护的角度发通知，等于是把文物的保护扩大到文化遗产的保护，这是社会的进步，也反映了社会认识水平的提高。对文化遗产的保护，包括了对历史文化名城、历史文化街区、历史文化村镇的保护，也包括了对非物质文化遗产的保护，这样就形成了一个完整的、立体的文化遗产保护的格局，并且是多层次的，从城市到街区到建筑都有涉及。

历史文化名城必须新旧城市分开

问：今年6月10日将是中国首个“文化遗产日”，其系列活动提前举行，并以重走梁思成古建之路为开端，意义何在？

答：“重走梁思成古建之路——四川行”活动不是国家文物局的策划，这是活动的主办单位中国文物研究所、北京市建筑设计研究院、四川省文物管理局做出的贡献。文化遗产日设立之后，他们行动很快，抓住了主题，抓住李庄这个多重文化的内涵来做，我觉得很有创意，事实上它成为了“文化遗产日”活动的开篇之举。这也是我们对梁思成先生诞辰105周岁和中国营造学社在川活动的纪念。

中国营造学社对建筑界和文物界来说是神圣的名称，四川的李庄也是一个文化遗产，对于它的发掘主要是对其精神的发掘。在艰难困苦的战争年代，有一批立志保护祖国文化遗产、弘扬民族建筑的中华精英聚集在李庄，从事研究、探索，包括实地的踏勘、文物古建筑测绘等研究工作，取得丰硕的成果，是很难得的。特别是梁思成先生的《中国建筑史》能够在这样的背景下完成，至今仍被我们奉为经典之作。

这次重走梁思成古建之路还有很强的现实意义。在今天城市化进程加速、城乡建设规模很大的时代，如何加强文化遗产的保护，如何使我们的建筑学、文物学的发展达到一个新的水平，都需要弘扬中国营造学社的精神。

问：许多人一提起梁思成就会产生一种复杂的感情，他在中国建筑史的研究方面取得很大成就，后来却为中国文化遗产的保护，特别是为北京古城的保护陷入很深的痛苦，甚至是以一个失败者的形象被后人铭记。

答：但随着时间的流逝，对于梁思成先生50多年前关于历史文化名城及其他文化遗产保护的意见，人们越来越感到是正确的，这也逐渐在建筑界、文物界及社会各界达成共识。在今天，梁思成先生的观点仍具有很强的现实意义。在城市化加速进程中，许多城市都遇到发展与保护的矛盾，这时重温梁思成的观点，有助于我们更清醒地对待今天的建设，在城市建设中更多一份民主，更多一份对文化遗产的珍惜，我认为是很重要的。

问：在出任国家文物局局长之前，你是北京市规划委员会主任，曾致力于推动北京城市发展战略规划的编制。去年1月国务院原则通过了新修编的北京城市总体规划，提出整体保护北京旧城，推动新城建设，这与梁思成20世纪50年代初的设想似乎不谋而合。

答：今天我们从事文化遗产保护工作，仍能从梁思成先生和陈占祥先生50多年前提出的“梁陈方案”中获得启示，最近我对这个方案涉及的八个方面进行了分析，感到仍有很强的现实意义，我写了三篇文章，认为历史文化名城的保护必须从“以旧城为中心发展”转变为“发展新区，保护旧城”；必须从“大拆大建式旧城改造”转变为“旧城整体保护”，必须从“大规模危旧房改造”转变为“循序渐进、有机更新”。

问：将中国营造学社旧址列入“国保”单位是否也体现出这方面的意义？

答：梁思成先生在中国营造学社从事的研究与他后来的学术思想是一脉相承的。把营造学社旧址列入全国重点文物保护单位，将使这一处重要文化遗产得到更加精心的保护，以告慰梁思成先生等对我国文化遗产保护事业做出杰出贡献的中国营造学社的各位民族英才。梁思成和他的同事们在李庄留下的属于一个时代的中国建筑文化的精神，将永远昭示和激励我们为加强文化遗产保护而奋斗。

问:将近现代建筑列入“国保”名单,是否也是这次“国保”核定工作的特色之一?

答:这次新增的“国保”单位是由各省报上来的,经过严格走程序由专家来评审的,量比较广泛,认识不可能完全一致。我个人觉得这个名单还不是很完满,还有很多遗憾,比如对国际社会当前在文化遗产保护方面的很多理念和动态，还吸纳得不够，其中一条就是20世纪文化遗产保护问题，进入21世纪后国际社会对此研究较多，但在这次“国保”名单中20世纪的文化遗产占的比例并不是很大，所幸的是像营造学社旧址这样一些重要的文化遗产被列入了。

今年4月18日国际古迹遗址日的主题是工业遗产的保护，虽然我们这次将南通的近代工业建筑群列入了“国保”名单，但对工业遗产的保护仍是我们亟待弥补的不足。还有对现代建筑的保护，特别是对现代建筑大师、现代建筑的一些代表作的保护，我觉得在这次也体现得不够。再包括现在国际社会比较关注的文化景观、文化线路的保护等，我们还有很多工作要做。

问：你作为国家文物局局长，近年却频频以自己的全国政协委员身份，就文化遗产保护提出大量提案，你是如何看待这种角色转换的？

答：我觉得文物保护主要是要得到社会各界的理解，包括政府各个部门，也包括各级领导，特别是广大民众的理解。政协委员在这方面可以起到呼吁、建议的作用，这往往可以得到重视。从行政角度来看，各个行政部门都在呼吁解决一些问题，但政协委员可以换一个角度来说这些问题。

像我的提案，每次都是把提案纸背面可供40位委员联名的地方都签满了才提上去，每次都能征集到40位委员对我的支持，这本身就是一种力量。去年我作了7个提案，今年又作了15个。去年关于设立“文化遗产日”的提案得到实现，对我是很大的激励。

今年我的提案包括建议设立文化遗产专业，在中小学校教材中增加文化遗产方面的内容，成立文物公安局。现在林业、交通、消防部门都有公安局，而文物保护形势严峻，许多重要的古建筑都是一些老人看护，他们在行动上都是弱者。在确保文物安全方面比较成功的国家，比如意大利就有文物宪兵，我特意走访了意大利的文物宪兵司令部，听取了他们的经验和介绍，更感到特别是在当前形势下我们更应该有这样的机构。

问：世界上很多国家，在大建设时期都没有避免对文化遗产的大破坏。有人说在这个时期出任文物局局长是最不幸者，对此你有何评价？

答：这对我来说是非常严峻的考验。对一个国家来讲，对一个城市来讲，它的发展总是有它的城市建设高潮期的，中国城市化发展的进程表明，从过去十几年到今后的二三十年，是中国城市化发展最快的时期，也是大规模城乡建设最多的时期，这无疑也是历史文化遗产保护最关键的时期。在这个时期，我们唯有担负起自己的职责，把历史文化遗产保护的工作做好。

如何做好这项工作？我觉得一是通过立法，依法行政，加大文物保护法规体系的建设；二是加大文化遗产保护的宣传力度，提高广大民众的文化遗产保护意识，这是文物保护的基础；还有就是健全文物保护的机构，组织起一支敬业的、能够为文化遗产保护献身的专业队伍。

问：这会是一个大破坏的时期吗？

答：从发达国家，如欧洲国家走过的路来看，这段时期肯定是历史文化遗产受到挑战最多的时期。因为这个时期人们想到的往往是经济建设，以及城市面貌的改变，我们也同样如此。

比如危旧房改造，政府可能最初想到的是改善居民住房条件是他们的历史责任；后来房地产开发兴起，政府更想通过房地产开发对城市经济有所贡献；进入21世纪，很多城市更是想迅速改变城市面貌，有的人为官一任就要使城市日新月异，在这个方面想得很多。

可在以上三种认识过程中，有很多城市都忽视了一个更为重要的方面——对文化遗产的保护，没有意识到文化遗产之于城市的利益和长远价值。我现在正准备写一篇文章，题目是《从功能城市到文化城市》，说的是一个城市最终将以文化来确定城市的发展后劲。

全国文物工作先进县表彰大会（2004年12月21日）

我前天就在和洛阳的领导探讨这个问题。洛阳他们叫十三朝古都，但至少九朝古都是没有争议的。什么是洛阳的城市特色？他们建了一个巨大无比的音乐喷泉水池。但我觉得更为重要的是，把洛阳的五大古代城市遗址保护下来，才是城市最大的文化和特色。

因为今后这些大水面也好，立交桥也好，高层建筑群也好，是每个城市随着时代的发展都会有实力建造的，但是没有任何一个城市能够建造出古代城市遗址这样一种文化了。今天如果把这个特色丢掉了，就只能是千城一面的城市中的一个了，城市的凝聚力必然大受损失。

运河申遗胜算几何——国家文物局局长单霁翔畅谈京杭大运河申遗

记者韩兢《钱江晚报》2006 年 5 月 23 日

大运河申遗成功可能性非常大

问：考察活动进行到现在，作为世界文化遗产申报工作主管部门的领导，你觉得京杭大运河申遗成功的可能性大吗？

答：京杭大运河应该争取成为世界文化遗产。因为这个项目符合新的国际理念和世界遗产申报潮流。

现在，国际上很重视文化廊道、文化线路的申报，京杭大运河恰恰是这样一种文化廊道。同时，京杭大运河又属于一种工业遗产，这类遗产作为新兴的文化遗产类别已经受到世界遗产委员会的特别重视。

另外一个原因，当然就是运河本身突出的历史、文化价值等。

申遗排序取决于运河保护

问：我们了解到，现在我国申报世界遗产申报名单的项目很多，不下二三十个，队伍已经排得这么长了，那运河得等到啥时候啊？

答：国际上对世界遗产申报的限额制规定，已拥有世界遗产的每个国家一年只允许申报一个世界文化遗产项目，而且对申报项目的要求越来越严格，申报工作的难度越来越大。

对我们来说，肯定是要争取申报一个成功一个，这样就一定要把保护得好的项目拿出来申报。

我只能说，一号种子、二号种子是有的，但后面就没什么所谓的排序。哪个项目成熟了，保护工作做得好，就申报哪个。京杭大运河保护工作做好了，符合申报条件了，它就可以进入申报世界遗产的程序。

问：现在，大运河是第六批全国重点文物保护单位了，它成为国家文物保护的意义是什么呢？对运河这个特殊的文物，我们是否会有一些特殊的政策？

答：国家文物局已经将京杭大运河列入上报国务院的第六批全国重点文物保护单

位名单，国务院常务会议已经审议通过了这个名单并将于近期公布，这将使京杭大运河在国家管理的层面上得到更积极的保护。

我们建议，抓紧制定《京杭大运河保护条例》，设立京杭大运河专项保护资金。

国家文物局全力支持运河申遗

问：国家文物局怎样看待京杭大运河申遗工作？

答：国家文物局支持京杭大运河申报世界文化遗产，并希望通过社会的共同努力，使沿线各个城市的经济社会发展在京杭大运河的保护中真正受益，使沿线广大人民群众的物质和文化生活在京杭大运河的保护中真正受益。

问：运河申遗，你觉得瓶颈是在哪里？

答：当然，京杭大运河申遗工作会有一些困难，尤其是如何使各有关方面形成合力是最难的。

我认为让京杭大运河保护工作引起社会各界的重视，这是非常重要的。这次全国政协委员和专家的考察活动对京杭大运河的保护、申遗工作就是非常有力的促进，很多德高望重的老专家也不辞劳苦参加了这次考察活动。

我非常赞同这次行动。国家文物局将和关心、支持京杭大运河保护的全国政协委员、专家、各有关部门、沿线各省市和社会各界的朋友们共同努力做好京杭大运河文化遗产的保护工作。

正如镇江市王萍副市长今天在大会发言时所说的：“只有我们扎扎实实把大运河保护好了，‘申遗’的道路自然也平坦了。”

“大运河与海上丝绸之路”宁波论坛开幕式（2010年12月8日）

文化遗产是城市发展的资本

记者赵晓霞《人民日报（海外版）》2006 年 6 月 8 日

6 月 10 日，中国将迎来主题为“保护文化遗产，守护精神家园”的第一个“文化遗产日”，人们的视线也将再次聚集到文化遗产的保护上来。据有关资料显示，2000 年，中国的城市化水平突破 30%；2005 年，城市化水平已超过 40%。照此趋势，预计到 2010 年，城市化水平将达 45%。随着城市化进程的加快，城市发展与文化遗产保护的矛盾日益显现，为此，本报记者专访了国家文物局局长单霁翔。

文化遗产不是城市发展的包袱

问：目前，中国城市发展与文化遗产保护的矛盾主要体现在哪些方面？

答：在城市化加速进程中，新城与旧城的关系问题比较突出，成为历史性城市保护的首要问题。旧城是城市记忆保持最完整的地区，又是房地产开发激烈争夺的地段，有些地方为了追求经济效益，拆除历史街区，拓宽传统道路，兴建高层建筑，使文化遗产及其周围环境遭到伤害，以致旧城开发造成“建设性破坏”。不少城市的规划设计抄袭趋同，追求大规模建设群和大体量建筑物，导致“千城一面”。近年来，建筑设计刮起“欧陆风”，各种流派堆砌在一起，强调建筑个体的面孔与性格，追求形式上的独特和怪异，却很少考虑它与环境的文化关系，建筑的民族传统、地方特色不断失落。

问：您如何看待这些矛盾？

答：中国城市化进程的发展过程短、建设强度大，在一些地方，文化遗产保护和城市建设的矛盾集中。一些地区或部门的决策者守法意识不强，一旦文化遗产保护与经济利益构成冲突，往往考虑眼前利益而放弃长远利益，致使历经千百年的珍贵文化遗产被破坏，独具特色的历史街区渐渐从人们的视野中消失。

文化遗产具有稀缺性、脆弱性和不可再生性，一旦破坏就无法复原，因此，必须充分正视存在的问题。但是，文化遗产不是城市发展的包袱，而是城市发展的资本和动力，应将文化遗产保护的要求体现到城市规划的各层面，避免文化遗产保护与工程建设的割裂，将保护融入城市规划设计之中。

既要保护旧城，也要建设新区

问：面对这些矛盾，我们应该采取哪些措施？

答：首先要重新明确城市发展方向，即“保护旧城，建设新区”。这有利于协调保护与建设的矛盾，两者相得益彰。旧城内的传统建筑重在加强日常修缮，对历史文化街区应采取小规模渐进式的“微循环”整治加以改善。这样既有利于保护传统特色，也有利于维护原有社区结构。此外，旧城区要防止城市快速路穿越，避免形成超大规模的街坊；维护原有的路网格局和街巷机理；大力发展公共交通特别是地下轨道交通，形成对市民出行和未来交通格局的有力支撑。

问：城市化的发展往往带来文化的趋同，我们如何保持和发展城市特色？

答：重视城市文化的历史渊源，重视区域文化的差异，重视文化多元的保护。保护好城市独具的特色，才能保留住这个城市的精神世界和灵魂。

此外，还要通过宣传普及与文化遗产相关的知识，让更多人分享文化遗产蕴涵的丰富价值，增强民众对文化遗产保护的意识，努力形成全社会关心、爱护并参与文化遗产保护的氛围。

文化遗产保护的领域不断扩大

问：面对城市化的加速进程，我们在加强文化遗产保护方面做了很多努力，请您介绍一下这方面的情况。

答：近年来，文化遗产的保护领域不断扩大，文化景观、文化遗产廊道、文化空间等新视点相继出现。以后，还会加强对这些文化遗产保护领域新成员的研究，以把更多地反映人类社会进程的各类文化遗产列入保护之列。

令人欣喜的是，国务院发出《关于加强文化遗产保护的通知》，首次以国务院文件的形式，对保护文化遗产的重要性和紧迫性，保护总体目标、保护措施、保护责任等方面做出了全面具体的规定。《通知》决定，从2006年起，每年6月的第二个星期六为我国的“文化遗产日”，这一重要举措将有利于进一步满足社会公众接触和感受文化遗产的需求和热情，扩大文化遗产保护的社会影响，营造全社会积极支持和参与文化遗产保护的良好氛围。

文化遗产不是城市发展的包袱——对话全国政协委员、国家文物局局长单霁翔

记者王慧峰《人民政协报》2006年6月9日

“城市，不仅是人类为满足生存和发展需要而创造的人工环境，更是一种文化载体和容器。她积淀着丰厚的文化底蕴，承载着人类文明的精华，从这个意义上说，城市本身就是文化遗产。”

问：中国城市化加速进程的发展过程短、建设强度大，在一些地方文化遗产保护和城市建设的矛盾相当集中。您认为目前城市化加速进程中文化遗产保护主要存在怎样的问题？

答：文化遗产具有稀缺性、脆弱性和不可再生性，一旦破坏就无法复原，因此，必须充分正视存在的问题。在我国的好多地方，传统的“滚雪球”式城市扩张模式和单一中心的规划布局，使建成区逐步扩展，呈“摊大饼”趋势，造成历史性城市的中心区功能过分聚集，导致交通、环境和文化遗产保护状态愈发恶化。因此，城市的规划编制思路亟须调整，而“特色危机”已经成为城市建设中的共性问题。不少城市的规划设计抄袭趋同，追求大规模建筑群和大体量建筑物，导致“千城一面”，一些历史性城市和街区，正在被庞大的新建筑群所淹没。

还有很突出的一点，就是旧城开发造成的“建设性破坏”。旧城是城市记忆保存最完整的地区，又是房地产开发激烈争夺的地段，有些地方为了追求经济效益，拆除历史街区，拓宽传统道路，兴建高层建筑，使文化遗产及其周围环境遭到伤害。此外，不合理的利用也给文化遗产造成很大伤害。伴随旅游业的发展，日益增多的游人使文化遗产地不堪重负，给文物古迹造成无法弥补的损害；日益加剧的“商业化”、“人工化”和“城镇化”，严重影响了文化遗产的原生环境。

问：面对城市化的加速进程，我国政府切实加强文化遗产的保护。2002年10月，新修订的《文物保护法》，确立了“保护为主、抢救第一、合理利用、加强管理”的文物工作方针。那么，在城市化加速进程中具体如何加强文化遗产的保护？

答：文化遗产不是城市发展的包袱，而是城市发展的资本和动力。城市规划中首先要树立这样的保护观念，应将文化遗产保护的要求体现到城市规划的各层面，避免文化遗产保护与工程建设的割裂，将保护融入城市规划设计之中。

历史性城市通过区域整体协调发展战略的实施，可以缓解在城市性质、规模、布局方面过于集中的压力，通过整合资源、功能互补、提升质量，切实促进文化遗产的科学保护和合理利用。在城市化加速进程中，新城和旧城的关系问题更加突出，成为历史性城市保护的首要问题。重新明确城市发展方向，“保护旧城，建设新区”，有利于协调保护与建设的矛盾，两者相得益彰。

要注重保持和发扬城市特色。城市化的发展往往带来文化的趋同。因此，要重视城市文化的历史渊源，重视区域文化的差异，重视文化多元的保护。保护好城市独具的特色，才能保留住这个城市的精神世界和灵魂。

问：经国务院批准核定的第六批全国重点文物保护单位已经正式公布，这是自1961 年我国首次公布全国重点文物保护单位以来，一次批准公布全国重点文物保护单位数量最多的，几乎接近于前 5 批数量的总和。如此大幅度增加“国保”数量的意义何在?

答：一次公布 1 000 多项“国保”单位，说实话这在以往我们也不敢想象。现在看来第六批全国重点文物保护单位公布确实有非常重要的意义。首先，从总量上看我国现有的全国重点文物保护单位的数量偏少，和我国文明古国的历史地位和现存的文物数量不相适应，我国经普查登记的不可移动文物为 40 余万处，前 5 批全国重点文物保护单位仅为 1 271 处。相比较，埃及由中央政府管理的文物古迹有 2 万余处，印度有 5 000 处左右，连越南的国家级文物保护单位也有 2 800 多处。

去年 12 月国务院发布了《关于加强文化遗产保护的通知》，今年我国又迎来了第一个文化遗产日，在这种形势下由国务院公布新的一批全国重点文物保护单位，可以再次很好地向国际社会重申我国政府保护文化遗产的坚定决心。同时，我国文物保护多年来的实践也已经证明，全国重点文物保护单位在宣传、展示中华民族传统文化，对公众进行爱国主义、革命传统教育以及国际文化交流中发挥了重要作用，同时也提高了所在地的知名度，促进了所在地经济特别是旅游业的发展。

还有很重要的一点是随着我国城市化进程的加快，城乡建设大规模的展开，正确处理文物保护和经济建设的关系问题十分突出。在这种严峻形势下，将更多的珍贵文化遗产公布为全国重点文物保护单位，有利于依法加强对文化遗产的保护，规范对文化遗产的管理和利用行为，避免建设性破坏的发生。

单霁翔：北京申遗预备名单可再添5处古迹

记者乌云斯琴《人民政协报》2006年6月10日

昨天，国家文物局局长单霁翔与北京市政协委员座谈北京世界文化遗产保护时透露，北京市钟楼群、鼓楼地区等5处古迹具备了申报世界文化遗产的条件。

单霁翔说，国际上鼓励以文化线路和文化空间的形式申报世界文化遗产。目前北京有条件申报世界文化遗产的名胜古迹包括6.8平方千米的皇城，钟鼓楼、鼓楼大街和什刹海周边地区，大运河通州段，作为天坛拓展项目的地坛、日坛和月坛以及北京西郊的三山五园地区。

北京景山万春亭修缮工程（2006年3月2日）

加大文物保护力度 工业遗产首进“国保”名录

记者张舵《中国文化报》2006 年 6 月 13 日

中国文物管理部门官员 6 月 8 日说，未来将会有越来越多的中国近现代时期文物，特别是工业遗产入选国家级的文物保护单位名录，以加强对它们的保护。

国家文物局局长单霁翔 6 月 8 日对记者说，我们的文物保护不仅要包括古老的农业文明，也要包括近现代工业文明，中国近现代工业发展历程较短，但内容丰富，工业遗产数量巨大。

我国政府在 6 月 2 日公布了第六批全国重点文物保护单位名录，涉及项目达 1080 处，差不多是前五批的总合。其中入选的近现代文物所占比重从前五批的 13% 扩大到目前的 18%。从 1996 年公布第四批全国重点文物保护单位开始，中国将“近现代重要史迹及代表性建筑”列为一个单独的保护类别。在 2001 年公布的第五批全国重点文物保护单位名单中，大庆油田第一口油井等成为首批进入“国保”名单的工业遗产。

此次第六批国保单位共有 8 处工业遗产入选，包括钱塘江大桥、青岛啤酒厂早期建筑等，大大超过前一批的数量。

单霁翔表示，未来在入选国保单位的工业遗产及近现代时期文物的数量和比例都将大大增加。单霁翔 8 日参加了北京地区第六批全国重点文物保护单位保护标志立碑启动仪式。他在仪式现场对记者说，北京在中国近现代历史上作为一个非常特殊的城市有很多工业遗产的资源，比如首钢、798 工厂等都为中国近现代工业化做出了贡献，也融入了几代中国人的情感。

上海杨树浦水厂（2008年10月18日）

贯彻“十一五”文化发展规划 深化文化遗产资源保护利用——单霁翔局长就《国家“十一五”时期文化发展规划纲要》答记者问

《中国文物报》2006年9月15日

围绕如何贯彻落实《国家“十一五”时期文化发展规划纲要》(以下简称《纲要》)精神等相关问题，国家文物局单霁翔局长近日接受了《中国文物报》记者的采访。

问:《纲要》的制订具有哪些重要意义?

答:《纲要》是新中国成立以来首次站在国家的高度制订并部署的文化建设中长期规划，体现了新时期党和政府对我国社会主义文化建设的高度重视。《纲要》明确指出“十一五”时期是全面建设小康社会、加快推进社会主义现代化建设的关键时期，也是文化发展的重要阶段，并提出未来5年我国文化发展的指导思想、方针原则和任务目标，对指导“十一五”时期我国的文化事业健康稳步发展具有十分重要的意义。

《纲要》是全面贯彻落实科学发展观、推动社会主义和谐社会建设的重要指导性文件。《纲要》着眼于文化与政治、经济和社会的协调发展，统筹规划并努力实现文化事业与文化产业、社会效益与经济效益、城乡与地区、体制机制创新、产业结构调

2006中国战略论坛（2006年2月19日）

整和增长方式转变之间的协调发展和共赢局面，始终将满足人民群众不断增长的精神文化需要摆在重要的突出位置，是实践以人为本、执政为民理念的集中体现。

《纲要》充分体现出社会主义先进文化在实现中华民族伟大复兴的历史进程中的重要作用。《纲要》作为《中华人民共和国经济和社会发展第十一个五年规划纲要》的配套实施文件，对“十一五”期间我国文化发展的目标、任务做出具体安排和部署，认真贯彻落实《纲要》，将各项目标和任务落到实处，必将为“十一五”时期总体目标的胜利实现提供强有力的思想武器和精神保障。

问:《纲要》对“十一五”时期文化遗产保护工作有何要求?

答:《纲要》对文化遗产保护工作提出了许多明确而具体的要求。“十一五”时期，国家将开展全国文化遗产普查工作，加大重要革命历史文物的收集、整理和重点革命历史遗迹的保护，加强世界文化遗产、大遗址、历史文化名城（街区、村镇）和文物保护单位的预警监测和保护管理，制订实施不可移动文物保护规划，严格执行涉及文化遗产保护事项建设工程的项目审批制度，完善重大建设工程中的文化遗产保护工作。继续实施文化遗产保护维修重点工程，排除文物保护单位重大险情。发展博物馆事业。建设抢救性文物保护设施，完善文物保护单位和博物馆安全消防设施设备。做好基本建设中的抢救性考古发掘和文物保护。实施重点文化遗产保护技术专项，开展文化遗产保护关键技术研发，提高文化遗产保护科技含量。

问:“十一五”时期我国将开展哪些文化遗产保护重大工程和重点项目?

答：在世界文化遗产保护方面，对明清帝王陵寝、云冈石窟、武当山古建筑群、敦煌莫高窟、大足石刻、平遥古城、高句丽遗址等世界文化遗产地实施综合保护。

在大遗址保护方面，完成100处重要大遗址总体保护规划纲要编制。建设汉长安城、大明宫、殷墟、隋唐洛阳城、偃师商城等一批重点大遗址保护展示园区。启动实施长城保护工程、大运河文物保护工程，丝绸之路（新疆段）文物保护工程。

在文物保护单位维修保护方面，开展应县木塔、元代以前早期木构建筑、大昭寺、扎什伦布寺、塔尔寺等维修保护工程，完成西藏三大重点文物保护工程。每年重点安排100左右项险情严重的全国重点文物保护单位整体维修保护工作。

在考古工作方面，做好三峡工程、南水北调工程中的文化遗产抢救保护工作。边疆考古、涉外考古、水下考古、航空考古取得较大进展。启动中国海疆考古工程。

在文物科技方面，实施“指南针计划——中国古代发明创造的价值挖掘、展示”，文物保护关键技术研究与开发，中国数字博物馆等重点项目。

此外，我们还将建设抢救性文物保护设施，重点完成100余个地市级以上博物馆馆藏文物保存环境标准化建设，新建扩建库房面积30万平方米；依托博物馆改扩建23个区域性中心文物库房，集中保护珍贵文物；完成36所科研院所与大学出土文物整理库的文物保护设备和安防消防设施建设。

问：请谈谈开展全国文物普查的必要性、主要目标和内容。

答：文物普查是国情国力调查的重要组成部分，是确保国家历史文化遗产安全的重要措施，是我国文化遗产保护的重大基础工程。20 世纪 50 年代和 80 年代，我国先后进行了全国性的文物普查，取得了重要的成果。但是由于当时各方面条件的限制，普查工作有所疏漏。而且随着时代的进步，文化遗产保护的范畴不断扩大，在以往工作中被忽略的部分，如传统民居、优秀近现代建筑、工业遗产、文化景观等项目也都逐步纳入保护的范畴。随着我国社会经济改革和城乡建设的快速发展，许多具有重要文物价值但却没有被发现、登记和公布为相应级别保护单位的不可移动文物，如传统建筑、历史街区、古民居村落等，在城乡建设中遭到不合理的拆改，甚至拆除、毁坏。因此，开展第三次全国性的文物普查工作十分必要，也十分紧迫。

第三次全国文物普查工作的总体目标是：全面掌握不可移动文物的数量、分布、特征、保存现状、环境状况等基本情况，为全面制定我国文化遗产的长远规划，提高我国文化遗产保护的水平奠定基础；通过普查，进一步提高文博系统工作人员的专业技能和管理水平，全面提升全民的文化遗产保护意识。

本次普查的范围是我国境内（除港澳台地区外）地上、地下、水下的不可移动文物，普查的内容以调查、登录新发现的不可移动文物为重点，同时对已登记的近 40 万处不可移动文物进行复查，了解不可移动文物本体及环境的基本情况，尤其是对不可移动文物的量化指标、保存与环境现状及其变化情况等进行调查、登录。

在使用传统普查方法的同时，这次普查工作中将充分利用信息网络技术、遥感技术、地理信息系统、全球卫星定位系统等现代科技手段，并将充分利用已经实施的“全国文物调查及数据库建设项目”等相关成果开展工作。

普查的成果主要包括建立普查档案，编制普查报告，建立全国不可移动文物分布的电子地图，由县级以上地方人民政府公布其辖区内的不可移动文物名录，并视实际情况将其中重要的不可移动文物公布为相应级别的文物保护单位。

我们拟自明年开始，用 5 年时间开展第三次文物普查工作，其中前 3 年用于田野调查，后 2 年进行资料汇总、整合、公布普查成果。

问：国家文物局将如何贯彻落实《纲要》提出的各项要求？

答：我国有丰富的文化遗产，在新的历史条件下，如何看待历史文化遗产的意义和作用，如何借助先进的技术手段和新兴的文化创意产业展现文化遗产的思想精髓和丰富文化内涵，使文化遗产始终成为培育社会主义先进文化的根基和摇篮，将是一个长期存在、且日益重要的课题。《纲要》的下发，为我们指明了“十一五”时期文化建设和发展的方向，必将促使我们对这一重大历史课题进行持续、深入的研究和实践。国家文物局作为国务院文物行政部门，应紧紧抓住《纲要》发布这一重大机遇和契机，坚决贯彻落实《纲要》精神，责无旁贷地承担起保护文化遗产、传承民族优秀传统文化、推动社会主义文化建设的责任。为此，国家文物局将制定一系列有力措施，并在以下方面做出具体的工作部署。

（1）认真学习《纲要》内容，深刻领会《纲要》精髓，充分把握《纲要》的各项要求，进一步认识加强文化遗产保护工作在建设社会主义先进文化、贯彻落实科学发展观和构建社会主义和谐社会中的重要作用。准确把握今后一个时期我国文化遗产保护工作与经济社会发展之间的关系，把认识统一到《纲要》精神上来。

（2）加强组织领导。各地文物行政部门要紧紧依靠当地党委、政府，密切配合各有关部门，明确岗位，落实责任，切实加强文化遗产保护工作，将文化遗产保护纳入当地经济和社会发展规划，纳入城乡建设规划，纳入财政预算，纳入体制改革，纳入各级领导责任制。加强机构和队伍建设，完善保护管理体系。充分调动社会各界保护文化遗产的积极性，推进文化遗产保护事业的社会化进程，推动全社会共同参与文化遗产保护体制的进一步完善。

（3）加紧完善《国家文物事业“十一五”发展规划》编制工作，紧密围绕《纲要》提出的指导思想、目标和任务，确定《国家文物事业“十一五”发展规划》的指导思想、目标任务，各地也应该制定完善本地区、本部门的“十一五”时期发展规划，突出重点，兼顾大局。

（4）加强调查研究，特别是围绕制约文化遗产保护事业发展的重点难点问题，深入调研；围绕关系文化遗产保护事业和经济社会发展大局的创新意识和理论、促进文化遗产保护与经济社会协调发展的政策和措施、国际先进的文化遗产保护理论与实践等深入调研，为指导文化遗产保护事业发展，繁荣社会主义先进文化建设提供强大的思想理论支撑和实践支持。

（5）加强文化遗产的保护、展示和宣传，促进公益性文化事业发展。各地要充分利用“文化遗产日”、“国际博物馆日”等主题纪念日，开展文化遗产保护宣传展示活动。充分利用各地的文化遗产资源，加强公共文化服务建设，创新服务方式，拓宽服务领域。优化博物馆品类结构和网络布局，完善博物馆基础设施建设，提升博物馆展示宣传和服务水平，重点面向广大农村和基层群众提供更为丰富的公益性文化服务。

（6）正确引导文化遗产保护、利用工作与文化创意产业相结合。推动中国文化遗产题材相关衍生产品的创作和开发。推动并实施具有引导性和带动性的文化遗产题材文化产业示范项目。借助群众喜闻乐见的传播形式和手段，宣传文化遗产保护工作，弘扬民族优秀传统文化，服务于国家发展文化产业、推动文化外交和维护文化安全的需要。

（7）加强与有关部委的沟通与合作，不断完善支持文化遗产保护事业的经济政策和相关政策，大力争取有关部委对文化遗产保护工作的支持。各地文物行政部门要切实履行职责，抓紧制定落实《纲要》精神的工作计划和实施方案，采取有效措施，认真组织实施，掀起学习贯彻《纲要》精神的高潮。国家文物局将不断加强对《纲要》实施情况的跟踪分析、具体指导和督促检查。

国务院常务会议审议并原则通过《长城保护条例（草案）》国家文物局局长单霁翔就相关问题接受本报专访

记者李让《中国文物报》2006 年 9 月 22 日

同为世界文化遗产，长城之所以又不同其他，是因为长期以来它已经被视为中华民族的象征。

近年受到社会各界普遍关注的长城立法工作终于有了圆满结果。9 月 20 日，温家宝总理主持国务院常务会议，审议并原则通过了《长城保护条例（草案）》。该条例将于近期公布并施行。本报记者随即就社会各界广泛关注的问题，对国家文物局局长单霁翔进行了专访。

问：近年，您在全国文物局局长会议和国家文物局局务扩大会议上具体介绍全国文物工作健全和完善文物保护法规体系的情况时，都提到了《长城保护条例》——国家文物局目前法规建设的重中之重。现在，国务院审议并原则通过了《长城保护条例（草案）》，请您介绍一下这个条例出台的背景和过程。

答:2002 年全国文物工作会议提出要抓好 4 项基础工作，其中一项就是法制建设。应该说，4 年来我们的工作已经取得了很大进展，国家文物局和全国各地文物主管部门进一步加大了文物法制建设力度，文物保护的建章立制进程明显加快。我们同时也认识到，这项基础工作是长期的工作，要长期抓实抓好，要继续扩大其成果。我们要克服种种困难，建立起《文物保护法》统领下的，有中国特色的文化遗产法规体系，这是非常艰巨和长期的任务，只有这样才能在当前强调依法行政时代对我们工作形成真正的指导和规范。去年年底国务院发出的《关于加强文化遗产保护的通知》，也要求“加强文化遗产保护法律法规建设，推进文化遗产保护的法制化、制度化和规范化”。我们现在正在尽最大努力使我们的立法工作更加讲求科学、讲求实效。

《长城保护条例》的起草工作，是近年来国家文物局法制工作的重中之重。在这项工作中，国家文物局一直努力把国际和国内有关文化遗产保护立法工作的优秀成果吸收进来，也特别注意把国家新制定的文化遗产保护政策用法规的形式表现出来。

这项工作也得到了国务院法制办的高度重视和大力支持。2004 年 12 月，国家文物局向国务院报送了《长城保护条例（送审稿）》。此后，国务院法制办会同国家文物局先后征求了25个中央单位和31个省、自治区、直辖市人民政府的意见，并3次邀请法学、文物和城乡建设规划等方面的专家，就长城保护中存在的突出问题和送审稿涉及的主要制度、措施以及送审稿与《文物保护法》的关系等进行论证。国务院法制办和国家文物局还分别到北京、河北、山西、陕西等地实地调查研究，对有关制度的科学性、可行性进行反复研究、论证。在此基础上，国务院法制办会同国家文物局对送审稿进行了反复修改，最后形成《长城保护条例（草案）》。在各有关部门达成一致意见后，国务院常务会议审议并通过了该条例（草案）。

问:《长城保护条例》受到社会各界的普遍关注，有一个大家感兴趣的问题：既然已经有了《文物保护法》，为什么还要制定《长城保护条例》？请您谈谈制定《长城保护条例》的必要性。

答:2002年10月新修订的《文物保护法》和2003年5月国务院公布的《实施条例》的贯彻实施，对长城的保护都起到了积极作用。但是，由于长城是跨越多个省份的不可移动文物，其保护面临着一些特殊问题：一是有的地方因工程建设拆毁、穿越长城的情况比较严重；二是有的地方进行不当的旅游开发，对长城及其历史风貌造成破坏；三是有的地方因长城管理权限不明,致使《文物保护法》及其《实施条例》规定的“四有”措施（有保护机构、有保护范围和建设控制地带、有保护标志、有档案）难以得到很好的落实，部分长城段落至今尚未公布为文物保护单位；四是有些村民、居民的生产、生活活动也对长城造成较大的破坏。为了加强对长城的保护，规范对长城的利用行为，针对长城保护中的突出问题，有必要根据《文物保护法》的规定，专门制定一部保护长城的行政法规。

《长城保护条例》的制定，其意义还在于我们在综合性法规之外有了针对单项文化遗产地的国家专项法规，这是文化遗产保护立法工作的重要突破。考虑到长城极其重要的国际影响，《长城保护条例》的制定也必将进一步彰显我国保护文化遗产的信心和决心。

问：请问制定《长城保护条例》的总体思路是什么?

答:《长城保护条例》总结了近年来长城保护工作的实践经验，在总体思路上把握了以下几点：①依照《文物保护法》的规定，针对长城的特点和长城保护中存在的突出问题，补充完善有关制度、措施，使之更具针对性和可操作性；②对长城实行整体保护、分段管理，明确长城所在地人民政府的责任；③发挥社会力量参与长城保护的积极性，明确长城利用单位的责任，设立长城保护员制度；④对长城的利用行为加以规范，明确将长城段落辟为参观旅游区的应当坚持的原则和具备的条件。

问:《长城保护条例》确立了哪些主要制度?

答:《长城保护条例》确立的主要制度有：长城保护总体规划制度、对长城旅游开发活动加以规范的制度、长城“四有”措施的落实制度、长城保护的社会参与制度。

长城保护总体规划制度是条例的一个重要内容。要从根本上解决基本建设与长城保护的矛盾，必须关口前移，在基本建设的规划、立项阶段充分考虑长城保护的需要。为此。条例规定：国家实行长城保护总体规划制度；国务院文物主管部门会同有关部门制定长城保护总体规划，报国务院批准后实施；长城保护总体规划应当明确长城保护的标准和保护重点，分类确定保护措施，并确定禁止在保护范围内进行工程建设的长城段落。长城所在地县级以上地方人民政府制定本行政区域的国民经济和社会发展计划、土地利用总体规划和城乡规划，应当落实长城保护总体规划规定的保护措施。条例同时规定，任何单位或者个人不得在长城保护总体规划禁止工程建设的保护范围内进行工程建设。在建设控制地带或者长城保护总体规划未禁止工程建设的保护范围内进行工程建设，应当依照《文物保护法》的规定审批。进行工程建设应当绕过长城。无法绕过的，应当采取挖掘地下通道的方式通过长城；无法挖掘地下通道的，应当采取架设桥梁的方式通过长城。任何单位或者个人进行工程建设不得拆除、穿越、迁移长城。

为了对长城的旅游开发进行规范，条例规定：将长城辟为参观游览区，应当坚持科学规划、原状保护的原则，并应当具备下列条件：①安全状况适宜公众参观游览；②已采取“四有”措施；③符合长城保护总体规划的要求。条例还规定了相应的备案程序，并明确由省级以上人民政府文物主管部门核定参观游览区的旅游容量指标。

关于长城“四有”措施的落实，条例规定了长城所在地省级人民政府在落实长城“四有”措施方面的义务：①按照长城保护总体规划的要求，划定、公布长城的保护范围和建设控制地带；②在长城沿线的交通路口和其他需要提示公众的地段设立长城保护标志；③建立长城档案；④确定长城的保护机构。针对有关地方政府在落实长城“四有”措施时标准和尺度不尽相同以及相互推诿、扯皮等情况，条例规定：长城段落为行政区域边界的，其毗邻的县级以上地方人民政府应当定期召开由相关部门参加的联席会议，研究解决长城保护中的重大问题。

之所以要确立长城保护的社会参与制度，是因为长城绵延万里，仅靠现有的文物管理机构难以适应长城保护的实际需要，必须调动社会力量。为此，条例规定：

（1）公民、法人和其他组织可以通过捐赠等方式设立长城保护基金，专门用于长城保护。

（2）被确定为保护机构的利用单位应当对其所负责保护的长城段落进行日常维护和监测，并建立日志；发现安全隐患，应当立即采取控制措施，并及时向县级人民政府文物主管部门报告。

（3）根据部分省市利用护林员、土地承包户等保护长城的实际做法和经验，条例规定：地处偏远、没有利用单位的长城段落，所在地县级人民政府或者其文物主管部门可以聘请长城保护员对长城进行巡查、看护，并对长城保护员给予适当补助。

（4）任何单位或者个人发现长城遭受损坏的，可以向保护机构或者所在地县级人民政府文物主管部门报告。

问：我们注意到，目前有许多长城段落还没有被公布为省级以上文物保护单位。条例对此有无具体要求?

答：长城是我国最为重要的文化遗产地，早在1987年就被列入《世界遗产名录》。由于历史原因，长城的许多段落目前尚未被公布为省级以上文物保护单位，以至于法律规定的保护制度不能有效地适用于长城保护工作。条例明确规定，要将长城各段落依法公布为省级以上文物保护单位，以确保《文物保护法》规定的各项制度在长城保护工作中得到有效实施。当然，我们期望通过艰苦的工作，长城各段落能够全部公布为全国重点文物保护单位。

问：《长城保护条例》公布实施后，国家文物局对贯彻落实这个条例的规定有什么要求?

答：《长城保护条例》是长城保护工作的基本要求，长城保护工作的各个方面都必须严格依照条例的规定执行。为此，真正树立条例的权威性，真正学懂学透条例的具体内容，自觉依照条例的规定保护长城，是我们当前有关工作的目标。所有与长城保护工作有关的机构和工作人员，要首先以严肃认真的态度学习这个条例的各项内容。当前长城保护的各项工作，也要以条例规定的要求进行明确的部署和安排。国家文物局将组织开展《长城保护条例》的学习、宣传和执法检查活动，严格以条例的要求规范和部署全国的长城保护工作。我们也要求地方各级文物主管部门在条例的贯彻实施方面花大力气，取得实效，使《长城保护条例》能够真正规范长城保护工作的各个方面。

甘肃嘉峪关文化遗产保护工程启动仪式（2011年11月18日）

《世界文化遗产保护管理办法》公布实施 我国世界文化遗产工作纳入法制管理轨道——专访国家文物局局长单霁翔

记者李让《中国文物报》2006 年 12 月 8 日

11 月 14 日,《世界文化遗产保护管理办法》(以下简称《办法》) 经文化部部务会议审议通过，并公布施行。日前，本报记者就读者关注的问题专访了国家文物局局长单霁翔。

问:《办法》的出台，对我们开展这方面工作有何重要意义?

答：自从 1985 年我国加入《保护世界文化和自然遗产公约》以来，世界文化遗产工作已日益成为我国文化遗产事业的重要组成部分。加强对世界文化遗产的保护和管理，一直是国家文物局的工作重点。现在我国已有世界遗产 33 处，其中世界文化遗产和文化与自然混合遗产 28 处，位居世界各国前列。

我国政府一贯高度重视文化遗产的法律保护。1982 年颁布文化领域的第一部专门法律《文物保护法》，标志着中国以文物保护为基本内容的文化遗产保护法律制度已经初步形成。2002 年新修订《文物保护法》，标志着中国正在努力建立单体文物、历史地段、历史文化名城等多层次文化遗产保护相结合的法律体系。

近年来，根据世界文化遗产保护的新形势和新任务，国家文物局也致力于有关世界文化遗产保护法规体系建设,《办法》的起草工作，就是其中一个重要内容。这个管理办法的出台，标志着我国的世界文化遗产工作已经纳入法制管理的轨道，为今后这项工作的进一步依法加强奠定了基础。

问:《办法》所称的世界文化遗产的范围包括哪些?

答：联合国教科文组织《世界遗产公约》将世界遗产分为文化遗产、自然遗产和文化与自然混合遗产。为了充分实现立法宗旨,结合我国世界文化遗产工作的实际,《办法》所称的世界文化遗产的范围，包括列入联合国教科文组织《世界遗产名录》的世界文化遗产和文化与自然混合遗产中的文化遗产部分。为改变各地不同程度存在的“重申报、轻管理”现象，加强对列入《中国世界文化遗产预备名单》的文化遗产的保护和管理,《办法》规定，列入《中国世界文化遗产预备名单》的文化遗产，参照本《办法》的规定实施保护和管理。

问：这里有一个大家感兴趣的问题：世界文化遗产保护管理方法和不可移动文物的保护管理方法之间是怎样的关系？

答：联合国教科文组织于1972年制定了《保护世界文化和自然遗产公约》。此后，世界文化遗产的概念和保护理念逐步在国际社会推广。《世界遗产公约》确立的文化遗产保护方法和理念无疑是先进的，但通过国内立法落实公约的具体制度则必须符合各国的立法程序。虽然在1985年我国加入了《世界遗产公约》，但是2002年修订的《文物保护法》以及相关的行政法规并没有涉及世界文化遗产保护的有关具体内容和具体制度。我国涉及世界文化遗产保护的国家级立法在此前尚属空白。为了在《立法法》确定的立法原则和《行政许可法》等法律确定的行政管理原则下通过制定部门规章依法加强管理世界文化遗产工作，现阶段较为有效的方法，是将《文物保护法》确定的各项不可移动文物保护管理制度纳入世界文化遗产保护管理体系。为此，《办法》规定：世界文化遗产中的不可移动文物，应当根据其历史、艺术和科学价值依法核定公布为文物保护单位；尚未核定公布为文物保护单位的不可移动文物，由县级文物主管部门予以登记并公布；世界文化遗产中的不可移动文物，按照《文物保护法》和《文物保护法实施条例》的有关规定实施保护和管理；世界文化遗产中的文物保护单位，应当根据世界文化遗产保护的需要依法划定保护范围和建设控制地带并予以公布；保护范围和建设控制地带的划定，应当符合世界文化遗产核心区和缓冲区的保护要求。此外，《办法》还在符合《立法法》和《行政许可法》原则的前提下，对世界文化遗产保护机构等内容做出了明确规定。

问：请您介绍一下世界文化遗产的管理体制。

答：2004年《国务院办公厅转发文化部、建设部、文物局等部门关于加强我国世界文化遗产保护管理工作意见的通知》要求，国家文物局负责世界文化遗产的保护和管理工作；根据国务院研究世界遗产审核、申报和管理工作职责分工问题的会议纪要的精神，国家文物局负责世界文化与自然混合遗产中文化遗产部分的保护和管理工作。这次出台的《办法》第4条明确规定：国家文物局主管全国世界文化遗产工作，协调、解决世界文化遗产保护和管理中的重大问题，监督、检查世界文化遗产所在地的世界文化遗产工作。《办法》还规定，县级以上地方人民政府及其文物主管部门依照本办法的规定，制定管理制度，落实工作措施，负责本行政区域内的世界文化遗产工作。

问：请您介绍一下大家都很关注的专家咨询制度和监测巡视制度。

答：充分发挥专家的咨询作用并完善监测巡视制度，是世界文化遗产保护工作的经验总结，2004年国办转发的文件和有关国际组织对此也提出了明确要求。《办法》确定的专家咨询制度和监测巡视制度是世界文化遗产工作的基本法律制度。考虑到这2项法律制度分别有丰富的内涵，且需要在实践中逐步完善，《办法》规定：国家对世界文化遗产保护的重大事项实行专家咨询制度，由国家文物局建立专家咨询机制开展相关工作；国家对世界文化遗产保护实行监测巡视制度，由国家文物局建立监测巡视机制开展相关工作；世界文化遗产保护专家咨询工作制度和世界文化遗产保护监测巡视工作制度分别由国家文物局制定并公布。目前，国家文物局正在加快这方面的工作进程。

问：7月，您著文谈到保护文化遗产的一个重要举措就是加强文化遗产保护规划的研究编制。这次出台的《办法》对世界文化遗产保护规划的编制和实施作了哪些规定？

答：保护规划的编制和组织实施，是世界文化遗产保护工作的重要组成部分。由于文化遗产保护的特殊性和复杂性，我们目前保护规划的编制严重滞后。因此需要加大力度，尽快使文化遗产在保护规划的指导下得到更为妥善的保护。国家文物局正在积极推动保护规划纳入城市总体规划、城镇体系规划和经济与社会发展规划，使文化遗产保护与当地经济和社会发展形成有效的、科学的、合理的统筹协调，实现文化遗产价值的完整保护。

《办法》对组织编制世界文化遗产保护规划和组织实施保护规划的责任人、保护规划编制机构的资质要求以及保护规划内容的基本要求等都作了明确规定。为确保保护规划的科学性和权威性，《办法》规定：保护规划的编制机构要取得国家文物局颁发的资格证书，保护规划须经国家文物局审定方可实施，保护规划组织编制工作和组织实施工作的责任人是省级人民政府，保护规划的要求也应当纳入县级以上地方人民政府的国民经济和社会发展规划、土地利用总体规划和城乡规划。

问：我们注意到，目前其他国家公布了不少濒危世界文化遗产，请您谈谈中国世界文化遗产警示名单制度。

答：中国世界文化遗产警示名单制度，是《办法》确定的世界文化遗产工作的又一项基本法律制度。这项制度，总结了我国世界文化遗产工作的经验，也借鉴了联合国教科文组织有关机构的工作制度，对保护管理的日常工作和违法行为的惩戒措施作了有机结合。《办法》规定：因保护和管理不善，致使真实性和完整性受到损害的世界文化遗产，由国家文物局列入《中国世界文化遗产警示名单》予以公布；列入《中国世界文化遗产警示名单》的世界文化遗产所在地省级人民政府，应当对保护和管理工作中存在的问题提出整改措施，限期改进保护管理工作。我们期望这项制度的设立，能够有力地改变“重申报、轻管理”现象，能够进一步使世界文化遗产工作纳入全社会的监督之下。

文化遗产保护负重前行——国家文物局局长单霁翔解读文物保护热点问题

记者江胜信《文汇报》2006 年 12 月 20 日

第三次全国文物普查工作会议前夕，我来到国家文物局局长单霁翔的办公室，先收到一份见面礼——由他著述的新书《城市化发展与文化遗产保护》。我们的谈话因此很意外地从这本书的封面开始。“我最满意封面设计：一支驼队，负重前行；这也是今天进行文化遗产保护的真实写照，我们也在负重前行。‘重’有两层含义：一是文化遗产具有厚重的文化底蕴；二是保护责任重大。”

在随后的一个半小时里，他谈及了第三次全国文物普查、日前落户国家博物馆的海外回流文物子龙鼎、国内文物拍卖的三条严格规定……激动、痛心、忧虑、期待的神情时时掠过他的脸庞，唯独没有那一份轻松。

用 5 年时间查“家底”

问：12 月 18 日的全国文物普查工作会议将吹响第三次文物普查的号角。您能谈谈这次文物普查的背景和任务吗？

答：新中国成立以后，全国文物普查搞过两次：第一次是 60 年代；第二次是 80 年代，对“文革”之后文物的遗存状况做了调查；如今又 20 年过去了，文化遗产保护步入了最艰苦、最关键的历史时期，进行第三次全国文物普查是顺应形势之举。

为什么说文化遗产保护步入了最艰苦、最关键的历史时期呢？缘于两个背景：一是城市化进程加速，城乡建设与文化遗产保护之间的矛盾异常尖锐；二是去年年底国务院发出《国务院关于加强世界文化遗产保护的通知》，我国第一次在国务院的文件中，用“文化遗产”取代用了几十年的“文物”一词。“文物”走向“文化遗产”有很多内涵：比如“谁来保护”，应该全民保护；比如“为谁保护”，应该为子孙后代保护；再比如“保护什么”，不仅宫殿、寺庙、古遗址、古墓需要保护，安徽民居等传统民居、上海苏州河沿岸建筑等工业遗产、酒泉卫星发射基地等科技遗产、哈尼梯田等农业遗产、京杭大运河等文化遗产廊道以及非物质文化遗产都应该被纳入保护的范围。可以说，文化遗产的保护对象和保护范围已经发生了很大的变化。

在这样的背景下，我们要进行文化遗产保护，必须先要弄清家底。目前，我们已经完成了对全国重点文物保护单位和馆藏文物一级品的建档备案，完成了对全国文物保护单位的保护状况和馆藏文物腐蚀状况的调查，正在对所有文物档案进行数字化管理。

从 2007 年开始，我们将用 5 年时间开展第三次全国文物普查，全面调查、登记和公布我国境内（除港澳台地区外）地上、地下、水下的不可移动文物。其中前 3 年进行实地调查，后 2 年进入室内整理。

此次文物普查是我国国情国力调查的重要组成部分，是文化遗产保护的重大基础工作，对于促进我国文化遗产保护事业和国家经济社会发展全局具有十分深远的意义。

4 800 万买下子龙鼎

问：最近，子龙鼎等 4 件海外回流文物落户国家博物馆；而与此同时，一枚据传来自中国的恐龙蛋窝化石却在美国以 42 万美金的价钱被拍走。海外流失文物的征集和追查工作进展如何?

答：海外流失文物有复杂背景，包括“英法联军”、“八国联军”在圆明园和紫禁城的劫掠；斯坦因等人借“文化考察”名义对我国西北地区的文物盗掘；辛亥革命之后清宫文物的流失；日军侵华战争也给我国的文化遗产带来了一场浩劫；80 年代中期以后，国内盗掘、走私文物的案件屡有发生。

对于非法盗掘走私出境的中国文物，政府会按照国际公约，依靠国际合作依法追索。目前，按此方式追回的文物已有数千件。你刚刚提到的恐龙蛋窝化石问题，外交部新闻发言人已于 12 月 12 日代表中国政府声明，有关部门正在进行调查，如果调查证明这枚恐龙蛋窝化石的原主国是中国，中国政府将根据有关国际公约的规定提出追讨该恐龙蛋窝化石的要求。

对于那些经过合法途径流到海外的珍贵文物，可以用国家设立的专项资金来征集。此次子龙鼎是用这笔专项经费 4 800 万买下的。

问：4 800 万只能买这一件文物，是不是太贵了！

答：这确实是个很大的数目，但子龙鼎只有这一件，一旦国外收藏者打探到消息，一定会用更高价钱竞买，那么，子龙鼎也许就永远回不到祖国了，所以我们抓住稍纵即逝的机会，马上拍板。

当然，国家设立的专项资金并不都是用来征集的，其中一部分是用于对捐赠者的奖励和补偿。与子龙鼎一起落户国家博物馆的宋代木雕观音像就来自捐赠。

保护文化遗产的道德无国界

问：您刚所说的国际公约是什么？在执行过程中遇到障碍吗？

答：是指《关于禁止和防止非法进出口文化财产和非法转让其所有权的方法的公约》，在这一框架下，国家文物局积极与多个国家签署打击走私的双边协定，目前已经与秘鲁、意大利、印度签署了双边协定。正在与希腊、美国、澳大利亚、菲律宾等国就签署双边协定进行谈判。其中跟美国谈了4年，还没有最终结果，而美国恰恰是我国当前最大的文物走私口岸的国家之一。

美国国务院重视这件事情，还举行了听证会。会上两种意见很激烈：考古学家、历史学家和一部分公众代表认为，从法律、道德出发，应该和中国签署双边协定；但也有一些收藏家、博物馆馆长强烈反对，他们认为文物到了我这个地方，可以丰富自己的馆藏，还可以拿出来展示，吸引世界各地的游客。如果跟中国签署协定，来源就断了，现有的馆藏说不定也会被追索回去。

近年来，美国有些博物馆的馆长或博物馆亚洲部主任来中国找我谈这个问题。我跟他们讲："你们没有充分理解中国的文物政策，我们并不是说通过商贸、拍卖等合法渠道获得的文物也不允许进入你们的馆藏；但是不合法的东西，你能给它销赃吗？"我建议他们亲自到我国西部去看看我们被盗的墓群、被盗的壁画、被盗的石窟寺，他们难道不痛心吗？那些用利器野蛮切割的壁画，被锯下或砸下的佛头，雷管炸开的古墓葬文物，这样的文物流入他们博物馆，他们还能心安理得吗？他们没有看到文物被残酷破坏的过程，而只看到文物在博物馆内的精美，认为博物馆会妥善保管，让全世界的人来看，但是他们保护了什么？文化遗产真正想要向人民传播的是什么？

我们一直在向美国做这样的宣传，相信保护文化遗产的道德是无国界的，在这一点上我们应该还是有共识的。

当然，美国还未与我们签署双边协定并不意味着不配合中国政府对非法流失文物的追索。我们也曾从美国成功追回石雕像和古生物化石等流失文物。我们只是希望通过双边的协定，让追索过程更加顺畅。

从源头上防止珍贵文物外流

问：那我们又该采取什么样的积极措施，在源头上防止珍贵文物的外流呢？

答：可以以下从几个方面入手。

第一，加强文物保护基础和安全防范工作。例如抓紧调查评估各种不可移动文物，把他们公布为相应级别的文物保护单位，纳入法规进行保护。同时加大文物保护抢险的力度。这些年，我们建立了一个"大遗址"的概念，像西安、洛阳等地的大型古代城市遗址就属此列。"大遗址"下面有大量文化遗存，也经常出现文物被盗掘、被走私的情况。现在，我们将"大遗址"范围内不合理占用的民居和工厂搬离，将它建成遗址公园。如此一来，公众对“大遗址”就有了认识，并参与了对盗掘行为的共同监督。再一个抢救就是建设、扩建博物馆，使一大批珍贵的文物得到妥善的保存。目前，中国的博物馆建设自新中国成立初期以来，正迎来第二次的建设高峰。

第二，加大打击文物犯罪活动力度。近年来，文物部门着重加强了与有关部门在打击盗窃、盗掘与走私文物方面的配合协作。

第三，动员全社会共同关注参与文物保护。在各种宣传活动特别是在从今年开始的“文化遗产日”活动中，预防和打击文物犯罪始终成为公众关注的焦点。

国内文物拍卖监督严格

问：上月月末，美国的美翰拍卖公司与上海国拍合资组成的上海美翰国拍机动车拍卖有限公司正式成立，成为首家正式注册的中外合资拍卖公司。这说明中国兑现WTO承诺，开放拍卖市场进入实质性阶段。新成立的虽然不是艺术品拍卖公司，但会给我国拍卖公司带来隐忧吗？给文物保护又将产生什么影响？

答：《文物保护法》规定禁止设立中外合资、中外合作和外商独资的文物商店或者经营文物拍卖的拍卖企业。但法律没有禁止外资进入文物以外的拍卖行业，如果外资进入其他拍卖经营，可能会对文物拍卖产生影响，我们在积极、慎重地关注，我们的前提是应有利于中国的文物保护事业，有利于规范市场。

问：但国内的拍卖行是可以进行文物拍卖的，会导致珍贵文物流出国门吗？

答：如果严格管理就不会。国内的艺术品拍卖公司确实可以进行文物拍卖，但必须得到国家文物行政部门许可并且有许多严格规定，如：出土文物不能进入拍卖市场；馆藏文物不得进入拍卖市场；珍贵文物不得出境。

我们会事先审核拍卖标的，请专家做严格鉴定，海关也不允许珍贵文物出境。

文物拍卖绝不可能是静悄悄的，必然大张旗鼓地出图录、办预展、正式拍卖也是公开的。这就注定要面对社会舆论的监督，当然，同行之间也会监督。

追索贞顺皇后壁画移交仪式（2011年5月11日）

留住人类生存的记忆——国家文物局局长单霁翔谈保护古村镇

记者李韵《光明日报》2006 年 12 月 26 日

“包括古村镇在内的历史文化村镇和传统乡土建筑，是我国珍贵文化遗产的重要组成部分。”国家文物局局长单霁翔开门见山，“它们不仅是人们生活中不可缺少的舞台，而且是人类赖以生存、活动的物质载体，更是人类文明进步轨迹与过程的见证。”

他介绍说，目前已公布的近 7 万处各级文物保护单位，半数以上分布在村镇；已公布的 6 批全国重点文物保护单位中，有 127 处属于历史文化村镇和传统乡土建筑类；建设部和国家文物局评选出的两批历史文化名村、名镇，共计 80 个，最近还将评审并公布第三批名单，约 70 个；我国的 33 项世界遗产中也有 1 项（安徽西递、宏村）为古村落，正在申报的广东开平碉楼，以及世界遗产预备名单中的福建土楼、水乡古镇等，亦属此类。

“然而，古村镇的重要价值及保护工作的急迫性，目前还没有引起社会的普遍关注。”单霁翔坦言。

古村镇保护面临的挑战与机遇

近十几年来，在农村建设发展进程中，古村镇不断受到冲击。谈及此，单霁翔眉头紧锁。他说，一些具有保护价值的古村镇未能及时列为政府的保护对象；一些古村镇的周边环境随着经济发展而急剧变迁，自然和人文环境不断恶化；一些古村落无规划的建设活动，破坏了原有风貌和独特的自然环境；一些地方大拆大建、推倒重来，“求新求洋”、“千村一面”的倾向十分明显。同时，农村的基础设施建设、农民生活设施建设以及村容整治等项目全面展开，如果没有及时、正确引导，“不仅会对古村镇及其生存环境的保护构成新的威胁，而且可能加快其遭受破坏、走向消亡的进程和速度”。他心急如焚。

去年 12 月，《国务院关于加强文化遗产保护的通知》和《关于推进社会主义新农村建设的若干意见》中都专门强调要保护有历史文化价值的古村落和古民宅。单霁翔说：“因此，我们在面对挑战的同时，也获得了一个难得的机遇。”同时，他也指出，历史文化村镇和传统乡土建筑不适合采用单纯意义或“博物馆式”的保护，而需要将

山西吕梁碛口古镇民居（2010年8月6日）

其纳入现代化生活的轨道，科学合理地加以利用，探索更灵活、更积极的保护与利用措施。浙江的诸葛长乐村就是一个很好的范例。

古村镇保护存在的问题及解决措施

除了认识不足、缺乏文物保护意识，以及相关政策、法规滞后这些因素外，单霁翔认为，古村镇保护存在三个具体问题。

（1）保护范围、对象尚待明确。由于历史文化村镇和传统乡土建筑的研究、保护工作起步较晚，涉及范围广、各地情况差别大，所以保护的范围、对象还要进一步明确。

（2）土地政策和产权问题。按照国家有关土地法规，我国农村实行“一户一宅”政策，旧宅基地旧民居不拆，土地部门不批新的宅基地，致使村民拆旧建新，导致众多传统乡土建筑拆毁。

（3）资金短缺问题。由于乡土建筑数量多，维修规模大，所需费用高，单凭居民、村镇和政府的力量难以全部承担。

今年，国家文物局实施了一系列新农村文化遗产保护工作，古村镇的保护是其中的一项。明年，国家文物局还将会同有关部门在浙江召开现场会，对新农村建设过程中古村镇保护工作进行经验总结、难点分析，并出台相应的管理办法。单霁翔表示，下一步文物部门将有针对性地重点抓以下工作：一是加大对历史文化村镇和传统乡土建筑学术研究的支持力度；二是结合即将开展的第三次全国文物普查，开展历史文化村镇和传统乡土建筑资源普查，及时将价值较高者纳入保护范畴；三是抓紧制定相关法律法规，鼓励村民自行订立文化遗产保护的乡规民约；四是配合国务院有关部门积极探索土地置换、民居产权转移的新政策。

文化遗产是社会发展的资本和动力

“改革开放以来我国文物保护工作面临的最大问题之一就是：如何认识和处理经济建设、城市建设、旅游发展等与文化遗产保护的关系。”单霁翔说，从各国发展情况看，不论发达国家、发展中国家，都曾经面临或即将面临这样的问题。人类在处理这个问题上，既有很好的经验，更多的是惨痛的教训，甚至是永远无法弥补的损失。

他再三强调：“文化遗产不是经济发展的包袱，而是其发展的资本和动力。我们提倡‘可持续旅游’、‘负责任旅游’的理念，对于保持经济、社会全面、协调、可持续发展具有十分重要的意义。”

碛口古镇无疑是幸运的。

曾经尴尬的碛口，因为清华大学陈志华先生的愤怒，因为冯骥才先生的大声呐喊，更因为当地有关部门知错辄改的勇气，也许会不再尴尬。“物阜民熙小都会，河声岳色大文章。”美轮美奂的碛口，是历史和先人的恩赐。诚如国家文物局局长单霁翔所言，古村镇是“人类赖以生存、活动的物质载体，更是人类文明进步轨迹与过程的见证”。

碛口无言，自有人言。碛口之幸，愿为天下所有古村镇之幸！

保护优秀传统乡土建筑 建设社会主义新农村

记者沈博《北京规划建设》2007 年第 1 期（2007 年 1 月出版）

问：目前新农村建设正在如火如荼地进行着，请问在新农村建设过程中，对传统建筑文化遗产应当怎样认识?

答：新农村建设的目标是“生产发展、生活宽裕、乡风文明、村容整洁、管理民主”，这 20 字意味着我们要建设的新农村是富裕、民主、文明、和谐的新农村。作为一项惠及亿万农民的系统工程，新农村建设的全面开启必将为广大的农村地区带来深远的变化。

我国农村地区蕴涵、保存了大量极其珍贵的文化遗产。中华民族拥有长达 7 000 年的农耕文明，历尽沧桑、保留至今的约 7 万处各级文物保护单位中，半数以上分布在村、镇，特别是历史文化村镇和传统乡土建筑，在我国数量最多、文化内涵最丰富。在国务院迄今已公布的六批全国重点文物保护单位中，有 127 处属于历史文化村镇和传统乡土建筑类；我国的 33 项世界遗产中，也有 1 项（安徽西递、宏村）为古村落；建设部和国家文物局还组织评选出两批国家历史文化名村、名镇，共计 80 个。

新农村文化遗产保护工作，作为新农村建设不可或缺的重要组成部分，理应得到重视和加强。包括乡土建筑在内的农村地区传统建筑，是有着鲜活生命的文化存在，是“活的文化景观”。那些古朴自然的石桥、老屋和古街道，不仅是人们生活中不可缺少的舞台，也是保证历史原真性和人居功能的重要因素。如何保护好、规划好、展示好这些丰富多彩的文化遗产，而不被建设大潮所淹没，是新农村建设中不可忽视的重要问题，也是时代交给我们这一代人的重要任务。

问：对传统建筑文化遗产的保护现在是不是应提到一定高度，否则将面临不可挽回的破坏?

答：当前，随着新农村建设工作的铺开，以及近些年部分农村地区大量生产、生活建设活动激增，历史文化村镇和传统乡土建筑等文化遗产的保护工作，已经出现许多新的情况和问题。一些具有保护价值的历史文化村镇因未能列为保护对象而被拆除或不合理地改造；一些具有历史价值的传统乡土建筑因为长期无人居住或年久失修而日益破败；一些文化遗产的周边环境也随着大规模城乡建设而急剧变迁，生存环境不断恶化。新农村建设中的基础设施建设、农民生活设施建设以及村容整治等项目的全面展开，如果不合理规划，会对历史文化村镇和传统乡土建筑的保护构成新的威胁。

海南东方黎族村寨白查村（2010年3月20日）

特别是有的地方在推进新农村建设的过程中，存在简单化地加快城市化的倾向，把新农村建设片面理解为新村建设，出现大拆大建、全部推倒重来的“政绩工程”、“形象工程”，而不是致力于农村的综合发展，没有突出乡村特色、地方特色和民族特色，有“求新求洋”、“千村一面”的倾向。在这一背景下，农村地区大批文化遗产遭到破坏、走向消亡的速度正逐渐加快。

这个现象目前还没有引起社会各界的普遍关注。如在这个起步阶段不能及时加以引导，增强保护意识，采取有力措施加以保护，这些珍贵的文化遗产将极难逃脱被遗弃或破坏的命运。做好新农村文化遗产保护工作已迫在眉睫。

问：据您了解，我国广大农村中现状的传统建筑文化遗产的保护情况如何？

答：目前，新农村建设中的文化遗产保护工作已经积累了一些经验，取得了一些成绩，但是仍面临许多困难和问题，文化遗产保护仍是各地新农村建设中的薄弱环节。这些年来，通过实地考察、专家座谈以及一线工作经验，归纳起来，我们认为，当前新农村遗产保护方面主要存在以下几个问题。

一是保护的标准和对象尚待明确。由于历史文化村镇和传统乡土建筑的研究、保护工作起步晚、涉及范围广、各地情况差别大，目前全国统一的保护标准尚未出台。建设部和国家文物局近年公布的《中国历史文化名镇（村）评选办法》、《中国历史文化名镇（村）评价指标体系》（试行），并不完全适用于普通的历史文化村镇和传统乡土建筑。因此，单独制定历史文化村镇和传统乡土建筑的保护标准、评价指标，是当前工作中应当重视和抓紧解决的问题。

二是保护的政策、法规滞后。从调查的情况来看，凡是未列入文物保护单位的传统乡土建筑可由村民自愿拆除改造，由此造成一些珍贵的传统乡土建筑随时面临被拆除的危险。如不及时制定传统乡土建筑保护法规，大规模的新农村建设必将很快涉及如何保护千百年来形成的传统乡土建筑及其文化内涵的问题。而现在的《文物保护法》、《实施条例》和一些地方性专项法规不能完全满足其保护需要。因此，需要研究制定出台有关政策和专项法规来解决历史文化村镇和传统乡土建筑保护的问题。

三是土地政策和产权问题。按照国家有关土地法规，我国农村实行“一户一宅”政策，旧宅基地旧民居不拆，土地部门不批新的宅基地，致使村民拆旧建新，导致众多传统乡土建筑被拆毁。同时，部分古村落无规划的建设活动，也破坏了原有风貌和独特自然环境。另外，传统乡土建筑大部分产权属于集体和村民个人所有，有些房屋分属几户、十几户，保与拆，修与不修难以形成统一意见，造成管理和保护难度加大。

四是资金短缺问题。目前，对传统乡土建筑的保护资金、改善基础设施建设的资金投入明显不足。由于传统乡土建筑数量多，维修规模大，所需费用高，单凭居民、村镇和政府的力量难以全部承担，不少乡土建筑失修失养。一些有价值亟待维修的古民居、古村落不能及时维修保护，自然损毁的态势远未得到扭转。另外，部分传统乡土建筑的维修费用甚至高于新建建筑，影响了居民投资维修的积极性。

五是宣传教育力度不够。目前，针对新农村建设过程中的文化遗产保护宣传力度不够是普遍现象。很多地方没有把保护文化遗产的内容纳入新农村建设的总体规划中，没有考虑民族、民间、民俗文化的保护传承问题，造成农村区域文化特征逐渐丧失。

对于以上诸问题，我们认为，必须认真汲取二十年来我国城市改造建设中文化遗产保护的历史经验和教训，对我们在新的历史条件下积极主动地推进新农村建设中的文化遗产保护具有重要的借鉴意义，所谓的“旧城改造”已经让我们失去了很多城市文化遗产，在新农村建设中如不及时制定相关政策，加强历史文化村镇和传统乡土建筑保护，将造成不可挽回的损失，留下永久的遗憾。

问：我国对于传统建筑文化遗产的保护做了哪些工作，尤其在新农村建设中，通过什么样的政策来保护这些传统建筑文化遗产？

答：在我国，文物保护历经百余年的发展，已由注重保护重要的、纪念性建筑发展到保护“由于时光流逝而获得文化意义的过去比较不重要的作品”，从保护“个别建筑作品”发展到保护能够“见证某种文明、某种有意义的发展或某种历史事件的城市或乡村环境”。我国文物保护历经几代人的不懈努力求索,在不可移动文物保护方面，已经建立起“文物保护单位——历史文化街区、村镇——历史文化名城”三个层次的历史文化遗产保护体系。

近期，针对新农村建设的实际需要，国家文物局有准备、有计划、有重点地开展了新农村文化遗产保护一系列工作：积极筹备、参与了全国政协新农村建设中文化遗产保护情况调研，并及时向国务院汇报了当前新农村文化遗产保护的实际情况；组织召开专门研讨会，起草了《新农村建设中应予以保护的建筑推荐标准（初稿）》；指导部分地区积极开展了新农村文化遗产普查试点工作；督促开展农村地区部分国宝级文物建筑的保护规划编制工作；与建设部筹备启动第三批国家历史文化名村、名镇评选工作，等等，引起了广泛和良好的社会反响。

同时必须看到，保护历史文化村镇和传统乡土建筑，与保护一般历史建筑群和其他古代建筑，无论在保护理论，还是保护方法上都有所不同。保护历史文化村镇和传统乡土建筑，是对一个历史文化空间完整的保护，因而它除了保护古民居、村落等传统的乡土建筑外，还应保护形成历史风貌的道路、桥梁、水系，要保护这些遗产的历史功能和村落格局与空间形式，也要保护形成古村落的自然生态环境和非物质文化遗产。我们认识到，所有的保护行为和保护对象均处于一个发展、变化的社会中，任何保护行为都要与这一地区的人们发生关系。这就表明历史文化村镇和传统乡土建筑的保护不是单纯依靠技术保护能解决的。

因此，认真分析新农村建设中文化遗产保护工作新的形势，结合文化遗产保护工作的实际情况，我们考虑今后应重点抓紧开展以下工作。

（一）积极探索新政策

配合国务院有关部门积极探索土地置换、民居产权转移的新政策。根据各地的实际经验，要解决民居保护与改善居民生活的矛盾，其中，建设新村、保护老村是一种比较好的方法。人类求发展，追求现代生活的步伐是不会停止的。实施“新旧分制”的保护方式不仅能为历史文化村镇和传统乡土建筑的保护和发展提供出“历史空间”，使其更完整，更具魅力，也为村民向现代生活前进提供了发展空间和保障。通过将新申请宅基地的农民逐步安排到新村，将老村规划治理后，采取各种促进经济发展的方式和运行机制，做到既保护了文化遗产又改善了居民生活。

（二）加强法规建设

文化遗产保护和管理工作必须逐步纳入法制化、科学化、规范化的轨道。法规建设对于推动历史文化村镇和传统乡土建筑的保护同样是重要的前提。因此，建议抓紧研究制定《历史文化村镇和传统乡土建筑保护条例》。除此之外，在国家法律法规的规范下，各地需要根据保护工作的实际情况，及时制定地方法规。同时，乡村广大村民从自治原则出发形成的乡规民约，对于保护历史文化村镇和传统乡土建筑也有着不可替代的作用。

（三）加大技术指导

开展历史文化村镇和传统乡土建筑资源普查。国家文物局将继续完善技术规范，确定保护标准，在《新农村建设中应予以保护的建筑推荐标准（初稿）》的基础上，进一步征求其他有关部门的意见，争取尽早出台。在上述保护标准正式出台后，我们将要求各级人民政府文物行政部门据此在自己的辖区内，结合经国务院批准、即将开展的第三次全国文化遗产普查，加强农村地区文化遗产特别是历史文化村镇和传统乡土建筑的资源调查，摸清家底，甄别有价值的历史文化村镇和传统乡土建筑予以公布并开展保护工作。同时加大力度推动各地制定文物保护规划，与各地规划部门通力合作，把保护文化遗产的内容纳入新农村建设的总体规划中，积极引导地方有序开展新农村文化遗产保护工作，同步协调发展。

（四）研究遗产保护新思路

主要是鼓励并建立多渠道资金投入乡土建筑保护机制。在鼓励各级政府和社会各界继续加大投入的同时，多渠道筹集保护资金，解决保护资金不足的问题。对于列为各级文物保护单位的乡土建筑，争取中央财政设立保护专项资金，用于抢救全国重点文物保护单位的历史文化村镇和传统乡土建筑，对于被评为国家级和省级的历史文化名村、名镇，各级财政可分别在当年财政收入中按比例提取保护专项资金，用于抢救本区域内此类乡土建筑遗产；对于其他未列为保护对象的乡土建筑，可以通过相应的政策规定，鼓励、引导社会资金进入；对于产权属个人所有的有价值的乡土建筑，在文物部门指导下进行维修时，政府应给予适当的经济补助。尽早建起政府、社会、集体、个人按比例共同出资承担的投入机制。

（五）广泛动员，积极宣传

深入开展新农村文化遗产保护的宣传教育工作，增强各级政府保护文化遗产的意识，引导和鼓励广大民众参与文化遗产的保护。注重培养年轻一代热爱家乡的情怀，弘扬传统乡村文化，是一个十分重要的问题，要从青少年抓起，从教育入手，把乡村传统文化、民间传统技能、民风民俗写入中小学课本，请进教学课堂，培养学生们从小对自己故乡的文化遗产产生特殊的情感。日后，孩子们虽然也要从岁月方舟上起飞，但是保护文化遗产将成为他们深入骨髓的自觉意识，他们的心也将会更多地留在家乡这片文化底蕴深厚的土地上。

问：保护好广大农村中的传统建筑文化遗产具有什么意义？

答：做好新农村文化遗产保护工作既是一项重要的历史任务，也是一项重要的现实任务。新农村文化遗产保护的目标、内容、方式决定了这种保护的社会性和综合性。不适合采用单纯意义或“博物馆式”的保护，而需要将其纳入现代生活的轨道，探索更积极的保护措施，要动员更广泛的民众参与，特别是依靠当地农民群众进行保护。因为，历史文化村镇和传统乡土建筑的保护不仅应注重保护人类赖以生存、活动的物质载体，更注重保护人的生产、生活方式，保护人类文明进步的轨迹与过程。

当前，新农村文化遗产保护工作面临着难得的机遇。在党中央、国务院对农村文化遗产保护工作的关心和重视下，各地也都在认真探索和总结新农村建设中文化遗产保护的新方式、新思路，包括规划、建设在内的各部门、各行业也逐渐加入保护行列来，为我们作好文化遗产保护工作提供了有力的支持，也为新农村建设开好局、起好步，为保证新农村建设的全面协调发展奠定了扎实的基础。

单霁翔委员：设立特区，保护西安洛阳大遗址群

记者赵晓霞《人民日报海外版》2007 年 3 月 6 日

“根据北京十三陵、浙江良渚遗址等地区大遗址保护的成功经验，建议国家批准在西安、洛阳的大遗址群地区集中设立‘国家大遗址保护特区’。”全国政协委员、国家文物局局长单霁翔关心的话题仍然是老本行。

陕西西安、河南洛阳是我国古代王朝都城的集中所在地，是我国以大遗址为代表的重大历史文化遗产集中分布的城市。西安片区的秦咸阳城遗址、秦阿房宫遗址、汉长安城遗址、汉阳陵、隋大兴唐长安城遗址、唐大明宫遗址等和洛阳片区的二里头遗址、尸乡沟商城遗址等均是我国大遗址的重中之重，对这些重要遗址的保护是我国“十一五”期间乃至今后更长一个时期内文化遗产保护工作的重点。

单霁翔认为，文化影响力是一座城市综合竞争力中的“软实力”，对于古都西安、洛阳来说，大遗址群是城市的宝贵财富，是城市发展的动力，而不是包袱。但在城市化进程中，城乡建设的迅速发展，以西安片区和洛阳片区大遗址为代表的大遗址保护工作面临严峻挑战。一方面，大遗址保护与城市开放建设、区域经济发展的矛盾日趋严重。另一方面，大遗址区内居民的生产生活未能与大遗址保护协调发展，大遗址的保护工作未能惠及当地民众的生活，也很难得到当地民众的支持和理解。加强对西安片区、洛阳片区大遗址的保护管理工作，显得尤为必要和紧迫。

洛阳大遗址保护工程开工（2007年3月21日）

单霁翔委员：不赞成目前发掘乾陵

记者刘媛媛 张平锋《中国文化报》2007 年 3 月 10 日

针对一直争议不断的发掘乾陵问题，正在参加全国政协十届五次会议的全国政协委员、国家文物局局长单霁翔表示，不赞成目前发掘乾陵。

单霁翔委员介绍说，目前，考古发掘现场文物保护的科学技术还不成熟，无法对瞬间出土的文物进行有效保护，而这些都是最珍贵的历史遗存，更应该得到妥善的保护。他说："相信随着科学技术的发展，我们的后人会比我们有更好的出土文物的保护技术。"

单霁翔委员认为，当前我国城乡建设十分活跃，一些大型基础设施建设工程施工中，文物保护工作量非常大。因此，工作的重点主要应集中于抢救和保护文物，而不是主动地去挖掘帝王陵寝、贵族墓葬等。但对于科学考古工作，文物部门从来没有停止，包括对于墓葬，也一直在采用高新技术进行其地下遗存状况的勘查和研究工作。

乾陵（2004年6月6日）

北京130家博物馆仅4家具备恒温恒湿环境

记者孙颖《北京晚报》2007年3月10日

"北京地区的130家博物馆中，仅有4家博物馆具备文物展出的恒温恒湿环境。"昨天下午，说到目前博物馆展示服务水平，全国政协委员、国家文物局局长单霁翔告诉记者，他呼吁设立专项补助经费，促进博物馆展示服务水平的提高。

单霁翔介绍说，我国现有博物馆2 300多座，每年举办陈列展览近万个，接待观众1亿5千万人次，发挥了良好的社会教育和服务作用。但是由于经费投入不足，我国大多数博物馆特别是中小型博物馆的展示环境简陋，展示设备老化、甚至不具备文物展示的基本条件。比如说北京130家博物馆中仅有4家博物馆具备文物展出的恒温恒湿环境。另外，博物馆举办展览仍无专项经费支持，单方造价的不断增长更使许多博物馆特别是中小型博物馆策划陈列展览是有心乏力，导致陈列展示更新缓慢，对观众的吸引力下降。陈列展览的配套服务设施一般只在建馆之初有所考虑，很少有后续更新的长效性资金投入，导致相关设施老化陈旧十分迅速，参观环境的舒适度下降。

单霁翔委员建议，由财政部设立对博物馆举办展览和更新陈列展览的专项补助经费，并且落实对博物馆实行减免开放的经费补贴政策，促进博物馆展示服务水平的提高，保障博物馆社会作用的有效发挥。

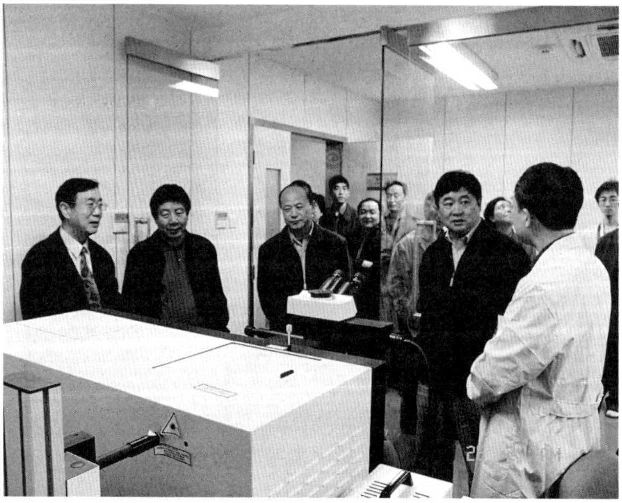

故宫博物院（2005年10月25日）

文化遗产对接软实力

记者王军《瞭望新闻周刊》2007 年第 11 期（2007 年 3 月 12 日出版）

在国务院第一次以“文化遗产”为主题下发政府文件之后，这项工作的现实意义越发凸显。

第三次全国文物普查在国务院统一部署之下于今年 1 月启动。

在中央高层近期一再强调增强中国文化的国际竞争力、提升国家软实力之际，这项规模浩大的文化遗产资源调查活动展开，计划历时 5 年、分三个阶段进行。

“这次普查以新的文化遗产保护的理念推行，调查是‘地毯式’的。”全国政协委员、国家文物局局长单霁翔，在“两会”召开期间接受《瞭望》新闻周刊专访时说，“国务院领导担任领导小组组长，各相关部委都有成员参加，各级政府都成立相应的领导小组，以确保文物普查收到实效，不走过场。”

20 世纪 50 年代和 80 年代，中国先后开展过两次全国文物普查。据国家文物局提供的背景资料，由于当时各方面条件所限，漏查甚至根本没有开展普查的情况相当普遍。在第二次全国文物普查中，有 320 个县没有开展普查，占当时全国 2 650 个县区的 12.1%。此后的二十多年间，大规模基本建设、城乡建设和文物调查中新发现了大量的不可移动文物，另有许多文物因人为或自然原因遭到损毁甚至消失。如内蒙古自治区在复查的 2 068 处不可移动文物中，已消失的 64 处，占 3.1%。

2005 年 12 月，国务院印发《关于加强文化遗产保护的通知》，将文化遗产保护提升到“对国家和历史负责的高度”和“维护国家文化安全的高度”。

《通知》指出：“我国文化遗产蕴涵着中华民族特有的精神价值、思维方式、想象力，体现着中华民族的生命力和创造力”，“加强文化遗产保护，是建设社会主义先进文化，贯彻落实科学发展观和构建社会主义和谐社会的必然要求。文化遗产是不可再生的珍贵资源，随着经济全球化趋势和现代化进程的加快，我国的文化生态正在发生巨大变化，文化遗产及其生存环境受到严重威胁。”

经中共中央总书记胡锦涛批示，中国的“文化遗产日”于 2006 年设立。胡锦涛去年 11 月在第八次文代会、第七次作代会上的讲话中指出，当今时代，文化在综合国力竞争中的地位日益重要。谁占据了文化发展的制高点，谁就能够更好地在激烈的国际竞争中掌握主动权。

作为文化竞争力和国家软实力的重要载体，文化遗产保护进入中国高层的战略视野，保护力度不断加大。去年国务院批准的第六批全国重点文物保护单位即有1081项之多，数量接近前五批的总和，其中包括了中共中央、国务院的所在地——中南海。

“经济的持续发展需要以繁荣的文化为支撑。”曾留学日本，在城市规划、文物保护领域有着丰富工作经验和理论研究的单霁翔，向《瞭望》新闻周刊表示，“当前，世界上许多国家将文化安全提上议事日程，并采取种种措施，保护民族文化遗产，弘扬民族文化传统。对此，我们也应当冷静地反思，及时转变落后的经济增长方式和城市发展理念，树立正确的文化发展战略。”

“与提升文化硬实力相比，提升文化软实力更为艰巨”

问：听说在“两会”召开前一天，中共福建省委书记卢展工、省长黄小晶专程到国家文物局登门拜访，省委书记、省长一同来访，在国家文物局的历史上是少见的，能谈谈具体情况吗？

答：他们来感谢我们对福建文物保护的支持，我们支持了什么呢，一个是严格执法，使乌塔事件得到了解决。第二个是福州“三坊七巷”的保护。“三坊七巷”是全国著名的历史文化街区，已被改造了一坊两巷，曾引起很大的争议。现在开发商退出了，接下来怎么办？去年夏天，我陪福州市的市长走访了北京的三个历史街区，结合北京的情况作了研究。我们把“三坊七巷”里面9个最好的院落公布为全国重点文物保护单位，这样，再像以前那样大拆大改就不行了，他们真正认识到“三坊七巷”是全国历史遗存、街巷肌理最好的历史文化街区之一，并请清华大学的张杰教授作了规划，开始有步骤地修缮。我看到最近的报道说，“三坊七巷”的老百姓欢天喜地过元宵节，不再被拆与不拆困扰了。

问：从中央到地方，文化遗产保护越来越受到重视，中央领导多次强调增强中国文化的国际竞争力、提升国家软实力，文化遗产保护在这样的战略格局中有着怎样的位置？

答：从一个国家到一个城市，它的实力是一个综合的概念，既包括硬实力，也包括软实力。所谓硬实力，是指经济总量、财政收入、硬件设施等；所谓软实力，是指体制机制、文化水平、人文环境等。硬实力和软实力共同构成了竞争力。

同样，文化竞争也可以分为文化硬实力和文化软实力。文化硬实力包括文化设施健全程度、文化遗产数量、文化从业人员的结构等；文化软实力则包括文化氛围如何、文化传统如何、文化法规健全程度如何和公众规则意识如何等。与提升文化硬实力相比，提升文化软实力更为艰巨。目前许多地方在发展过程中，重硬件建设、轻软件发展，对文化软实力的重视很不够。

文化软实力能够使人们潜移默化地接受文化价值观，因而日益受到关注。当今经济活动依靠的是文化内核，科研创新依靠的是文化造诣，生产管理依靠的是文化修养，技术掌握依靠的是文化素质，更重要的是依靠民族的文化精神。在我国，文化产品的供给相对于满足民众日益增长的精神文化产品需要的目标而言，已经形成“战略性短缺”，文化发展不能适应国民经济和社会发展的状况必将较长期存在，促进文化发展的任务愈来愈紧迫，这关系到国家的文化安全，关系到建设良好文化环境。

传统文化是增强社会认同感和凝聚力的重要内容，是激励人们不断开拓前进的强大的精神力量。德国的一份独立调查报告称，近3/4的德国人重新回到城市是因为对城市历史遗存情有独钟。正是因为文化遗产具有如此巨大的力量，文化遗产保护才会成为世界潮流。

问：这些年来，世界许多国家均将文化发展作为国家战略加以推行，这给中国文化遗产保护工作带来了哪些启示？

答：近年来，在国际领域，“文化城市”、“文化之都”的活动持续开展，影响深远。同时，“城市复兴”的思潮也已由理论探索阶段，演化到实践执行阶段，城市文化在城市复兴实践中的促进作用格外引人注目。

“欧洲文化之都”每年由欧盟理事会根据欧洲委员会的推荐进行命名，这一理念目前已在世界各地传播，如美洲大陆开展了名为“美洲文化之都”的大型年度性文化活动，在阿拉伯地区的“阿拉伯文化之都”活动已经持续地开展了多年。一些世界级城市的政府也愈来愈重视文化在促进发展方面的特殊作用。2003年伦敦市长发表“城市文化战略”的演讲，旨在维护和增强伦敦作为“世界卓越的、创意的文化中心”，成为“世界级的文化城市”。英国曼彻斯特市也在其文化产业战略咨询报告中，提出“文化变成了城市发展战略的轴心，经济、社会、技术和教育的战略都将越来越维系于这个文化轴心”的理念。

从上个世纪末开始，全球对于经济、社会的发展经历了一个广泛而深刻的反思，人们不约而同地把关注的目光投向了文化。正如国外一些学者所言，基于文化的优势是最根本的、最难替代和模仿的、最持久的和最核心的竞争优势；今天真正占主导地位的资源以及绝对具有决定意义的生产要素，既不是资本，也不是土地和劳动，而是文化。

在我国，文化的问题，也已经在政治、经济之后日益成为社会所关注的重大问题。人们认识到，今天对待文化的观念和方式，决定了我们走向未来的步伐。广东省提出建设“文化大省”，深圳市确定实施“文化立市”战略，武汉市提出建设“文化武汉”。文化遗产在城市文化中的作用日益显现。今天我们没有必要担心列入文化遗产保护的内容和数量太多，和居住在这个星球上人类共同的需要相比，和我们子孙后代的需求相比，在这个每日每时都在变化着的世界上，可供我们保护的文化遗产已经不是太多，相反，却是太少。我们有理由紧急行动起来，争分夺秒地为当代，更为后代把那些难得的、反映人类社会进程的文化遗产抢救下来，把更多的文化遗产列入保护之列。

问：《国务院关于加强文化遗产保护的通知》是在国家层面第一次以“文化遗产”为主题词的政府文件，将文物保护提升为文化遗产保护，这带来了哪些变化？

答：从“文物保护”走向“文化遗产”保护，绝不是一个名词的变化。国务院的通知发布后这一年多来，我们对此作了研究，到目前为止，有六个方面拓展出来了。一是从重视单一要素的遗产保护，向同时重视由文化要素与自然要素相互用而形成的“混合遗产”、“文化景观”保护的方向发展。二是注重物质和非物质相结合所生成的文化空间的保护。比如杭州的西湖，有很多全国重点文物保护单位，同时又是一个完整的文化空间。一些古村落也是这样。三是过去重视文化遗产“点”、“面”的保护，今天这个尺度又被突破，向更广阔的空间发展了。比如，“历史文化廊道”，“文化线路”的保护。第六批全国重点文物保护单位有一项叫京杭大运河，它一下子就包括22个城市、4个省、2个直辖市，这么一个大的空间尺度；联合国教科文组织世界遗产中心，正在和我们一起推动“丝绸之路”申报世界文化遗产的工作，目前跟中亚五国已经谈好了，将来还要跟意大利这些国家谈，这已经不是一个国家的概念了，空间尺度就更大了。相比之下，在过去，以长城为例，对文物保护单位的公布是一个点一个点进行的，导致至今没有把长城作为一项全国重点文物保护单位来公布，万里长城有的地方是国家级的文物保护单位，有的地方是省级的，有的是市级的、县级的，而大多数地段什么级别的都不是，这种状况必须改变。而大运河就比较幸运，一次性就全部公布了。第四，从重视“古代文物”、“近代史迹”的保护，向同时重视“20世纪遗产”、“当代遗产”的保护方向发展。例如大庆第一口油井、第一个核武器研制基地旧址、酒泉卫星发射中心等被列入保护对象。第五，从重视重要史迹及代表性建筑的保护，向同时重视反映普通民众生活方式的“民间文化遗产”、“世间遗产”保护的方向发展。例如加强对“传统民居”、“乡土建筑”，以及“工业遗产”、“农业遗产”、“老字号遗产”等的保护。第六，从重视“静态遗产”的保护，向同时重视“动态遗产”和“活态遗产”保护的方向发展。比如，京杭大运河还在流淌，还在使用，但这并不妨碍我们将它作为文化遗产来认识和保护。

问：这些变化在多大程度上得到国务院领导的认可？

答：我可以给你举个例子，去年国务院讨论第六批全国重点文物保护单位名单的时候，有两项内容我怕被问到，一是中南海和玉泉山，二是河北的聚馆古贡枣园，那里生长了几百棵过去给皇家进贡的枣树，我们把它们列入全国重点文物保护单位名单了。头一天我准备了好多理由，我怕国务院领导问：你怎么把一个活态的东西当文物了？结果他们一个也没有问，名单很快就通过了，一项都没有砍。

问：国家文物局将以何种方式推行文化遗产保护的新理念？

答：我从去年的政协提案开始，就建议开展第三次全国文物普查，通过普查把这些理念在全国文物系统建立起来，其意义非同小可，大家的视野一下子就宽阔起来了。前两次文物普查没有把古村落、古民居、工业遗产、近代民居等包括进去。20世纪80年代的第二次全国文物普查得出一个数字：共有40万处不可移动文物。其中，约有2/3至今未被公布为任何一级文物保护单位。二十多年过去了，我们还有多少文物？从“文物”扩大到“文化遗产”，我们又增加了多少我们今天认识到的文物？

广州市最近在全市搞了一次文物普查，作为一个试点，按照新的理念推行，文物的数量比上次普查增长了十倍。所以，这次文物普查正好是这套理念开始实践，虽然有不同意见，但这种趋势是国际趋势，也是符合我们国情的。

问：在一些地方，文化遗产遭到破坏的现象时有发生，文化标志性工程的建设热情却一直不减，“中华文化标志”工程这些年也在不少地方展开，对此你有何评价？

答：近年来，不少城市采用建设大型文化项目来带动地方发展的做法，投资巨大、体量巨大、造型怪异，不仅未能成为城市文化的标志，反而影响了城市的文化形象。

至今，我国已有五个省立项建设以传统文化为代表的标志物。面对越来越多的“中华文化标志”，人们在思考，在我们五千年的文明史中，什么才能真正作为代表中华文化的标志？文化标志又如何才能体现出博大精深的中华文化的精髓？

实际上，中华文化很难单用一个统一的包容一切的标志来体现。正如有关专家指出，“中华文化标志，不能搞肤浅的应景式的建筑。既然是文化标志，就应具有神圣、神往、神奇的历史意义，当然最主要的是能被华人认同，同时又能代表时代和地域文化的精华。”

2004 年 11 月，吴良镛院士在部级领导干部历史文化讲座上说，若干年前某些单位发起拟在某地“九龙山”作“中华文化枢纽工程”，立意很好，但即使在一个风景还好的地方重起炉灶，能具有像北京这样的历史文化名城如此巨大的吸引力与震撼力吗？他认为，放眼世界，首先要认识到把北京历史文化名城保护好、整治好、发展好，是最有现实基础的中国最大的甚至是无与伦比的“中华文化枢纽工程”。

对于北京，1998 年 2 月，时任国际古迹遗址理事会主席的席尔瓦先生考察天坛和颐和园列入世界文化遗产名录时，曾深情地说：“我很早就仰慕古都北京，今天终于来了。北京虽然未像巴黎、罗马那样保存完整，但是我看中心部位的皇城区域尚基本保存。这是北京古都的核心部位，还是够条件的。”“在其他一些国家也有把古都的一部分列入《世界遗产目录》的。”

席尔瓦先生最后表示，在他任期内，希望能为北京城列入世界文化遗产做出最大的努力。他的愿望未能实现，但是努力在继续。2006 年 8 月，国家文物局致函北京市政府，建议将北京的胡同和四合院整体列入重新设立的《中国世界文化遗产预备名单》。

新的世纪需要激动人心的文化发展目标，发挥城市的文化特色。镶嵌在中华大地上的一座座历史性城市，就应作为一项项无与伦比的“中华文化枢纽工程”。在我国面向未来快速发展的关键时期，加大对历史性城市的保护力度，继承和发扬文化内涵与人文精神，把它们建设成为中华民族伟大复兴的灯塔，维系全体中国人民的精神纽带，是义不容辞的时代任务。

大运河申遗进入提速期

记者刘薇 郭鲲《京华时报》2007 年 3 月 12 日

昨天，全国政协举行“大运河保护与申遗”集体采访，全国政协文史和学习委员会的委员们呼吁加快大运河的保护和申遗工作。全国政协委员、国家文物局局长单霁翔指出，他不赞成因为申遗而对运河恢复通航。

据介绍，大运河保护和“申遗”工作已经有了一个良好的开端，我国已经启动了部分运河文物的考古调查和发掘，开展了丰富的科学研究工作，科学研究成果正陆续形成。与此同时，有关部门和地方政府采取了有效保护措施，抢救修缮文化遗存，一些地段启动了环境整治工程，还建设了部分文化遗存的保护设施，如运河博物馆等。

目前，以济宁为界，运河北段处于干涸状态，南端有水通航。对于北段是否要恢复通航的问题，单霁翔表示，他并不赞成为了配合大运河申遗，把历史上的航运从杭州一直再通到北京，而要进行科学的实事求是的论证。“不能人为地为了申遗或者旅游，而把大运河重整为一条景观河道。”

对话国家文物局局长单霁翔：大运河申遗复杂无先例。

他曾两次提交关于运河保护的提案，连续三年三次走完运河全程，提出调查报告。他可以背出纪录片《话说运河》的大段解说词，为运河保护和申遗工作不停奔走疾呼。他是全国政协委员、国家文物局局长单霁翔。昨天，就大运河保护和申遗问题，单霁翔接受了本报记者专访。

问：大运河申遗的重要性在哪里?

答：大运河和以往文化遗产的保护，有六个方面的不同，是我们从来没遇到的，或者说从来没有遇到这么多情况集中在一起的一次申遗。大运河是有生命的，现在还在流淌，那么多的文化古迹，星罗棋布，从来没有过一处历史文化保护单位，能够串起这么多的历史文化名城，只有大运河。运河沿线共涉及了 654 处已经造册公布的文物保护单位，其中包括 109 处全国重点文物保护单位。

问：一点经验都没有吗?

答：以前我们就没有这样的项目，这么巨大的一个项目，整个的保护理念和保护方式都是革命性的。我们的文化遗产保护要和国际接轨，南美有十几个国家准备联合申报一处世界文化遗产，叫“印加之路”。人家十几个国家都能做得到，我们一个国家之内还不能给它串起来吗？这样的一种保护，无疑是具有挑战性的，但我们要迎接这样的挑战。

问：作为一个官员，你这么旗帜鲜明地来推动一项具体的工作，应该还不多见，您为何对大运河申遗如此情有独钟？

答：《话说运河》你看过吗？陈铎，纪录片，那个开头就说，“长城是一撇，运河是一捺，在中华大地上写下了一个顶天立地的人字”。说得多好，我就觉得长城要保护，运河也要保护，甚至运河的保护更重要，大运河的上方，弥漫着一种伟大的大运河文化。

问：您什么时候开始提倡大运河的保护？

答：关于运河，我的提案很早，在2004年的时候，我就提出了首个关于运河保护的提案。虽然当时提到了世界遗产，但没提到一定要申遗，而运河保护要立法这些都提到了。今年我又提了一个大运河申遗的提案。从2004年开始，连续三年，运河从头到尾我已经完整地走了三次。

问：您走到各地区，听的声音是什么？各地对运河申遗这个事情支持吗？

答：我到各地去，接触了相当多的人，从大运河应该保护，应该申遗这一点，很少听到不同的声音，但他们有两个疑问，一个是不太知道怎么申报，一个是经费由谁来出。

问：这确实是个问题，保护大运河，各个地方都是要花钱的，这个钱由谁来承担？

答：这个保护经费我们是中央和地方分担的，列入全国重点文物保护单位的由国家出，列入省级文物保护的由省来出，列入市级的由市来出。大运河中各个项目的保护级别是不同的，我们要建立一个分层级的经费保障机制。

问：除了文物保护经费用您刚刚说的方式来解决，可能还有一些运行等方面的经费，这部分钱由谁来出？会设置一个专门的运河保护基金吗？

答：我们可能考虑由各个相关的省市，根据自己项目的多少，分担一些经费。目前还没有成立专门基金的计划，但是随着社会保护热情的高涨，可能会有这样的措施。包括大运河保护的基金会，也包括大运河保护的研究会，可能都会出现。

问：大运河申遗有哪些具体的内容，现在有没有确定？

答：文化遗产申遗，是一个一个的点，绝不是所有的运河周边的东西都要申遗。现在这个数量和具体的项目都还没有确定，所以我们要进行摸底，什么是最能反映大运河价值的东西。我用了一个词，叫精细，要全面精细地来确定申遗的项目。

问：有没有编制一个保护的整体规划？

答：我们要先成立一个办公室，然后委托有资质的规划部门来编制，目前正在搞基础调查，已经搞了两年了。

问：大运河申遗在程序上有困难吗？

大运河联合申遗办公室（2007年9月26日）

答：联合国教科文组织对申遗有限制，一个国家一年只能申报一项，年年做这个工作，都是顶着很大压力。没有一个国家年年申遗，也没有一个国家年年成功，我们却连续多年都成功了，特别是去年，双成功！比如澳门历史建筑群申遗，人家列了一个大单子,让讲它比世界其他同类 30 个城市好在什么地方。我要一个一个给人家分析，这是多大的工作量啊？但最后我们还是成功了。

问：大运河申遗有没有具体的时间表？

答：现在四年之内的申遗项目已经定了。在这之后，大运河要排在最前面。

问：如何调动各地的积极性，来参与这个事情？

答：运河保护一定要惠及广大人民群众。人们认为大运河有用，才会更珍爱它，更保护它，它才更能融入人们的生活。

问：所以您赞成对大运河的开发？

答：我们一般叫运河利用，而不叫运河开发。运河的保护，一定不是把它作为一个封闭的系统保存起来，而要使文化遗产积极地融入到当前的经济社会发展，融入到人民群众的日常生活中去。这样，文化遗产的保护，才能得到更多的理解和支持。大运河的合理利用是多方面的，不仅仅是搞旅游，也不能为了开展旅游，在运河边上搞很多大广场、大绿地，这是不对的。另外，大运河的情感价值也很重要。

问：这个怎么理解？

答：文物保护在人们的情感价值方面是很重要的。举个例子，前年，澳门特首何厚铧有一次到北京来，他就和我说，澳门是有文化的城市，就因为他们的历史建筑群申报世界文化遗产成功了，所有澳门人都为此感到自豪。运河也是一样的，它的文化价值和情感价值是非常重要的，可能比一些具体的好处，层次还要来得高。

问：您的官方身份对推动运河保护和申遗有帮助吗?

答：两会期间，我首先是政协委员。这个身份对我做这个工作肯定有帮助，我能动员文物局的一些力量来支持我。我的提案，都是经过了深思熟虑的。这次两会结束，我就开始思考下一次的提案了，都是要经过一年的调研，自然文物局的同事会给我很多帮助。

问：接下来，您准备为运河保护和申遗再做哪些工作?

答：2004 年我提这个提案的时候，自己也没有想到会出现这么大的动静，但是我觉得“热呼吁”里面要有“冷思考”，今年我们重点要推动运河保护和申遗机制的确定和机构的设立。我们不能一直停留在热情的呼吁上，我们每年都要有动作，每年都要有进展，每年都要实实在在地推进。

单霁翔：文化遗产是城市资本而不是包袱

《北京青年报》2007 年 3 月 21 日

总结我国的文化遗产保护有这样两句话，一个是前所未有的重视和前所未有的冲击并存。第二就大多数历史文化名城而言，是面临着局部保护状况有所改善和整体环境保护持续恶化并存。

当前文化遗产保护遇到两大背景环境，或者是两大必须要面临的问题。

第一个背景是城市化的问题。我国在进入 21 世纪的时候，城市化率达到了 30%，国际城市化研究和发达国家城市化实践都表明，城市化率进入 30% 至 70% 之间时应该是一个加速发展期。加速发展期表现为，城市化率每年以一个百分点或更多比率地增长。我国在进入新世纪的前六年，就充分地说明了这一点。增长一个百分点意味着什么？增长一个百分点则面临一千多万农民将涌进城市。无形中，对于住房、就业的需求都大大增加，这也是城市建设与发展和文化遗产保护的矛盾最为突出的时期。

第二个背景是国际和国内对文化遗产的逐渐重视和保护范围的扩大。2005 年的 12 月，国务院下发了《关于加强文化遗产保护的通知》，在这个通知里第一次在红头文件的题目上用了“文化遗产”，取代了我国使用了几十年的“文物”这个词，这个转换是具有深刻意义的。100 年前，老百姓管它们叫“古玩”或“古董”或“古物”，上个世纪二三十年代现代考古学引入中国以后，对这些古物的历史、艺术、科学的价值进行了发掘才慢慢形成有文化的物质的载体。在国际领域，早在上个世纪中期“文化遗产”这个词就已经诞生了，1972 年，国际上产生了一个非常有影响的公约《保护世界文化和自然遗产公约》，目前有 180 多个国家加入，是加入国家最多的国际公约。这几十年来，我们国家就不断地、渐进地从文物走向文化遗产，这意味着保护范围正在扩大。

进入新世纪以来，文化遗产保护在社会上引起更多的关注。

文物分为可移动文物和不可移动文物。目前就不可移动文物家底来说，大约有 40 万处，但这只是 1981 年至 1983 年开展的第二次全国文物普查得到的数据。在 20 年以后的今天，我们还在用当时的数字，应该说这个数字已经是很不准确了，已不足以体现我国当前的文化遗产的家底。到目前为止，国家分批次公布了各级文物保护单位 7 万余处。

目前，我国现有博物馆共 2300 多座，每年还在以 100 多座的数量增长。应该说这是我国博物馆建设的第二次高潮。第一次高潮出现在新中国成立十周年前后。当时仅北京地区就出现了诸如历史博物馆、革命博物馆、农业博物馆、军事博物馆等设施。据统计，当前国内博物馆的藏品共约两千多万件，全国每年举办 9000 多项展览，其中有几十项到国外展出。

从国家支持的角度，应该说文化遗产保护目前国家从立法方面非常重视，1982 年就有了《文物保护法》，可能在文化领域，包括整个文化、新闻、出版等等，这是第一个立法的。最近又通过了《长城保护条例》，就为一项文物保护国家专门立法，这是从来没有过的。

我来到国家文物局工作的这四年，就亲身感受过很多关于文化遗产保护的重大事件：比如《中华人民共和国文物保护法》修订以后七个月，温家宝总理就签发了《实施条例》，这种特事特办的速度让国务院法制办的同志也不禁感叹；比如国家文物局申请编制，一下就批准了两个司 10 个人的编制，中央编办同志说，从来没有遇到过国家机关公务员编制一次增加两位数的情况，说明了国家领导对文化遗产保护工作极其重视；再比如经费，据财政部介绍，国家财政没有什么经费是翻着番地往上走，而文化遗产保护经费有时却以每年百分之一百多的比例上涨。有些同志说，文化遗产保护经费上涨太快，每当这时我就说，事实上，那是因为以前我们经费的基数太低。

文化遗产日的设立最激动人心，文化遗产日我们确定目标之后，才知道中办、国办已经下文严格控制设立任何节庆日。我在全国政协有一个提案，就是建议设立文化遗产日。确实，当时国务院主管部门给我一个答复，说有通知一概不设节庆日、纪念日了。正好那几天有一个航海日，因为纪念郑和下西洋，航海日就批准了，我就质问说你们不是说一概不设节庆日、纪念日了吗，怎么航海日设立了？后来有人来解释说这是国家领导批的，我就明白了，请著名专家写信，国家领导给予了高度关注，后来就定下来。

因此说，总体看，国家对文化遗产已经表现出前所未有的重视。

但是，前所未有的冲击也有大量的事实。

第一个问题就是城市的规划和编制思路亟须改进。现在很多城市规划往往延续单一城市中心的布局。而“单一中心”造成的就是“摊大饼”式的发展。这样发展下去，无疑造成全面的社会问题：如环境污染、交通拥堵、住房紧张，以至一些社会犯罪问题。

新中国成立以来，北京 62.5 平方千米的老城区面对城市的发展已经不堪重负，比如政府机关、科研院所、驻京机构、写字楼、大专院校、文体设施等等都挤在城中。1987 年和 2001 年用卫星遥感技术拍摄的北京城的情况，最明显的感觉就是绿地减少了。不要小看北京老四合院，老四合院里都有一两棵大树，那么每一条街道就是一条林荫道。过去站在景山上看到的是一片片的树林，现在就造成了这种状况，而且城市的热岛效应也逐年加剧。

第二个问题就是特色危机。城市建设手法趋同，抄袭盛行，造成南方北方一个样，大城小城一个样。很多城市的管理者都希望改变自己城市的面貌，但往往不是采取深入挖掘自己文化特色的手段，而是追赶潮流，找国外所谓著名设计师，或采取国际招投标来建一些新、奇、怪、特的建筑。各个城市的负责人都找这些设计师，难免就造成城市设计手法雷同，变得城市面貌千篇一律。我经常到不同的城市，从机场到市中心，再从市中心到机场，我对很多城市留不下印象。

第三个问题，旧城改造的建设性破坏。历史城市的旧城区都是城市文化积淀最深厚的地方，也是文化遗产保护的重点。但就在这些地方，又是房地产开发争夺的黄金地段，所以千方百计地在这种历史街区、历史城区来“创造财富”，开发商采取推平头的方式，推平了老房、老屋、老街道。在北京老城区内，也还是出现了高层建筑。城市中心区因为有了历史文化保护区，虽然起到相当大的保护作用，但也不断被蚕食，周边出现了高楼。

我一直反对两个名词的使用：一个叫“危旧房改造”一个叫“旧城改造”。危旧房改造的问题出在，“危”可以改造，“旧”为什么要改造呢？危旧不分就使我们大量还未到危房的建筑被拆掉；旧城改造问题出在定位上。对于旧城应是什么态度？旧城就是要改造吗？还是首先要保护或有机更新？说到旧，人们记忆中是“砸烂一个旧世界，才能建设一个新世界”和“旧的不去，新的不来”，所以旧城就应该被拆。但是，拆了盖什么呢？就是盖些毫无特色的楼房。高层高密度虽然换来了一时的所谓“现代化”，但跟住在四合院的老百姓相比很快就觉得处处不方便，出现采光、停车、等电梯排队等问题。关键是要改善四合院的市政条件，而不是一味拆除。

西南某市就曾出现过在城市建设中影响文化遗产风貌的事情，引起了世界遗产中心的强烈关注，连续两年让我国派人到世界遗产大会去说明为什么盖这个建筑；沈阳故宫也曾出现了在故宫建筑群后面盖了大型商场的事情。当时沈阳故宫要申报世界文化遗产，后来在有关部门的干预下，商场被拆掉，环境恢复了原状，虽然造成了一定的损失，但申遗成功了。再比如，天津某全国重点文物保护单位进行修缮，施工方把该建筑周围的胡同、民房都拆掉，然后在前面修了一个广场，完全改变了其历史环境。还有一些伟人的故居，当地政府觉得应该加以环境改善，于是把原来的池塘改成喷水池，把原来的小路改成水泥路，把原来的邻居都迁走了，又把一些大树从山上移下来，完全给人们一个不真实的，一个失去历史记忆的，一个错误的故居环境。这些地方小朋友看到后说，原来爷爷从小就生活在一个大公园里面啊。类似的问题天天都在发生，而有些地方认为这是在保护，实际上造成了“保护性破坏”。

其实欧洲也出现过一些历史教训，比如上个世纪70年代，巴黎市中心就出现了一栋200多米的高楼。为此市民强烈反对，对政府提出抗议，巴黎市政府自此改正，不再在旧城中盖高楼。这座高楼也就成为当时认识阶段的一个反面物证。维也纳也曾出现过一座高楼，市民就把政府告到了国际组织，世界遗产中心于是委托国际古迹遗址理事会开了一个维也纳会议，在这个会议上，形成了一个维也纳备忘录，要求各国政府保护好城市的历史环境。

我国政府也高度重视历史文化名城的保护。2006年，文物专家谢辰生先生给国务院领导写了一封信，反映南京市在城市改造中大拆大建历史街区。国务院领导对此不但做了非常明确的批示，而且还给谢老回了封信，信封都是亲自写的，表现了国家领导人对这件事情的关注和对老专家的理解和爱护。目前建设部和国家文物局正在调查这件事。

第四是年久失修造成传统建筑的衰败。长期以来，很多地方往往重改造轻管理。尤其是当出现了房地产开发以后，房屋的维护等问题得不到重视。于是二三十年下来，基础设施没有改变，造成危旧房的数量急剧上升。新中国成立初期，北京的危旧房占5%，现在危旧房数量占百分之七八十。怎么造成的呢？人为造成的，是强加给这些传统建筑以不合理利用后造成的。大家往往认为，既然要拆迁了，就不用接市政设施了，于是用电、取暖、供热、煤气等都成临时的。因而给人造成的印象就是，四合院是非常破旧衰败的地方，非常不适于人们居住。再加上政府没有足够的经济适用房供给，更加剧了这种情况。而实际上，北京的四合院已有800年历史了，传统的四合院是一两户人家居住，整个院子格局是很符合当地的风土人情、地理情况和气候环境的，它最具有地域性和生命力，是非常合理的居住形式。所以，不是传统建筑不适应现代生活，而是我们没有让它适应现代生活。

第五，政绩工程凸显短期行为。一些城市决策者的任期不长，很想在任期内给人民、给社会、给城市多做贡献。最好让城市出现“日新月异”的面貌，所以盲目地、甚至攀比性地建大广场、大水面、大草坪和景观大道等，有些城市直到现在还把高层建筑作为现代化的标志。我们有多少城市建了这些占地大，又毫无特点的设施？在许多城市中走一走就可以看到。

第六，规划设计缺少文化内涵。很多城市盛行“欧陆风”，从雅典到罗马一直到文艺复兴，欧洲各个时期的建筑风格都拿来用，很少考虑这些形式跟整个城市有什么文化关系，并且还热衷于在旧城里面盲目地拓宽街道。这些城市主干道横穿历史街区，对历史传统形态伤害是很大的。多少国家、多少城市已经证明这样做是无效的，关键是交通组织、路网加密，甚至单向交通的规划，更关键在于公共交通的完善。北京城于1965年开始建地铁，到现在已经40年，最近才加快了地铁建设。

第七，擅自改变文物管理体制。有些地方把文物保护单位和文化遗产当摇钱树，交给企业来经营。企业是以追求最高经济效益为目的的，这无可非议，但当企业掌握了文化遗产命运的时候，就会急功近利，文化遗产也就面临着恶性事件的隐患。秦始皇陵以往经常搞得旌旗招展、锣鼓喧天，很多外国人都不明白，皇陵应该是庄严肃穆的环境，这是在祭奠还是在搞什么其他活动？武当山现在已经整改得很不错了，但以前也发生过把文物古迹改作宾馆、武馆、饭馆甚至更严重的现象。乐山有个旅游公司，听说阿富汗的巴比扬大佛被塔利班炸掉，就在乐山的后面修了个原样的大佛，现在已经被有关部门禁止了。此外，还有一些管理不到的长城沿线，被一些私营主蚕食，很令人痛心。

第八，错位开发造成文化遗产的伤害。很多文化遗产地面临着两个问题：一个是人满为患；一个是楼满为患。出现了商业化、人工化和城镇化的趋势。旅游旺季的故宫、秦淮河等名胜古迹和历史街区挤得都是人。丽江古城里遍布商户，但这些商户基本上都是浙商。丽江古城 80% 的居民都把房屋出租给了外地人。这种情况在国外也有，像罗马斗兽场，以前机动车是不允许靠近广场的，现在车辆横穿、人满为患，管理上出现了问题。

第九，法人违法现象屡禁不止。近几年，文物部门查出的案件有 90% 以上是法人违法。一些城市明明知道有关法规的规定和专家的呼吁，但是为了经济利益还是建设一些违章建筑。湖北当阳玉泉寺进行的违法建设；汉长安城遗址上建设的违法建筑，这些都被文物部门予以行政督查并责令纠正。金山岭长城被企业经营以后，在长城上搞餐饮和舞会。每天早上，长城内外都是一片狼藉。现在被纠正并收归文物部门管理。

第十，文物安全形势依然严峻。目前文物受到三大威胁：一是来自于建设性的破坏；二是来自于自然损毁；三是文物犯罪。文物犯罪手段越来越残忍，并且出现了集团化、智能化、暴力化的特点。使用的盗窃设施非常现代化，文物被盗以后，几天之内就能出现在国外的市场上。河南巩义宋陵有一座两米多高的石像丢了，后来公安部门查了十几个省才破了案。但从安全防护上看，巩义当时的值班人员全是老年人，根本对付不了持枪蒙面的盗贼。湖北丹江口水库的盗洞是盗墓者准确定位后用炸药炸开的。高邮市宋代的城墙用水泥修缮，原始面貌被破坏。嘉峪关附近长城全是土构城墙，没有砖构城墙，现在出现了砖墙。

十一，应对自然灾害缺乏科技手段。应该承认现在的科学技术还远远不能支撑文物保护。以前，有人曾发明了一种无色、无味、无毒、透气的有机材料，将这种涂料涂在文物遗迹上能起到很好的保护作用。但十几年后这种材料老化了，保护膜收缩又对文物表面产生新的破坏。所以，目前不仅仅是我国没有特效的保护技术，就是在世界上也没有实现。因此，当前的中心工作是，对大型工程中的文物进行抢救性保护。如三峡、南水北调和城乡改造等，需要加强科技保护的支撑。

十二，资金短缺严重影响保护工作的开展。2006 年的全国政协会议上，我提交了一份提案，呼吁制定和完善有关社会捐赠和赞助文化遗产保护的政策。如减免或抵消企业或捐赠者的税收。2006 年，国家对文化遗产保护资金的投入约 7.2 亿元左右，但这些钱能做多少事情？ 7.2 亿元仅是大城市中修一千米地铁的资金。全国重点文物保护单位目前是2 351处,其中长城和大运河也都列在其中,仅这两处的保护修缮就不够。

今后文化遗产保护工作设想和发展展望有哪些？我们首先要明确城市的本质。城市是什么？文化又是什么？城市应是文化的载体，城市的历史变迁和发展进程使自身积累了大量的文化信息，所以城市本身就是文化遗产。

第一，大规模城市建设应该跳出老城建设新区，这是任何一个历史性城市、历史城区的必由之路，没有他途。世界上所有保护好的城市在大规模建设时都避开老城进行建设。而我们有些城市至今还没有觉悟。北京市在调整城市规划以后，开始在东部建设新的城市，如通州、顺义、亦庄；广州采取东进和南拓的举措；苏州在东部发展新区，不但保护了自己的历史城市，而且促进了经济的发展。

第二，要树立在城市规划中的保护观念，把文化遗产保护的思想贯彻到城市发展的各个层面。其中重要的一点就是，一定要把城市中的文化遗产作为城市发展的动力，文化遗产是城市资本而不是包袱。在这个方面越来越多的城市已经开始认识到。北京市经过详查，确定了历史文化保护区和保护单位，划定了缓冲区。如故宫经过民意调查最后划定了大于13平方千米的缓冲区。洛阳在编制保护规划上也做了很大努力。在规划建设洛河以南的新城时，就跳出有古迹遗址的地区来建设。拉萨也积极改进，在实施规划的时候远离布达拉宫和大昭寺规划楼房建设。

第三，贯彻旧城有机更新的方针。旧城不能采取推平头的方式，而应该小规模、渐进式、微循环地进行城市更新。拿北京来讲，应该对北京的历史文化街区进行详细

全国文化遗产保护工作表彰大会（2007年6月8日）

的分类，把每一栋建筑和四合院的历史沿革、保护状况、产权归属与环境的关系等等进行分析，然后决定是保护还是更新。城市道路也不能简单地穿城而过。北京的道路应采取向外疏散的办法，使城内车辆很容易进入环道。而环道上的车要想穿城而过应该越来越不方便，这样才能保护城中的环境。

同时强调的一点是，城市有机更新时要保护和发扬城市的特色。如城市的天际线不能被切断，街道的对景也不能被现代建筑遮挡。北京的元大都土城经过整治后形成了遗址公园，使附近的老百姓受益。

此外，还应当扩大文化遗产保护的领域，加强非物质文化遗产的保护，加强城市考古工作，加强文化遗产的法制建设，遵守文化遗产保护的原则，重视文化遗产保护和利用的结合，实现文化遗产保护的全民动员，加强文化遗产保护的国际合作等。

可以说，未来我国的文化遗产保护工作有着非常广阔的前景，各级文物部门今后将在各界的支持和参与下抓紧工作，用一项项经得起历史检验的工作成果去填充文化遗产保护规划的蓝图，使先民创造的辉煌文化遗产流传长远，子子孙孙永享用。

问：文物保护因素大概占城市发展因素多少？另外有一个说法，一个城市的发展影响的因素有超过三万个，您怎么看？

答：你说的这个我还没有研究，最近我们正在做一个文物保护对国民经济和社会发展的贡献率研究。确实我们常说文物是无价之宝，不能用经济价值来判断，但是我觉得对于贡献率来说，应该有一个量化的东西，更有说服力。比如对于旅游方面的贡献率，旅游每年大约 6 500 亿元左右，研究结果表明其中 1/3 有文化遗产保护方面的贡献。您说的一个城市的发展影响因素超过三万个，但是每个因素的影响力是不一样的。1933 年的雅典宪章，一直在强调城市要解决四大功能，一个是居住，一个是就业，一个是休息，一个是交通。但 1993 年《文明的冲突》发表以后，人们更加开始考虑城市文化的因素，考虑今后城市的发展，一个世界的平衡也好，到底是冲突还是融合，在融合的过程中什么是最主要的因素，于是 2003 年一个典型的事件，英国伦敦的市长宣布，伦敦今后的方向是国际性的文化城市。从过去认为是功能城市，到后来认为是文化城市，文化在一个城市中的分量、比重，在人们的心目中的比重无疑是增加的。

关注线性文化遗产 积极推进大运河保护与申报世界遗产工作——专访全国政协委员、国家文物局局长单霁翔

记者孙波《中国文物报》2007 年 3 月 23 日

2007 年 3 月 11 日上午，在全国政协十届五次会议第三次全体会议上，全国政协文史和学习委员会作了《高度重视京杭大运河的保护和申遗工作》的大会口头发言。下午，全国政协十届五次会议又在人民大会堂为这一主题举行了大会期间唯一的媒体集体采访活动。一时间，京杭大运河保护与申遗再度成为各路媒体关注和热议的话题。日前，记者就此专访了全国政协委员、国家文物局局长单霁翔。

问：单局长，您好！近年来，线性文化遗产成为国际上新兴遗产保护妁重要领域。您能否首先介绍一下什么是线性文化遗产？

答：线性文化遗产主要是指在拥有特殊文化资源集合的线形或带状区域内的物质和非物质的文化遗产族群。线性文化遗产的形式和内容多样，其中运河、道路以及铁路线等都是重要表现形式。我国的大运河流经今天中国区划的六个省、两个直辖市，将海河、黄河、淮河、长江和钱塘江五大水系连成了统一的水运网，是中国历史上南粮北运、商旅交通、军资调配、水利灌溉等用途的生命线，也是世界上开凿最早、规模最大、里程最长的运河。运河沿岸文化遗产极为丰富，有沿河兴起的城镇及其各类建筑，有码头、仓库、船闸，有桥梁、堤坝等，形成了在中国乃至全世界范围内罕见的大型线性文化遗产。

问：我注意到，您在刚才所用的是“大运河”而不是我们通常所讲的“京杭大运河”这一概念，请问这两者有何区别？

答：“大运河”与“京杭大运河”的区别要从其历史演变谈起。大运河始于春秋末期（公元前 486 年）吴王夫差之凿邗沟，至隋代建成以洛阳为中心，南通杭州，北通北京，全长 2 700 余千米的大运河，流经今天的八省市。元代时截弯取直，形成贯通南北的京杭大运河，全长 1 794 千米，比经洛阳的大运河缩短了 900 多千米。明清两代又有不同规模的改造和修整。大运河的范围大，内涵广，包括古运河、隋唐大运河、京杭大运河等不同时代的发展演变过程。

现在人们通常对“京杭大运河”概念的印象比“大运河”更深与两者的保存状况有关。由于历史原因，河南境内的大运河在明代末期已基本地面无存，大多遗址已埋在地下，需要考古发掘。安徽境内的大运河仅存部分河段，像泗县段。不过，近几年，考古研究机构利用航空遥感技术，在河南宁陵、永城等地发现了码头遗址和部分古河道，并对大运河的走向做出初步判断。同时，也有考古发现古运河码头。如安徽柳孜运河码头遗址等。

问：我们知道，1961 年我国将另一线性文化遗产长城列入首批全国重点文物保护单位时仅公布了一些重要的段，比如八达岭长城、嘉峪关长城、山海关长城。但是去年国务院公布京杭大运河的时候，一下子把京杭大运河上述的这些文化遗产都作为一项全国重点文物保护单位公布了。这是出于什么考虑呢？

答：我们对大运河的保护是有前瞻性的，这与大运河的特点有关。我们把大运河归纳了六个方面的特征：①大运河是一项文化要素和自然要素共同构成的混合遗产；②它是静态与动态共同构成的活态的文化遗产；③它是由点、线、面共同构成的文化遗产的廊道；④它是由古代遗址、近代史迹还有当代遗产共同构成的中国文化遗产；⑤它反映了普通民众生产生活的工业遗产、乡土建筑等遗产；⑥大运河包括物质与非物质共同构成的文化空间。可以说大运河好比一条流动的“丝带”，串起了我国东部珍贵历史文化遗产的粒粒“南珠”。2006 年 5 月，我国将大运河整体列为国保单位，是适应国际上近年出现的线性文化遗产保护的趋势。将大运河作为一条串联沿线历史文化名城和众多国保单位的文化遗产线或带，将大运河及其相关文化遗产的保护管理通盘考虑，能整合保护资源，加大保护影响，提高保护效率。

问：“大运河”在历史上对人类经济和社会发展做出过哪些历史贡献？我国将其列入重新设定的《中国世界文化遗产预备名单》有哪些积极意义？

答：大运河作为南北的交通大动脉，历史上曾起过“半天下之财赋，悉由此路而进”的巨大作用。运河的通航，促进了沿岸城市的迅速发展。作为中国的一条搏动不息的大动脉，大运河一直起着沟通中国南北方经济文化、维护着国家统一和社会进步的重大意义。大运河以其深厚的历史文化内涵，被人们誉为“古代文化长廊”、“古代科技库”、“名胜博物馆”、“民俗陈列室”，蕴涵着丰富的历史、科学、艺术价值。这些文化遗产成为当今社会人们精神享受和文化愉悦的资源。

大运河作为体量大、影响大的文化遗产，将其整体申报世界文化遗产，有利于大运河的科学保护、管理和合理利用，是保障可持续发展千秋伟业的盛举，也是我国为人类文明进步所做出的承诺和贡献。大运河作为“文化线路”、“文化遗产廊道”和广义的“工业遗产”，在保护方面均是世界文化遗产保护的新课题，我国在这些方面的保护工作起步相对较晚。大运河申报世界遗产符合国际文化遗产保护的潮流，是对世界遗产保护事业的贡献，也必将提高我国文化遗产保护的层次和填补文化遗产保护的空白。

问：我国近年在申报“世界文化遗产”有哪些计划和安排？“大运河”申遗在这些工作的整体规划中作何考虑？

答：2006 年 1 月，我国将广东开平碉楼及村落的申报文本报世界遗产中心，提出开平碉楼及村落申报 2007 年世界文化遗产。2007 年 1 月，我国将福建土楼的申报文本报世界遗产中心，提出福建土楼申报 2008 年世界文化遗产。上个世纪 90 年代初，世界遗产中心就已将丝绸之路跨国联合申遗列入行动计划，并开展了一系列国际联合调研和协商。2006 年，分别在吐鲁番和乌兹别克斯坦的萨马尔罕召开国际协商会议，中国、中亚国家等国家已初步形成丝绸之路申遗的国家预备清单，中国段各省的文本准备工作已启动。总体来说，丝绸之路的申遗准备比大运河启动早，条件也相对成熟些，国际关注度也更高，可能会先考虑丝绸之路申遗，再提请大运河申遗。

问：大运河保护和申报“世界文化遗产”存在哪些困难？

答：大运河的保护和“申遗”主要面临八方面的问题。

（1）大运河文化遗产保护长期未引起应有的重视，大运河的保护直至进入 21 世纪以后才得到了社会越来越广泛的关注。

（2）相关研究不够，运河文化内涵认识不足，对大运保护对象和范围的认知存在较大差异。这直接影响到大运河及其相关文化遗产保护与申遗范围难以明确界定，也是目前制约大运河保护与申报世界文化遗产的主要原因之一。

（3）运河流域环境严重污染，文物本体年久失修。

（4）建设性的破坏，威胁文化遗产的背景环境。

（5）保护性开发或者破坏，改变了运河的真实性和完整性。

（6）城市特色逐渐消失。今天京杭大运河沿线一些城市由于控制失当，造成城市形态、城市面貌和城市文化的趋同化。大运河因此形成的独特价值正逐渐削弱。

（7）多头并管，缺乏统一有效的协调管理机制。这种状况既影响了大运河的文物保护工作，也不利于航运和地方建设的协调发展。

（8）尚未组建申报世界文化遗产的有效机构。沿线环境整治任务繁重。鉴于大运河目前面临的人为和自然破坏，如何恢复大运河的真实性、完整性，保护大运河的历史环境，也是一大难题。

问：为应对这些困难，国家文物局为大运河申报“世界文化遗产”准备开展哪些工作？

答：大运河的保护和申报世界遗产是一次科学严谨的文化实践。国家文物局为大运河“申遗”准备开展八项相关保护与研究工作。

（1）结合即将全面开展的第三次全国文物普查工作，对大运河及沿线文化遗产进行科学调查，尽快摸清家底。根据文物普查情况，及时把相关文化遗产公布为保护单位和历史村镇。进一步认识大运河作为文化遗产的特性，明确大运河申报世界文化遗产的内涵与外延。对国际上已列入《世界遗产名录》和正在申报的运河文化遗产进行

中国扬州世界运河名城博览会专家论坛（2008年9月26日）

比较研究，确定大运河申遗科学、全面、精准的内容和范围。

（2）清醒认识大运河保护现状及主要问题，建立健全大运河保护的法律法规体系，开展大运河保护规划纲要以及重点地段保护规划的编制工作；开展大运河专项管理法规调研和编制工作，使大运河保护管理工作逐步纳入法制化、科学化、规范化的轨道。

（3）在充分调研的基础上，建立健全适应大运河跨地区、跨流域、跨部门的保护管理体制，明确大运河保护责任。

（4）尽快建立大运河申报世界文化遗产的工作机制，设立有权威的、协调有效的大运河保护与申报世界文化遗产的领导协调机构，建立大运河沿线相关城市的合作、协商和对话机制。根据运河沿线有关城市的申报热情，组建跨地域合作的大运河世界文化遗产联合申报办公室，统一步骤，协调一致，全线铺开。

（5）加强大运河保护科研工作，开展对大运河保护理论和保护技术、管理体制和方式等相关问题的研究。

（6）实施大运河重点地段保护示范工程和相关重要文物的抢险工程，通过增加科技含量提高大运河保护的整体水平。并配合申报计划，开展文化遗产抢险修缮和环境综合整治工作。

（7）结合正在实施的南水北调东线工程，做好工程实施中的抢救性考古发掘和文物本体保护工作，增加工程的文化含量，延续京杭大运河的历史文脉，使今日这一造福社会的国家重点基本建设工程，成为明天世界文化遗产的重要组成部分。

（8）深入开展大运河保护的宣传教育工作，提高人们的自觉保护意识，动员全社会关心、支持大运河的保护工作。建议各级财政、各有关部门增加对大运河保护和管理工作的经费投入。

问：我注意到您刚才提到了国际运河文化遗产申遗的比较问题，您能介绍一下关于世界上其他国家运河文化遗产保护和“申遗”的情况吗？

答：法国米迪运河1996年列入《世界遗产名录》，这是目前唯一一条被联合国教科文组织列入名录的运河。1985年，西班牙塞戈维亚古城及其至今仍在使用的罗马时代的高架引水渠被列入名录，该水渠建于公元前1世纪，长仅813米，属于古建类的水利设施。

目前，正在申报世界文化遗产的运河有加拿大的里多运河。该运河从渥太华到金斯顿，全长202千米，由河流、湖泊、人工运河将安大略东部的城镇连接起来。2004年，加拿大政府将里多运河列入加拿大世界遗产预备名单，2006年1月25日将申报文本递交到世界遗产中心，正式提出申报世界遗产。

问：请您介绍一下当前国际社会申报“世界文化遗产”的形势，在此形势下大运河申报世界文化遗产前景如何？

答：从上个世纪末开始，联合国教科文组织世界遗产委员会提出了构建具有代表性、平衡性、可信性的《世界遗产名录》的全球战略，为凸显遗产的全球性和平衡性，委员会在世界遗产的申报和评审方面做了一些调整，形成了一些遗产申报限制，如众所周知的限额制等。另外，根据2005年新修订的《保护世界文化与自然遗产公约实施指南》，今后世界遗产的申报会向尚无遗产或数量少的缔约国倾斜，而对遗产数量较多的国家进行限制，一些遗产大国的申报项目要求越来越严。我国自1985年成为《保护世界文化与自然遗产公约》缔约国至今已有33处遗产列入《世界遗产名录》，是20年来世界遗产数量增长最快的国家之一，世界遗产总数位居意大利与西班牙之后，为世界第三。2006年7月，在维尔纽斯召开的第30届世界遗产委员会会议上，中国是唯一一个世界文化、自然遗产均获通过的国家，这必然会引致国际的关注和更为严苛的要求。

问：说到“申遗”，我国目前一些地方存在申报热情高、保护意识弱的倾向，请问国家文物局有哪些措施避免这种现象的发生？

答：毋庸讳言，“重申报、轻管理”的现象的确在一些地方存在。国家文物局为此也采取了一系列措施：首先，建立健全法律法规体系，加快世界文化遗产的保护规划编制和实施，加大依法保护、管理力度，认真履行世界文化遗产文物保护工程方案和建设控制地带新建项目的审批程序；其次，加强世界文化遗产管理，建立并不断完善监测巡视机制和专家咨询制度；再次，不断提高遗产地人民政府和广大民众的遗产保护理念和认识，将申遗的过程作为加强文化遗产保护和管理的过程，在申遗成功后，防止对世界文化遗产的“保护性”的破坏，恪守遗产的真实性和完整性原则；最后，要加强宣传、普及文化遗产保护知识，提高公众的认识，纠正申报遗产过热的倾向。我们应该明确认识到，“申遗”只是目标，不是目的，真正的目的是在于把这样一个古老的运河，承载着中华的文明，传向未来，使它再有2 500年的历史，甚至直到永远。

高度重视第三次全国文物普查工作的重要性、紧迫性、艰巨性，全面动员、精心组织、扎实推进——单霁翔局长就贯彻落实国务院通知精神接受本报专访

记者李让《中国文物报》2007年4月20日

本世纪头二十年是我国文物事业发展的重要战略机遇期，“十一五”时期尤为关键。为全面落实科学发展观，建设社会主义先进文化，提高我国文化遗产保护管理水平，实现《国家“十一五”时期文化发展规划纲要》确定的完成全国文化遗产普查的目标，国务院决定于2007年开始开展第三次全国文物普查，并于最近发出了关于开展第三次全国文物普查的通知。

日前，本报记者就贯彻落实《国务院关于开展第三次全国文物普查的通知》精神的若干问题，采访了国家文物局单霁翔局长。

问：单局长，国务院决定于2007年开始开展第三次全国文物普查，请您介绍一下开展这项工作的意义。

答：开展第三次全国文物普查，是事关我国文物事业发展全局的大事，也是全国文物工作者期待已久的心愿。在2005年底于四川成都召开的全国文物局局长会议上，国家文物局提出了在“十一五”期间进行一次全国文物普查的设想，得到了与会者的一致肯定和支持。2006年5月，国务委员陈至立同志在国家文化遗产保护领导小组第一次会议上明确指出要组织开展第三次全国文物普查，此后，又批示同意了《文化部关于拟开展第三次全国文物普查工作情况的报告》。

在国务院领导同志的直接关心和支持下，文物普查的各项准备工作都取得了积极进展，2006年年底国家文物局召开第三次全国文物普查工作会议，对这项工作进行了部署，应该讲，开展第三次全国文物普查的条件已经成熟。

文物是国家不可再生的文化资源。开展文物普查是为了全面掌握不可移动文物的数量、分布、特征、保存现状、环境状况等基本情况，为准确判断文物保护形势，科学制定文物保护政策和规划提供依据。开展文物普查有利于带动不可移动文物保护范

围的确定、标志说明、文物档案、保护机构等基础工作建设，提高文物保护管理的整体水平。

文物普查是国情国力调查的重要组成部分，是确保国家历史文化遗产安全的重要措施，是我国文化遗产保护的重大基础工作和重要战略工程，是建设社会主义先进文化、促进经济社会发展的重大举措。

各级文物行政部门、全国文物工作者，都要深刻理解文物普查的重要性，从维护国家文化主权和文化安全，实现全面、协调、可持续发展的战略高度来充分认识和重视文物普查工作，都要认识到文物普查对于促进我国文化遗产保护事业和国家经济社会发展全局具有的重要意义，同时也要把这次文物普查当做培养锻炼专业人员，提高文物保护队伍整体素质的重要机遇，当做提升全民文化遗产保护意识的重要手段。

问：20 世纪 50 年代和 80 年代，我国先后开展了两次全国文物普查，应该如何认识这次文物普查？

答：开展第三次文物普查是我国文化遗产保护事业发展的必然要求。20 世纪 50 年代和 80 年代，我国先后开展了两次全国文物普查。由于当时各方面条件所限，漏查甚至根本没有开展普查的情况相当普遍。比如，在第二次全国文物普查中，就有 320 个县没有开展普查。此后的 20 多年间，大规模基本建设、城乡建设和文物调查中新发现了大量的不可移动文物，另有许多文物因人为或自然原因遭到损毁甚至消失。因此，前两次全国文物普查成果已很难准确反映文物保存的实际状况。

2005 年 12 月，国务院印发了《国务院关于加强文化遗产保护的通知》，首次以国务院文件的形式提出了文化遗产保护的理念。文化遗产是一个内涵十分深刻并且不断发展丰富的概念，乡土建筑、工业遗产、文化景观、文化线路、文化空间、老字号等等都是其中的重要组成部分，而这些品类在前两次全国文物普查中限于当时的认识水平没有得到应有的重视，导致大量文化遗产在相当长时期内没有纳入保护工作的视野，损失巨大。

因此，开展第三次全国文物普查是文化遗产保护事业发展的需要，也是贯彻落实《国务院关于加强文化遗产保护的通知》和《国家“十一五”时期文化发展规划纲要》的必然之举。通过这次文物普查，不仅将准确掌握第二次全国文物普查以来不可移动文物的实际变化情况，而且还会根据文化遗产保护事业发展的需要，将新的文化遗产品类纳入普查范围，予以认定登记，扩大文物保护工作范畴，这对促进文化遗产全面、有效保护具有十分重要的作用。

问：第三次全国文物普查的范围和内容是什么？

答：第三次全国文物普查的范围是我国境内（不包括港澳台地区）地上、地下、水下的不可移动文物。普查的内容以调查、登录新发现的不可移动文物为重点，同时对已登记的近40万处不可移动文物进行复查。广泛运用现代科技手段，并充分利用已有的文物调查项目成果，了解不可移动文物本体及环境的基本情况，尤其是对不可移动文物的量化指标、保存与环境现状及其变化情况等进行调查、登录。

问：您认为整个普查工作的关键是什么？

答：普查工作的组织实施是关系到整个普查成败的关键。为加强文物普查工作的组织和领导，国务院成立了第三次全国文物普查领导小组，负责普查工作的组织和领导，协调解决重大问题。领导小组办公室设在国家文物局，负责普查工作的日常组织和具体协调。各有关部门要各司其职、各负其责、通力协作、密切配合。地方各级人民政府要按照国务院的统一部署，设立相应的普查领导小组及其办公室，认真做好本地区文物普查的组织实施工作。各省级、地市级文物行政部门要选派精兵强将组成专门的工作班子，负责具体指导第三次全国文物普查工作。每个普查组都要配备专业强、素质高的专业人员，以确保文物普查能收到实效，不走过场。

问：全部普查工作分几个步骤完成？

答：此次普查从2007年4月开始，到2011年12月结束，共5年，分3个阶段进行。普查标准时点为2007年9月30日。各地要按照国务院的统一部署和文物普查的各项要求，按计划组织完成普查各阶段的工作。

2007年4月至9月是普查的第一阶段。主要任务是确定技术标准和规范，开展培训、试点工作。国家文物局将组织完善并印发技术标准和规范，制定颁布普查实施方案、管理办法，培训各省级普查机构人员。

2007年10月至2009年12月是普查的第二阶段。主要任务是以县域为基本单元，实地开展文物调查。这一阶段的任务最为繁重，所获取信息数据资料的真实性、完整性、科学性、规范性直接影响着各项普查成果的水平和价值，甚至关系着此次普查的成败。各地务必集中精力，抓好这一中心环节，广泛运用现代科技手段，提高普查信息精确度和工作效率，并充分利用已有的文物调查项目成果。

2010年1月至2011年12月是普查的第三阶段。主要任务是进行调查资料的整理、汇总、数据库建设和公布普查成果。

问：国家文物局近期的工作安排是什么？

答：国家文物局最近已下发通知，要求各地文物部门认真做好本地区文物普查的组织与实施工作，并报请省级人民政府成立相应的普查领导小组及办公室。根据本省的专业技术人员、业务管理人员等实际情况编制本省的普查工作计划和工作方案，统筹考虑、合理安排相关工作。国家文物局将于5月在河南郑州举办第三次全国文物普查培训班。通过此次培训，使受训人员掌握普查工作组织实施、标准规范、信息采集录入等方面技术，并能将所学传授给本省的文物普查相关技术和管理人员。

问：《国务院关于开展第三次全国文物普查的通知》发出后，国家文物局对其贯

第三次全国文物普查冲刺阶段动员会（2011年7月12日）

彻落实有什么要求？

答：开展第三次全国文物普查是国务院做出的战略决策。第三次全国文物普查是贯彻落实科学发展观、构建社会主义和谐社会的宏伟工程，是党中央、国务院和全国人民的重托，也是我们每一个文物工作者一生中难得的机遇。全体文物工作者都要从讲大局、讲政治的高度，以对党和人民负责，对文物事业负责，对历史和子孙后代负责的责任心和使命感，积极投入到第三次全国文物普查工作，不遗余力。

当前最重要的事情是各地各级文物部门要组织认真学习国务院通知，按照国务院统一部署，组织实施这项全国性工作。

各级文物部门要高度重视第三次全国文物普查工作的重要性、紧迫性、艰巨性。要充分认识到开展全国文物普查，不仅需要文物部门的艰苦努力，也必须得到各级人民政府、各有关部门和社会公众的积极支持和广泛参与，充分动员各方面的力量。

各地要根据通知要求，认真做好本地区文物普查的组织与实施工作，编制好普查工作计划，同时要抓紧拟订培训工作方案，开展普查培训工作。

各地要加强第三次全国文物普查的宣传工作，充分利用各种宣传渠道进行宣传，引起全社会对普查工作的关注，使普查工作贴近群众，并得到广大民众的支持。

重点突破 有力支撑 全面提高文化遗产保护可持续创新能力——单霁翔局长就文化遗产保护领域国家科技支撑计划课题的启动实施接受记者专访

记者郭桂香《中国文物报》2007年4月25日

2月9日，科技部、财政部联合组织召开了国家科技支撑计划启动实施大会，国务委员陈至立、科技部部长徐冠华对如何做好支撑计划的组织实施工作提出了明确要求和具体指示。“文化遗产保护关键技术研究”等4个项目，被列入“十一五”期间首批启动的国家科技支撑计划重点项目。4月23日，记者就如何推进文化遗产保护领域的国家科技支撑计划项目的开展等相关问题采访了国家文物局局长单霁翔。

问：目前，国家正在实施科技支撑计划，请问文化遗产保护科技在国家科技计划中地位如何？

答：文化遗产保护科技是国家科技计划的重要组成部分。近年来，在党中央、国务院领导的高度重视和科技部的大力支持下，文化遗产保护科技工作进入了快速发展期。最近，李长春同志就文化遗产保护科技工作做出了“从人才培养、组织体制、经费投入、重点课题攻关等方面，研究落实科技考古和文物保护问题”的重要批示。不久前，科技部部长徐冠华专门听取了文化遗产保护科技研究的汇报，并计划在国家科技支撑计划的基础上，进一步加大对文化遗产保护科技的支持力度，在文化遗产保护领域设立国家科技重点专项，全面提高文化遗产保护领域的可持续创新能力。

“十一五”开局之年，在科技部的大力支持下，国家文物局提出的“文化遗产保护关键技术研究”“大遗址保护关键技术研究与开发”“古代建筑保护技术及传统工艺科学化研究”和“中华文明探源工程（二）”项目，被列入首批启动的国家科技支撑计划重点项目，项目总资助经费过亿元。项目数占国家科技支撑总数(147项)的2.7%，项目资助经费占首批项目经费的1.4%。上亿元的经费在文化遗产领域里是过去没有过的。大家获悉此消息后，感到非常振奋。这为文化遗产保护科技实现重点突破带动整体提高的战略目标提供了难得的契机，也为充分发挥科学技术对我国文化遗产保护的支撑和引领作用提供了有力的保障。

问：请您谈谈科学技术和国家科技计划在文化遗产保护中的作用。

答：我国是人类社会发展历程中唯一文明不曾中断的国家，给我们留下了大量弥足珍贵的文化遗产。保护这些文化遗产，是我们不可推卸的重大责任和伟大使命，更是传承中华民族优秀传统文化、弘扬爱国主义精神、构建社会主义和谐社会的必然要求。应当看到，文化遗产在时间和空间上不是凝固不变的，而是一个博大的系统、一个发展的概念、一个开放的体系、一个永恒的话题。文化遗产保护科技涉及人文社会科学、自然科学以及工程与技术科学等一切与文化遗产保护相关的科学领域。近半个世纪来，随着现代科学技术的高速发展，文化遗产保护的新理念、新方法与新手段不断涌现。

新中国成立以来，我国文化遗产保护科技工作进步，取得了丰硕的成果，促进了我国文化遗产保护水平的提高。特别是在“九五”、“十五”期间，文化遗产保护领域的科技发展得到了国家科技计划的重视和支持，“夏商周断代工程”“文物保护技术与中华文明探源研究”等项目先后列入了国家科技攻关计划。项目的顺利完成，极大地推动了行业科技的发展，有力地提高了文博系统科技人员的自信心和科研能力。

为进一步发挥科学技术在文化遗产保护中的支撑和引领作用，促进我国文化遗产保护科技工作实现跨越式发展，去年，国家文物局根据《国家中长期科学和技术发展规划纲要（2006—2020年）》，积极开展了文化遗产保护科学和技术中长期发展战略研究工作，并在科技部的具体指导下，制订颁布了《文化遗产保护科学和技术发展“十一五”规划》，明确了“十一五”期间，行业科技发展的指导思想、基本原则和发展目标，重点部署了“6项计划、5大专项、1个平台”的主要任务。同时，针对文化遗产保护领域的重点、难点和瓶颈问题，组织开展了系列重大专项的顶层设计工作。“文化遗产保护关键技术研究”等4项文化遗产保护领域国家科技支撑计划项目，就是在此基础上凝练提出的。

问：国家科技支撑计划项目的实施对促进文化遗产保护整体水平的提高有着怎样的意义？

答：与发达国家相比，我国文化遗产保护科技发展水平还存在一定差距；与国内其他行业相比，发展速度相对缓慢。面对我国文化遗产保护任务日趋繁重的形势，科技的支撑和引领作用尚显不足。以文化遗产保护的重大需求为导向，以文化遗产保护重点工程中的热点、难点和瓶颈问题为核心，以国家科技支撑计划项目为载体，开展跨部门、跨学科的联合攻关，在系列共性技术和关键技术方面实现重点突破，带动文化遗产保护领域的人才培养、基地建设、体制机制优化，从而增强文化遗产保护领域的持续创新能力，促进我国由文化遗产大国向文化遗产保护技术强国的跨越发展，具有重大意义。

问：本次启动的课题涉及哪些内容，着重解决哪些关键技术问题？

答："十一五"期间，启动实施的文化遗产保护领域国家科技支撑计划项目共计4个项目15个课题，涉及馆藏文物保护、大遗址保护、古代建筑保护和中华文明起源研究等方面亟待解决的关键技术问题。例如，"馆藏文物保存环境应用技术研究"课题的设立，就是为了解决长期以来，由于馆藏环境控制技术单一，造成的馆藏文物腐蚀损失严重的突出问题，突破馆藏文物预防性保护关键技术难题。再如，"空间信息技术在大遗址保护中的应用研究（以京杭大运河为例）"课题，旨在着力解决国民经济建设与大遗址保护之间协调、可持续发展的重大瓶颈问题，以空间信息技术的应用研究与示范为重点，为大遗址的研究、管理、规划、监测和展示提供技术支撑平台。

科技支撑计划项目与重大文化遗产保护工程紧密结合，通过对传统技术的整理、发掘、抢救与传承，以及对高新技术的引进、消化、吸收与创新，将形成一批针对性强、关联度高，安全有效的共性关键技术，将为文化遗产保护提供有力的技术保障。

问：请您介绍一下本次启动的支撑科研计划项目的科研团队情况。项目的实施，对于文化遗产保护领域专业人才的培养、队伍的建设有何作用？

答：在项目立项的过程中，除了文博单位以外，众多高等院校、科研院所和高新企业积极地参与到文化遗产保护科研工作中来。据我们统计，本次启动的课题，吸引了系统内外60家机构、697名科研人员的积极参与，其中院士7名、具有高级技术职称的人员352名，硕士、博士研究生103名。他们是保证项目高质量完成的中坚力量，更是以项目实施带动人才培养的有力保障。随着课题的深入开展，将有效促进社会优质科技资源与文化遗产保护领域的融合，形成若干文化遗产保护科技创新团队，也为行业重点科研基地的建设创造了有利条件，从而提高了行业的可持续创新能力。

问：项目的实施，对文化遗产保护科技的机制创新有何积极影响？

答：本次启动的支撑计划项目，任务重、时间紧；参与单位多、涉及领域广，我们必须以创新的思想、创新的计划、创新的措施、创新的实践、创新的开展工作。在课题立项申报阶段，国家文物局按照国家科技支撑计划的要求，积极引入竞争机制，通过"公开申报、择优委托"的方式，遴选出最佳的研发团队，促进了优质科技资源的主动整合；在启动筹备阶段，国家文物局专门组织开展了《文化遗产保护领域国家科技支撑计划课题第三方机构评估咨询制度研究》，并出台了相关的管理办法，为在文化遗产保护领域实行课题的同行评议制度和第三方评估、监理制度提供了理论依据和制度保障；随着课题的启动实施和全面开展，必将带动以竞争、激励、评价和监督为核心的课题运行管理机制的发展和完善，将有力地促进文化遗产保护科技创新机制体系的建立。

问：好的计划是事业成功的先决条件。而要使计划得到顺利的、扎实的推进，则须从组织实施上下工夫。您认为在课题实施过程中，应强化哪些工作？

答：按照《国家科技支撑计划管理暂行办法》和《国家科技支撑计划专项经费管理办法》，国家文物局根据文化遗产保护工作的实际情况，制定颁布了《文化遗产保护领域国家科技支撑计划课题暂行管理办法》和《文化遗产保护领域国家科技支撑计划课题第三方机构评估咨询暂行管理办法》。这些规范性管理文件是课题组织实施工作的重要依据，在课题实施过程中，各有关方面必须严格执行。同时，还要加强以下几个方面的工作。

第一，要紧扣行业需求，突出文化遗产保护技术应用的有效性。

支撑计划课题的核心是解决文化遗产保护中的共性关键技术问题，满足实际工作的紧迫需求。国家投入了大量的科研经费，不只是为了让科研人员发几篇文章、出几本书，一定要把解决文化遗产保护领域的热点、难点和瓶颈问题作为首要任务。各课题承担单位要注重各课题之间的相互关联，保证课题任务与课题目标相一致，课题目标与项目目标相一致，保证项目的整体效果。在研究过程中，要注重研究的针对性和实效性，高度重视课题成果的推广转化，为尽快实现科技成果的推广应用奠定扎实的基础。国家文物局和各地文物行政部门要营造成果推广应用的良好环境，积极给予政策保障和经费支持，保证课题成果能够尽快地为文化遗产保护重大工程服务。

第二，要树立开放思想，以合力推进项目的有效实施。

文化遗产保护领域支撑计划的科研团队，是由不同部门、不同行业、不同领域的科研单位、科研人员联合组成。因此，我们必须打破固有的部门界限、行业界限、单位界限和学科界限，营造良好的合作氛围，建立联合、协作、集团化攻关的机制。在课题的实施中，各级文物行政部门、文博单位，要与科技、教育、文化等部门和单位通力合作、密切配合，以实现共同目标为动力，合力推进项目的有效实施。同时，也希望各相关部门能够继续给予我们大力支持和帮助，指导和协调项目实施中出现的有关问题，确保项目的顺利进行。

第三，要注重人才培养，加强文化遗产保护科技人才队伍建设。

各课题承担单位和参与单位要注重人才培养，加强对具有成长性的人才队伍的支持，建立灵活有效的人才流动机制，鼓励和支持青年人才、海外留学人才等积极参与支撑计划课题的研究工作。努力培养和造就一批德才兼备、国内一流的文化遗产保护战略科学家、学术带头人和复合型专业人才，特别是要抓紧培养造就一批中青年高级专家，形成结构合理的科技人才梯队。同时，各地方也要在科技人才队伍和科研基础条件建设上加大投入力度，切实做好各项保障工作。我们希望通过项目的实施，培养一批能够承担国家重大项目、重点工程的高层次人才和创新团队。

第四，要加强管理创新，以科学的组织管理方式保障项目实施。

作为项目组织单位，国家文物局将严格按照项目批复要求和课题任务书，检查、督促并落实项目、课题的相关配套条件，确保项目、课题按计划执行；并计划组织开

中国科学技术馆（2008年7月28日）

展对课题的第三方机构评估咨询，完善有效的评估和监督机制。国家文物局计划加强科技管理机构建设，设立专项管理经费，保证课题组织管理到位；同时，尝试引入现代项目管理理念，要求各课题承担单位制定项目管理手册和建立“学术秘书”制度。各地方有关部门也要协助做好课题的管理和协调工作，落实好相关的配套政策和条件，从人、财、物等方面给予充分保障。课题承担单位和参与单位也要密切配合，相互协作，保证人力、物力的投入，合理安排进度，确保课题任务的圆满完成。

此外，还要按照科技部的统一要求，探索建立动态调整和滚动安排的机制。根据国内外科技发展的新趋势、新突破和我国文化遗产保护的新需求，及时向科技部申请对支撑计划项目研究内容进行必要的动态调整。对支持力度不够或布局相对薄弱的领域，要做好前期准备工作，在下一步滚动项目中积极向科技部申请予以重点支持。

把握趋势，探索和推进涉台文物保护——访国家文物局局长单霁翔

记者吴敏 陈斯《福建日报》2007 年 5 月 8 日

4 月 25 日海峡西岸文化遗产保护论坛在福州举办，国家文物局局长单霁翔专程抵蓉参加这一盛会。在会议间隙，记者采访了他。

问：这次论坛的重点在于对海峡西岸文化遗产的研究，您怎么看待涉台文物这一新的文物分类？

答：应该说，文化遗产保护理念的深化，促使人们从更广阔的视野、更深入的角度去分析和梳理文化遗产之间的内在联系，探索和建立新的文化遗产类型和相应的保护方式、手段、体系。涉台文物是以文物与台湾地域文化之间固有的内在联系为标尺建立的一种新的文物分类，内容涵盖了不同时期、不同地域、不同性质的文物。加强对这一类型文物的保护是文化遗产保护在转型时期面临的新课题。

福建与台湾有着密切的历史文化联系，拥有十分丰富的相关文化遗产资源。福建省敏锐地把握住这一重要特点和优势，从促进文化遗产保护事业发展，推动祖国和平统一大业的实际需要出发，在全国率先启动了涉台文物保护工作。涉台文物是指能够直接反映台湾与祖国大陆地理、经济、民族、文化等关系，印证台湾自古以来就是中国不可分割的一部分，具有历史、科学、艺术价值的文物。涉台文物是台湾作为中国领土的重要历史见证，是联系海峡两岸同胞民族感情的重要纽带。积极开展涉台文物保护和交流，深入发展、展示和宣传涉台文物丰富的历史文化内涵，有利于增进两岸同胞的相互了解和骨肉深情，加强两岸文化交流与合作，促进祖国和平统一大业的实现。做好这项工作，具有重要的历史和现实意义，对我国文化遗产保护事业的发展将产生重要影响。

问：福建最早开展涉台文物保护，您对此有何建议？

答：海西文化遗产保护中的涉台文物，是一个新的文物类型，它更多地联系着一种血缘关系和情感价值，比如一些民居、祠堂、庙宇等，它们的价值不仅体现在历史、艺术和科学上，更联系着人们之间的情感、文化、血脉关系，因此，涉台文物跟其他文化遗产是有明显区别的。我们不能光保护它的“壳”，更要保护它的“神”，要“形神兼备”地加以保护。城市文化赋予了每个城市自己的特色。这种记忆有些是需要载体和空间的，这些载体就是自己城市的文化遗产。现在，国际上越来越多的国家和城市开始关注文化在城市发展中的地位和作用，在一些国家，文化产业的效益甚至已超过传统产业。没有文化的城市是没有发展后劲的。文

化遗产是城市的财富，是城市发展的动力，这是“做”出来的，而不是“说”出来的。保护文化遗产能够促进当地经济社会发展，使民众生活的文化多样性得到促进，惠及民众，促进地区发展，这些好处要让人们实实在在地感受到，包括让城市的决策者感受到，才有说服力。要让民众认识到文化遗产保护对自己的生活是有益的，对城市的发展是有益的，是自己的骄傲，是自己生活的一部分，文化遗产保护工作才有根基。要把文化遗产保护转化成促进城市发展的动力，首先政府部门要提高认识；其次，文物保护工作者要转变观念，加强与民众的联系，让民众一起参与这项事业，和我们一起保护文化遗产。

问：目前涉台文物保护工作的进展如何？

答：涉台文物保护工作得到各级领导和各界人士的重视。在今年3月召开的闽南文化生态保护工作研讨会上，国务委员陈至立就加强涉台文物保护，保持文化生态完整性做了重要指示。涉台文物保护工作的开展在社会各界和台湾同胞、海外侨胞中引起强烈反响。台盟中央主席林文漪率领调研组赴福建考察闽南文化和涉台文物保护工作，形成了“关于进一步弘扬闽南优秀传统文化和推动闽南文化交流”的建议。在今年全国“两会”期间，全国人民代表、政协委员和各民族党派人士纷纷建言加强涉台文物保护，充分表明保护好涉台文物已成为两岸人民的共同心声。

福建与台湾一水之隔，有着深厚的历史渊源和密切的文化联系，是我国涉台文物资源最丰富的地区。福建省高度重视涉台文物保护工作，启动了海峡西岸文物保护工程，受到两岸同胞和海外侨胞的普遍关注和欢迎。国家文物局对福建开展的涉台文物保护工作给予大力支持，拨专款用于开展涉台文物普查软件编制和相关培训工作。今年年初，国家文物局召集有关专家组成考察组，赴福建的厦门、漳州、泉州、莆田和福州等地，对涉台文物保护工作进行实地调研。考察组实地调查了涉台文物的保护现状，与当地政府、有关部门领导和专家学者进行座谈，深入探讨涉台文物保护管理的相关工作，并就涉台文物的界定、定级等一些关键性问题取得一致意见。为推动涉台文物保护工作，国家文物局已组织有关专家进一步梳理、研究福建涉台文物普查的工作成果，并根据各省级文物部门上报的本地区涉台文物的保护现状等有关情况，初步汇总了全国涉台文物保护的基本情况。目前，我们正在着手编制涉台文物保护的总体规划和实施工作方案，为下一步全面启动涉台文物保护工作奠定基础。

国家文物局将与有关方面密切协作，从以下几个方面全力推进涉台文物保护管理工作：一是统筹规划，分步实施；二是在第三次全国文物普查中密切关注涉台文物；三是加强涉台文物保护的科学研究；四是兼顾保护与合理利用；五是扎实推进涉台文物保护与交流；六是结合涉台文物保护，加快推进有重大影响的文化遗产保护项目；七是做好非物质文化遗产保护工作。

文物出境新标准即将出台—辛亥革命前的文物禁止出境

记者李韵《光明日报》2007 年 5 月 31 日

“文物出境审核标准将取消 1795 年（乾隆六十年）年限，今后除出境展览文物和临时进出境文物外，凡 1911 年（辛亥革命）以前的文物一律禁止出境。”5 月 29 日，国家文物局局长单霁翔向媒体透露了修改后即将发布的文物出境审核标准中的内容。

新标准以 1949 年为主要标准线。凡在此前生产、制作的具有一定历史、艺术、科学价值的文物，原则上禁止出境。同时为加大少数民族文物的保护力度，凡在 1966 年以前生产、制作的有代表性的少数民族文物禁止出境。

现行的文物出境审核标准为 20 世纪 60 年代制定，已执行近 50 年。随着时间的推移，根据我国文化遗产保护的需要和文物国内存量的变化情况，旧标准已不适应当前工作的需要。

我国的可移动文物分为珍贵文物和一般文物，根据《文物保护法》前者是禁止出境的。一般文物中又分为“线上”和“线下”两大类。所谓“线”，指的就是文物出境审核标准的年限。旧标准为 1795 年，即将执行的新标准为 1911 年。在标准年限前的为“线上”，其后的为“线下”。“线上”文物禁止出境。新标准将“线上”文物的范围和数量大大增加了，这对中国文物保护无疑是一件大好事。

目前新标准以进入审批程序，有望今年内公布。单霁翔特别指出，在新标准执行前，一些人可能会利用新标准出台的时间差，掀起一股 1911 年前文物出境的浪潮。文物出境审批部门还要提高警惕，严防文物贩子“最后的疯狂”。

源于中国 结合东亚 普世世界——《北京文件》中文版发表之际国家文物局局长单霁翔访谈

记者崔波《中国文物报》2007年6月15日

问：5月28日东亚地区文物建筑保护理念与实践国际研讨会讨论通过了《北京文件》，您能介绍有关文件诞生的情况吗？

答：5月24日至28日，国家文物局、联合国教科文组织（UNESCO）世界遗产中心、国际文化财产保护与修复研究中心（ICCROM）和国际古迹遗址理事会（ICOMOS）在北京联合召开了"东亚地区文物建筑保护理念与实践国际研讨会"。

会议直接起因于UNESCO世界遗产委员会第30届会议关于北京世界遗产地保护状况的决议。该决议质疑北京故宫、颐和园、天坛等世界文化遗产地正在进行的保护维修工程是否过于仓促，是否缺少足够依据，是否有清晰的操作准则。决议要求缔约国明确说明相关准则，并组织召开一次地区性研讨会，研讨亚洲地区文化遗产的突出普遍价值、真实性与完整性，以及国际普适的保护准则在东亚地区的适用性等重要课题。此外，会议还有更大的国际背景，那就是自1964年国际文化遗产保护领域理论基石性文件《威尼斯宪章》诞生以来，随着理论与实践的发展，国际文化遗产保护领域展开了文物古迹保护的真实性与完整性、干预与传承、价值认定、原状与现状、重建、理论与可操作性等问题的讨论，甚至有国际同行提出要挑战《威尼斯宪章》。当我们面临文物古迹保护理念与实践的关键抉择、既需坚持已有原则又需补充适应时代发展的新的国际准则内容的时刻，东亚会议的召开可以说是非常及时且极有必要的。当时，30届世界遗产委员会会议决议要求中国可在2007年或2008年组织，但我们考虑到解决问题、确定相关原则的紧迫性，决定及早召开东亚会议，并及时与相关国际组织联系，协商共同主办会议，得到他们的积极支持。

会议主办方中的三家国际组织是当今世界最核心、顶级的三大文化遗产机构。来自这些机构的代表和近20个国家的专家学者60余人参会，与会者均为国际和国内文化遗产保护权威。四家主办单位的主要负责人自始至终参会，给予了高度关注。

会议通过发言讨论、审议报告、实地考察等形式，经过夜以继日的充分讨论、争论与切磋，在广泛听取中外专家意见的基础上，形成了一份共识性文件。国际古迹遗址理事会副主席郭旃先生在会前和会中自始至终主持文件起草小组工作并执笔起草文件。会议期间，国际文化遗产领域具有权威资格，曾担任过国际古迹遗址理事会顾问的尤嘎·尤卡莱托先生主笔起草了文件英文版。中外专家的辛勤劳动使得会议达成高度共识，顺利形成并通过了一份文件。5月28日18点10分，随着参与最后定稿工作的16位中外专家在文件上联合签名后一起鼓掌，文化遗产保护领域重要的国际文件《北京文件——关于东亚地区文物建筑保护与修复》（简称《北京文件》）（英文版）在北京正式诞生。这是有史以来第一次由中国政府主管部门和相关国际权威机构组织共同制定的文化遗产保护的国际文件。

问：您能谈一下《北京文件》就哪些问题达成了共识吗？

答：《北京文件》通过回顾一系列国际文件及准则明确文物建筑的保护原则，强调文化多样性与保护的关系，注重保护维修工程的记录建档，重申文物建筑保护真实性和完整性原则，探讨文物建筑维修理念、手段，并再次强调了文化遗产管理、展示和培训等确保遗产安全的保障措施。

文件由背景和正文组成。背景部分对“东亚地区文物建筑保护理念与实践国际研讨会”进行了简要回顾。正文包括保护原则、文化多样性与保护过程、档案记录与信息资料、真实性、完整性、保养和维修、木结构油饰彩画的表面处理、重建、管理、展陈和旅游管理、培训等十一个部分，又可分为四大块内容。

第一块内容含第一、二部分，可以说是文件制定的前提和依据。第一部分涉及文件所依据的国际上有影响的相关国家的和国际文件，既有《世界遗产公约》及其《操作指南》《威尼斯宪章》《奈良真实性文件》等关涉理念和原则的文件，也有像《古迹、建筑群和遗址记录准则》《木结构古建筑保护准则》《壁画保存、保护与修复准则》《建筑遗产分析、保护和结构修复准则》以及《中国文物古迹保护准则》等具有具体操作性的文件。第二部分则明确了在文化多样性背景下遗产具有不同的文化和历史特性，对其加以保护维修应具有多样化手段。

第二块内容含第三、四、五部分，涉及了遗产保护的真实性、完整性和延续性。鉴于木结构文物建筑本身所具有的脆弱性、历代传承性等特征，《北京文件》首先关注建立记录档案与信息资料的遵循原则与保存等问题，这是确保木结构建筑本体与技术得以真实、完整延续的重要因素。在文件中，文物古迹的三性保存得到较好的结合，相互贯通，彼此支撑。

第三块内容含第六、七、八部分，重点强调了文物建筑日常保养与修缮的作用、木结构油饰彩画表面处理的原则、谨慎对待不复存在建筑的重建等问题。其中前两部分涉及比较具体的修缮技术操作问题，具有较强的针对性。

第四块内容则含最后三部分，重点着眼于文化遗产保护管理的策略，包括管理、阐释与展示、旅游管理和培训等方面，这是事关遗产安全的重要技术保障。

《北京文件》事实上是一把双刃剑。一方面，文件明确由于地理、气候、材料等特点，东亚文物建筑与欧美以砖石为主的历史建筑不同。东亚地区，特别是中国的以土木结构为主的建筑有其自身保护特点，因此，虽然国际保护理念相同，但具体方法会有不同。文件旨在坚持遵循《威尼斯宪章》确定的文化遗产保护精神的前提下，对宪章做出新贡献，指导东亚地区如何尊重宪章精神，如何使其落地生根，更加符合当地实际。另一方面，文件建议东亚文物建筑保护维修从业人员应自律，自觉遵守《威尼斯宪章》等国际文件的基本原则，遵守国际规则的底线，使文物建筑的保护维修最大限度地保留历史信息，比如修换每一个构件、每一种材料时，都要格外谨慎，格外小心。在这方面，《北京文件》是技术性很强的文件，里面涉及了很多保护细节。

问：听了您的介绍，我们对《北京文件》的产生背景、主要内容有了大致了解，您能阐释一下文件的意义和作用吗？

答：文件体现出国际同行共同审视、思索和不断完善文化遗产保护的科学和理性的态度，将成为今后中国、日本和韩国等东亚国家木结构文物建筑保护维修工作的行动纲领和实施准则。专家评价这将是又一份里程碑式的国际文件，对木结构文物建筑的保护维修实践具有重要的规范作用，“不仅对东亚地区有指导意义，而且在世界范围内有参考价值”。我相信，对于中国而言，连续几年来，北京世界文化遗产地文物建筑的保护维修工程一直受到国际社会关注，中国政府不断向联合国教科文组织世界遗产委员会解释东方和中国文物建筑保护维修特点和理念的局面，今后将得到改善。

这份文件还标志着我国文化遗产领域的国际合作发展势头良好。中国参与国际文化遗产保护领域对话、交流的起步时间较晚。1985 年加入《世界遗产公约》，1987 年才有了第一批世界遗产。国际遗产保护理念与我国文物保护实践之间，有一定难以接轨的地方。但这些年，我国不断加强与国际有关重要机构的联系，特别是 2004 年在苏州成功承办了世界遗产委员会第 28 届会议，2005 年又在西安成功地承办了国际古迹遗址理事会第 15 届大会，中国文化遗产保护事业正在逐步走进国际视野，并在国际上产生越来越大的影响。中国作为国际公约的缔约国进入国际视野，纳入国际轨道，也要接受国际监督，要与国际公认的理念接轨。如何接轨？去年，文化部颁布了《中国世界文化遗产保护管理办法》，我们努力将国际文件与中国法规接轨。现在，国家文物局又与国际相关机构和组织联手推出具有历史意义的国际文件——《北京文件》，将进一步确立中国在国际文化遗产保护领域的地位。

冲击与机遇并存——国家文物局局长单霁翔谈文化遗产的保护现状与展望

记者刘亚东《艺术市场》2007 年第 3 期

身为全国政协委员的单霁翔从繁忙的工作中抽身来到报社，在发言中，他以《中国文化遗产的保护现状与展望》为主题进行了深入、透彻的讲解。

单霁翔首先勾勒了一下我国文化遗产的保护情况。他说，我国文化遗产的保护有一个得天独厚的条件，就是有一部《文物保护法》。最近几年，新修订的《文物保护法》又特别强调，尚未核定公布为文物保护单位，但是在文物普查当中已经登记、注册的这些文物也受法律保护。

他认为，自 1985 年我国加入了世界遗产公约；1987 年产生了第一批世界遗产，1982 年文物保护法确立了历史文化名城制度；一直到 2002 年又确定了历史文化街区和历史文化村镇的制度这么一个过程，已经慢慢地把传统“文物”概念扩大成了“文化遗产”这个立体含义。

十项举措推进保护工作

近些年，我国文化遗产保护的推进往往都是首先从制定法规政策开始着手的。单霁翔介绍，2002 年全国文物工作会议的召开对文物工作提出了新的任务。从那以后国家便加快了文化遗产保护的立法进程；通过了《文物保护法实施条例》；最近又通过了《长城保护条例》。这是我国政府第一次为一个专项的文物保护单位立法。它的通过应该说是文物立法上很重要的事。文化部和国家文物局先后制定了 40 多部规范性文件和管理规定，有力地支持了文化遗产的保护工作。

第二个就是国家文物局开展了“摸清家底”的工作。共进行了四项工作：一是建立全国重点文物保护单位的记录档案，这项工作在 2005 年年底已经完成；二是完成了全国馆藏文物一级品的建档；三是开展了全国重点文物保护单位保护状况的调查，经过这个调查，分清了文物保护抢险修缮工作的轻重缓急，做到了心中有数，实现了动态管理；四是进行全国馆藏文物腐蚀状况调查，也已经完成。

“我们现在还在进行文物调查数据库管理项目的建设，目前已在全国十几个省铺开，进展很快。这项工作投入比较大，当这个项目完成以后，就能够在更大的范围实现资源共享，国家能够随时对国有馆藏文物实施监测。也就是说，在机关就能够调阅各地文物部门收藏保管的某个文物多角度照片和它的全部资料。我们为此还建立了国家和各省的数据中心。”单霁翔说。

第三个就是加大人才的培养。办法就是，不再在各地建培训中心。主要通过两个渠道：一是依托大专院校和科研院所，实行招标制度。比如文物部门要举办一个博物馆馆长培训班，就通过招投标形式来征班，然后政府以补助的形式来开展。如在北京大学，就建立了中国文物博物馆学院，等等。新的培训办法施行以来，取得了较好的培训效果。第二就是出国培训。国家文物局积极和国外的一些文化遗产保护组织合作进行培训。2005 年，国家文物局选送了 67 名学员赴意大利学习，培训力度不断加大。国家文物局也向机关干部提出要求；凡是新录用的公务员，首先要到基层工作半年，增强基层工作经验；还必须要到国外进修一次，扩大国际视野。此外，国务院协调科技部也多次强调加大对文物保护和考古方面研究的投入力度；文化部也对文物保护工作予以倾斜。其中有很多重大的行动，如“指南针计划”就是对中国古代发明创造的价值挖掘与展示。

第四，就是文物保护长效机制的建立。一是通过建立博物馆的形式，使大量的文物得以保护；二是加快行政队伍和行政机制的建立。通过与公安、海关、工商等部门合作打击文物犯罪；三是建立文物保安队伍；四是积极与各国签订共同防止盗窃、盗掘和非法进出境文物的双边协议。另外还通过回购等多种形式促使流失海外珍贵文物的回归。

第五，稳步推进不可移动文物的保护。国家文物局现在积极推进“大遗址规划”，就是把大型的古代遗址特别是古代城市遗址组织到城市规划中，使其成为市民最喜欢的、城市最需要的遗址公园。例如集安高句丽遗址，有上万座墓葬，现在保护了 7 000 多座，那里的丸都山城和国内城都得到很好的整治，在申报世界遗产时一举成功；在对西安大明宫遗址上不合理占压建筑的清理工作以后，这个地方成为了西安举行盛大活动的一个场所。陕西省领导曾感叹道，大明宫遗址的保护整治给城市和地区带来了文化发展与骄傲，今后要加大对大遗址的保护。

第六，对文物的维修力度不断加大。如对布达拉宫、罗布林卡、萨迦寺的维修，这三项是西藏的三大重点保护工程。近些年，对北京故宫的维修工作也全面展开。现在各文化遗产地都在积极地编制保护规划，因为只有保护规划完善后才能更好地保护遗迹的环境和它的本体。

第七，加大三峡工程和南水北调工程中对文化遗产的保护。这些工程进展很快，属于抢救性的保护工作，特别是三峡水库，共有 1087 处文物保护项目点。南水北调的中线工程也有 700 多处保护项目。单霁翔说，三峡水库工程中列入国家重点保护工程的有三项，分别是白鹤梁、石宝寨和张飞庙，采取了不同的保护方法。如在白鹤梁就采取建设一个水下博物馆，来监测保护它，这在世界上也是很少见的保护手段；石宝寨的保护是通过围堰的形式，人们参观可以乘船登寨参观；张飞庙由于所处位置较低，所以按照文物保护相关原则进行整体搬迁。

单霁翔说，目前，南水北调的任务最重，特别是中线工程。因为中线工程是从丹江口水库到北京，输水距离约 1 400 千米。但其落差只有一百三四十米，仅靠重力流来送水，那么调整的余地就很小了。问题是，恰恰这个送水的最佳线路又多是古人类文明的发源地和文化遗产保护的重点地区，所以保护工作相当艰巨。如北京地区输水路线经过琉璃河西周遗址和周口店遗址中间；到河北则跨越古邯郸赵国的都城附近地区；到河南又横穿 8 个地市，路线全是殷商和楚汉文化密集地区。所以对于这个沿线的文物保护是新中国成立以来最大的一场文物保护的会战。为此，国家文物局召开了全国支援南水北调工程文物保护工作的动员大会，号召了 52 支队伍进入了南水北调的主战区，现在在夜以继日地进行考古和文物保护工作。

第八，近些年我国世界遗产的保护工作进展顺利、捷报频传。2003 年明孝陵、明十三陵进入世界遗产名录；2004 年高句丽遗址等也被列入，同年还申请列入了沈阳故宫和盛京三陵；2005 年澳门历史城区被列入世界遗产名录，澳门特首何厚铧先生特别激动地说，这是澳门骄傲地向世界递上了一张文化名片；2006 年殷墟申报世界文化遗产成功；2007 年国务院已经批准的广东开平碉楼将申报世界文化遗产；2008 年还将把福建土楼申报上去。此外，国际三大文化遗产组织的会议在我国已成功举办了两个，一个是“第 28 届世界遗产委员会会议”，另一个是“第 15 届国际古迹遗址理事会会议”最后一个重要会议——国际博物馆学会会议的承办权最近也已争取下来了，即将在 2010 年于上海举办。应该说，这些会议对我国吸收国际先进经验，加强国际合作交流起了极大的促进作用。

第九，考古资料抢救步伐加快。考古报告是考古界非常好的传统，它真实记录了考古过程和重要发现的详细资料。考古报告的出版有时因为各种原因而耽误，这样就会有大量的考古信息和文化现象没有得到保存、记录和传播。国家文物局一直在强调，要树立一个理念，考古本身对文化遗存就是一种破坏，考古发掘过程只能有一次。考古如果不出报告，就比破坏的性质还恶劣。所以近 3 年，文物部门结集出版的考古报告相当于新中国成立以来考古报告的总和。

第十，加强对文物保护和相关法律的宣传。2005 年年中，国家文物局开展了征集文化遗产标志和文化遗产保护歌曲的工作，还积极争取设立文化遗产日。“没想到半年之内这 3 件事情全都实现了。尤其值得一提的是‘文化遗产日’的确立，这使我们很振奋。中央电视台也对这项活动进行了 4 个小时的直播，产生了很好的效果。”单霁翔说。这些年来，我们对文物保护先进单位和个人进行了表彰。每年国家文物局都设有一个特别奖。2003 年我们把特别表彰给了 5 位农民，他们在当年 1 月 19 日盖房取土的时候发现了青铜器窖藏，都是重器。当发现这些文物后他们说，我们应该上交文物部门。文物部门来到现场后大吃一惊，27 件青铜器件件都有铭文，最大的上面有近400个字，记载了西周十代的历史，非常珍贵。为此国家文物局在北京世纪坛举办了特展，邀请这5位农民进行了剪彩。还有贵州黎平县的农民，2004年为了保护被洪水冲垮的风雨桥，跳入水中抢救，从贵州寻找到广西，走了3天3夜，最后居然把73%桥的构件全部运回自己的家乡。2005年最炎热的时候，临汾某单位正在进行住宅建设。当地的文物工作者发现，施工者在对1 500年的城墙进行破坏，于是用车辆和人墙阻止他们的行为，事件惊动了国家文物局和山西省政府，最后惩办了违法者并阻止了城墙的继续破坏。2006年国家文物局把特别奖授予了11位老专家，他们给总书记和总理写信，呼吁设立"文化遗产日"，得到了高度重视。"所以，我觉得这些从民众内心深处激发出对自己民族文化的热爱，应该是文化遗产保护当中最珍贵的情感和力量。"

详细规划实施蓝图设想

城市是什么？文化又是什么？单霁翔认为城市应是文化的载体，城市的历史变迁和发展进程使自身积累了大量的文化信息，所以城市本身就是文化遗产。今天城市和城市中的人都正在迈向现代化，因此，人类对于文化遗产保护的要求就会越来越突出，文化遗产在城市中的地位就会越来越重要。

第一，大规模城市建设应该跳出老城建设新区，这是任何一个历史性城市、历史城区必由之路，没有他途。世界上所有保护好的城市在大规模建设时都避开老城进行建设。而国内有些城市至今还没有觉悟。北京市在调整城市规划以后，开始在东部建设新的城市，如通州、顺义、亦庄；广州采取东进和南拓的举措；苏州在东部发展新区，不但保护了自己的历史城市，而且促进了经济的发展。各历史性城市应该跳出老城，在区域实现更大范围的联合，拓展发展空间。

第二，就是要树立在城市规划中的保护观念，把文化遗产保护的思想贯彻到城市发展的各个层面。其中重要的一点就是，一定要把城市中的文化遗产作为城市发展的动力，文化遗产是城市资本而不是包袱。在这个方面越来越多的城市已经开始认识到。北京市经过详查，确定了历史文化保护区和保护单位，划定了缓冲区。如故宫经过民意调查最后划定了大于13平方千米的缓冲区。洛阳在编制保护规划也作了很大努力。在规划建设洛河以南的新城时，就跳出有古迹遗址的地区来建设。拉萨也积极改进，在实施规划的时候远离布达拉宫和大昭寺规划楼房建设。

第三，贯彻旧城有机更新的方针。旧城不能采取推平头的方式，而应该小规模、渐进式、微循环地进行城市更新。城市总是要发展，人类总是要走进新时代。但怎样处理好发展与保护的关系，应该采取什么样的有机更新的方法，应该有很多办法。拿北京来讲，应该对北京的历史文化街区进行详细的分类，对每一栋建筑和四合院的历史沿革，保护状况，产权归属与环境的关系等等进行分析，然后决定是保护还是更新。城市道路也不能简单地穿越而过。北京的道路应采取向外疏散的办法，使城内车辆很容易进入环道。而环道上的车要想穿城而过应该越来越不方便，这样才能保护城中的环境。

同时强调的一点是，城市有机更新时要保护和发扬城市的特色。如城市的天际线不能被切断，街道的对景也不能被现代化建筑遮挡。还有一些城市的河湖水系，应该作为城市最珍贵的文化和自然混合遗产加以保护。南京通过对城墙的保护，建成了城墙公园使市民得到了一个新的休闲地。北京的元大都土城经过整治后形成了遗址公园，使附近的老百姓受益。苏州则采取三项措施来保护城市特色风貌，非常有效；第一控制高度；第二突出传统黑色色彩；第三不搞大规模的建筑与拆迁。

第四，加强非物质文化遗产的保护，单霁翔认为这是保护工作的新视野。特别是国务院关于加强文化遗产保护的通知，就第一次把物质遗产和非物质遗产两个大的门类在一个文件中有机地、和谐地提出来，是对文化遗产保护有力的促进。

第五，加强城市考古工作。现在许多城市地下都有很多层的文化遗迹，比如平江城的地图，跟今天城市对比，无论城市水系、城墙位置、道桥和名胜等都没有很大变化；南京就划定了地下遗址埋藏区，他们规定，凡是在城市建设动土的时候都要经过文物部门的勘探，并且都要把先期的勘探经费纳入工程的预算；广州市也把宋代的千年古道进行保护并作为步行街展示。

第六，加强文化遗产的发展建设，建立文物保护工程的勘察、设计、修缮制度体系和工作程序。以前修文物和城市建设施工的都是一个资质证书。单霁翔始终强调修缮文物是一门科学、是一种文化，通过与建设部门的协调，争取到了文物的修缮资质审查颁发权。文化部为此签发了《文物保护工程管理办法》，随后国家文物局制定了文物保护勘察设计管理办法、施工管理办法、监理管理办法等一套制度。

第七，遵守文化遗产保护的原则。单霁翔举例说，这次北京故宫一些宫殿的修缮，就要对每一个构件的残损状况进行分析以后才决定取舍，而不应采取全部更换的办法；布达拉宫修缮就保留了边玛草的特殊工艺，通过向当地工匠取经学习，始终做到保留其传统技艺。

第八，扩大文化遗产保护的领域。单霁翔归纳了文化遗产保护领域里面出现的六个方面的动态趋势。

第九，重视文化遗产保护和利用的结合。单霁翔认为，文化遗产列入文物保护单位和进入博物馆不是终极目标，他的终极目标是要融入人们的生活，使其变成美丽的地方，让他的历史气息和文化氛围给人们带来欢乐与灵感。

第十，文化遗产保护应该和社会科学和自然科学进行更紧密的学科联系。比如应县木塔的修缮方案，究竟是“落架大修”、“抬升上部修缮”，还是“现状加固”，有很多种科学方案在论证，这需要长期研究和逐步探索。

第十一，实现文化遗产保护的全民动员。2004 年以来，全国性博物馆、纪念馆对未成年人等实行免费参观，现在每年有 5 000 万学生免费走进博物馆参观学习，文化遗产保护单位则在“文化遗产日”等节日实行免费开放，同时通过媒体宣传和动漫比

无锡市文化遗产基金会成立（2007年4月10日）

赛等活动形式，广泛开展文化遗产保护知识的宣传和普及活动，让更多的人分享文化遗产蕴涵的丰富价值。所有这些,对于增强群众的文化遗产保护意识,形成全社会关心、爱护并参与文化遗产保护的氛围，完善文化遗产的社会监督机制，具有积极的作用。

第十二，加强文化遗产保护的国际合作。目前我国的文化遗产已经进入了国际视野，如何更好地承担起国家责任和国际责任是一个课题。近些年，国家文物局派专家参加国家联合行动，并赴柬埔寨修缮吴哥窟，取得了很好的社会反响；并积极参加肯尼亚联合考古；国际古迹遗址理事会还力排众议，在中国设立保护中心；我国还与意大利、印度、阿富汗、柬埔寨、菲律宾等国政府签订了文化遗产保护协议。

可以说，未来我国的文化遗产保护工作有着非常广阔的前景，单霁翔最后表示，各级文物部门今后将在各界的支持和参与下抓紧工作，用一项项经得起历史检验的工作成果去填充文化遗产保护规划的蓝图，使先民创造的辉煌文化遗产流传长远，子子孙孙永葆用。

《文物进出境审核管理办法》、《文物出境审核标准》公布实施 我国文物进出境管理工作进入新阶段

《中国文物报》2007 年 7 月 11 日

《文物进出境审核管理办法》已经 7 月 3 日文化部部务会审议通过，并于 7 月 4 日由文化部部长孙家正签发部长令公布实施。此前，国家文物局于 6 月 5 日发布了《文物出境审核标准》。文物进出境管理领域相继出台了重要的部门规章和规范性文件，标志着文物进出境管理工作进入了新阶段。近日，记者就相关问题采访了国家文物局局长单霁翔。

问：请您介绍文物进出境管理在文化遗产保护领域中的地位和作用。

答：进出境文物依照有关法规和标准进行审核许可，是世界各国保护文化遗产的通行做法。我国《文物保护法》中有“文物出境进境”一章，规定国有文物、非国有文物中的珍贵文物和国家规定禁止出境的其他文物，不得出境。文物出境，应当经国家文物局指定的文物进出境审核机构审核。经审核允许出境的文物，由国家文物局发给文物出境许可证，从指定口岸出境。

对文物进出境进行管理，是《文物保护法》赋予国家文物局的一项重要职责，是我国文化遗产保护事业的重要组成部分，是防止珍贵文物流失的最后一道关口。在国际经济文化交流日益频繁，国内文物流通日益活跃的今天，做好文物进出境审核工作，对于我国历史文化遗产的保护，具有十分重要的意义。

新中国成立后的 1951 年，我国就建立了文物进出境审核制度。目前，国家文物局在 17 个省、自治区、直辖市设立了国家文物出境鉴定站，承担文物进出境审核许可任务。几十年来，为国家保护了上百万件禁止出境的珍贵文物，这些文物大部分通过商业购买方式成为各地博物馆的馆藏品。

问：新颁布的《文物进出境审核管理办法》和《文物出境审核标准》在保护管理理念方面有什么主要进展？

答：首先，对机构的定位更加明确，规定文物进出境审核机构是文物行政执法机构，依法独立行使职权。这一重要进展体现了文化遗产法律体系日趋完善的新要求。1989 年文化部发布了《文物出境鉴定管理办法》，是根据 1982 年《文物保护法》制定的部

门规章，对规范文物出境鉴定管理工作发挥了重要作用。2002年和2003年，新修订的《文物保护法》及其《实施条例》相继颁布，文物进出境审核工作的法律要求和社会需求有了很大变化，《文物出境鉴定管理办法》已经不能适应上位法和工作实际。特别是新修订的《文物保护法》用“文物进出境审核”概念取代了“文物出境鉴定”概念，从“鉴定”到“审核”，实际上是管理职能从技术性到行政性的转化。在新颁布的《文物进出境审核管理办法》中，充分体现了《文物保护法》“文物进出境审核”的管理理念，明确文物进出境审核机构是根据法律法规规定，由国家文物局指定，承担文物进出境审核工作的行政执法机构。这一定性将为文物进出境管理工作打开新的局面。

其次，是顺应了国际公约大力支持缔约国依法保护本国文化遗产的新趋势。我国政府积极响应并加入了《关于禁止和防止非法进出口文化财产和非法转让其所有权的方法的公约》《关于被盗或者非法出口文物的公约》《保护世界文化和自然遗产公约》和《保护非物质文化遗产公约》等有关保护文化遗产的国际公约。在《关于禁止和防止非法进出口文化财产和非法转让其所有权的方法的公约》（1970年公约）的框架下，我国积极与多个国家签署打击文物走私的双边协定，目前已经与秘鲁、意大利、印度、菲律宾签署了双边协定。

比如1970年公约要求缔约国通过立法及采取预防措施，保护本国文化遗产，包括公布国家保护的文化财产目录，建立出口许可证制度，监督和制裁经销商，实施刑事和行政制裁等。并设置了国际合作的框架，以利于被盗出境文化财产的归还。我国的文物进出境法律法规以及文物进出境管理机构、管理手段，都是符合国际惯例、符合国际公约的要求的。

第三，近年来，随着对文化遗产内涵认识的丰富和深化，更为重视现当代文物艺术品，更加重视对民族及民俗文物的保护。文物进出境的新规定体现了这些变化，如对文物进出境审核管理范围进行了调整，增加了1949年以后的内容；新的标准更是加大了对近现代文物和民族民俗文物的保护力度。

问：《文物进出境审核管理办法》与以往文物进出境管理在制度建设方面有什么不同？

答：新颁布的《文物进出境审核管理办法》重点是对文物进出境审核机构和人员进行规范管理。

在机构建设方面，提出明确要求：国家文物局负责文物进出境审核管理工作，指定文物进出境审核机构承担文物进出境审核工作。文物进出境审核机构由国家文物局和省级人民政府联合组建。省级人民政府应当保障文物进出境审核机构的编制、办公场所及工作经费。国家文物局应当对文物进出境审核机构的业务经费予以补助。

在人员方面，强调对承担进出境审核工作的人员，进行资格管理。经国家文物局考核合格的，确定其文物进出境责任鉴定员资格，颁发证书，持证上岗。

这些规定的贯彻实施将彻底改变过去鉴定站机构性质不明确，体制不统一，一些鉴定站经费短缺，编制不足，人员缺额等问题。

问：新的管理办法颁布后，文物进出境管理工作会有新的部署吗?

答:《文物进出境审核管理办法》《文物出境审核标准》公布实施后，关键的工作是落实。国家文物局将与海关总署协商，进一步规范与海关衔接的文物进出境审核工作。还将于近期召开全国文物进出境管理工作年会，安排落实新规定、新标准。

近期，国家文物局还将按照《文物进出境审核管理办法》的要求，对现有的17个文物进出境审核机构进行资质认证，按照办法的要求，文物进出境审核机构应当具备以下条件：有7名以上专职文物鉴定人员，其中文物进出境责任鉴定员不少于5名；有固定的办公场所和必要的技术设备；工作经费全额纳入财政预算。国家文物局对所有符合要求的进出境审核机构，将授权其承担单位和个人携运文物进出境及文物临时进出境审核工作，也就是说文物进出境审核机构资质不再分级。

改革开放后，对外开放口岸数量增加很快，但文物进出境审核机构变化不大，还有近一半的省市没有建立相应机构，远远不能满足文物进出境服务及监管的需要。国家文物局的规划是在各省会城市都建立文物进出境审核机构。

问:《文物出境审核标准》受到国内外的普遍关注，为什么文物出境标准要进行调整？这次调整的最主要内容有哪些?

答:《文物出境审核标准》是对文化部1960年颁布的《文物出口鉴定参考标准》的修订。1960年标准规定了1949年为文物出口的主要标准线。1949年以前制作、生产和出版的有一定历史、艺术、科学价值的文物、图书原则上禁止出口。同时，为外贸出口文物设定了三条线:1795年以前的一律禁止出口，1911年前、1949年前的文物，经文物出境鉴定机构审核，按文物的重要性、存世数量等，一部分可以出境。这个规定是当时特定历史时期的产物。

1960年标准已经执行了近半个世纪，由于1795年至1911年的一些文物可以放行，这一时期的文物流出较多，20世纪七八十年代每年曾多达上百万件。许多专家在80年代就开始呼吁调整标准，否则将造成200年间文物的断档。改革开放以来，随着公众对民族文化遗产认识的丰富，保护意识的增强，旧标准已经不能适应文物保护工作的需要。国家文物局为此陆续颁发了一系列相关文件，对化石、古籍、古建筑构件、新中国成立后已故著名书画家作品限制出境等做出了补充规定。这些规定一并纳入了新标准。

国家文物局从2004年起就启动了文物出境标准的修订工作，总结了近半个世纪以来文物进出境的状况，并广泛听取了各界意见，在专家的参与下，修订了文物出境标准。

新标准将1960年标准中凡涉及1795年的文物出境年限（占原标准的44%）全部下调至1911年或1949年，1911年成为文物出境审核的一条基本准线，凡此前生产、制作的文物一律禁止出境。同时，针对少数民族文物流失严重的情况，为加大少数民族文物的保护力度，新标准将有代表性的少数民族文物禁止出境年限设定为1966年。

问：个人携带文物艺术品进出境时，如何了解哪些物品要申报？如何申报？需要多长时间？

答：根据《文物保护法》的规定，在中华人民共和国境内，与重大历史事件、革命运动或者著名人物有关的以及具有重要纪念意义、教育意义或者史料价值的实物，历史上各时代珍贵的艺术品、工艺美术品，历史上各时代重要的文献资料以及具有历史、艺术、科学价值的手稿和图书资料等，反映历史上各时代、各民族社会制度、社会生产、社会活动的代表性实物，是受国家保护的可移动文物。上述文物出境，应当经过审核。

为便于操作，并结合文物进出境审核工作的实际需要，《文物进出境审核管理办法》将上述文物分为：1949 年以前的各类艺术品、工艺美术品；1949 年以前的手稿、文献资料和图书资料；1949 年以前的与各民族社会制度、社会生产、社会生活有关的实物；1949 年以后的与重大事件或著名人物有关的代表性实物；1949 年以后的反映各民族生产活动、生活习俗、文化艺术和宗教信仰的代表性实物；国家文物局公布限制出境的已故现代著名书画家、工艺美术家作品。《文物保护法》还规定，具有科学价值的古脊椎动物化石和古人类化石同文物一样受国家保护。文化部发布了部门规章《古人类化石和古脊椎动物化石保护管理办法》。根据此办法，将古猿化石、古人类化石以及与人类活动有关的第四纪古脊椎动物化石列入禁止出境文物出境范围。

考虑到现行的文物出境审核标准应当随着文物保护任务的变化和事业的发展而不断完善，规定文物出境审核标准由国家文物局定期修订并公布。

申报的手续是，在文物出境前填写文物出境申请表，报文物进出境审核机构审核。文物进出境审核机构应当自收到文物出境申请之日起 15 个工作日内做出是否允许出境的审核意见。经审核允许出境的文物，由文物进出境审核机构标明文物出境标志，发放文物出境许可证。海关查验文物出境标志后，凭文物出境许可证放行。文物出境许可证一式三联，第一联由文物进出境审核机构留存，第二联由文物出境地海关留存，第三联由文物出境携运人留存。经审核不允许出境的文物，由文物进出境审核机构登记并发还。

为便于公众了解国家的文物进出境管理政策，国家文物局将对社会发布公告，明确告知文物进出境的审核范围、审核标准、审核机构的地址以及如何办理相关手续等。

需要说明的是，以往的文物出境标准是内部掌握的，不对社会公开。这次《标准》第一次向社会公布，符合政府政务公开，依法行政的要求。对文物出境审核机构人员的鉴定水平及政策水平是一个新的考验。我们欢迎社会各界监督，也要求各省级文物行政部门切实落实《文物进出境审核管理办法》，认真准确地执行《文物出境审核标准》，加强对文物进出境审核人员的培训，提高文物审核水平，既要把好国门，也要为中外经济文化交流服好务。

摸清文物大国的真实家底

记者赵晓霞《人民日报（海外版）》2007 年 7 月 17 日

今年 4 月，历时 5 年的第三次全国文物普查启动。为此，本报记者专访了国家文物局局长单霁翔。

问：第三次全国文物普查有什么意义？

答：文物是国家不可再生的文化资源。开展文物普查是为了全面掌握不可移动文物的数量、分布、特征、保存现状、环境状况等基本情况，为准确判断文物保护形势、科学制定文物保护政策和规划提供依据。开展文物普查，有利于带动不可移动文物保护范围的确定、标志说明、文物档案、保护机构等基础工作建设，提高文物保护管理的整体水平。

文物普查是国情国力调查的重要组成部分，要从维护国家文化主权和文化安全，实现全面、协调、可持续发展的战略高度，充分认识和重视文物普查工作。文物普查对于促进文化遗产保护事业和经济社会发展具有重要意义，是提高文物保护队伍整体素质的重要机遇和提升全民文化遗产保护意识的重要手段。

问：此次文物普查分几个步骤进行？目前进展如何？

答：2006 年，在河南、宁波、广州和内蒙古开展了文物普查的试点工作。今年 4 月 4 日，国务院下发了全国开展文物普查工作的通知。此次普查从今年 4 月开始，到 2011 年 12 月结束，共 5 年，分 3 个阶段进行。普查标准时点为 2007 年 9 月 30 日。

2007 年 4 月至 9 月是普查的第一阶段。主要任务是确定技术标准和规范，开展培训、试点工作。国家文物局将组织完善并印发技术标准和规范，制定颁布普查实施方案、管理办法，培训各省级普查机构人员。

2007 年 10 月至 2009 年 12 月是普查的第二阶段。主要任务是以县域为基本单元，实地开展文物调查。这一阶段的任务最为繁重，所获取信息数据资料的真实性、完整性、科学性、规范性直接影响着各项普查成果的水平和价值，甚至关系着此次普查的成败。

2010 年 1 月至 2011 年 12 月是普查的第三阶段。主要任务是进行调查资料的整理、汇总、数据库建设和公布普查成果。

目前，文物普查实施方案及相关标准、规范已经制定完成。

问：此次普查的范围和难点是什么？

答：此次文物普查的范围是我国境内（不包括港澳台地区）地上、地下、水下的不可移动文物，其中包括古遗址、古墓葬、古建筑、石窟寺及石刻、近现代重要史迹及代表性建筑和其他等六大类文物。普查以调查、登录新发现的不可移动文物为重点，同时对已登记的近40万处不可移动文物，包括各级文物保护单位进行复查，如发现有损毁,需要填写专门的表格单据详细说明情况。对于新发现的文物,除了进行登记外，特别重要的还将陆续公布为各级文物保护单位。

普查的难点是：我国地域辽阔，文物内涵十分丰富，各地文物特点差异很大，必须合理统筹安排普查工作。此外，由于普查工作量很大，专业技术人员较少，因此需合理安排相关专业技术人员，以保证普查工作的质量。

问:1956年中国进行了第一次全国文物普查,1981年开展了第二次全国文物普查。此次普查和前两次有什么不同?

答：新中国成立以后，全国文物普查搞过两次，对文物的遗存状况作了调查。如今20年过去了，文化遗产保护步入了最艰苦、最关键的历史时期；其一，城市化进程加速，城乡建设与文化遗产保护之间的矛盾异常尖锐；其二，2005年年底国务院发出《国务院关于加强文化遗产保护的通知》,我国第一次在国务院的文件中,使用了“文化遗产”一词。“文物”走向“文化遗产”,保护对象和保护范围已经发生了很大的变化。

在这样的背景下，我们要进行文化遗产保护，首先要摸清家底。目前，我们已经完成了对全国重点文物保护单位和馆藏文物一级品的建档备案，完成了对全国文物保护单位的保护状况和馆藏文物腐蚀状况的调查，正在对所有文物档案进行数字化管理。

第三次文物普查充分运用信息网络、遥感、地理信息系统和全球卫星定位系统等现代科技手段，提高文物普查的时效性和相关标本、数据采集的真实性、完整性。比如将在今年下半年开始的为期2年半的田野普查，将有数万人参加。届时，GPS卫星定位系统等先进的科技手段都将在现场运用。

采用传统调查方法和现代科技手段相结合，能够采集更为丰富的文物信息数据，并将首次建立全国不可移动文物的基础数据库和电子地图。

此外，第三次全国文物普查的范围比前两次有了扩展。在地域上，不仅有地上、地下，还包括内河和领海的水下不可移动文物；在类别上，乡土建筑、工业遗产、文化线路等过去被忽略的项目都在普查之列。

城市规划建设应以人为本体现文化
——访国家文物局局长单霁翔

记者钱厚琦《中国建设报》2007年7月23日

近日，在北京召开的城市文化国际研讨会暨第二届城市规划国际论坛上，针对目前存在的城市建设中对城市文化建设重视不够的现象，记者采访了国家文物局局长单霁翔，请他谈谈关于加强城市文化建设、避免城市文化危机加剧的问题。

曾担任北京市规划委员会主任多年的单霁翔表示，当前城市规划建设中有八个问题应该避免。

一是避免城市记忆的消失，从文物古迹到地方民居，从传统技能到社会习俗，都是形成一座城市记忆的有力物证，也是一座城市文化价值的重要体现。但是，一些城市在所谓的“旧城改造”、“危旧房改造”中，由于急功近利思想作祟、经济利益驱使等人为因素，过度进行商业化运作，大拆大建，致使积淀了丰富人文信息的历史街区被夷为平地，一座座具有地域文化特色的传统民居被无情摧毁。

二是避免城市面貌的趋同。他指出，城市面貌是历史的积淀和文化的凝结，是城市外在形象与精神内质的有机统一，是由一个城市的物质生活、文化传统、地理环境等诸多因素综合作用的产物。但是，一些城市在建设和发展中，城市面貌正在急速走向趋同。城市规划建设中抄袭、模仿、复制现象十分普遍，导致“南方北方一个样、大城小城一个样、城里城外一个样”的特色危机。各地具有民族风格和地域特色的城市风貌正在消失，取而代之的是千篇一律的高楼大厦和“千城一面”。

三是避免城市建设的失调。单霁翔说，城市建设是为了创造良好的人居环境，而城市规划则是合理配置公共资源、保护人文与自然环境、维护社会公平、弥补市场失灵的重要手段。他指出，一些城市在建设中缺少科学态度和人文意识，采取单一依赖土地经营和房地产开发拉动经济的增长方式，导致出现“圈地运动”和“造城运动”，严重损害了群众利益和国家利益。一些城市盲目追求变大、变新、变洋，热衷于建设大广场、大草坪、景观大道、豪华办公室，而这些项目却往往突出功能主题而忘掉文化责任。

他在谈到第四点避免城市形象低俗时表示，不少中小城市盲目模仿大城市，为了气势而不顾城市环境，把高层、超高层建筑当做城市现代化的标志，建筑体量追求高容积率而破坏了原有的城市尺度和轮廓线，把拥有更多“新、奇、怪”的建筑，作为迅速改变城市的形象的手段。他特别强调，大量新建筑不是增强而是削弱了城市的文化身份和特征，使城市的景观变得生硬、浅薄和单调。

单霁翔在讲到第五点避免城市环境恶化时指出，一些城市以对自然无限制掠夺和征服来满足自身发展的欲望，致使环境面临一系列突出问题，如空气污染、水体污染、土质污染、视觉听觉污染，热岛效应加剧、交通堵塞加剧、资源短缺加剧，绿色空间减少等。同时，城市改造中大拆大建造成巨大的能源、资源浪费和环境污染。错位、超载开发更使不少文化遗产地及其背景出现人工化、商业化、城市化趋势。

讲到第六点避免城市精神衰落时，他说，目前不少城市提出建立“国际大都市”目标，存在盲目攀比、不切实际的倾向。一些城市热衷于搞“形象工程”，盲目追求标志性建筑的数量，实际上是重经济发展、轻人文精神，重建设规模、轻整体协调，重攀高比新、轻传统特色，重表面文章、轻实际效果，表现出对文化传统认识的肤浅，对城市精神的理解错位和对城市发展前途的迷茫。

针对第七点避免城市管理的错位和第八点避免城市文化的沉沦，单霁翔说，城市管理是一项复杂的系统工程，但其实质是人作用于城市发展的过程，应肩负起对未来城市的责任，而“城市病”的系列病状及后遗症，病根在于城市管理缺乏长远战略眼光，缺乏应有的文化视野。城市文化是市民生存状况、精神面貌及城市景观的总体形态，并与市民的社会心态、行为方式和价值观念密切相关，在一定程度上体现出城市的竞争力，决定着城市的未来。

单霁翔指出，城市文化是社会文明在城市的缩影，是社会和谐在城市的集中表现。适宜居住则是和谐城市的重要特征，也是“以人为本”在城市合理建设中最直观的反映和要求。他强调，宜居就是要以市民的全面发展和身心愉悦为中心进行规划建设，而不是片面追求“政绩工程”、“形象工程”，是要提高市民对城市的亲切感、满意感，为他们提供更多的精神享受和情感慰藉。因此，宜居更是一种理念、一种感受、一种和谐和一种文明。他强调，在城市建设中应当有“文化城市”这一主题。他也确信，21 世纪的成功城市，必将是和谐的文化城市。

单霁翔：文化遗产事业还需全社会共同参与

记者云菲《中国艺术报》2007 年 10 月 12 日

他是一名文物工作者，多年来不遗余力地为文化遗产保护事业而不懈耕耘，每年“两会”他是提案大户，其观点往往成为媒体聚焦所在，由于在相关工作领域取得了突出成绩，他还获得了美国规划协会颁发的“2005 年规划事业杰出人物奖”，这就是国家文物局局长单霁翔。在党的十七大即将召开之际，作为十七大代表的单霁翔接受了本报记者的专访。

文物普查是期待已久的心愿

问：5 年来，国家在文物方面做了大量工作。回顾过去 5 年的成绩，哪些感到记忆深刻？

答：过去 5 年，国家在文化遗产保护方面所做的工作可圈可点。文物立法，奠基之业。5 年来，立法数量之多、质量之高、速度之快，创下了我国文物立法史之最。目前，以《文物保护法》为核心，以行政法规、部门规章和规范性文件为主体，以地方性法规为基础的法律体系框架已经搭成。这些“尚方宝剑”将给我国文物撑起一把“保护伞”，文化遗产事业初步跨入有法可依的良性轨道。立法的同时也在健全机构，强化执法。全国各地已有省级文物行政执法专、兼职机构 29 个，连续 3 年在全国范围内开展文物行政执法专项督察，并与相关部门配合，积极寻求与其他国家和地区的双边合作，共同打击文物走私、犯罪活动，初步扭转了文物保护的被动局面。

文物对外合作与交流也是一个重点。目前博物馆社会服务功能在逐步提升，全国 80 座大型博物馆正在新建、改建和扩建，中小型博物馆、行业博物馆如雨后春笋般层出不穷，越来越多的博物馆逐渐成为公众汲取文化科学知识、文化休闲与旅游消费的上佳选择。而文物展览作为“外交使者”、“国家名片”，已成为对外文化交流活动的一大亮点，文物外事工作已融入国家外交的大局。此外，充分发挥科技的引领和支撑作用，一些重大科技工程和攻关项目的上马，多项技术难题的攻克，也为我国文化遗产事业写下了浓墨重彩的一笔。

问：近期您最关注的工作是什么？

答：目前我最关注的当然是第三次全国文物普查了。2007 年 4 月，国务院印发《关于开展第三次全国文物普查的通知》，全面启动了第三次全国文物普查。目前普查工作正在按照国务院通知的要求，平稳有序地全面推进。

问：有报道说，做一次文物普查、让更多的人走进博物馆、维护国家文物安全是您“十一五”期间的3个愿望。可以说您其中的一个愿望正在实现过程中，那么对于这次历时5年的大工程您寄予了怎样的希望？

答：只有摸清家底才能使文化遗产得到更为有效和更为妥善的保护。目前，全国博物馆一级文物藏品建档、全国馆藏文物腐蚀损失调查、“国保”单位记录档案备案和保护状况调研等工作已经取得了阶段性成果，而开展第三次全国文物普查就成为了全国文物工作者期待已久的心愿。作为国情国力调查的重要组成部分，这次普查是未来5年文化遗产保护工作的“重头戏”。文物普查是提升全民文化遗产保护意识、确保我国文化遗产安全的一项战略性举措。我们要把这次全国文物普查作为提高全国文物系统能力的一次大练兵，作为增强各级政府文化遗产保护意识的一次大培训，作为动员全社会参与文化遗产保护的一次大宣传。

问：您一直在积极推动历史文化遗产的保护工作，尤其是大遗址保护，比如长城立法、大运河“申遗”、对工业遗迹的关注等，您为何对遗址保护情有独钟？

答：遗址保护是文物工作中非常重要的一项。近年来，在“申遗热”逐步升温，国人期待越来越高，而申报难度越来越大的情况下，高句丽遗址、澳门历史城区、殷墟、开平碉楼等项目相继申报世界遗产成功，实属难得。而且，我们已经打响了两场“会战”。作为现代文明工程的标志，举世瞩目的三峡工程和南水北调工程的文物保护，在时间紧、任务重的情况下，广大文物工作者全国一盘棋，一声令下，全面参与，先后100多支队伍加入，确保了国家重大基本建设项目的顺利施工。应该说，这些大动作、大工程，对于民众参与文化遗产保护热潮的兴起无疑起到了重要的作用。几年来，在陕西宝鸡地区连续上演12起农民“护宝”的故事；在贵州省黎平县地坪乡涌现出广大干部群众，保护“国宝”单位地坪风雨桥的壮举，正说明文化遗产的保护理念在逐步深入人心。

问：您认为遗址保护的最佳思路是什么？

答：我们已经出台了几项措施。一是以重大工程为龙头，切实抓好地面文物的维护、修缮工作。西藏布达拉宫、罗布林卡、萨迦寺三大重点文物保护主体工程进入收尾阶段，大昭寺等十大维修项目、北京故宫、应县木塔、云冈石窟等重点修缮、整治工程相继展开。二是大遗址保护工程的启动。《“十一五”期间大遗址保护总体规划》和100处国家重点大遗址规划纲要的编制工作全面启动，丝绸之路（新疆段）、西安和洛阳地区大遗址、大运河等重点示范项目稳步实施。还有就是加强世界文化遗产的管理，重新设定了我国世界文化遗产预备名单，落实《世界文化遗产保护管理办法》，完善世界文化遗产管理机制。

问：美国规划协会曾授予您“2005年规划事业杰出人物奖”，高度赞扬了您多年来在中国城市规划特别是文化遗产保护方面做出的不懈努力。作为一名建筑师和注册城市规划师，20 多年来您始终从事城市规划和文化遗产保护领域的工作。请谈谈城市规划与文化遗产保护之间的关系。

答：获奖不仅是对我个人多年从事城市规划工作和文化遗产保护工作的肯定，更是这个越来越多地参与中国城市规划的专业组织对中国文化遗产保护事业的理解和支持。

我一直认为城市规划和文化遗产保护是不可分割的，有着广泛、良好的互动关系。城市规划是一项前瞻性、综合性和战略性很强的工作，城市规划的编制和实施对于文化遗产的生存关系重大，而每一处文化遗产的兴衰又都与广大民众的长远利益息息相关，文化遗产保护不是一项简单的、短期性的修建行为，而是高层次的、长久性的文化活动。一方面，文化遗产保护需要通过城市规划将其理念贯彻到城市建设的各个层面，使更多的文化遗产得到应有的保护；另一方面，城市规划也需要通过实施文化遗产保护使自身得以完善并达到应有高度，实现更好地服务于社会的根本目的。这种相互依存的关系对于今天的城市规划显得尤为重要。

长期的工作实践使我还认识到，城市现代化不仅仅意味着具备完善的基础设施、良好的生态环境，而且要求拥有深厚的文化底蕴和内涵。如果我们在历史性城市的规划中，充分考虑到城市的文化特点，将文化遗产和城市特色作为城市形象的基础，那么文化遗产就不再被看做城市发展的包袱，而是城市中无可替代的重要财富，是城市可持续发展的资本和动力。

问：2008 年北京奥运会离我们越来越近了，您认为如何能够以奥运为契机，更好地进行文化遗产保护方面的宣传？

答：2008 年北京奥运会既是一个体育的盛会，更是一个人文的盛会。保护文化遗产，向世界展示中华文明和历史文化名城的风貌是“人文奥运”的应有之意。

为迎接奥运，各级政府和文物保护部门一直在积极准备。国家文物局制订了文物系统奥运会前对外文化宣传活动计划，这一系列活动，不仅能体现“人文奥运”精神，而且能更好地保护一些重要的文物景观，有利于充分展现古都北京深厚的历史文化内涵，更好地推进博物馆“三贴近”及展示服务功能的提升。

文化遗产保护需要民众的“护宝意识”
——访国家文物局局长单霁翔代表

记者倪迅《光明日报》2007 年 10 月 18 日

胡锦涛同志在十七大报告中指出，要加强各民族文化的挖掘和保护，重视文物和非物质文化遗产保护，做好文化典籍整理工作。“这为我们进一步做好工作提供了重要思想指导”，十七大代表、国家文物局局长单霁翔表示。

单霁翔说，回眸十六大以来的 5 年，各级文物管理部门以文化遗产为依托，积极普及和宣传文化遗产保护知识，全社会珍爱文化遗产的良好风尚亮点纷呈。他向记者讲述了两件农民群体自发保护文物的感人故事。

一个故事发生在陕西省宝鸡市眉县杨家村。2003 年 1 月 19 日，王宁贤等 5 位农民在村边取土时，意外发现了一处储满珍贵文物的窖藏。他们意识到这些文物是无价之宝，立即进行了分工，有人保护现场，有人跑去报告。赶来的文物保护人员被眼前的精美文物所震惊:出土的 27 件青铜器,距今 2 800 多年,件件都有铭文,件件都是“国宝”。后经专家考证，这批青铜器具有极高的历史、艺术和科学价值，并被评为 2003 年度“全国十大考古新发现”之一。

另一个故事发生在贵州省黎平县地坪乡。2004 年 7 月 20 日，一场百年未遇的洪水冲毁了全国重点文物保护单位地坪风雨桥。当地上百名侗族村民自发地跃入洪水中，经过三天三夜的努力，从贵州打捞到广西，抢救回了风雨桥 73% 以上的构件，特别是桥上的大型构件无一遗漏地被运回了村庄，使风雨桥得以重建。

单霁翔深有感触地说:“民众的文物保护意识在这两个事例中得到了最强烈的表达。宝鸡农村的‘护宝精神’，反映的是当民众感受到家乡悠久灿烂的文化传统，了解国家保护文化遗产的法律之后，所形成的自觉自愿的保护意识和无私奉献的高尚情操。同样，风雨桥已伴随当地村民度过了数百年的沧桑，凝聚了世世代代在此劳作的人们的情感，爱桥、护桥的意识已经溶入了他们的血液。”

单霁翔介绍说，近年来，全国文物系统通过各种行之有效的形式，较好地发挥了文物宣传工作启迪思想、陶冶情操、传授知识、鼓舞人心的积极作用。特别是 2005 年 12 月，国务院决定每年 6 月第 2 个星期六为我国的“文化遗产日”，这对普及文物保护知识，形成全社会珍爱文化遗产的良好风尚具有重要而深远的意义。2007 年“文化遗产日”期间,国家文物局联合人事部、文化部集中开展全国性的文物系统表彰活动。多年来为保护长城默默无闻、无私奉献的最基层的15名长城义务保护员、陕西宝鸡市31名发现和保护文物的农民，以及中国建筑研究院历史建筑研究所被共同授予“文物保护特别奖”。“民众意识的觉醒是文化遗产最有力的保障，文化遗产保护不仅需要文物工作者和文物管理部门的努力，更需要广大民众的积极支持与配合。今后，我们要积极倡导‘民众应当成为文化遗产保护的主人’的理念，继续发挥典型的示范作用，以先进人物的言行带动保护文物的全社会行动，动员全体公民自觉履行保护文化遗产的历史使命。”单霁翔对未来充满信心。

表彰保护地坪风雨桥农民群体代表（2004年12月21日）

整体打捞“南海Ⅰ号”史无前例

记者夏杨 张小磊 林翎 张演钦 孙璇《羊城晚报》2007年12月22日

昨晚,国家文物局局长单霁翔接受本报独家专访表示,有把握成功保护“南海Ⅰ号”。

为什么要“打捞出水”? “南海Ⅰ号”已出现被盗采现象

问:我国对文物、遗址等,一般都是原地保护,为什么“南海Ⅰ号”要打捞出水?

答:我们不主张对文物、遗址等主动挖掘和打捞,主要是考虑我们的文物保护技术不到位,很多文物出土、出水后,由于它存在的环境发生了变化,缺乏妥善的保护,就会变化,遭到破坏。比如,许多墓葬中的彩绘,遇到空气后很快就消失了。

现在我国正处在大规模的城市化、城镇化建设过程中,抢救性发掘的任务很重,比如三峡水库、南水北调工程等,都需要文物部门配合开展考古工作。仅仅这方面就需要大量的人力、财力和物力,现在我们的主要精力,都集中在这方面了。

我们要主动打捞“南海Ⅰ号”,就是因为它的处境很危险。它已经暴露出来了,很多人知道它的地点,如果还留在那里,就有很多安全隐患。况且,它距离海岸较远,保护起来不容易,已经有了几次盗采现象。

问:以后其他暴露出来的水下文物遗存,是不是都要打捞出水?

答:那也不一定,有安全保护措施且利于保护的,还是不要抢救性发掘。

为什么发现20年后才打捞? “南海Ⅰ号”打捞是“水到渠成”

问:“南海Ⅰ号”保护不容易,但它被发现已经20年了,为什么到现在才打捞?国家是如何考虑的?

答:“南海Ⅰ号”的打捞,并没有个“怎么考虑”的问题,它是水到渠成了,各项工作做到位了! 1987年发现“南海Ⅰ号”后,我们一直在监控它,但是没有能力打捞它。到了20世纪90年代,中国的水下考古学慢慢发展起来,到2000年组建了水下考古队。那时开始对“南海Ⅰ号”进行调查、探摸,提取样本研究。2003年,我看到了第一批文物出水。当时就在考虑,该用怎样的方式保护它。

那片海域较浑,不利于水下发掘。经过国家博物馆水下考古中心和广东省文化厅、交通部广州打捞局等单位的不断研究,到了2004年,开始有了整体打捞的设想。

打捞方案经过多次专家论证，我参加了这个过程，可谓多学科联合攻关，毕竟是世界上没有先例的打捞行动。这么大一艘木船，满载瓷器，专家们很担心在打捞过程中会产生碰撞。于是打捞装置、运送装置等逐渐设计成熟。到 2006 年的时候，很自然地，技术有了，方案也成熟了。

这是个科学的、自然的过程，我们从来没有想过什么时间要打捞上来，比如，没有想过要在 2007 年圣诞节前打捞出来（笑）！

怎么看待打捞的意义？打捞“南海 I 号”意义多在船外

问:很多人评价“南海 I 号”,多从它本身文物价值的角度,您怎么看待“南海 I 号”打捞的意义？它对中国考古、尤其是水下考古意味着什么？

答:“南海 I 号”的打捞,绝不是一个为获得文物而探险的活动。它的意义是综合的，对整个学科的发展有促进作用。首先，为了保护这些水下文物，我们进行了多学科的攻关、跨学科的研究，不过到现在仍有很多未知的东西，如文物出水后怎么妥善保护等，还在进一步研究中。再者，以前人们没见过这样一个满载瓷器的古船，它出水以后，怎样在满足科研的前提下满足民众，让大家参观这些珍宝、遗产？两者如何兼顾，本身就是一种新的尝试。

这艘古船上的瓷器，有六七万件还是七八万件，现在还不知道。这么大量的文物，要通过科学的考古过程整理出来，可能还要三五年，这个时间也是向大众普及考古文化知识和文物保护理念的过程。这个过程中，如何处理公众教育、文化普及和科学研究等

“南海 1 号”整体打捞（2007年12月22日）

方面的关系，我们也面临着考验。同时，整体打捞“南海Ⅰ号”是一个史无前例的创举，对国际水下考古学也是个贡献。它的不同寻常引起了包括国际同行在内的全世界的关注。

问：对水下考古队伍也是个锻炼？

答:对，中国水下考古队组建较晚，经历大的水下考古工作少。打捞本身是个专业，但是打捞文物与其他工作不同，很有学问。我觉得这次做得很认真、很细致，考虑得很周到！

专家论证参加过几次，都是大型的，聚集了各方面的专家，包括中科院、社科院的院士、研究员在内，大家集思广益，把各种可能都做了预案，把不一定发生的情况也考虑了进来，宁愿麻烦一点，毕竟是文物保护，不像别的沉船，一次打捞不行可以重新打捞，文物打捞不允许有这种情况发生。

我觉得从到现在为止的情况看，“南海Ⅰ号”的保护工作取得成功还是很有把握的！

文物遗存如何更好保护？文物保护营造氛围很重要

问：在“南海Ⅰ号”的打捞中，科技和技术都很先进。但是毕竟这只是一次考古行动，中国更多的文物遗存如何保护，这更值得关注。文保部门在这方面应该发挥怎样的作用？

答：在中国的体制下，文物保护是全民的责任。在其中，文保部门只是很有限的力量。况且，我们没有公安、海关、工商等的职责和权力，法律规定也是请这些部门配合。但我们有文物监测、状况了解并及时与有关部门沟通的任务。现在对水下文物还有一定的盗挖盗采现象，一方面我们要积极地加入《国际文物公约》，与有关国家加强合作，打击非法走私文物活动。目前这个工作进展很快，不断与不同国家签订多边协议。我国的海岸线很长，目前总的力量还不够，还要不断加强。

同时，营造文物保护氛围很重要！文保部门对保护、捐献文物的先进典型要大力宣传、奖励。比如陕西的农民发现了青铜器，就主动向文物部门报告，这就应该大力表扬。这样，民众保护文物的积极性与意识才能渐渐培养起来。这一点还需要大家共同努力！

“南海Ⅱ号”未有打捞计划

单霁翔表示，打捞出水只是保护方式其中一种。

中国有300多万平方千米的海域，水下文物丰富，除“南海Ⅰ号”外有其他打捞计划吗？国家文物局局长单霁翔表示，目前还没有其他的打捞计划。

现在正开展的第三次全国文物普查，最大的特点就是开展了水下文物普查，以后包括海底沉船在内的各种水下遗址，都将会逐步被发现。

除了“南海Ⅰ号”，广东还发现了“南海Ⅱ号”，并且也存在渔民盗扰文物的情况，目前国家对它有没有打捞计划？单霁翔说:“南海Ⅱ号”的情况我知道，那里水质相对好些。目前“南海Ⅱ号”还没有打捞计划。广东省也还没有提出希望打捞的要求，如果提出来，国家会根据实际情况，请专家多方论证，最后再确定用什么样的保护方式。打捞出水只是文物保护方式的其中一种！

海上丝路申遗需要放眼世界

涉及国家多，但中国一定是主角。

随着“南海Ⅰ号”的打捞出水，关于海上丝绸之路申报世界文化遗产的提议再次热起来。国家文物局局长单霁翔表示，海上丝绸之路“申遗”正在积极准备。而海上丝绸之路涉及的国家很多，实际上是大半个地球。

单霁翔介绍，海上丝绸之路遗址不仅是中国多个省有，而且是多个国家都有！现在丝绸之路申报世界遗产活动紧锣密鼓，有沙漠丝绸之路，还有草原丝绸之路，最后才是海上丝绸之路。最引人注目的沙漠之路和海上丝绸之路。沙漠丝绸之路涉及几十个国家，海上丝绸之路涉及的国家更多，实际上是大半个地球！

现在中国和中亚五国正在联合申报沙漠丝绸之路的中国与中亚段。开会的时候，沿线20多个城市的市长都来了！沙漠丝绸之路“申遗”活动，是中国牵头，联合国教科文组织支持，多个国家共同参与。

而海上丝绸之路“申遗”也在积极准备。宁波、泉州基础工作开展得比较早，广州近些年也加快了步伐，尤其是广州有些重大考古发现，较早的如南越王墓，后来有南越国宫署，有很多资料出土，使得广州在海上丝绸之路上的地位越来越高。海上丝绸之路“申遗”，有很多国内外城市涉及进来，因此也是个国际行为。不过，由中国牵头或中国是主要的国家，这一点始终不会变。这个活动中关键的问题是，怎样通过国际交流合作，共同扎扎实实地推动它。

“南海1号”整体打捞（2007年12月22日）

"南海Ⅰ号"的保护向世界敞开
——国家文物局局长单霁翔接受本报专访

记者毕式明、李培《南方日报》2007年12月23日

站在"华天龙"号甲板上，见证了"南海Ⅰ号"出水过程的国家文物局局长单霁翔眉飞色舞地笑着说："今天天气雨过天晴，古船的出水就像我的名字，'霁'后飞翔！"

见到本报记者，单霁翔特别提到，本次"南海Ⅰ号"报道中，《南方日报》重兵出击，精彩不断，在各路媒体中遥遥领先。单霁翔盛赞本报，"《南方日报》办得很好！"

兵马俑边发掘边开放一样保护得很好

问：作为国家文物局局长，您如何评价"南海Ⅰ号"今天的出水？

答："南海Ⅰ号"出水，是古代沉船打捞的一次创举，对中国水下考古整个事业来说也是一个里程碑。尽管以后我们的水下考古肯定还有新坐标，但"南海Ⅰ号"无疑是目前的最新坐标。它的出水，对于中国整个水下考古学科的推动，对于我们水下大型文物的整体保护研究等方面，都具有不可磨灭的意义。

另外，"南海Ⅰ号"的成功出水，对于海上丝绸之路的发掘、申遗等方面，也是一个重要节点。因为目前的海上丝绸之路遗迹大多是一些沿海的城市、码头，只有"南海Ⅰ号"是出现在古代海上丝绸之路沿线中的一个完整的沉船，相当于一个古代社会的单元重新摆放在今人面前，弥足珍贵。

整体打捞出水拖入"水晶宫"，我们的考古队员可对"南海Ⅰ号"上的信息最大限度地进行提取，获取古代海洋贸易、古代远洋生活的信息。在"水晶宫"里的安全环境，远远比直接在海上发掘能获取多得多的考古信息。

问：如今，各种围绕"南海Ⅰ号"的旅游项目展开，这是否会对"南海Ⅰ号"的发掘和保护造成不利？

答：文物保护和旅游都是讲究可持续的，我觉得二者可以实现良性互动，实现共赢。文物部门有充足的措施会保护好"南海Ⅰ号"，同时，放入"水晶宫"博物馆，能兼顾人民群众的文化权益，普及人民群众对水下考古的认识，实现文化遗产在保护中与大众的互动过程，这也非常有意义。对游客开放后，"南海Ⅰ号"会对社会文化发展起到更大的贡献。

其实西安的兵马俑也是一个发掘工地，但向世人开放后并没有影响它的保护。当然，按照法律规定，对游客开放后那些门票收入应该用于文物保护。

另外，我也注意到一些媒体和民间有一些说法，“南海Ⅰ号”堪比兵马俑或者是“海上敦煌”。我觉得这之间是不能比的，没有孰优孰劣之分，因为不同的文化现象具有不同的文化意义。当然，兵马俑时代比较早，整体上比较震撼人心；但“南海Ⅰ号”是出现在中国古代海上丝绸之路那样一个大时代背景上，活脱脱被历史封存起来的沉船，所以也是非常珍贵的。

邀请国际顶级专家参与“南海Ⅰ号”保护

问:“南海Ⅰ号”进入广东海上丝绸之路博物馆后，将由阳江方面负责整体运作管理，他们的技术能达到要求吗?

答:“南海Ⅰ号”打捞出水只是走完第一步,接下来的发掘、保护工作将任重而道远。比如木质船体抗氧化，脱盐脱水等，还有很多课题需要攻关。当然，我们并不会把所有的问题都留给阳江，国家文物局文化遗产研究院也会投入大力量参与科研保护。此外，我们还会邀请国际上相关学科的顶级专家参与到“南海Ⅰ号”日后的保护、科研上来。

未来的“南海Ⅰ号”，将为提升世界水下考古的科研、技术，提供一个敞开的大门。

问：对于“南海Ⅰ号”的考古发掘，我们是否已经有一个时间表?

答：基本的计划有了。但是我们要等沉箱运到“水晶宫”内后，再对沉箱内的古船进行探摸，然后对照之前探摸的结果，调整我们的整个考古时间表。另外，如果相关文物保护的课题没有及时跟上，我们也不可能马上展开考古发掘。

我想顺利的话，半年内，我们就可以展开考古发掘。因为整艘船的信息量太大了，这个提取方法需要一个特别周密、科学的体系，比如船舱货物的摆放方式、古船舱排列的结构等,需要我们用前所未有的精细度提取“大块”信息,以此揭示古代远洋货船、远洋贸易的一些细节，这比单件的瓷器价值大得多。

也许单纯提取文物，可能三五年就结束了。但是相关的研究可能一直到几十年以后，我们要不断有所发现并且不断有新的解读。

全国政协委员、国家文物局局长单霁翔在全国“两会”召开之际答本报记者问

记者李让 孙漪娜 孙波《中国文物报》2008年3月5日

今年的全国“两会”是换届的盛会,2008年又是落实党的十七大部署的开局之年,是改革开放的30周年，也是实现《国务院关于加强文化遗产保护通知》提出的“到2010年，初步建立比较完备的文化遗产保护制度，文化遗产保护状况得到明显改善”总体目标的关键一年。因此,今年的“两会”将备受全社会关注,文物界更是翘首以盼。日前，本报记者就广大读者关注的问题，采访了出席全国政协十一届一次会议的全国政协委员、国家文物局局长单霁翔。

问：我们统计了一下，5年来，您作为全国政协委员一共提交了50个提案，内容涉及文化遗产保护的各个方面，请您谈谈这些意见建议对文化遗产保护工作所起到的推动作用。

答：自2003年全国政协十届一次会议以来，作为全国政协委员，我以个人或者联名方式提出了50个政协提案。回顾起来，令人欣慰的是这些提案中涉及的问题基本都得到了全国政协和承办部门的高度重视和积极落实，在文化遗产保护中发挥了一定作用。一大批提案如设立“文化遗产日”、开展全国文物普查工作、成立中国文化遗产研究院、将历史文化遗产保护领域问题研究列入国家中长期科学和技术发展规划等，在专家和有关部门的推动下一一得到落实；加强福建省海峡西岸文化遗产保护、抢救与保护非物质文化遗产、加强商业老字号的保护与发展等一批提案建议，在文化遗产领域的前瞻性作用得到有关部门的认同；文物出版社迁出北大红楼、理顺文物出境鉴定管理机构体制等一批历史遗留问题的解决取得了令人满意的进展。

我希望，政协提案能够成为沟通、团结文化遗产保护各方面积极力量，加强部门间协作，促进解决文化遗产保护难点问题的良好渠道，成为文化遗产事业发展的催化剂和助推器。

例如，大运河文化遗产保护就是政协委员们发挥提案作用的范例。2004年，在全国政协十届二次会议上，我联合部分政协委员提交了关于大运河文化遗产保护的提案。此议题得到全国政协的高度重视和有关部门的积极呼应。2006年5月，国务院将京杭大运河公布为全国重点文物保护单位。同时，全国政协组织专家学者，全程考察了京

杭大运河的保护和利用情况并在杭州召开专题研讨会，通过了《杭州宣言》，在运河沿线各省市政府和民众的热切期盼和热情支持下，出色完成了对古老运河的寻踪之旅、文化之旅，掀起了空前高涨的大运河保护和申报世界文化遗产工作的热潮。12 月，大运河被列入重新设定的《中国世界文化遗产预备名单》。2007 年年初，我又联合 40 多位委员提出了关于推进大运河申报世界文化遗产工作的提案。全国政协十届五次会议在人民大会堂就这一主题举行了大会期间唯一的媒体集体采访活动，受到了社会各界的广泛关注。6 月，全国政协文史与学习委员会与国家文物局、交通部、水利部等相关部门共同召集运河沿线有关城市领导和文物部门负责人，召开大运河保护与申报世界文化遗产工作协调会议，研究大运河保护问题和申遗工作协调机制，全面启动大运河保护工作。9 月底，大运河联合申遗办公室在江苏扬州挂牌成立。11 月，国家文物局邀请国际古迹遗址理事会（ICOMOS）世界遗产顾问，实地考察大运河杭州段和扬州段。这些成果的取得与政协委员们的一系列提案的提出和办理是密不可分的。今年我又趁热打铁提出了抓紧制定《大运河保护条例》的提案，希望能进一步推动大运河的保护和“申遗”工作。

问：今年出席全国政协十一届一次会议，您准备了哪些提案？

答：今年在政协会上准备联合其他委员提交 14 个提案。

问：第三次全国文物普查是事关我国文物事业发展全局的大事。按照国务院的统一部署，这项工作已于 2007 年 4 月启动。从 2007 年 10 月开始，这项工作转入第二阶段（至 2009 年 12 月），这一阶段主要是以县域为基本单元，实地开展文物调查，任务最为繁重。您对于进入第二阶段的普查工作有什么期望？

答：第三次全国文物普查，在第一阶段任务完成情况良好的基础上，最关键的第二阶段实地调查时期已经平稳起步。第二阶段所获取信息数据资料的真实性、完整性、科学性、规范性直接影响着各项普查成果的水平和价值，甚至关系着此次普查的成败。这一阶段的任务最为繁重，存在普查类别多、地域范围广、环境条件差、工作强度大等诸多困难。前一段时期，我国部分地区又出现了极端天气，给田野普查工作的开展带来了负面影响。我希望广大一线普查工作者要集中精力、克服困难、扎扎实实做好这个阶段的工作。同时，我们还要对普查工作进展、存在问题进行分析总结，推动工作重点从思想发动、资金落实逐渐转向关注文物普查质量。在全国人大和政协两会后，要尽快着手筹备召开第三次全国文物普查全国领导小组会议。

问：今年 1 月，中宣部、财政部、文化部、国家文物局共同下发了《关于全国博物馆、纪念馆免费开放的通知》，全国博物馆、纪念馆免费开放已经成为全社会关注的热点，这项工作也被国家文物局列为 2008 年各项工作的重中之重，您对这项工作有什么要求？

答：全国博物馆、纪念馆向社会免费开放是国家保障公民文化权益的一项重大举措，是我国博物馆事业发展的一个里程碑，是一项政策性很强、公众性很强的工作，意义重大，任务艰巨。各级文物行政部门和相关博物馆、纪念馆要认真学习领会《关于全国博物馆、纪念馆免费开放的通知》精神，明确博物馆免费开放的原则、范围和实施步骤，制定博物馆免费开放的工作计划和实施方案，切实做好免费开放的各项准备工作。要积极借鉴国内已免费开放的博物馆的经验，认真研究免费开放给博物馆事业带来的新情况、新问题和新要求，采取有效措施并认真实施，切实保障4月全国博物馆、纪念馆全面免费开放工作的平稳、安全、规范和有序进行，并以此为契机努力深化文化遗产公共服务体制改革，推动博物馆管理水平迈上新台阶。

全国政协委员郭修圃先生捐赠文物仪式（2007年9月20日）

让国家级民族博物馆早日建成开放

记者钱丽花《中国民族报》2008 年 3 月 11 日

2008 年北京奥运会即将举行，为了让我国 56 个民族的多彩文化能够借助奥运契机展示给全世界，全国政协委员、国家文物局局长单霁翔提出：让国家级民族博物馆早日建成开放。

在本届全国政协会议上，单霁翔委员一共提交了涉及文化遗产保护方面的 14 个提案。而“加快中国民族博物馆建设”便是其中的一个。

为什么要提交这个提案？单霁翔解释说，我国少数民族文化遗产种类繁多、数量巨大，是我国优秀文化遗产的重要组成部分。党和政府历来重视少数民族文物保护工作。新中国成立以来，我国博物馆建设进入了快速发展阶段，一批富有特色的民族类博物馆相继建立，为少数民族文化遗产抢救、保护和展示提供了重要的平台。

博物馆是展示一个国家、一个民族、一个地区历史文化的窗口，而以民族文化为主题的博物馆更是多民族国家必不可少的文化设施。北京尽管已经有各类博物馆 100 余座，但是至今没有一座能够集中系统展示中华民族多彩文化的国家级民族博物馆。因此，在北京建立一座国家级民族博物馆，对促进民族团结，建设中华民族共有精神家园，将起到特殊的作用。

“其实，从 1984 年起，国家有关部门即开始筹建中国民族博物馆，并经批准正式成立了中国民族博物馆机构。但是由于种种原因，中国民族博物馆的场馆建设仍然未能立项。直到现在，中国民族博物馆仍然是一家没有办公地点、没有展示场所、没有成体系文物藏品的‘挂牌’博物馆，社会各界对此反映很强烈。”单霁翔介绍说，“尽管如此，但多年来，中国民族博物馆的有关业务工作始终没有停滞，他们积极开展民族文物的抢救、征集工作。现在已经征集民族文物近万件，加上全国民委系统收藏的民族文物，总数已达 10 万余件。此外，他们也开展学术研究，多年来，发表和编辑出版了一系列有关民族学、博物馆学以及民族文化方面的论文、专著，并积极开展对外文化交流，仅‘十五’期间就 14 次走出国门，进行民族文化演出累计 300 多场次，观众 100 余万人次，举办展览 14 场，观众近 20 万人次。他们还积极举办有影响的民族文化活动，连续两年在我国‘文化遗产日’期间举办‘多彩中华’民族文化节。这些大量基础性的工作，为博物馆的建设创造了条件。”

“加快中国民族博物馆场馆建设，是贯彻十七大精神的迫切需要和重要体现，是社会各界和各民族人民的共同企盼，也是广大文物、博物馆工作者的一致愿望。为此，我建议国家发展和改革委员会、国家民族事务委员会等有关机构要加快中国民族博物馆场馆立项、建设的步伐，使一个象征全国各民族大团结的国家级民族博物馆早日在首都建成开放。”单霁翔充满期待地说道。

中国民族博物馆南丹白裤瑶馆（2007年5月31日）

拓展文物保护视野 做大文化遗产工程——国家文物局局长单霁翔谈贵州文化遗产保护利用与传承

记者沈彬《贵州日报》2008 年 3 月 12 日

2 月 27 日，春寒料峭。

国家文物局党组书记、局长单霁翔一行起了一个大早。按照贵州省文物局的安排，今天要到贵州遭受雨雪凝冻灾害严重的地区——黔东南台江县、镇远县等地调研，对文物受灾、文化遗产资源传承与保护利用等问题实地考察。

一天的时间，单霁翔一行行程近千里，察看了台江文昌宫、镇远青龙洞建筑群、镇远和平村、镇远古民居、施洞苏元春公馆等地，副省长谢庆生及省文化厅厅长徐圻、省文物局局长王红光陪同考察调研。

文昌宫坐落于“苗疆腹地”台江县城东南，为清光绪十八年（1892 年）建。文昌宫建筑群门前有青石台阶，门后两侧有左右配殿，中为天井，迎面是主体建筑——阁楼，阁楼为三层六角攒尖顶木塔式结构建筑，高 18 米。整个建筑群规模宏大，布局严谨，宫阁古朴典雅，做工精巧，在结构上，榫头横穿斜插，衔接紧密牢固，不用一颗铁钉。

灾后的文昌宫，斑驳的色调显得苍老和破败，飞檐翘角多处塌陷，已没有往昔的轻盈飘洒，主楼倾斜 1.65 米，比灾前增加了 0.15 米，四处可见的支撑护木表明了建筑物岌岌可危。黔东南州常务副州长李再勇说，全州文保资金严重缺位。王红光说，我省许多文物保护单位缺乏必要的保养维护经费，大量文物在灾害之前已是濒危建筑，瓦破椽朽檩坏，灾害到来更是雪上加霜。文物保护情况令人担忧。

2000 多年的历史沉淀，镇远古城遗存了不少宫、院、殿、阁、楼、亭，古码头、古巷道和两个半会馆（江西会馆、福建会馆和半个陕西会馆）、几座戏楼。

青龙洞古建筑群，是中原文化、边疆文化和域外文化交汇的最好见证。在其宗教式的园林建筑群中，有江南园林的秀美玲珑，有苗、侗各民族的自然古朴，处处可见吊脚楼与寺庙的完美融合。

建于光绪四年的圣人殿，木构建筑的每一扇雕花窗里，都镂空雕刻着一个碗口大的行书汉字，有“福、禄、寿、喜”等，在州文化局局长袁刚的指点下，我找到了“歌”字，袁刚说，“多彩贵州”系列活动的标志，创意来自这里。

走过古巷道，在许多古民居中现存最好的“傅氏民宅”，让人眼前一亮。傅氏先祖码头挑夫起家，嘉庆年间修造了这个坐北朝南的院子。前院有转阁复廊，二层可登高望远，建筑雕饰华丽。国家文物局的同志说，在傅家，沙发茶几是清晚期的，多数瓷器陶器是清末民初的，虽出自民窑，价值不高，但收藏得很好。穿过天井，厨房里，有 200 多年历史的古灶台保存完好，傅先生说，家里另起了新灶，古灶台现已不用。

行色匆匆，单霁翔和谢庆生都是边看边拍，手中的相机记录着木雕的细部、明代的柱础、江西会馆的戏楼……

车队从施洞出来不远，在八梗村上寨，巧遇路边场院里一家苗族同胞的婚庆典礼。

长条桌子摆满了祭祀用的牲品和酒菜，村里村外的苗民们围坐外圈，一个妇女挨个在前面递酒，另一个则夹了煮熟的猪肉蘸了些辣椒面送到喝酒人的嘴里；盛装的男男女女正围着长桌边歌边舞。原汁原味的苗族生活场景让大家十分兴奋。

台江施洞是世界上独木龙舟的发祥地。婚礼现场不远处，一个有屋盖的长廊里就停放着一母两子独木龙舟，平时，龙船就放在这个专放船体用的“龙船棚”内。母船长约 24 米，两个子船长约 10 米。母船可以站 40 人，据说整个清水江沿岸有约 400 艘这样的龙船，每年农历五月二十五至二十七的独木龙舟节下水前都要举行盛大的祭船仪式，十分壮观。

一路行，一路看。

作为国家文物保护的最高行政长官，单霁翔不时对省文物局局长王红光耳语一番，对贵州文化遗产资源传承与保护肯定有加，也频频现场点评，为贵州文化遗产资源传承与保护支招。单霁翔告诫贵州文化文物部门，要积极拓展文化遗产的内涵和外延，用宽展的文化视野，力争做大做强具有贵州特色的文化工程。

关键词：卫城垣，比北京紫禁城还要早的“国宝”

卫城垣，始建于明洪武 22 年（1389 年）。沿舞阳河东西伸展南跨五老峰围城而建，城垣长 5 千米，高 8.3 米，宽 2.8 米，垛口 1872 个，城门 6 座，炮台 9 个，城墙内有马道通达。现存 1.5 千米的卫城垣是当地政府于 1999 年修缮的,保留有 2 座古城门。上、下北门今仍保存完好。临江城墙今存 1200 米完好。单霁翔说，只要真实可考，为什么不申报国家级文物保护单位？它应该比北京紫禁城还要古老。

关键词：镇远比凤凰要好，底蕴更深厚

站在青龙洞建筑群的最高点望江楼，眼前，江水如黛。单霁翔欣慰于这个小城烟囱还不多见，但也遗憾地指出城里的建筑物高度偏高了。单霁翔说，你们有别人没有的最宝贵的东西，要自信，要相信文化的力量，恢复重建自己的文化特征。镇远这座小城要保护好了，应该比凤凰要好。但历史文化街区保护性建设切忌过头，北京的琉

贵州镇远传统民居（2008年2月27日）

璃厂就过了些，俨然旅游商品一条街。

关键词：贵州特色文化线路，大有可为

从傅氏民宅到施洞独木龙舟，处处让人惊叹不已。

单霁翔特别说到文化遗产保护的世界性发展趋势。一是民族民间文物的保护，特别是非物质文化遗产的保护，得到了进一步加强；另一个方向是文化空间、文化线路、文化景观等新品种的出现。比如京杭大运河、长城、茶马古道、丝绸之路等，有形的文化遗产和无形的文化遗产结合在一起，成为不可分割的共生体。

600多年前由著名女政治家奢香开辟的滇黔古驿道，就是文化线路。散布各地的一处处文化遗产既孤立，又不协调，失去了文化遗产应有的尊严，失去尊严的文化遗产将难以焕发活力，难以体现出应有的价值和发挥出应有的作用。选择一个有力度的主题将依附于这个文化线路上散落的珍珠般的文化遗产资源串联起来，不仅可以弥补单个文化遗产的单薄和欠缺，还可以起到倍增效应。单霁翔说，贵州在多样性文化背景下文化线路方面资源富集，大有可为。

关键词：用家庭宾馆的开发模式保护古民居民宅

单霁翔认为，一个城市，一个村镇，应该是有生命的，要发展，要有新陈代谢。一个日益被接受的观念是实现有机更新，而不是大规模、激进的改造。要充分发挥居民对于自己所居住的街道、传统民居、院落的理解，让他们参与其中，进行有机的更新。特别是在传统民居中，应该倡导以院落为单位的小规模、微循环、渐进式的改造，而不是非常激烈的一刀切式的推倒重来。

镇远的古民居保护，走民俗家庭式宾馆的方向，可以是一种选择。政府投入一点修缮费用，修旧如故，民居住人受益，古民居得以较好保护，如果有几十家连成片，既有大宾馆的接待规模，又是吸引人们前来感受、旅游的亮点。

关键词：建立主题概念下的民俗博物馆、民族工艺原生地

单霁翔说，成都搞了一个中国皮影历史实物征集，从全国各地征集到 4000 多套珍贵的皮影戏史料、实物，并因此计划建立中国皮影历史博物馆，国家文物局为此匹配资金近 800 万元，这就是主题概念博物馆。

贵州苗、侗、水族等服饰文化本身就颇具主题概念。少数民族服饰流失于海外的不少，殊为可惜。现在国家规定，1911 年前的文物不准出境，少数民族地区重要文物设限为 1966 年。如果拓展开来，贵州面向全国搞一个苗族服饰博物馆，就是一个可以研究和实施的文化大工程。此外，听说中国唯一的银匠村——雷山县控拜村的银匠们纷纷走出村子，前往深圳、广州等地谋生，村里会做银饰的所剩无几了。尽管苗族银饰锻造走出山门是好事，但其原生地的没落应该引起思考。试想，如果控拜村能够家家户户继承和开展苗族银饰锻造作坊，打出品牌，该具有多么大的吸引力。意大利吹玻璃的传统手工艺，闻名遐迩，就是在一个村落，现在每年吸引着世界各地的游客，形成庞大的产业链条。保护一个银匠村，不仅可以挖掘和开发保护文化遗产，而且必将因此吸纳更多的游客，促使旅游经济与文化保护的良性互动。

大运河保护不能再等了——访全国政协委员、国家文物局局长单霁翔

记者童海华《中国经济导报》2008 年 3 月 13 日

去年全国政协会议上，全国政协曾为大运河保护召开专门的集体采访。今年的政协会议上，全国政协委员、国家文物局局长单霁翔提交了关于尽快制定了《大运河保护条例》的提案。时隔一年，我国大运河保护工作进展如何？大运河申遗的工作是否有新的进展？在全国两会期间，本报记者对单霁翔进行了专访。

大运河是活态的混合文化遗产

问：在这次政协会上，您提交了关于尽快制定《大运河保护条例》的提案，这是基于什么样的考虑？

答：作为大型文化遗产，大运河穿越省份多、时间跨度长、内涵丰富且复杂。与一般的文物保护单位相比，大运河有其明显的特殊性：第一，大运河是一项由文化要素和自然要素共同构成的混合遗产。大运河作为人工运河，凝聚着厚重的历史文化信息，也催生了丰富多样的运河文化。第二，大运河是活态的文化遗产。历史上的大运河作为贯通南北的经济大动脉，是“南粮北运”和“盐运”的重要通道。今天的大运河对沿线城市的交通、生态、经济作用依然相当显著。第三，大运河是由点、线、面不同形态共同构成的文化遗产廊道。大运河贯通南北，绵延千里，覆盖地域广阔，不仅包括运河河道、码头、船闸、堤坝、桥梁等水工设施，还包括钞关、官仓、会馆、驿站、庙宇等运河沿岸相关设施，以及依托运河发展起来的历史性城镇、街区和村庄。第四，大运河是由古代遗址、近代史迹和当代遗产共同构成的文化遗产。第五，沿大运河生活着世世代代以水为生的人们，他们的居所因大运河而建，他们的城市因大运河而繁荣，并形成了物质与非物质文化遗产共生共存的文化空间。

正因为大运河有其特殊的文化遗产属性，这就要求国家各相关部门加强沟通协作，尽快出台与《大运河保护条例》相类似的专项管理法规，从全局和整体保护的高度，把大运河保护管理工作纳入有法可依的科学轨道。同时应在调查摸清大运河遗产情况的基础上，抓紧开展大运河的专项保护规划编制工作。

《大运河保护条例》势在必行

问：防止大运河沿线城市文化特色的丧失或趋同，是您极为关心的话题。这方面，您有何建议？

答：大运河沿线城市曾见证了大运河景观所形成的无法替代的城市特色，就古代文化来说，应该说河北一带是燕赵文化，山东一带是齐鲁文化，江浙一带是吴越文化，这些不同的文化形成了特殊的城市肌理和特质内涵。但随着城市化进程步伐的加快，一些城市由于控制失当，造成城市形态、城市面貌和城市文化的趋同化，使大运河独特价值逐渐削弱。同时，大运河沿线的建设性的破坏，使得大运河背景环境遭到改变，部分穿越城区的大运河正在逐渐演变为现代性十足的“景观河”。大运河的真实性和完整性在城市化的进程中丧失。这就要求我们，一方面，要充分考虑沿线城市缺少文化特色，呈现趋同化倾向的现状，根据各城市实际情况，保留原来的文化多样性。另一方面，要充分考虑大运河长期受自然和人为破坏，保存现状不甚理想的现状，着力于保护大运河的真实性和完整性。

评审方式调整“申遗”难度加大

问：大运河“申遗”工作是公众和媒体关注的热点，目前这方面的进展如何？有何困难？

答：大运河的保护和申报世界遗产，既是一项科学严谨的文化实践，也是一项庞大的系统工程，需要开展大量扎实细致的工作。

2006 年 5 月，国务院将京杭大运河公布为全国重点文物保护单位。2006 年 12 月，

浙江宁波三江口（2008年6月24日）

大运河被列入《中国世界文化遗产预备名单》。2007 年 6 月，我国全面启动大运河保护工作。同年 9 月底，大运河联合申遗办公室在扬州挂牌成立。2007 年 11 月，国家文物局邀请国际古迹遗址理事会（ICOMOS）世界遗产顾问，实地考察大运河杭州段和扬州段。

值得关注的是，近年来，联合国教科文组织世界遗产委员会在世界遗产的申报和评审方面做了一些调整和限制，规定每个缔约国，每年只能申报两项。同时，世界遗产委员会对一些遗产大国的申报项目要求越来越严，向尚无遗产或数量少的缔约国倾斜。中国从 1986 年开始申报世界遗产，现有世界遗产 35 处，排在第三位，而且是世界遗产数量增长最快的国家，我国“申遗”难度加大。因此，我们必须考虑申报世界文化遗产的实际情况和严苛的要求，认真对已列入《世界遗产名录》的其他国家和地区的运河文化遗产进行比较研究，确定我国大运河申报世界文化遗产的科学、全面、精准的内容和范围，既满足最大程度的保护需求，又确保申报世界文化遗产的一次成功。

我们应怀敬畏之心——全国政协委员单霁翔访谈录

记者王慧峰《人民政协报》2008 年 3 月 13 日

黑色平底布鞋是单霁翔的一个标志。这位国家文物局局长一年中有大半时间都在外面考察调研，无论是坐 10 小时的车行进在崇山峻岭间，还是往来于各文物保护和考古发掘的现场，布鞋是他最舒服的“装备”。见面时，单霁翔正在整理提案。“我今年准备了 16 个，累了，只好就此打住。”

单霁翔撰写提案的积极性很高，十届全国政协期间，他共提交了 50 多份提案和发言，力推文化遗产保护工作。

在大拆大建面前，文化遗产显得非常弱小无助

话外音：城市规划部门——文物部门——重返规划部门——国家文物局，二十多年来单霁翔辗转于不同的工作部门，位置和角色的转换让他更加深刻地感受到，文化遗产保护不应是一个孤立的、脱离现实和民众的行业。“它应该是开放的，人们对文物的认识也应该更加深刻、更加全面。”

问：去年以来，国内多个文物事件受到广泛关注，作为国家文物局局长，我相信公众非常期待听到您对这些热点问题的意见，比如重建圆明园。

答：对于圆明园遗址这样的全国重点文物保护单位，“慎动”原则是起码的常识。圆明园当年到底什么样？目前没有确凿可考的记录，再加上今天的技术、材料、自然环境，特别是社会环境都发生了很大变化。圆明园的精雕细刻以及彩绘方法是那么精深，复建后的建筑是不是圆明园，我表示怀疑。因此，我觉得全面重建圆明园是不可能的。

对我们全体中国人而言，圆明园的名字，承载着特殊的历史记忆和民族情感。保护圆明园，不仅要保护圆明园遗址本体，还要尊重圆明园的文化、教育、情感等多重价值。多年来北京市为保护圆明园遗址做出了巨大贡献，先后搬迁了园内近千户居民和不合理占压遗址的 13 个企事业单位。我个人不赞成复建圆明园，也不赞成不注重历史遗迹保护与生态建设和谐的复建山形水系。

圆明园遗址保护工程的重新启动，引起了社会多方关注。对于圆明园遗址的保护管理，应严格遵守《文物保护法》的规定。大家可以放心的是，正在圆明园遗址公园实施的圆明园复建方案已经国家文物局审批同意，方案基本是保护遗址原貌，只是复建园墙以及少量的门和个别辅助设施，总量很小。目前北京市有关部门已委托有资质

的单位正在抓紧编制《圆明园遗址专项保护规划》，该专项规划中将就圆明园遗址保护和整治等相关问题做出详细规定。

至于浙江横店异地仿建圆明新园，这是商业方式运作的民间行为，国家文物局及所属文物单位不参与其仿建活动的经费投入，我们更希望多渠道的资金能够有效投入到公益性的文化遗产保护中去。

问：去年年底的山西乔家大院经营权转让事件，虽以山西省政府认定“祁县政府转让乔家大院经营权的意向属违法行为”的批复告一段落，但近年来，借保护之名，将国有文物交给商家经营，因经营权出让、经营单位对文物保护不当而带来损失的例子并不鲜见。文物主管部门今后将采取怎样的措施来避免这种借保护之名进行急功近利的掠夺式开发？

答：你说的这个现象确实十分严重。通过近几年国家文物局的文物行政执法实践不难看出，在大量的违法转让“经营权”案件当中，法人甚至政府法人违法是当前文物保护工作面临的一个最突出的问题，也是当前文物行政执法中的难点和重点问题。在这些大拆大建面前，文化遗产显得非常弱小无助。

我愿意再提醒一遍，在《国务院关于加强文化遗产保护的通知》中专门强调“严厉打击破坏文化遗产的各类违法犯罪行为，重点追究因决策失误、玩忽职守，造成文化遗产破坏、被盗或流失的责任人的法律责任”。另外我们还有一个优势，那就是在整个文化系统，只有文物部门拥有一部法律——《文物保护法》，加上近几年出台的40多部法规、规章和规范性文件，我们正逐渐完善文化遗产保护法规体系。针对“法人违法”问题，在近几年组织的文物行政执法专项督察过程中，被列为重点督察的问题，查处了一批案件，收到了良好的效果。国家文物局坚决依照法律赋予的职责，维护法律的尊严和人民的利益，将继续依法加大行政执法力度，发现一起查处一起。

城市化加速进程的“特定时期”使文化遗产保护进入关键阶段

问：专家对我国文化遗产保护的现状有两种评价，“越来越好”和“情况严峻”。尤其是从现在到2010年左右，在我国经济社会突飞猛进的同时，经济发展与文物保护的矛盾可能会更加尖锐。在这一特定时期，我们该如何保护现有文物不再遭受更大的伤害，减缓非物质文化遗产消失的步伐？

答：保护文化遗产是保存民族、国家记忆的重要方式，一个民族一个国家只有珍惜自己的文化遗产，才不会生活在一种虚无的历史之中，才能够构建起民族和国家的自我情感认同。当前，中国文化遗产的保护领域不断扩大，并由此引发了其要素、类型、空间、时间、性质、形态等各方面的深刻变革。而另一方面，城市化加速进程的“特定时期”可以说是文化遗产保护最为关键的阶段，对文化遗产保护工作来说也是重大考验期。

要应对这种局面，重要的一点是事先进行好文物普查等基础工作，然后在此基础上，慎重规划，健全制度，科学决策，严格执法，完善文化遗产保护体系。目前，我们已经完成了对全国重点文物保护单位和馆藏文物一级品的建档备案，完成了对全国重点文物保护单位的保护状况和馆藏文物腐蚀状况的调查，正在对所有文物档案进行数字化管理。同时全力推进的第三次全国文物普查，充分运用信息网络、遥感、地理信息系统和全球卫星定位系统等现代科技手段，提高文物普查的时效性和相关标本、数据采集的真实性、完整性。

问：您曾担任北京市房山区区委书记，也经常到地方考察，各地在发展经济中考虑到文化遗产保护因素的究竟有多少？文化遗产保护与地方发展相比，是不是经常被地方领导忽视？

答：这个问题与决策者的理念和重视程度有关，与城市经济发展阶段也有密切的关系。一些地方官员理念上的障碍，主要表现在加快经济发展、迅速改变城市面貌的压力与保护文化遗产之间的平衡问题，我在这方面深有体会。为官一任造福一方，作为地方官员都会这样不断激励自己。但是现代化建设，发展经济，改变城乡面貌，与文化遗产保护应该是和谐统一的，关键是怎么认识和处理这个问题。现在看，树立正确的政绩观、坚持科学发展观是最关键的。

农民文保壮举期待唤醒国人敬畏心

话外音：当记者问到“有没有因无奈地看着文化遗产在眼前消失而倍觉遗憾的时刻”，单霁翔面色平静地回答“太多了，比比皆是”。而这种平静背后，是无数次的抗争和不轻弹的泪水。单霁翔不愿再提起那些与文化遗产无奈诀别的伤心时刻，但熟悉他的人都知道，为了一处处古建和一个个文物的留存，他的抗争有多么惨烈。相比那些悲壮伤感的记忆，单霁翔更愿意与记者分享两个令他倍感温情和鼓舞的故事。

问：在北京市工作期间，您经历了胡同和四合院的不断消失。每到这种时候，会特别灰心沮丧吗？

答：那真的是切肤之痛，但反思之余也让我更加坚定了一个信念，那就是民众意识的觉醒是文化遗产最有力的保障，文化遗产保护不仅需要文物工作者和文物管理部门的努力，更需要广大民众的积极支持与配合。只有全体民众都积极投入到文化遗产保护事业，维护和实现自身的文化权益，才能变“少数的抗争”为“共同的努力”，文化遗产保护才能取得真正的成效。

问：我记得您在去年的“文化遗产日”时曾心情沉重地讲过这样的话，“民众与文化遗产之间的相互关联日渐疏远，文化情感日趋淡漠，许多现代人越来越难以或者疏于理解文化遗产的价值所在"。您认为，应该怎样重建民众与文化遗产之间的情感联系呢?

答:民众应当成为文化遗产保护的主人。文化遗产植根于特定的人文和自然环境，与当地居民有着天然的历史、文化和情感联系，这种联系已经成为文化遗产不可分割的组成部分。这就要求文化遗产保护工作者在专注于保护文化遗产本体及周边环境的同时，不能忽视和割断文化遗产与民众的历史渊源和联系。

近年来，我国文化遗产保护的内涵不断深化，更加突出历史传承性和公众参与性，既强调每一代人都有分享文化遗产的权利，又要承担保护文化遗产并传于后世的历史责任，强调文化遗产保护并不仅仅是各级政府和保护工作者的专利，更是广大民众的共同事业，每个人都有保护文化遗产的权利和义务。因此，文化遗产保护既要坚持以政府为主导，明确各级政府和有关部门的重要职责，又要广泛动员全体民众，使其真正成为全社会关心、支持和参与的公共事业。无论是在历史文化街区和历史文化村镇的保护事业中，在考古发掘和文物保护修缮等工程中，还是在博物馆建设和陈列展示等工作中，都应该积极取得广大民众，特别是当地居民的理解和参与。

近年来,我们通过各种行之有效的形式,较好地发挥了文化遗产宣传工作启迪思想、陶冶情操、传授知识、鼓舞人心的积极作用。特别是 2005 年 12 月，国务院决定每年 6 月第二个星期六为我国的"文化遗产日"，这对普及文化遗产保护知识，形成全社会珍爱文化遗产的良好风尚具有重要而深远的意义。

问：当前我们在文化遗产保护和传统文化继承方面所遭遇的一些问题，是否就是因为国民缺乏应有的敬畏心?

答：在我们祖先创造的文化遗存面前，我们的确应怀敬畏之心。现在遇到的一些问题也反映了我们在教育上的缺失。

我给你讲两个故事吧。2003 年 1 月 19 日，陕西省宝鸡市眉县杨家村的王宁贤等 5 位农民，在村边劳动取土时，意外发现了一处储满珍贵文物的窖藏，他们意识到这是些无价之宝，应该赶快报告政府。于是他们进行了分工，有人保护现场，有人跑去报告。当文物保护员赶来一看，被眼前的精美文物惊呆了，更被农民的行为所感动。出土的 27 件青铜器,距今 2800 多年,件件都有铭文,件件都是"国宝"。后经专家考证，这批青铜器具有极高的历史、艺术和科学价值，甚至对于当时正在开展的"夏商周断代工程"也有很高的参考价值，被评为 2003 年度"全国十大考古新发现"之一。由于新闻媒体的报道，当地民众深受鼓舞，在 2003 年至 2006 年的 4 年中，又接连涌现出 11 起农民保护文物的壮举,经他们保护下来的出土文物足以丰富一座博物馆的陈列。令人兴奋不已的不仅是那些出土面世的稀世珍宝，更是那些朴实无华的护宝农民群体，是他们的高尚行为铸就了震撼人心的"宝鸡农民护宝精神"。

另一个农民群体自发保护文物的感人事迹，发生在贵州省黎平县地坪乡，那里非常贫困，年人均收入还不足 700 元。2004 年，一场百年未遇的洪水冲毁了全国重点文物保护单位——地坪风雨桥，当地上百名侗族村民竟自发地跃入洪水，拼死打捞风雨桥构件，还有村民沿河寻找，走过一座座村寨，请人们把已经打捞上来的风雨桥构件还给他们，三天三夜，从贵州打捞到广西，抢救回了73%以上的风雨桥构件，特别是桥上的大型构件无一遗漏地被运回了村庄，使风雨桥得以重建。我去参加风雨桥的复建仪式时，看到全乡民众载歌载舞，场景十分感人。我们问一位当地老人，村民和风雨桥为什么有如此深的感情？老人告诉我，地坪风雨桥连接着上寨村和下寨村，这里共生活着1500余位侗族群众。风雨桥既是他们休闲、节庆的场所，也是侗族青年行歌坐月、谈情说爱的地方。当地人以此为自豪，把它当做村寨的精神财富，祖祖辈辈都将守护它当成自己的义务。他说："花桥是我们侗族人生命中的桥，孩子们是唱着'地坪花桥传万代'的侗族歌长大的。"地坪人就是在这种氛围中成长、生活，爱护花桥、保护花桥的意识已经融入了他们的血液，他们为花桥做任何事情都如同呼吸般自然，文物保护的民众意识在这里得到了最强烈的表达。

话外音："发展经济无可厚非，但是失去历史记忆的城市无论如何都不会是我们理想中的城市。"文化遗产及保护的话题永无穷尽，说这句话的单霁翔不仅是国家文物局局长，还是一名有深刻专业背景的高级建筑师、规划师。三个月前，他刚刚通过了清华大学建筑学院的博士论文答辩，题目便是《文化遗产保护与城市文化建设》。

在中央党校的报告（2009年5月22日）

创新发展理念 推动我国文化遗产保护
——访全国政协委员、国家文物局局长单霁翔

记者陈彬斌《中国文化报》2008 年 3 月 16 日

每年两会期间，文化遗产保护都是代表、委员和社会公众关注的热门话题。最近，本报记者就此采访了全国政协委员、文化部党组成员、国家文物局局长单霁翔。

文化遗产保护的发展趋势是什么?

问：2005 年，国务院下发《关于加强文化遗产保护的通知》后，“文物”一词开始逐渐被“文化遗产”所替代，这是否预示着处于转型时期的我国文化遗产事业呈现出新的发展趋势?

答:2005 年 12 月《国务院关于加强文化遗产保护的通知》的发布,加快了我国从“文物”保护走向“文化遗产”保护的转型进程，文化遗产保护工作的“内涵”和“外延”都有了新的发展和变化。在这一新形势下，深刻理解文化遗产保护理念的变化、文化遗产保护领域的拓展，准确把握其发展趋势，是关系到当前正处于转型期的我国文化遗产事业发展全局的重大课题。

从人们熟知的古董、古玩、古物等可移动的文物，到古建筑、古桥、古塔等不可移动的文物，再到古建筑群、古村镇、古城，一直到跨越八省市的大运河和跨国丝绸之路等等，这不仅仅表现在文化遗产概念的变化上，而且还体现在文化遗产内涵的延伸上。文化遗产保护的内涵更加突出历史传承性和公众参与性。

文化遗产保护的历史传承性强调，文化遗产的创造、发展和传承是一个历史过程。每一代人都既有分享文化遗产的权利，又要承担保护文化遗产并传于后世的历史责任。

文化遗产保护的公众参与性强调，文化遗产保护并不仅仅是各级政府和文物工作者的专利，更是广大民众的共同事业，每个人都有保护文化遗产的权利和义务。可喜的是，随着“文化遗产日”的设立，进一步推进文化遗产事业变为亿万民众的共同事业，为文化遗产保护提供了更广泛、更强大的公众支持和更丰富的物质保障，使文化遗产真正为社会公众所共享，更有力地推动文化遗产所在地政治、经济、

社会、文化的发展。

问：如何理解和认识当前文化遗产保护的发展趋势？

答：长期文化遗产保护工作的实践使我们认识到，文化遗产不是在时间和空间上凝固不变的对象，而是一个博大、发展、开放的体系，是一个永恒的话题。作为文化遗产事业的守护者，我们必须准确把握文化遗产保护的要素、类型、空间尺度、时间尺度、性质和形态等方面的发展趋势，创新发展理念，从而使我们的理论和实践与时俱进，使文化遗产事业充满生机与活力。

如何看待当前世界遗产的申报热？我国世界文化遗产保护存在哪些问题？

问：当前，世界遗产对推动当地经济发展的重要作用有目共睹，国人的“申遗热”逐步升温。刚才，您的谈话中也多次提到了世界遗产申报问题，请您介绍一下中国世界遗产的相关情况。

答：世界遗产是当代综合国力、社会文明素质高低的重要标志。加强世界遗产保护，体现对文化多样性的尊重与捍卫，有利于促进国际交流、友谊与合作。30年来，中国世界遗产从无到有，数量稳步上升，门类不断丰富，世界遗产理念逐步深入人心。自1985年中国加入《保护世界文化和自然遗产公约》以来，我国已拥有世界文化遗产25处，自然和文化混合遗产4处，自然遗产6处，数量位居世界第三。

值得一提的是，在心理期待越来越大，而申报标准越来越高、申遗难度越来越大的情况下，近几年来，中国世界遗产申报捷报频传：高句丽遗址、澳门历史城区、殷墟、开平碉楼等项目相继申报世界遗产成功，成为中国文化遗产保护的一大亮点。事实上，缔约国每年的申报项目最终通过的不超过40%，能连续几年申报都获成功的国家更是凤毛麟角，而我国是仅有几个连续几年申报都获成功的国家之一。这表明，我国文化遗产在得到有效保护和管理的同时，也逐渐走向世界，并被世界所认同。

问：我国世界文化遗产保护取得了令人振奋的成绩，当前我国世界文化遗产保护工作中存在哪些值得关注和改进的问题？

答：由于认识问题，我国一些地方的世界文化遗产申报、保护、管理工作确实走过一段弯路，出现了“重申报、轻管理”的现象。为扭转这种现象，近来，我们相继出台了《世界文化遗产保护管理办法》、《中国世界文化遗产监测巡视管理办法》、《中国世界文化遗产专家咨询管理办法》，使我国世界文化遗产保护工作更加科学规范。应该看到，“申遗”有力地带动了相关遗产地的全面保护、环境整治、旅游发展和经济增长，提高了遗产所在地的综合实力，强化了文化遗产保护意识，增强了民众对祖国、对家乡的自豪感与凝聚力。我们要肯定地方政府为“申遗”工作付出的努力，大力营造和谐的“申遗”环境。

第三次全国文物普查是“重头戏”

问：第三次全国文物普查是在您的极力倡导和推动下开展的，目前进展如何？

答：第三次全国文物普查，是全国广大文物工作者期待已久的心愿，也是未来几年文化遗产保护工作的“重头戏”。作为国情国力调查的重要组成部分，文物普查是提升全民文化遗产保护意识、确保我国文化遗产安全的一项战略性举措。第三次全国文物普查充分运用信息网络、遥感、地理信息系统和全球卫星定位系统等现代科技手段，提高文物普查的时效性和相关标本、数据采集的真实性、完整性。第三次全国文物普查的范围比前两次有了扩展。在地域上，不仅有地上、地下，还包括内河和领海的水下不可移动文物；在类别上，乡土建筑、工业遗产、文化线路等过去被忽略的项目都在普查之列。2007 年 4 月国务院印发《关于开展第三次全国文物普查的通知》以来，已经顺利完成普查第一阶段的任务：部署、确定技术标准和规范，组建文物普查工作机构和队伍，开展培训、试点和宣传工作等。

做好博物馆免费开放的工作

问：近年来，我国博物馆建设已经掀起新中国成立以来的一个高潮，随着向社会免费开放，越来越多的人将走进博物馆。您认为，如何把免费开放这件好事办好？

答：近年来，我们博物馆事业呈现出蓬勃发展的喜人局面，据统计，每年有 100 多座新馆落成。截止到去年底，包括其他部门和民间兴办的博物馆在内，全国博物馆总数已超过 2400 个。各级各类博物馆每年举办展览近万个，接待观众 1.5 亿人次。根据中宣部、财政部、文化部、国家文物局联合印发的《关于全国博物馆、纪念馆免费开放的通知》要求，2008 年，中央级文化文物部门归口管理的博物馆全部向社会免费开放；各省级综合博物馆全部向社会免费开放；各级宣传和文化文物部门归口管理的列入全国爱国主义教育示范基地的博物馆、纪念馆全部向社会免费开放；浙江、安徽、福建、江西、湖北、甘肃、新疆等 7 省（区）文化文物系统归口管理的省、市、县级博物馆全部向社会免费开放。鼓励有条件的省（区、市）探索全面实行免费开放。

为做好免费开放工作，中央财政设立了专项补助资金，免费开放单位门票收入减少部分全部由中央财政负担，运转经费增量部分由中央财政分别按照东部 20%、中部 60% 和西部 80% 的比例进行补助。

同时，我们正认真研究免费开放给博物馆事业带来的新情况、新问题和新要求，采取有效措施，切实保障免费开放的平稳、安全、规范和有序。我们还要求各地文物部门及博物馆，加强管理，改善服务，创造条件，不断提高服务能力和服务质量，推进博物馆机制改革和管理创新等。

怎样对待文化遗产保护中的法人违法现象？

问：近几年来，媒体不断披露文化遗产保护中法人违法现象，您是如何看待和治理这方面的问题？

答：通过近几年国家文物局的文物行政执法实践，不难看出，在大量的违法转让"经营权"案件当中，法人甚至政府法人违法是当前文物保护工作面临的一个最突出的问题，也是当前文物行政执法中的难点和重点问题。从表面上看，是和城市化建设与人民群众改善生产、生活的需求有关，但其深层次的原因还是在于一些地方没有树立全面、协调、可持续发展的科学发展观并贯彻到实际工作中去，不能正确处理经济建设与文物保护的关系，甚至无视法律的尊严，不惜以牺牲文化遗产、生态环境、自然资源为代价，来换取一时的虚名和暂时的发展。还有一些企事业单位法制观念淡薄，贪图自身利益，不惜以身试法。

《国务院关于加强文化遗产保护的通知》强调，"严厉打击破坏文化遗产的各类违法犯罪行为，重点追究因决策失误、玩忽职守，造成文化遗产破坏、被盗或流失的责任人的法律责任"。针对法人违法问题，通过近几年的文物行政执法专项督察，我们严肃查处了一批案件，收到了良好的效果。国家文物局坚决依照法律赋予的职责，维护法律的尊严和人民的利益，将继续依法加大行政执法力度，发现一起查处一起，执法必严，违法必究。

问：作为全国政协委员，您的提案涉及很多内容，比如文物安全、文物普查、工业遗产、大运河保护、新农村建设中的文化遗产保护、博物馆建设、机构建设和人才培养等，都引起了高层和民众的关注。请问历年来提案的办结情况如何？今年，您又提交哪些提案？

答：文化遗产事业的发展还需要社会各方面的支持。自2003年全国政协十届一次会议以来，作为全国政协委员，我以个人或者联名方式一共提交了50份政协提案。值得欣慰的是，大部分提案所涉及的问题得到了解决，或部分得到了解决。一些提案的解决有力地促进了我国文化遗产的保护。例如关于南水北调工程中文物保护，关于长城保护、大运河保护，关于设立"文化遗产日"，关于开展全国文物普查，关于成立中国文化遗产研究院，关于加强海峡西岸文化遗产保护，关于抢救与保护非物质文化遗产，关于加强商业老字号的保护与发展等一批提案，在文化遗产领域的前瞻性作用得到广泛认同，在党中央、国务院和有关部门、社会各界的帮助和推动下，都得到了较好的办理。政协提案已经逐渐成为凝聚各方面积极力量，加强部门间协调，解决文化遗产事业发展难点问题的良好渠道。

在今年政协会上，我联合其他委员提交了16份提案。在法制建设方面，有抓紧制定《世界文化遗产保护条例》和《大运河保护条例》等提案；在文化遗产保护和管理机制方面，有设立文化遗产保护主体功能区、建立打击文物刑事犯罪联合工作机制、实行建设工程文化遗产保护前期评估制度、加大财政投入减少馆藏珍贵文物损失、设立表彰有突出贡献的文物保护工作者的国家奖励制度和增加文物博物馆机构正式出版物等提案；在城市文化遗产保护和世界遗产申报方面，有积极稳妥地开展“文化遗产之都”活动、北京旧城胡同—四合院整体申报世界遗产、在城市建设中重视保护和培育城市文化特色等提案；在特殊类型文化遗产保护重点项目方面，有重视茶马古道文化遗产保护工作、将江南造船厂作为重要工业遗产加强整体保护等提案；在博物馆建设方面，有国家启动数字博物馆工作、加快中国民族博物馆场馆建设等提案。

多年来，我国文化遗产事业所取得的一项项成果，都与社会各界的支持和帮助密不可分。希望社会各界继续关心和重视文化遗产保护工作，共同推动我国文化遗产事业的发展。

江苏镇江西津渡古码头遗址（2008年11月1日）

依法保护大运河 使社会在大运河的保护中受益

记者孙漪娜《中国文物报》2008 年 3 月 19 日

作为近年全国政协的重点工作之一，大运河的保护与申遗一直备受关注。全国政协文史与学习委员会于 2006、2007 年先后两次组织了共百余位委员和专家分别对京杭大运河和隋唐大运河进行考察；全国政协委员、国家文物局局长单霁翔分别于 2004 年和 2007 年提交了《关于大运河文化遗产保护亟待加强的提案》和《关于推进大运河申报世界文化遗产工作的提案》，并得到许多政协委员的支持和关注。在这次全国政协十一届一次会议上，单霁翔又在提案中呼吁尽快为大运河立法，制定《大运河保护条例》。大运河"申遗"的进展情况如何？目前，国家文物局正在推进的与保护大运河相关的工作又有哪些？记者就此采访了正在参加"两会"的单霁翔委员。

问：大运河保护和"申遗"一直是公众和媒体关注的热点，请您简要介绍一下大运河"申遗"的进展情况。

答：大运河的保护和申报世界遗产，既是一项科学严谨的文化实践，也是一项庞大的系统工程，需要我们创新思路，科学筹划，需要开展大量扎实细致的工作。2006 年 5 月，国务院将京杭大运河公布为全国重点文物保护单位。2006 年 12 月，大运河被列入《中国世界文化遗产预备名单》。同时，国家文物局会同财政部安排专项经费，启动了沿线各省的大运河资源调查等基础工作。河南商丘段、安徽宿州段及河北段的运河资源调查和发掘工作取得了较大成果。2007 年 6 月，国家文物局与全国政协文史与学习委员会、交通部、水利部等相关部门共同召集沿线有关城市领导和文物部门负责人，召开大运河保护与申报世界文化遗产工作协调会议，研究大运河保护问题和"申遗"工作协调机制，全面启动大运河保护工作。9 月底，大运河联合申遗办公室在扬州挂牌成立。11 月，国家文物局邀请国际古迹遗址理事会（ICOMOS）世界遗产顾问，实地考察大运河杭州段和扬州段。

下一步我们将依托已成立的大遗址联合申遗办公室，建立大运河沿线相关城市的合作、协商和对话机制。并结合第三次文物普查，尽快摸清大运河家底，开展大运河保护规划纲要以及重点地段保护规划的编制工作。国家文物局拟于近期召开由运河沿线相关城市及相关高校、科研机构参加的会议，讨论大运河规划编制要求及技术规范，研究联合申遗下阶段工作计划。

问：您刚才提到了"申遗"组织协调机构问题，这是基于什么样的考虑？

答：大运河的保护管理工作涉及交通部、水利部、文物局等多个职能部门，在各省市，基本上由各地的相对应部门管理，缺乏统一协调、统一规划、统一治理的机制，影响了大运河的文化遗产保护工作，这就要求我们必须建立具有可操作性的工作协调机制，统一部署，统一安排，协调解决“申遗”过程中出现的各类问题。设立“中国大运河申遗办公室”这样有权威的、协调有效的大运河保护与“申遗”的协调机构，采取由有实力、积极性较高的城市牵头、各有关城市积极参与、省政府和省级文物行政部门指导的模式，建立大运河沿线相关城市的合作、协商和对话机制，是十分必要的。

问：在您今年的政协提案中有关加强大运河保护法规建设的提案，请问您为什么如此关注法规建设？目前这方面的进展如何？

答：作为大型文化遗产，大运河穿越省份多、时间跨度长、内涵丰富且复杂，与一般的文物保护单位相比，保护难度更大。其特殊的文化遗产属性要求国家各相关部门加强沟通协作，出台有关大运河的专项管理法规，从全局和整体保护的高度，把大运河保护管理工作纳入有法可依的科学轨道。同时应在调查摸清运河遗产情况的基础上，抓紧开展大运河的专项保护规划编制工作。通过规划为大运河遗产在今后的保护、利用、展示、生态平衡、环境整治等方面都提供科学、规范的操作依据。

目前，大运河保护规划的编制工作正逐步启动。在这次政协会上，我呼吁要尽快制定《大运河保护条例》。《大运河保护条例》应包括以下内容：① 保障大运河资源调查和价值评估工作；② 保护大运河的真实性和完整性；③ 建立科学有效的大运河保护协调管理体制；④ 规范大运河保护规划的编制工作；⑤ 制定措施防止沿线城市文化特色丧失；⑥ 鼓励公众和社区参与大运河保护工作。两年前，在国务院法制办的努力下，《长城保护条例》顺利制定实施，有力地推动和规范了长城保护工作，也为制定文化遗产保护专项法规提供了经验。相信《大运河保护条例》的制定实施，必将极大地推动和规范大运河文化遗产的保护工作。

问：您刚才提到了要鼓励公众和社区参与大运河保护工作，请问这是基于什么样的考虑？

答：长期以来，我们对于大运河作为文化遗产的认识不到位，大运河保护工作没有引起应有的重视。其实，大运河和长城同为举世闻名的古代工程奇迹，但是，长城早已列入《世界遗产名录》，大运河却长期游离于文化遗产保护范围之外，而国外一些古代水利工程早已成为世界文化遗产。这就要求我们通过宣传和教育，普及大运河文化遗产保护知识，动员全社会关心、支持大运河保护和“申遗”工作，吸引社会公众与沿岸群众自觉参与大运河保护行动。公众参与是国际社会特别鼓励并关注的“申遗”重要内容之一，也是申遗成功的重要保障。

问：一些政协委员建议把现代技术运用于大运河保护，请问这方面国家文物局有哪些举措？

答：国家文物局高度重视现代科学技术在文化遗产保护中的应用，以提高保护的技术水平和能力。2004年，国家文物局启动了“大运河整体综合性保护可行性研究”课题。该课题初步分析了大运河保护的科技需求，提出了大运河综合保护的技术思路。同年，国家文物局设立了“京杭大运河遗产廊道研究”课题，为大运河保护提供新的思路，并探讨了遗产廊道保护规划理论和方法。2006年6月，我们启动了“大运河历史文化遗产综合信息系统可行性研究”项目，就GIS、RS、GPS和VR技术在文化遗产保护中的应用方法进行可行性研究，建立了大运河文化遗产综合信息系统。2006年10月，国家文物局和科技部联合启动了国家科技支撑计划重点课题——“空间信息技术在大遗址保护中的应用研究（以京杭大运河为例）”。该课题由清华大学和中国文化遗产研究院等单位共同承担，各省文物部门参与。有关研究成果将为大运河保护和“申遗”提供科技支撑。

问：全国政协的两次考察掀起了公众对大运河“申遗”的关注和热情，而在实际工作中，对大运河的保护则需要长期稳步地推进，您认为应如何处理二者的关系？

答：联合国教科文组织世界遗产委员会提出了构建具有代表性、平衡性、可信性的《世界遗产名录》的全球战略，为此在世界遗产的申报和评审方面做了一些调整和限制，规定每个缔约国，每年只能申报两项。同时，世界遗产委员会会对一些遗产大国的申报项目要求越来越严，向尚无遗产或数量少的缔约国倾斜。中国从1986年开始申报世界遗产，经过20多年的努力，现有世界遗产35处，排在第三位，而且是世界遗产数量增长最快的国家，“申遗”难度加大。我们应该清醒地认识到大运河“申遗”只是目标，要将申报的过程变为加强大运河文化遗产保护，加强大运河科学研究，提高广大民众文化遗产保护意识，使沿线各个城市的经济社会发展在大运河的保护中真正受益。

第三次文物普查将覆盖每一寸国土
——专访国家文物局局长单霁翔

记者刘畅《瞭望东方周刊》2008年第15期（2008年4月10日出版）

3月中旬的一天，53岁的国家文物局局长单霁翔，与一群大多生于20世纪70年代的年轻人围坐在一间小型会议室的圆桌旁，探讨20世纪的文化遗产保护问题。

“设计北京饭店的建筑大师戴念慈先生生前曾经找我抱怨，‘北京饭店怎么一夜之间变成了粉色，也没跟我说一声！’戴先生最初用的砖红色，是考虑与天安门的红墙搭配。”单霁翔说。

对北京饭店这样不属于文物部门管理的单位进行“文物认定”，是目前文化遗产保护面临的一个难题。而正在全国启动的第三次文物普查，将为解决这类难题带来希望。

覆盖每一寸国土、旨在“摸清文物家底”的第三次全国文物普查于2007年4月正式启动，将历时4年半，到2011年年底结束。普查将对全国31个省、自治区、直辖市境内的地上、地下和水下不可移动文物进行登记和建立档案。

这次文物普查是继1956年和1981年以来的第三次全国文物普查，也是中国历史上最大规模的文物普查。它还将借鉴国际上最新的文化遗产类型学理念，将过去曾被忽视的工业遗产、乡土建筑、文化景观、文化线路、水下遗产、商业老字号等纳入视野。

单霁翔说，20世纪80年代进行的第二次文物普查，虽然得出了中国有不可移动文物40万处的数据，但这只是个约数，每一处文物的状况到底如何并没有准确记载。如今，四分之一个世纪过去了，其中不少文物已经由于各种原因不复存在。与此同时，由于文化遗产保护新观念的引入，一些过去不被认为是文物的东西成了备受瞩目的文化遗产。

2002年，全国人大对文物保护法做了新修订，规定了文物工作“保护为主、抢救第一、合理利用、加强管理”的方针。根据文物保护法，国家的文物行政主管部门对列入和未列入文物保护单位的文物都要进行保护。这一年，单霁翔出任国家文物局局长，由此成为此次“史上最大规模”文物普查的第一推动者。他认为，要“保卫老中国”，必须先去了解她还留下些什么。

2006年，担任全国政协委员的单霁翔将进行第三次全国文物普查的设想写成提案，40多位全国政协委员联合签名。半年后，国务院正式组建全国文物普查领导小组，时任国务委员的陈至立担任领导小组组长。

本刊记者专访时，单霁翔始终强调，文物普查不是文物部门的部门行为，而是国务院主导的一项重大国情国力调查。

说清文物家底是我们的基本职责

问：第三次文物普查是一个浩大的工程，作为国家文物局局长，你力推此事最重要的动因是什么？

答：对于文物系统来说，要对全社会把我们国家的文物家底说清，这是一个基本的职责。但是在这个问题上我们一直很尴尬。我们现在所用的数字是第二次文物普查的数字，已经25年了，中国发生了多大的变化！伴随着城市化的加速，大规模的城乡建设，在这个过程中文化遗产究竟发生了什么情况？保留至今的文化遗产数量究竟如何？

另一方面，自20世纪90年代以来，国际社会对文化遗产保护的理念不断进步，让我们对文化遗产的认知与80年代有了很大不同，出现了很多新概念，比如20世纪文化遗产、乡土建筑、文化景观、文化线路、工业遗产、水下文化遗产等等。这些概念都是在第二次文物普查中不太清晰的。在新的概念下，文化遗产的统计又会有哪些变化，我们也有很大的期待。

问：前两次文物普查，一次是在连年战争刚刚结束的20世纪50年代，一次是在“文革”结束后的80年代初，都在文化遗产遭到重大人为因素破坏之后。第三次文物普查是否也同样是一种“破坏之后的整编与修复”？

答：这个说法不是很全面。当前，国家正处在改革与发展的关键阶段，文化遗产事业面临着前所未有的重视和前所未有的挑战。这些年国家财政投入到文物保护中的经费逐年增加，2002年，国家给我们国家文物局的专项经费是2.5亿元，2003年是5.3亿元，去年是15.3亿元，今年可能是20多亿。6年就是10倍！

“前所未有的挑战”是指在工业化、信息化、城镇化、市场化、国际化深入发展的背景下，大规模的经济建设、城乡建设和基础设施建设，以及旧城改造、新区开发、新村建设，使文化遗产保护与经济发展的矛盾凸显。而目前我国受法律保护的不可移动文物数量偏少，由此造成大量文化遗产在所谓“旧城改造”和走样的“新农村建设”中快速地消失，令人痛惜不已。在这种复杂条件下，只有全面掌握我国文化遗产的基本状况，了解文化遗产保护的需求与发展趋势，才能准确制定保护政策。

曾被忽视的文化遗产将成普查重点

问：你很强调新的文化遗产理念，这会不会促使一些新的遗产类型产生？

答：当前我国文化遗产保护经历了从“文物”到“文化遗产”的历史性转型，呈现出新的发展趋势。文化遗产的内涵逐渐深化，其历史传承性和公众参与性得到了注重，文化遗产的保护领域不断扩大。

此次普查，我们不但要注重文化要素丰富的文化遗产，还要注重文化要素和自然要素共同生成的文化遗产，比如文化景观、双遗产等；不但要注重静态的文化遗产的保护，还要注重活态的文化遗产，比如大运河和正在使用的历史文化街区、历史文化村镇等；不但要注重古代的、近现代的文物，也要注重当代的一些遗产；不但要注重“点”和“面”的遗产，还要注意线性文化遗产，比如丝绸之路；不但要注重纪念性的宫殿、寺庙，还要注重民间的，与人们生产生活密切相关的，比如工业遗产、乡土建筑等。

我们把新观念贯彻到了这次文物普查之中，已经产生了很好的效果。比如广东顺德的糖厂、贵州的一些侗族山寨等工业遗产和乡土历史建筑，都是过去被忽视了的，如今它们被发现和得以认证，就是在新的遗产概念下产生的成果。

问：第三次文物普查要涉及文化线路、文化景观、工业遗产、乡土建筑等新的遗产类型，它们往往在空间上非常大，在内容上又难以定位。在这种情况下如何保证文物普查数据的准确性？

答：这些文化遗产新概念，在我国现行文化遗产保护法规中的确缺乏明确的界定。但在普查的实际操作中，一些新的文化遗产的内涵已经被具体化了。比如，与乡土建筑相对应的是古建筑类的宅第民居、店铺作坊、池塘井泉以及近现代重要史迹及代表性建筑类的传统民居；而工业建筑及附属物、金融商贸建筑、中华老字号、水利设施及附属物、交通道路设施等子类，都可以列入工业遗产的范畴。

至于文化线路和文化景观，国际上的概念近年来一直在发展，通过文物普查，我想我们要为国际文化遗产保护理念的发展留下来自中国的印记。对于长城、大运河、丝绸之路这些超大规模、延绵数省的文化线路，要着重做两个层次的工作来保证数据质量。首先是统一认定标准，国家文物局第三次全国文物普查办公室会针对跨越省界的文化线路，召开一些省际协调会，保证认定标准的一致性；其次是细致做好数据汇总工作，通过后期的数据整理，将一个个分散的文物点，以相同的认定标准与文化内涵相关联。提炼出综合展现文化线路的专项数据，实现数据的准确与完整。

文物普查是重大国情国力调查

问：文物普查在历时四年半的时间里要做哪些事？有什么规划？

答：普查分三个阶段进行。第一个阶段主要任务是制定实施方案，对普查队员进行培训以及在部分地区开展试点，这个阶段目前已经结束。截至 2007 年 12 月底，全国参加第三次全国文物普查培训并考试合格的管理和专业人员达 10426 名，获得了国家文物局统一印制的普查员资格证书。

今年 3 月份以后，随着气温回升，天气转暖，普查将全面进入第二个阶段，就是实地文物调查阶段。这个阶段最艰苦，我们将以县域为单元开展普查，普查要涉及每一个行政村，这个阶段到 2009 年底结束。

从 2010 年 1 月开始到 2011 年底，是调查资料的整理、汇总阶段，届时将完成全国不可移动文物数据库建设，并向社会公布普查成果。

问：在为时两年的实地调查阶段，普查人员会不会对人迹罕至的地区进行科学探险？

答：只要有人类文化遗存存在，不管是沙漠还是海疆，理论上都属于本次普查的范围。例如，在新疆的普查计划中，已经将塔克拉玛干沙漠腹地的几处古城遗址列入了普查对象；而在西沙群岛，对于水下文物的探摸工作也一直在进行中。相信这些地区的文物普查能带给我们意外的惊喜。

但是，文物普查是专业化程度很高的技术工作，目的不是为了“探险”和“猎奇”，更不能威胁到普查队员的生命安全。卫星遥感、航空拍摄等高科技手段的应用，为普查提供了徒步踏查之外的另一种选择。

问：我们注意到、本次文物普查所涉及的不少文化遗产往往不在文物系统管辖之内，今后就算挂了文化遗产的牌子也不属于文物部门管理。在这种情况下，文物普查如何获得社会各方面的支持与协作？

答：首先我要强调的是，保护文化遗产是国家行为，受法律的保护，并不是说由文物部门管理的文化遗产才能列入保护单位。目前列入文物保护单位的文物多数都不是文物部门自己管理的，而是依照文物保护法管理的。在这方面，党中央国务院都带了比较好的头，比如中南海已经列入文物保护单位。我们指定一处文物保护单位，是根据其价值来认定的，而不是根据它的管理现状和管理所属来确定的。

文物普查不是文物部门的部门行为，而是国务院主导的一项重大国情国力调查。国务院专门成立了第三次全国文物普查领导小组，发展改革委、民政部、财政部、国土资源部、测绘部、总后勤部基建营房部等 14 个部门参与其中。如部队使用和管理着一大批不可移动文物，全军环保绿化委员会就向全军发出了《关于开展军事管理区文物普查工作的通知》。

目前，全国 31 个省（自治区、直辖市）人民政府都成立了由政府负责同志担任组长的文物普查领导小组，其中河北、河南、浙江部分地区将领导小组建到了乡镇。各个部门共同参与支持，为普查工作提供了强有力的组织保障。

最怕“前脚发现，后脚破坏”

问：决定这次文物普查成败的关键因素是什么？

答：这次普查投入了这么大的人力、物力，其成功与否是需要社会检验的。普查最后要达到这样一个目的，就是要迅速地进入文物保护实践。这是一个公开性和透明度的问题，应该告知社会普查的详细结果，实现人民群众对文化遗产的知情权、参与权和监督权。

我认为，这次文物普查成败的关键在于普查的质量。质量包括两个方面，一是应该普查到的要尽可能详尽地普查到；二是对普查对象的断代等信息要尽可能准确。

我还想强调一点，就是普查永远不会终结，永远是一个过程。今后还会有第四次、第五次、第六次普查。因为人们对文化遗产的理念在不断深化，经济社会发展对文化遗产保护不断有新的影响，所以文物普查会不断进行。

问：普查可能遇到的最大问题是什么？

答：普查可能遇到的最大问题，是新发现的文物点如何迅速纳入保护体系，确保普查最终数据的有效性。普查从 2007 年开始，到 2012 年结束，要持续近 5 年时间。如果出现“前脚发现，后脚破坏”、“普查队离开，推土机进来”的被动局面，普查结束时公布的新发现文物，相当一部分就可能已经成为了“消失文物”，不仅无法保证普查数据的准确性，也违背了开展文物普查的初衷。

解决这个问题，需要行之有效的法规和政策保障。国家文物局将加强调查研究，争取早日出台有针对性的制度、措施，解决新发现文物在法律层面的“身份认证”和依法保护问题。

问：你个人对第三次文物普查最大的期望值是什么？

答：期望第三次文物普查不只是文物系统的一次行动，而能真正成为各级领导干部学习文物保护方针的一次机会，也非常期待文化遗产保护理念能深入人心，唤起更多民众加入到文化遗产保护的实际行动中来，让人们认识到文化遗产保护是一个社会进步的体现。因此，这个过程比结果更重要。

此外，还希望通过本次普查建立较为完善的不可移动文物保护体系。国务院要求，到 2010 年初步建立比较完备的文化遗产保护制度，到 2015 年基本形成较为完善的文化遗产保护体系，具有历史、文化和科学价值的文化遗产得到全面有效保护。不可移动文物在我国文化遗产中占有相当大的比重，第三次全国文物普查是建立这个保护体系的重要基础性工作。

第三次全国文物普查之后，将提请国务院将普查中的重大文物发现和重新认识价值的优秀文化遗迹及时公布为全国重点文物保护单位；督促地方各级政府及时根据普查成果核定公布省级与市、县级文物保护单位；以县域为单元，全面公布我国不可移动文物名录。

国家文物局局长单霁翔谈文化遗产保护

记者陈翰《北京观察》2008 年第 4 期（2008 年 4 月 10 日）

全国政协委员、国家文物局局长单霁翔先生在今年的第十一届全国政协会议期间就文化遗产保护问题接受了采访。作为国家文化遗产工作的政府部门，国家文物局负责组织、协调和监督全国范围内的文化遗产保护工作，在文化遗产保护中起主导作用，作为文物大国的文物局局长单霁翔深感自己肩负着重要的使命，“岗位光荣，任务艰巨，责任重大。”俗话说，要想保，先调查。2008 年，全国第三次文物普查工作进入最关键的第二阶段，及实地调查阶段。新的一年，国家文物所属全国文物系统的这支专业队伍，正继续与各部门团结协作，并以客观科学求实的态度工作着。立法是基础，单霁翔局长指出，在城市文化遗产保护中，“法人违法和城市规划执行的随意性是当前文化遗产工作面临的突出问题。”今后，“将继续在全国范围内依法加大行政执法督察力度，执法必严，违法必究。”此外，在今年的全国政协会上，单霁翔局长联合其他委员共提交 16 份提案，其中一份是“北京旧城胡同——四合院整体申报世界遗产”。

任务艰巨　责任重大

问：单霁翔局长，2006 年年初，我第一次见到您，是在北京站西街地铁一标线将要经过的一片当年教会所建民宅现场。当时也荣幸地在第一时间知道了在您和众位专家学者的努力下中国诞生了第一个“文化遗产日”。我强烈感觉到您除了是泱泱大国的文物局局长之外，文化遗产的保护在您个人这里不仅只是您的一份工作，似乎您还有超出职务之外的个人情感。是这样吗？如果可以的话，请您谈一下您对文化遗产保护的感想。并请您谈一谈，作为全国政协委员，近几年来您所提交提案的办理情况。

答：我在国家文物局局长这个岗位上工作近六年了。六年来的工作，使我更加深刻体会到，文化遗产事业作为社会主义文化建设的重要组成部分，关系到经济社会发展，关系到广大民众生活水平的提高。这是一项非常重要的工作，岗位光荣，任务艰巨，责任重大，六年来的工作，使我更加深刻体会到，文化遗产保护是一种人文关怀，关系人类自身的生存状态，关系人类何去何来，也关系到人民群众的基本文化权益问题。我们所从事的工作，与广大人民群众的根本利益息息相关；六年来的工作，使我更加深刻体会到，全国文物系统有一支很好的队伍，其中有业务熟悉、经验丰富、从事文物工作几十年的老同志，也有富有朝气、奋发有为、热爱文物工作的年轻同志。大家在并不优越的工作环境中，勤勤恳恳，任劳任怨，竭力推进文化遗产事业的发展，我感到由衷的欣慰和钦佩。作为局长，个人的力量是微不足道的，我们的工作只有紧紧依靠党中央、国务院指引的正确方向，仅仅依靠全社会的重视和支持，仅仅依靠广大文物工作者的不懈努力，才能担负起推进我国文化遗产事业科学发展的重任。

在十届全国政协会议期间，作为全国政协委员我以个人或者第一提案人的联名方式提出了50件政协提案，内容涉及文化遗产保护的各个方面。回顾起来，令人欣慰的是这些提案中涉及的一些问题得到了全国政协和承办部门的高度重视和积极落实，在文化遗产保护中发挥了一定作用。一大批提案如设立“文化遗产日”、开展全国文物普查工作、增加国家财政对文化遗产保护的投入、成立中国文化遗产保护研究院、将文化遗产保护领域问题研究列入国家中长期科学和技术发展规划等建议在专家和有关部门的推动下一一得到落实；加强福建省海峡两岸文化遗产保护、抢救与保护非物质文化遗产、加强商业老字号的保护与发展等一批提案建议在文化遗产领域的前瞻性作用得到有关部门的认同；文物出版社迁出北大红楼、理顺文物出境鉴定管理机构体制等一批历史遗留问题的解决取得了令人满意的进展。我希望，政协提案成为沟通、团结文化遗产保护各方面积极力量，加强部门间协作，促进解决文化遗产保护难点问题的良好渠道，成为文化遗产事业发展的催化剂和助推器。

文物保护政府要起主导作用

问：作为文物大国的文物局局长，您和您所率领的国家文物局在2008年对文化遗产保护有什么新的具体规划和设想？实际上我想知道的是，国家文物局文化遗产保护的“昨天，今天和明天”。

答：作为国家文化遗产工作的政府部门，国家文物局负责组织、协调和监督全国范围内的文化遗产保护工作，其工作必须充分体现政府在文化遗产保护中的主导作用。我们认为，在当前以及今后一段时期，国家文物局的主要任务可以简要概括为四个方面：推动建设中国特色文化遗产保护法律法规的体系；推动建设符合我国文化遗产资源分布、类型特点、多层次的文化遗产保护体系；推动建设符合广大人民群众根本利益的社会服务机制；推动建设保证文化遗产事业发展的机构和队伍。

2008年，我们给自己定的目标是，紧紧抓住牵动文化遗产事业全局的重点环节，多做打基础、利长远的实事，不断提高推进文化遗产事业科学发展的能力。具体来说，重点要抓的工作有：大力推进第三次全国文物普查第二阶段工作，研究完善我国的文化遗产资源登录制度；积极推进博物馆向社会免费开放，提高博物馆服务公众的能力和水平；加强文物法制建设，推动出台《博物馆条例》等一批立法成果；加强文化遗产保护工程管理，完善文物工程资质制度；加强世界文化遗产管理，积极推进五台山、嵩山古建筑群和丝绸之路等项目申报世界遗产工作；加强对博物馆全行业的管理和指导，建立博物馆分级评估制度；进一步规范社会文物管理，打击文物非法出境；加强文化遗产保护科技工作，推进“指南针计划”实施；加强文化遗产保护宣传工作，组织好“文化遗产日”活动；加强对外合作交流工作，办好一批高质量的出国文物展览，等等。

扎实推进文物普查工作

问：关于第三次文物普查工作的情况，如果方便的话，能否提供这方面的资料？

答：2007 年 4 月，国务院印发了《关于开展第三次全国文物普查的通知》，组织开展第三次全国文物普查工作，成立了由国务院领导同志任组长、各有关部门负责人为成员的第三次全国文物普查领导小组。9 月 17 日，国务院组织召开了第三次全国文物普查电视电话会议，对文物普查工作进一步进行了部署。

2007 年 4 月至 9 月为普查第一阶段，主要任务是部署普查工作，确定技术标准和规范，组建文物普查工作机构和队伍，开展培训、试点和宣传工作等。制定颁布了《第三次全国文物普查实施方案及相关标准规范》，会同民政部等十个部委分别向本系统和地方各级有关部门下发了关于开展文物普查的通知，与财政部联合颁发了《第三次全国文物普查专项经费使用管理办法》，落实中央财政普查经费。成立了“国家文物局第三次全国文物普查办公室”，印发了《第三次全国文物普查工作手册》，举办了第三次全国文物普查培训班，建立普查信息报送机制，开通了普查专用网站。

各地区积极推进普查工作，全国各省（自治区、直辖市）人民政府都成立了普查小组，各市（县）人民政府成立了普查领导小组或工作机构。开展了培训与试点工作。部分省份落实了地方配套经费，购置了普查仪器和设置，配合普查工作，各地组织开展了丰富多彩的宣传活动。

从 2007 年 10 月起，普查转入第二阶段，主要任务是以县域为基本单元，实地开展文物调查。总体来看，普查第一阶段任务完成情况良好，现在最关键的第二阶段实地调查时期已经平稳起步。第二阶段所获取信息数据资料的真实性、完整性、科学性、规范性直接影响着各项普查成果的水平和价值，甚至关系着此次普查的成败。这一阶段的任务最为繁重，存在普查类别多、地域范围广、环境条件差、工作强度大等诸多困难。近期我国部分地区又出现了极端天气，给田野普查工作的开展带来了负面影响。广大一线普查工作者将集中精力、克服困难、扎扎实实地做好这个阶段的工作。目前一些省份的田野工作进展扎实，已经获得了一些重要发现。如截止到 2008 年 1 月，山西省长治市进行了木结构古建筑专项调查，调查了全市 2632 个村庄，共调查古建筑 3757 处，其中新发现 1449 处，初步认定了 135 座元以前木结构建筑。河北省邯郸市7个县区新发现各类文物遗存点2364处。同时，我们即将着手组织对普查工作进展、存在问题进行分析总结，努力推动工作重点从思想发动、资金落实逐渐转向关注文物普查质量。

必须依法保护文化遗产

问：关于文物保护立法的问题。我们欣喜地发现，2002年新的立法，是在1982年《文物保护法》中历史文化名城保护内容的基础上新订的《文物保护法》。该法向前迈出重要的一大步，将历史文化街区、村镇列入文物保护范围。意图逐步建立起一个从单体文物、历史文化街区再到历史性城市的全方位文物保护构架。在这个问题上想与您进行探讨：如何阻止"单体文物及历史文化街区"毁坏的迅猛之势。全国范围都有这个问题，以北京的胡同和四合院为例，南城的"大吉片儿"，现在还有，马上就拆。那是京城南部具有商业特色的活的历史。南城的"棉花地"，旧时代梨园行的人居于此，现在也有他们的后人，已经开始拆了。它们在史书上有所记载，都属于"历史文化街区"，都是处于弱势的"群体"。希望文物保护的立法能够保护到它们和保护到全国范围内类似情况的文化遗迹。目前北京的东四和西四是保护下来的，但是有很多是拆了重建的，原本这里是元代的格局，明清的房屋，至今保留有许多历史的印迹，比如西四北的一个院落里现在还有上好的垂花门，其简洁大方雅丽的样式属明代风格，应该是明朝的东西，虽然彩绘剥落，但是依然美丽，并散发出历史的光芒。如果不进行管理和控制，这里也很快会变样。简单粗暴地拆了重建，破坏了历史风貌，就不是保护了。如此的问题能不能通过立法来解决呢？

答：中国城市化发展的进程表明，从过去十几年到今后的二三十年，是中国城市化发展最快的时期，也是大规模城乡建设最多的时期，这无疑也是历史文化遗产保护最关键的时期。"旧城改造"引发"建设性破坏"正是城市基本建设与文化遗产保护之间的矛盾最为凸现的一个方面。旧城是城市记忆保持最完整的地区，又是房地产开发激烈争夺的地段。正如您指出的，从全国范围内看，"单体文物及历史文化街区"的毁坏在所谓"旧城改造"和在走样的"新农村建设"中呈迅猛之势，民族或区域文化特色消失加快。有些地方为了追求经济效益，拆除历史街区，拓宽传统道路，兴建高层建筑，使文化遗产及其周围环境遭到不可逆的伤害，城市文化特色丧失殆尽。

反思中国城市化进程中文化遗产保护工作，我们认识到，当城市发展与文化遗产保护发生冲突的时候，为了保存不可再生的珍贵文化遗产，经济利益应该做出必要的让步，不论国家的还是地方的经济利益，都必须为保护人类的共同文化遗产做出必要的牺牲。在加快城市化的进程中，必须妥善处理好新城扩建和旧城改造的关系。我个人认为，历史文化名城在整体保护旧城的同时积极发展新区；"大拆大建式旧城改造"转变为"旧城整体保护"、"循序渐进、有机更新"是城市文化遗产及其环境保护的首选模式。

在城市化加快进程中，文化遗产保护的软环境格外重要，主要包括有关文化遗产保护的法律制度、决策者和执行者的保护理念、社区及公民的保护意识。在软环境诸要素中，法律制度因具有强制性而最为刚性。从国际经验来看，欧洲许多国家具有非常明确的历史文化保护立法思路，强调保护工作不是独立的而是多元的，将保护与住宅建设、政府职能、资金保障、社会监督、公众参与联系起来，并以法律、法规的形式明确下来，为保护工作提供了良好外部环境和重要基础保障。2005 年 10 月，《西安宣言》充分体现了由文物自身的保护发展到文物及周边环境保护的国际文化遗产保护主流理念。

从我国保护文化遗产及周边环境的立法实践看，2002 年新修订的《文物保护法》大力加强了对历史文化街区、村镇的法律保护。几个月前，国务院法制办对《历史文化名城、名镇保护条例》（草案）公开征求意见。另外，据我了解，有关方面正在考虑借鉴环境影响评价法，酝酿文化遗产影响评价办法。文化遗产及其环境保护的法律法规体系的不断健全，必将推动城市的有关法律以及发展规划与文化遗产保护理念结合，形成平衡与和谐的发展格局，使城市在动态变化中，始终保持文化遗产保护的理念和意识，维护城市记忆所必需的物质依托。

立法是基础，同时，我们也必须承认，现有法律和规划的执行问题始终是城市文化遗产保护的难点。通过近几年国家文物局的文物行政执法实践，不难看出在大量的“建设性破坏”中，法人违法和城市规划执行的随意性是当前文化遗产工作面临的突出问题。我们将继续在全国范围内依法加大行政执法督察力度，执法必严。违法必究。

此外，加强不可移动文物普查登录，规划编制等是当前保护文物及其周边环境方面应重点抓好的基础，加大文化遗产保护的宣传力度，提高地方各级政府和社会公众的文化遗产保护意识，保障公众对文化遗产保护的参与权和监督权，促进文化遗产保护重要决策的科学化是我们长期努力的方向。

动员公众参与文保事业

问：您对公民参与文化遗产保护有何看法？据我所知，世界之中文化遗产保护做得较好的是意大利，从总统到公民都有保护的意识和诚心诚意的行动。国家文物局所做的全国博物馆的陆续免费开放是不是也出于为了向公众普及文化遗产知识，进而实现公民参与文化遗产保护之目的？

答：文化遗产植根于特定的人文和自然环境，与当地居民有着天然的历史、文化和情感联系。2005 年末，国务院发布的《关于加强文化遗产保护的通知》首次从“文物”概念转向使用“文化遗产”的感念，就是突出文化遗产的世代传承性和公众参与性。文化遗产保护既要坚持以政府为主导，明确各级政府和有关部门的重要职责，又要广泛动员全体民众，使其真正成为全社会关心、支持和参与的公共事业。

一方面，动员公众参与的第一步是增加其对文化遗产接触和体验。无论是在历史文化街区和历史文化村镇的保护事业中，在考古发掘和文物保护修缮等工程中，在博物馆建设和陈列展示等工作中，在每年的“文化遗产日”活动中，都应该积极取得广大民众，特别是当地居民的理解和参与，让更多人接近文化遗产并从文化遗产保护中受益。今年年初开展的博物馆免费开放是国家保障公民文化权益的一项重要举措，也是加强公众特别是青少年对文化遗产感情体验的有效方式，是提高政府为全社会提供公共文化服务水平的重要举措。全国广大文化遗产工作者正积极行动起来，努力借鉴国内已免费开放的博物馆的经验，认真研究免费开放给博物馆事业带来的新情况、新问题和新要求，采取有效措施，切实保障今年 4 月全国博物馆、纪念馆全面免费开放工作的平稳、安全、规范和有序，并力争以此为契机努力深化文化遗产公共服务体制改革，推动博物馆管理水平迈上新台阶。

另一方面，更为重要的一点是，在文化遗产保护工作中，要贯彻信息公开、科学决策的原则，努力通过媒体，使广大民众参与进来，通过理性的意见表达，在尊重民意的基础上形成决策。让社会各种力量通过公众舆论的动员，成为文化遗产事业的重要帮手和监督员。只有全体民众都积极投入到文化遗产事业，维护和实现自身的文化权益，才能变“少数的抗争”为“共同的努力”，文化遗产保护才能取得真正的成效。

问：能否谈一下您在今年的全国政协会议上提交的提案内容？

答：今年在政协会上，我联合其他委员共提交 16 份提案，提案内容包括：在立法方面，有抓紧制定《世界文化遗产保护条例》和《大运河保护条例》的提案；在完善文化遗产保护管理政策、机制方面，有设立文化遗产保护主体功能区、建立打击文物刑事犯罪联合工作机制、实行建设工程文化遗产保护前期评估制度、加大财政投入减少馆藏珍贵文物损失、设立表彰有突出贡献的文物保护工作者的国家奖励制度和增加文物博物馆机构正式出版物等提案；在城市文化遗产保护方面，有积极稳妥地开展“文化遗产之都”活动、北京旧城胡同—四合院整体申报世界遗产、在城市建设中重视保护和培育城市文化特色，保护宣南文化等提案；在特殊类型文化遗产保护重点项目方面，有重视茶马古道文化遗产保护工作、将江南造船厂作为重要工业遗产加强整体保护等提案，在博物馆管理方面有加快中国民族博物馆场馆建设的提案。

20世纪遗产保护的实践与探索
——访国家文物局局长单霁翔

记者李让《中国文物报》2008年4月11日

为加强我国近现代文化遗产保护工作，由国家文物局主办，无锡市政府承办，中国古迹遗址保护协会、江苏省文物局协办的“中国文化遗产保护无锡论坛——20世纪遗产保护”，于4月10日至11日在江苏省无锡市举行。

国家文物局局长单霁翔出席论坛并就20世纪遗产保护问题接受了本报记者的专访。

问：您最近著长文对20世纪遗产保护进行了理论上的总结和梳理，请您谈谈“20世纪遗产”这个概念和20世纪遗产保护的意义。

答：“20世纪遗产”，顾名思义是根据时间阶段进行划分的文化遗产集合，包括了20世纪历史进程中产生的不同类型的遗产。

20世纪是人类文明进程中变化最快的时代，对我国来说，20世纪具有更加特殊的意义，在20世纪的100年间，我国完成了从传统农业文明到现代工业文明的历史性跨越。没有哪个历史时期，能够像20世纪这样，慷慨地为人类提供如此丰富、生动的文化遗产，而面对如此波澜壮阔的时代，也只有文化遗产才能将20世纪的百年历史进行最为理性、直观和广博的呈现。以20世纪这一时间维度，提供观察世界的全新视角，反思和记录20世纪社会发展进步的文明轨迹，寻找和确定中华民族百年艰辛探索的历史坐标，对于今天和未来，都具有十分重要的意义。

问：请您介绍一下我国20世纪遗产保护的实践情况。

答：在我国，针对20世纪遗产实施保护的观念形成较早，最初以保护“革命文物”起步。1956年国务院所发布的《关于在农业生产建设中保护文物的通知》中就要求“必须在全国范围内对历史和革命文物遗迹进行普查调查工作”。随后，一批革命遗址和纪念地相继被列入各级文物保护单位，一批反映我国近代革命进程的纪念馆得以兴建，大量革命文物得到妥善保护，

20世纪80年代以后，国家在继续重视保护革命文物的同时，逐渐开始关注20世纪遗产的更广泛内容，加强了对20世纪遗产的全面保护、抢救、研究和合理利用。1982年颁布的《中华人民共和国文物保护法》为以20世纪遗产为主要内容的近现代遗产保护提供了法律依据。1996年国务院在公布第四批全国重点文物保护单位时，采

用了“近现代重要史迹及代表性建筑”的类别名称。在这一背景下，更多的20世纪遗产被列入了各级文物保护单位，涉及20世纪遗产各方面题材的纪念馆、博物馆的建设也有了新的发展，集中保护和抢救了大批反映经济建设和社会发展的20世纪实物资料。

进入新的世纪，20世纪遗产保护的基础工作得到加强。在可移动遗产保护方面，1993年至2000年，国家文物局为摸清馆藏近现代文物的家底，组织了全国馆藏近现代一级文物的鉴定确认工作。在不可移动遗产保护方面，当前正在进行的第三次全国文物普查工作，已将近现代史上的重要遗址、代表性建筑和工业遗产等项目，列为重要的普查内容。在已经公布的全国重点文物保护单位中，代表20世纪文化、史实和文明内容的文化遗产，占近现代类型中的绝大多数。

近年来，在全国各地，20世纪遗产的保护逐渐进入工作视野。例如，2002年7月，上海市人大常委会通过了《上海市历史文化风貌区和优秀历史建筑保护条例》，将立法保护的范围由单体建筑或建筑群扩展至历史文化风貌区。2005年3月，北京市人大常委会在对《北京历史文化名城保护条例》草案进行审议时，去掉了“历史建筑”中的“历史”二字。这一改动在文化遗产保护的理念上意义重大，即强调今后对文物建筑的保护，将主要考虑其本身的价值，而不仅仅凭它的建筑年代。这样的例子还有很多。

在民间，20世纪遗产的保护也逐渐形成共识。2004年8月，马国馨院士领导的中国建筑学会建筑师分会，向国际建协等学术机构提交了一份“20世纪中国建筑遗产的清单”，所列的20世纪建筑蕴涵着大量珍贵的历史信息。

2007年，天津市举办“知家乡文化遗产，爱家乡历史传承”主题活动，组织广大市民参与“天津市十佳不可移动文物”的推荐和评选。在评选产生的“十佳”中，有近现代不可移动文物9处，旧石器时代1处。在9处近现代文化遗产中，有6处为20世纪遗产，表明20世纪遗产的保护意识已经走进千家万户。

问：国际社会对20世纪遗产有怎样的认识?

答：国际社会对文化遗产保护的认识也是一个渐进的过程。关于文化遗产保护最初的立法，通常是为了保护史前时期的古老遗物。而后人们对于数千年来的文化遗址、遗物表现出了日益浓厚的兴趣。19世纪中后期，人们开始将中世纪的历史建筑，尤其是教堂建筑纳入保护之列，并进一步包括了文艺复兴时期的文化遗产。进入20世纪，保护对象逐渐扩展至20世纪初、两次世界大战期间的文化遗存。近年来，1945年以后的各类文化遗产也日益受到关注。国际社会不断出现新的文化遗产保护组织，其中“现代建筑运动”组织主张保护那些建造于20世纪50年代至60年代的代表性建筑。他们认为，或许这一时期的建筑称不上华美，但是它们对于我们的后代却具有重要的历史意义。上述文化遗产保护的趋势和进程表明，文化遗产的年代界定范围正在逐渐延伸，指定保护的文化遗产类别正在逐渐拓展，判断文化遗产的价值标准正在逐渐深化，成为国际文化遗产保护的趋势，而将更多的当代遗产纳入文化遗产保护范畴，必然是一个永久的趋势。

1981 年 10 月，悉尼歌剧院申报世界文化遗产没能取得成功，但却引发了人们对 20 世纪遗产的审视和思考，即在充分重视古代遗产的同时，如何评判和对待那些历史未足百年的人类创造。

1995 年 6 月在芬兰赫尔辛基，国际古迹遗址理事会、联合国教科文组织世界遗产中心（WHC）和国际文化财产保护与修复研究中心（ICCROM）合作举行 20 世纪遗产会议，提出："我们尤其需要关注 20 世纪遗产的守护和保管。"

世纪之交，国际社会越来越认识到近代遗产、现代遗产和当代遗产，都是人类共同遗产中不可忽视的组成部分。

目前，在《世界遗产名录》中，共有 20 世纪遗产 30 余处，其中包括出色的建筑物（歌剧院、音乐厅、市政厅、医院、广播电台、住宅、城堡、别墅、公墓等），独具特色的城镇，布局合理的大学校园，著名艺术流派的诞生地以及工业厂房和景观等。近 10 年来，20 世纪遗产被列入世界文化遗产的数量不断增多，促进了研究与保护的开展，特拉维夫和巴西利亚就是典型代表。

问：20 世纪遗产具有哪些特点？

答：归纳起来我认为 20 世纪遗产有这样 4 个显著特点。

一是种类繁多、保存完整。国际古迹遗址理事会在关于 20 世纪遗产的调查函中指出，"这些遗产包括：所有风格和功能的建筑（新建筑、乡土建筑、再利用建筑）；城市聚落（社群、新城镇）；城市公园、花园和景观；艺术作品；家具；室内设计或综合工业设计；工程作品（路桥、水利设施、港口、大型工业中心）；考古或纪念场所等"，内容非常丰富。很多 20 世纪遗产现状遗存较为完整。

二是百年变迁、文化多元。我国的 20 世纪遗产是中国近现代百年历史风云的见证。以天津为例，近代天津被辟为通商口岸后，逐步发展成为北方繁华的商业城市、水旱码头和海防要塞，天津的 20 世纪遗产，表现形式多种多样，汇聚着中、西文化及其相互关联的大量历史信息。

三是功能延续、贴近生活。由于 20 世纪遗产形成年代较晚，未经历过多的自然侵蚀，而且在使用过程中不断得到维护，因此许多 20 世纪遗产至今仍然保持着鲜活的生命力，延续着功能，服务于社会生产、生活，成为"活着的遗产"。

四是内涵丰富、感召力强。保存至今的众多 20 世纪遗产，见证着国家和民族的复兴之路，体现着为争取民族独立、国家富强、社会进步而自强不息的精神，凝聚着各个时期爱国志士、革命先烈、领袖人物和英雄模范们的崇高理想、信念、品德和情操，形象而直观，具有强烈的感召力。南泥湾军垦区和李庄就是典型的例子。

问：您认为当前 20 世纪遗产保护存在哪些问题？

答：当前20世纪遗产保护主要存在四方面的问题。

对20世纪遗产还缺乏加强保护的正确认识。与那些令人肃然起敬的古代文化遗存相比，20世纪遗产在文化遗产大家庭中最为年轻，正因为如此，人们往往忽略它们存在的重要意义，使20世纪遗产在世界各地不断遭到损毁和破坏。

对20世纪遗产也缺乏实施保护的法律保障。人们往往认为20世纪刚刚过去，而未将这一时期的文化遗存列入保护的范畴。因此，涉及20世纪遗产保护和管理的法规制定相对滞后，人力、财力等方面的投入相对较少，学术研究和基础工作相对薄弱。由于缺少法律保护，越来越多的20世纪遗产在城市广场建设、城市道路拓宽和城市旧城改造中被拆毁。

对20世纪遗产还缺乏实施保护的成熟经验。20世纪以来，生产高度发达，分工越来越细，产业门类越来越多。因此，20世纪遗产保护不仅面对大量专业性强、科技含量高的新型对象，而且各种行业类、专业类和专题类文化遗产的大量涌现，必然突破文化遗产保护原有的体系和格局，给保护工作带来前所未有的压力。20世纪遗产又有自己的特点，较之传统意义上的文化遗产，在保护和维修方面往往面临更大的挑战。

对20世纪遗产缺乏合理利用的科学界定。除了建筑材料老化所带来的隐患，20世纪遗产还时刻面临着被改造的威胁。由于它们往往是正在使用的“动态遗产”，产权人或使用者为满足当前需要而对其经常加以变动，处理不当就会影响其整体风格和建筑质量，甚至伤害城市民众的集体记忆。“利用性破坏”是当前的一个突出问题。

我们必须认识到，由于在保护理念、认定标准、法律保障和技术手段等方面，尚未形成成熟的理论和实践框架体系，使20世纪遗产保护充满了挑战。当前急需针对20世纪遗产的特点，研究20世纪遗产保护存在的问题，实施抢救性的保护。

问：您认为应该采取哪些措施来加强20世纪遗产保护？

答：在经济全球化迅猛发展的今天，认同本民族文化，传承并弘扬本民族的优秀文化，是世界各国都在积极努力的方向。然而，20世纪遗产保护只是在近年才被提上重要议程，它的保护和研究可以说只是刚刚起步，还有很多问题有待人们去探索，去认识，去解决，有大量工作需要人们去做。

至于应该采取的措施，我认为第一要提高20世纪遗产的保护意识。“20世纪遗产”一经提出，就曾被人认为是自相矛盾的概念。“20世纪”意味着“现代”，而“遗产”则意味着“传统”。“现代”与“传统”组合在一起意味着什么？在城市化进程加速的背景下，这一矛盾会在实际行动中产生后果。因此，为了实施20世纪遗产保护战略，需要更进一步对保护的理论基础加以推敲。不得不承认，当前我们对于20世纪遗产的价值认知还处于较低水平，例如普遍认为古代建筑年代悠久、数量稀少，更需要保护；而20世纪建筑数量大，还难以纳入保护之列。这一认识上的不到位，导致不少优秀20世纪遗产遭到破坏，从城市的记忆中消失。2006年，讨论申报第六批全国重点文物保护单位时，在“国庆十大建筑”是否列入上报名单的问题上仍然存在争议，最终以“国庆十大建筑”建成不到50年，目前正在使用，尚未遇到被拆毁的危险为由，未将它们列入第六批全国重点文物保护单位。

第二要开展20世纪遗产的科学评估。面对数量庞大的20世纪遗产，正确加以选择，进行价值判别，确定保护对象，建立保护和修复体系，既是20世纪遗产保护的重要前提，也已成为当前刻不容缓的任务。在对20世纪遗产进行科学评估时，应当客观而宽容，应当为后人保留延续的空间。应从物质和精神两个层面对现存的20世纪遗产进行科学评估，以免因为判断失误而造成不应有的损毁或流失。健全的科学评估原则是构成20世纪遗产保护的有效基础。虽然我们伴随着20世纪遗产一路走来，但是，对于它们的认识往往基于以往的体验，很少能以科学的态度、长远的眼光，来讨论它们对于历史传承和文化发展的价值与作用。对于20世纪遗产的选择和判别，需要改进传统的调查方法和评估标准，建立科学的价值评估理论、筛选办法和甄选过程，在全面调查，摸清家底的基础上，为各类20世纪遗产登记造册，根据保存状况划分风险等级。

目前正在全国范围内开展的第三次文物普查，应将20世纪遗产作为重要的普查对象。在20世纪遗产的普查中，不但要考虑它们的历史、艺术和科学价值，而且要考虑它们对于今天社区生活的意义，以避免片面地、狭窄地理解20世纪遗产的多重价值。

第三要探索20世纪遗产的保护方法。当前，随着20世纪遗产在国家和地区保护名录中所占比例的不断上升，也引发了诸多亟待解决的问题，其中如何合理实施保护与修缮问题尤为关键。国际古迹遗址理事会20世纪遗产科学委员会，近年来就集中关注20世纪建筑遗产保护的三大主题：一是如何认定时间较晚的建筑遗产；二是研究特殊构造技术和材料的运用；三是研究特殊设计问题。通过这些研究，试图解决20世纪建筑遗产保护面临的诸多难题。

由于绝大多数20世纪遗产仍然处于日常使用的状态，保护管理必将面临更多新的问题，使用过程中的修缮、维护、内部更新在所难免。因此，必须对它们作为文化遗产的真实性和完整性做出科学解释，并对维修可能采取的措施、更新可能允许的尺度提出明确要求，用于指导20世纪遗产的保护实践，实现真实性、完整性与延续性、传承性的和谐统一。针对20世纪遗产保护实践成果日益增多，而保护方法及技术体系尚存在诸多缺陷的现实状况，应该积极借鉴国际社会比较成熟的保护经验及相关技术方法，结合我国20世纪遗产保护实际加以研究吸纳。

第四是实施20世纪遗产的合理利用。保护20世纪遗产并不意味着将其束之高阁。恰恰相反，只要人们在合理利用，文化遗产就会被关心，就会得到及时维护。同样，对20世纪建筑的合理利用，也会避免其因为闲置而加速损毁，让旧载体孵生新功能，既有利于节省能源，又有利于环境保护。由此看来，为20世纪遗产寻求合理利用途径是积极的保护方式。

"对老建筑最有意义的保护是找到它'再利用'的方式。"这是获得美国建筑师协会（AIA）荣誉奖的加拿大建筑师P.M.歌德史密斯（P.M.Goldsmith）广泛强调的观点。而这一观点正在实践中成为一种共识。

采访最后，单霁翔说，今天我们生活在21世纪，体验着新的时代变迁。伴随20世纪遗产保护运动的蓬勃发展,必将引发“21世纪遗产”概念的适时提出。可以断言，文化遗产保护理念的深化和保护范围的扩展，将是一个持续不断的发展过程。“今天的杰作，就是明天的遗产，而保护工作应从其落成之日就要开始。”对于20世纪遗产之后的21世纪遗产，人们会继续给予期待。

西藏文物保护的历史与未来
——专访国家文物局局长单霁翔

记者李伟《三联生活周刊》2008 年第 15 期（2008 年 4 月 28 日）

日前，国家文物局局长单霁翔就西藏自治区文化遗产保护方面的工作，接受了本报记者的专访。

问：请您概述一下西藏自治区的文物资源，这些文物有怎样的独特价值?

答：在漫长的历史长河中，西藏人民以自己的勤劳智慧，创造了独特的文化。作为中华文明的一部分，西藏文化遗产资源十分丰富。根据这些年文物工作者广泛调查的数字表明，目前分布在全区范围的古代文化遗址、古墓葬、石刻艺术以及宫殿寺庙、庄园建筑等各类不可移动文物达 2300 余处，各级文物保护单位 329 处，其中全国重点文物保护单位 35 处。布达拉宫、大昭寺、罗布林卡被列入世界文化遗产。拉萨市、日喀则市、江孜县城被国务院核定公布为历史文化名城。昌珠镇被列为历史文化名镇。此外，还有大量珍贵的可移动文物。如，有元明以来历代中央政府敕封西藏地方官员的封诰、诏敕、印鉴、金册，清朝康熙、乾隆皇帝在拉萨等地修建的石碑以及清代用于认定达赖、班禅等藏传佛教大活佛转世灵童的金本巴瓶和签牌。还有历代西藏地方政权及首领上呈中央的奏折、文件、信函等。

这些优秀文化遗产闪烁着中华文明的光辉，不仅有很高的科学、艺术和研究价值，而且真实记录了西藏的历史变迁，充分体现了西藏和内地之间的血肉关系，不可辩驳地说明中央政府一直行使着对西藏的主权，毋庸置疑地证明自古以来西藏地方是中国领土不可分割的一部分。

问：西藏和平解放以来，特别是近年来，西藏文物保护工作取得了哪些成果?

答：西藏和平解放以前，西藏没有真正意义上的文物保护和管理工作。1959 年 6 月，中共西藏工委成立了西藏文物管理机构，开展文物调查、征集、保护等方面工作。1965 年 9 月西藏自治区成立时，自治区人民委员会下设了 22 个工作部门，其中有西藏自治区文物管理委员会。十一届三中全会以后，西藏文物工作有了进一步发展。

近年来，西藏文物工作得到快速、全面发展。文物保护机构建设逐步完善。考古发掘、调查工作成效显著，为研究西藏历史提供了翔实的资料。布达拉宫、罗布林卡、萨迦寺三大重点文物保护维修主体工程基本完成，确保了文物古建筑的安全。在全区开展了文物普查工作，基本摸清了文物的家底。博物馆事业稳步发展，1995年建成的雅砻历史博物馆是西藏第一座地区级历史博物馆，1999年10月建立了西藏博物馆，其展出的“西藏历史文化基本陈列”入选第三届全国博物馆十大精品陈列展览。2003年10月至2006年9月在美国举办的“雪域藏珍——中国西藏文物展”和2006年8月至10月在德国举办的“西藏文物展”，取得圆满成功，较好地展示了中国政府保护西藏传统文化所取得的成就。

问：您刚才提到了西藏的考古发掘工作，请谈一下近年来开展了哪些重要项目，有怎样的价值？

答：近年来，西藏自治区文物保护部门与内地文物科研机构合作，先后开展了多项重要考古调查和发掘项目，成绩斐然。1978年和1979年5月至8月，西藏自治区文物管理委员会与四川大学联合对昌都卡若遗址进行了考古发掘。时代为距今4 000年至5 000年前的新石器时代文化遗址，出土的大量文化遗存也证明了西藏高原与中华民族其他文化系统处于相近的发展水平上，并有着密切的联系。考古学家还在藏南定日县的苏热、藏北的申扎、双湖等地都发现有旧石器遗存，可以看出它们在文化特征上与卡若文化有着明显的联系和承继关系。1990年，在日喀则地区发现了“大唐天竺使出铭”汉文摩崖石刻，这块立于658年的石刻是西藏迄今发现的年代最早的汉文石刻，记载了唐朝官方使节王玄策经西藏出使天竺的情形，为研究中印交通史、唐朝藏汉关系等提供了重要实物证据。2003年开展的青藏铁路西藏段考古调查与发掘工作，发现大量石器地点，对于探索藏北高原人类活动史具有重要的学术意义。同时首次发现了保存完好、规模较大、出土文物丰富的早期祭祀遗址，真实再现了西藏原始宗教的面貌。2004年开展的象泉河沿江的文物考古调查，获取了大量的实物资料，对于认识这一流域各个历史发展阶段考古文化的面貌具有重要的意义。2005年以来为配合萨迦寺维修工程开展的考古调查发掘，清理出土大量铜像、擦擦、泥塑等艺术品，对于了解相关佛教艺术具有重要研究价值。

问：近年来，国家对于西藏文物保护工作的资金投入情况如何？

答：国家十分重视西藏文物工作，投入大量的人力、物力和财力，抢救藏民族文化遗产。国家文物局先后召开3次文物援藏会议，从政策倾斜、人才培养、资金投入、设施建设等方面加大援藏力度。20世纪80年代以来，国家累计投入7.3亿元对西藏重要文物保护单位进行保护维修，恢复开放了一大批重点文物单位。例如，1989年至1994年，中央拨专款5 500万元和大量黄金、白银等珍贵物资实施维修布达拉宫一期工程；1994年至1997年，国家投资近1亿元建设了西藏自治区博物馆；2001年以来，国家又安排专款3.8亿元用于布达拉宫、罗布林卡、萨迦寺三大重点文物维修工程。“十一五”期间，中央政府还将拨专款5.7亿元，开展西藏九大重点文物保护工程。

问：目前西藏文物普查方面的进展如何？

答：按照《国务院关于开展第三次全国文物普查的通知》要求，西藏自治区从2007年起启动第三次文物普查。2007年9月，西藏自治区在林周县开展第三次全国文物普查试点工作。由西藏自治区文物保护研究所为主，陕西省考古研究所、四川省文物考古研究院相关专业人员组成的普查队，在林周县普查领导小组共同努力下，对总面积4 512平方千米，辖9乡、1镇、49个行政村、431个自然村的范围内，开展了普查试点工作。调查和发现各类文物点211处，其中古遗址类66处，古墓葬类78处，古建筑类45处，石窟寺及石刻类9处，近现代重要史迹及代表性建筑13处。总的来看，普查试点工作取得了重要成果，也积累了较好的经验。目前，普查第一阶段的制定技术标准和规范，开展培训、试点、经费申请、设备购置、人员组织等工作基本完成，2008年3月，第二阶段的实地调查工作全面启动。具体为：2008年对林芝地区、昌都地区和那曲地区东、中部进行普查，2009年对那曲地区西部、北部和阿里地区、日喀则地区进行普查，2010年对拉萨市、山南地区进行普查。

问：前面您曾提到的三大重点文物维修工程是当前近来媒体和社会关注的热点，请简要介绍一下相关情况。

答：西藏三大重点文物保护维修工程，即布达拉宫、罗布林卡、萨迦寺维修工程是中央第四次西藏工作座谈会确定的重点文化援藏项目，是西藏自治区“十五”计划117个项目之一。三大工程项目总投资3.8亿元，是西藏自治区文物保护维修史上投资最多、规模最大、技术要求最高的古建筑维修项目。实施三大工程体现了党中央国务院对西藏建设发展的一贯重视和关怀，对于保护和传承藏民族优秀文化遗产，加强民族团结，维护社会稳定具有重要意义。为确保工程质量，国家文物局精心组织、安排国内技术力量最强的单位承担西藏三大重点文物保护维修工程的勘察设计、施工、科研、监理等任务，如：中国文物研究所、清华大学建筑学院、敦煌研究院等。

在实施三大文物维修工程中，国家文物局一直高度重视工程质量、进度和安全问题，严格依照《文物保护法》，始终遵循文物维修原则，以尽量少干扰、确保文物建筑原有风貌的真实性得以保存和延续为目标，确保工程质量。目前经过各方面的共同努力，文物建筑主体维修工作已经基本完成，现已着手开展工程验收前的准备工作。从工程实施总体看，质量达到了设计要求。通过实施工程，为当地培养了一批文物保护技术人才。

三大文物维修工程实施数年来，还积极吸纳当地农牧民群众参与维修，提高了他们的收入和生活水平。

问：未来几年，西藏文物保护工作的重点是什么，有哪些具体规划？

答：“十一五”期间，国家将在总结三大重点工程成功经验的基础上，着手实施西藏九大重点文物保护工程。根据国务院领导批示，国家文物局会同国家发展改革委、财政部多次组成工作组赴藏进行一系列实地考察、调研，现已确定西藏自治区在“十一五”期间实施九大重点文物保护工程，包括桑耶寺—昌珠寺、扎什伦布寺—夏鲁寺、大昭寺—小昭寺、哲蚌寺—色拉寺、江孜宗山抗英遗址—乃宁寺、朗色林庄园—拉加里王宫遗址、古格王国遗址、色喀古托寺、科迦寺。现在国家文物局已经及时批复了拉加里王宫文物保护规划和科迦寺等 7 处文物保护单位保护维修工程设计方案，为九大重点文物保护工程的实施作了充分的技术准备。国家文物局将继续加大支持力度，加强指导和监督，确保九大重点文物保护工程的顺利开展。

20世纪遗产保护纳入国家视野

记者江继兰 侯丽《中国文化报》2008年5月13日

20世纪遗产保护是当前公众和媒体关注的热点问题之一。2008年4月，中国文化遗产保护无锡论坛通过了《20世纪遗产保护无锡建议》，这是国内首个关于20世纪遗产保护的纲领性文件,标志着20世纪遗产已经纳入我国文化遗产保护视野。本期《科教•城市周刊》特邀国家文物局局长单霁翔就这一问题进行答疑解惑。

问：最近，20世纪遗产保护问题成为舆论关注的焦点，您能简要介绍一下我国20世纪遗产保护的相关情况吗?

答:在我国，针对20世纪遗产实施保护的观念形成较早，最初以保护“革命文物”起步。1956年国务院发布《关于在农业生产建设中保护文物的通知》，要求“必须在全国范围内对历史和革命文物遗迹进行普查调查工作”。随后，一批革命遗址和纪念地相继列入各级文物保护单位，一批反映我国近代革命进程的纪念馆得以兴建，大量革命文物得到妥善保护。

1961年，国务院颁布《文物保护管理暂行条例》，并公布了第一批全国重点文物保护单位180处。其中，将“革命遗址及革命纪念建筑物”作为第一类别，共33处，其中绝大部分为20世纪遗产，特别是建成仅4年的中苏友谊纪念塔（1957年）和建成仅3年的人民英雄纪念碑（1958年）也列入其中。

1982年颁布的《中华人民共和国文物保护法》总则中规定的受国家保护的文物即包括“与重大历史事件、革命运动和著名人物有关的，具有重要纪念意义、教育意义和史料价值的建筑物、遗址、纪念物”，为以20世纪遗产为主要内容的近现代遗产保护提供了法律依据。1996年国务院在公布第四批全国重点文物保护单位时,采用了“近现代重要史迹及代表性建筑”的类别名称。在已经公布的全国重点文物保护单位中，代表20世纪文化、史实和文明内容的文化遗产，占近现代类型中的绝大多数。

近年来，在全国各地，20世纪遗产的保护理念进一步明确，并积极通过地方立法推动工作实践。2002年，上海市人大常委会通过了《上海市历史文化风貌区和优秀历史建筑保护条例》,将列入保护的优秀历史建筑时间标准，由原规定的“1949年以前”，扩展至“建成使用30年以上”的建筑。上海市政府先后分三批公布了398处市级优秀近代建筑，包括大量1949年以后竣工的现代建筑。此后，北京、南京、深圳等地相继开展了20世纪遗产保护工作，一大批20世纪遗产被纳入保护范围。当前正在进行的第三次全国文物普查工作中，也将近现代史上的重要遗址、代表性建筑和工业遗产等项目，列入重要的普查内容。

问：20世纪遗产保护是中国乃至世界文化遗产保护领域的前沿课题。如果把20世纪遗产保护放在国际文化遗产保护这个大背景下，您是如何看待这个问题的？

答：这个问题，还要从20多年前谈起。1981年，第五届世界遗产委员会会议审议了悉尼歌剧院、悉尼港大桥及周边的悉尼港航道整体申报世界文化遗产的材料。大会认为，作为一座竣工时间不足10年，建筑设计者尚且健在的建筑作品，悉尼歌剧院还无法证明其自身具有杰出价值。虽然该项目此次申报未果，但却引发了人们对20世纪人类创造的审视和思考。

1986年国际古迹遗址理事会向世界遗产委员会提交了“当代建筑申报世界遗产”的文件，内容包括近现代建筑遗产的定义和如何运用已有的世界遗产标准评述近现代建筑遗产。随后，一系列关于20世纪遗产的会议相继召开。1995年6月在芬兰赫尔辛基，由国际古迹遗址理事会、联合国教科文组织世界遗产中心和国际文化财产保护与修复研究中心合作举行了20世纪遗产会议。会议确立了三个目标：一是认识国际环境下的20世纪遗产前沿状态；二是探索各种评估方式和方法；三是总结出纳入《世界遗产名录》的方法。

在国际社会的带动下，一些国家也纷纷做出积极反映，开始从战略角度强调20世纪遗产的保护问题。法国、加拿大、美国、挪威、墨西哥、德国等国家先后召开了以20世纪遗产保护为题的学术会议。20世纪遗产的概念也从房屋建筑拓展到其他领域的人类创造，一些存在仅数十年的城市园林、体育场、飞机场、纪念碑、雕塑、工业中心、供水系统、港口码头、海上石油钻探平台，以及粮仓、铁路、生产线等也同样得到了应有的尊重和保护。

国际古迹遗址理事会将20世纪遗产保护作为一项全球战略加以推动。2001年9月，该理事会在加拿大蒙特利尔召开工作会议，推动一项以保护20世纪遗产为核心的为期一年的“蒙特利尔行动计划”出台，进一步推进了20世纪遗产的保护与研究。

问：您刚才提到了将20世纪遗产列入《世界遗产名录》问题，请您简要介绍一下当前世界上有哪些代表性的20世纪遗产被列入该名录？

答：近10年来，被列入世界文化遗产名录的20世纪遗产数量不断增多，截至目前，在《世界遗产名录》中，共有20世纪遗产30余处，其中包括出类拔萃的建筑物（歌剧院、音乐厅、市政厅、医院、广播电台、住宅、城堡、别墅、公墓等），独具特色的城镇，布局合理的大学校园，著名艺术流派的诞生地，以及昔日举足轻重的工业厂房和景观等。如巴塞罗那20世纪初由高迪创作的奇异的建筑作品，融汇了诸多设计风格元素，形成了独特的建筑个性，早在1984年就已列入了《世界遗产名录》。特拉维夫创建于1909年，城中4 000多座建筑大多建于1931至1956年间，由在欧洲培训的建筑师设计而成，2003年这些建筑列入《世界遗产名录》。2007年悉尼歌剧院成功列入了《世界遗产名录》。

问：就像您说的，20世纪遗产是根据时间阶段进行划分的文化遗产集合，包括了20世纪历史进程中产生的不同类型的遗产。请您谈一下，与其他类型的文化遗产相比，20世纪遗产有什么特点？

答：20世纪遗产的基本特点，可以归纳为以下几个方面。

一是种类繁多。20世纪遗产既有反映重大历史事件和杰出人物遗迹为背景的物质载体，也有反映不同流派特点、艺术风格和时代精神为特征的建筑载体。包括各种风格和功能的建筑（新建筑、乡土建筑、再利用建筑），城市聚落（社群、新城镇），城市公园、花园和景观，艺术作品，家具，室内设计或综合工业设计，工程作品（路桥、水利设施、港口、大型工业中心），以及考古或纪念场所等等。

二是风格迥异。我国的20世纪遗产，植根于近现代中国的百年风云。鸦片战争以后，帝国主义列强在上海、天津、汉口等城市，侵占了大片租界，集中建设了领事馆、海关、洋行、银行、商场、教堂、饭店、俱乐部和公寓等具有一定规模和风格的近代建筑物群。如北京东交民巷使馆建筑群、上海外滩建筑群等。南京作为国民政府的首都，其民国建筑具有自己的风格，政治性建筑、公共性建筑相对集中，是西风东渐的特定历史时期，中外建筑艺术的缩影，在全国首屈一指，在世界范围内亦有典型意义。至2006年年底，南京市共有248处、320幢重要民国建筑纳入保护范围。

三是功能延续。由于20世纪遗产形成年代较晚，未经历过多的自然侵蚀，而且在使用过程中不断得到维护，因此许多20世纪建造的房屋、厂矿、商铺、道路、桥梁以及各类纪念物等，至今仍然保持着鲜活的生命力，继续服务于社会生产、生活。与那些历经千百年沧桑，早已被剥离了实际应用，只作为历史遗迹接受研究与观赏的古代遗存不同，20世纪遗产往往是功能延续着的“活着的遗产”。

四是内涵丰富。20世纪遗产见证了国家和民族的复兴之路，体现了为争取民族独立、国家富强、社会进步而前仆后继、自强不息的精神，凝聚着各个时期爱国志士、革命先烈、领袖人物和英雄模范们的崇高理想、信念、品德和情操，形象而直观，具有强烈的感召力。例如陕甘宁革命根据地的南泥湾军垦区，1938年在359旅的垦殖下，除了一望无际的农田、菜地、果园和林场外，还包括机械、食品、造币等数十个工厂，以及数百间房屋和千余孔窑洞。

问：听了您的介绍可知，无论从理论上还是从实践上，我国20世纪遗产保护取得了令人振奋的成绩，请您谈谈20世纪遗产保护中还存在哪些问题？加强20世纪遗产保护还需要采取哪些措施？

答：与那些令人肃然起敬的古代文化遗存相比，20世纪遗产在文化遗产大家庭中最为年轻，正因为如此，人们往往忽略它们存在的重要意义，使20世纪遗产在世界各地不断遭到损毁和破坏；由于在保护理念、认定标准、法律保障和技术手段等方面，尚未形成成熟的理论和实践框架体系，使 20 世纪遗产保护充满了挑战；同时，20 世纪遗产的生态系统相对脆弱，特别是一些新结构、新材料、新技术的尝试应用，使 20 世纪遗产更加易于受损。

同时,在受法律保护的文化遗产中,20 世纪遗产所占比例很小,在多数城市和地区，这一保护行动尚未开始。实际上，留存至今的 20 世纪遗产数量，与曾经拥有的和已经遭到破坏的 20 世纪遗产数量相比，实在是微不足道。如果没有清醒的认识和公众的支持，20 世纪遗产必然会面临比早期文化遗产更严峻、更危险的局面。相对于已有千百年历史的古代文化遗产来说，20 世纪遗产的保护和研究工作只是刚刚起步，还有很多问题有待于人们去探索，去认识，去解决。

开展 20 世纪遗产的科学评估。面对数量庞大的 20 世纪遗产，正确加以选择，进行价值判别，确定保护对象，建立保护和修复体系，既是 20 世纪遗产保护的重要前提，也已成为当前刻不容缓的任务。应从物质和精神两个层面对现存的 20 世纪遗产进行科学评估，以免因为判断失误而造成不应有的损毁或流失。目前正在全国范围内开展的第三次文物普查，应将 20 世纪遗产作为重要的普查对象，不但要考虑它们的历史、艺术和科学价值，而且要考虑它们对于今天社区生活的意义，以避免片面地、狭窄地理解 20 世纪遗产的多重价值。

探索 20 世纪遗产的保护方法。20 世纪遗产保护不仅面对大量专业性强、科技含量高的新型对象，而且各种行业类、专业类和专题类文化遗产的大量涌现，必然突破文化遗产保护原有的体系和格局，为保护工作带来前所未有的压力。在保护实践中，如果保护理念方面出现偏差，必然造成实施方法和技术的千差万别，甚至导致“建设性破坏”或“保护性破坏”。因此，寻求与文化遗产资源可持续利用相适应的 20 世纪遗产保护的技术和方法，就显得格外迫切而重要。

实施 20 世纪遗产的合理利用。保护 20 世纪遗产并不意味着将其束之高阁，恰恰相反，只要人们在合理利用，文化遗产就会被关心，就会得到及时维护。同样，对 20 世纪建筑的合理利用，也会避免因为闲置而加速损毁，让旧载体孵生新功能，既有利于节省能源，又有利于环境保护。

中国文化遗产保护无锡论坛——20世纪遗产保护（2008年4月10日）

国家文物局局长单霁翔就《历史文化名城名镇名村保护条例》公布施行接受中国文物报专访

记者李让《中国文物报》2008 年 5 月 16 日

历史文化名城、名镇、名村的保护离不开相关法律法规的完善。最近，国务院公布了《历史文化名城名镇名村保护条例》（以下简称《条例》）。这是国家加强历史文化名城、名镇、名村保护的一项重要举措，也是我国文化遗产事业的一件大事，社会各界对此反响强烈。日前，国家文物局局长单霁翔就《条例》出台后公众关心的问题接受了本报记者的专访。

问：经过十几年的努力，这部《条例》终于出台了。请您向读者简要介绍一下《条例》制定的情况。

答：26 年前，国务院公布了第一批国家级历史文化名城，15 年前，《历史文化名城保护条例》的编制提上日程。

原建设部会同国家文物局在总结历史文化名城、名镇、名村保护实践经验的基础上，草拟了条例送审稿，报请国务院审议。国务院法制办多次征求国务院有关部门和北京、上海、四川、安徽等地方人民政府以及多位专家的意见，先后赴浙江、江苏实地调研，并召开了专家论证会和部门协调会。国务院法制办还征求了所有已公布的历史文化名城和部分历史文化名镇、名村的意见，并经国务院领导同意，向社会公开征求意见。各方的意见普遍认为，历史文化名城、名镇、名村是珍贵的文化遗产，是不可再生的资源，加强立法保护是非常必要和迫切的，草案基本成熟，建议尽快出台。国务院法制办会同原建设部、国家文物局对各方面的意见和建议进行了认真分析和研究，对草案又作了进一步的修改和完善，形成了《历史文化名城名镇名村保护条例（草案）》。

2008 年 4 月 22 日，国务院温家宝总理签署第 524 号国务院令，公布《历史文化名城名镇名村保护条例》。《条例》将自 2008 年 7 月 1 日起施行。

需要指出的是，党中央、国务院历来高度重视历史文化名城、名镇、名村的保护工作。《文物保护法》、《城乡规划法》确立了历史文化名城、名镇、名村保护制度，并明确规定由国务院制定保护办法。针对历史文化名城、名镇、名村保护中存在的问题，中国文物学会名誉会长、国家文物局原顾问谢辰生同志两次写信反映情况，温家宝总理都作了重要批示，对《条例》的出台起到了重要的推动作用。

问：党的十七大提出了“推动社会主义文化大发展大繁荣”的历史性任务，将“重视文物和非物质文化遗产保护”作为全党全国的工作目标之一，在这个时候出台《条例》，对实现这一目标有什么现实意义？

答：历史文化名城、名镇、名村是宝贵的不可再生的文化资源，是我国文化遗产的重要组成部分。切实保护好这些文化遗产，对传承、发展中华文明，增强中华民族凝聚力，实现中华民族的伟大复兴，将起到不可估量的作用，同时也是贯彻落实党的十七大精神，深入贯彻落实科学发展观，建设社会主义先进文化和构建社会主义和谐社会的必然要求。

我国的文化遗产事业正在经历着历史性转型。当前最重要的是要处理好城乡建设与历史文化名城、名镇、名村保护的关系。在城市化进程中，城市要发展，社会要进步，但是在发展的过程中也要保留各个时代、各种类型的历史文化遗存，为城市保存历史记忆，构建城市特色，实现城市的全面发展，这才是符合科学发展观和构建社会主义和谐社会要求的真正的发展。现在全国都在贯彻落实党的十七大部署，在这样一个大的背景下，《条例》出台，应该说给文化遗产保护和城市文化建设带来了新的机遇。我们要抓住这个机遇，与有关方面共同努力，同时唤起广大民众参与历史文化名城、名镇、名村的保护，保护的成果要惠及广大人民群众，使我们国家的城市化发展步入科学、和谐的轨道。

问：如何正确认识《条例》的出台对加强文化遗产保护的作用与影响？

答：20 世纪中叶以来，历史城镇、历史村落的保护就逐渐受到国际社会的关注，国际古迹遗址理事会（ICOMOS）先后公布了《关于保护历史小城镇的决议》和《关于乡土建筑遗产的宪章》等一系列有关历史文化村镇保护的文献，联合国教科文组织还陆续将 34 处村镇列为世界文化遗产。

在我国，1982 年《文物保护法》将历史文化名城纳入保护范围，2002 年修订的《文物保护法》进一步将历史文化街区、村镇纳入保护范围，这一变化体现了国家文化遗产保护的视野已经从单体文物或古建筑群拓展到历史文化名城、街区和村镇。自 1982 年至今，全国共公布了 109 个历史文化名城、290 个历史文化名镇、239 个历史文化名村，对继承和弘扬中华民族优秀传统文化发挥了积极的作用。

改革开放以来，我国仅用 30 年的时间就完成了西方国家经历三四百年才完成的现代城市格局。现在全球有 50% 的人口居住在城市，到 2010 年，中国城镇人口将达到 6.3 亿左右，城市化水平达到 45% 左右。城市化体现了国家现代化、经济快速发展、人民生活明显改善等改革开放的伟大成就，同时也带来了住房、交通、环境、社会问题等一系列城市发展难题。特别是城市化进程中大规模的“旧城改造”运动，决定性地改变了众多历史性城市的原有面貌，导致千城一面，功能趋同，城市历史记忆消失，城市精神缺失，城市文化特色危机等一系列问题。历史文化村镇也面临同样的情况。

这样的失去记忆的名城、名镇、名村，无论如何都不会是我们理想中的名城、名镇、名村。名城、名镇、名村的现代化不仅仅意味着具备完善的基础设施、良好的生态环境，更要拥有深厚的文化底蕴和内涵。“功能城市”与“文化城市”并不对立，应将文化遗产作为构建城市、村镇特色和构建城市、村镇形象的基础，要让文化遗产成为城市、村镇可持续发展的资源和动力。

《条例》的出台，进一步明确了历史文化名城、名镇、名村的保护应当遵循科学规划、严格保护的原则，对历史文化名城、名镇、名村的申报与批准，保护规划，保护措施和法律责任等重要内容了规定，为正处于城市化加速发展时期的历史文化名城、名镇、名村保护提供了法律依据。

经过几十年的探索和实践，我国已经基本形成了具有中国特色的文化遗产保护法律框架体系。这部《条例》的出台，使实现中国特色的文化遗产保护法律框架体系的丰富和完善迈出了具有重要意义的一步。

问:《条例》强调各级政府的保护责任，是否有助于改变目前历史文化名城、名镇、名村保护中存在的有法不依、执法不严以及法人违法问题?

答：长期以来，我国历史文化名城、名镇、名村保护中存在着有法不依、执法不严和法人违法的问题，造成了历史文化名城、名镇、名村的严重破坏，造成了几千年文化积累毁于一旦的不可逆转的损失。这部《条例》的公布施行使我国历史文化名城、名镇、名村的保护进入了有专门法可依的新时期，从这个意义上说，《条例》的公布施行具有划时代的重要意义。

《条例》针对历史文化名城、名镇、名村保护中最突出的问题做出了若干重要规定。比如，《条例》明确了各级政府对历史文化名城、名镇、名村的保护责任，首先是中央政府的责任，其次是地方政府的责任。《条例》在总则中明确国家对历史文化名城、名镇、名村的保护给予必要的资金支持。历史文化名城、名镇、名村所在地的县级以上地方人民政府，根据本地实际情况安排保护资金，列入本级财政预算。还明确国务院建设主管部门会同国务院文物主管部门负责全国历史文化名城、名镇、名村的保护和监督管理工作。比如，《条例》还明确规定了政府及其有关主管部门的法律责任，对破坏传统格局和历史风貌的行为设定了严格的法律责任。《条例》在对有关违法行为规定行政处罚的同时，明确违法者要承担民事责任，以增加其违法成本。此外，《条例》还规定，对历史文化名城、名镇、名村中的文物造成损毁的，依照文物保护法律、法规的规定给予处罚；构成犯罪的，依法追究刑事责任。

问:《条例》特别突出了保护规划的编制，将其作为历史文化名城、名镇、名村批准公布之日起 1 年内必须完成的任务提出，有什么针对性?

答：保护历史文化名城、名镇、名村的一项重要工作就是编制和实施保护规划。

《条例》第三章专门谈保护规划，其中规定，历史文化名城批准公布后，历史文化名城人民政府应当组织编制历史文化名城保护规划。历史文化名镇、名村批准公布后，所在地县级人民政府应当组织编制历史文化名镇、名村保护规划。保护规划应当自历史文化名城、名镇、名村批准公布之日起1年内编制完成。

《条例》第十四条明确了保护规划应当包括的内容：①保护原则、保护内容和保护范围；②保护措施、开发强度和建设控制要求；③传统格局和历史风貌保护要求；④历史文化街区、名镇、名村的核心保护范围和建设控制地带；⑤保护规划分期实施方案。

《条例》还规定，保护规划报送审批前，保护规划的组织编制机关应当广泛征求有关部门、专家和公众的意见；必要时，可以举行听证。保护规划由省、自治区、直辖市人民政府审批。保护规划的组织编制机关应当将经依法批准的历史文化名城保护规划和中国历史文化名镇、名村保护规划，报国务院建设主管部门和国务院文物主管部门备案。经依法批准的保护规划，不得擅自修改；确需修改的，保护规划的组织编制机关应当向原审批机关提出专题报告，经同意后，方可编制修改方案。修改后的保护规划，应当按照原审批程序报送审批。

当务之急是，历史文化名城所在地人民政府和历史文化名镇、名村所在地县级人民政府要按照《条例》的明确规定，根据历史文化名城、名镇、名村保护的实际需要，尽快落实好组织编制历史文化名城、名镇、名村保护规划的工作，按照程序报送审批后组织实施。地方人民政府制定本行政区域的国民经济和社会发展计划、土地利用总体规划和城乡规划，应当落实历史文化名城、名镇、名村保护规划规定的保护措施。

问：随着城市化进程加快，基本建设与文化遗产保护的矛盾更加突出，《条例》为加强历史文化名城、名镇、名村保护，正确处理与解决这个矛盾做出了哪些重要规定？

答：《条例》明确了历史文化名城、名镇、名村应当实行整体保护，保持传统格局、历史风貌和空间尺度，不得改变与其相互依存的自然景观和环境这一重要原则，强化了政府的保护责任，规定了严格的保护措施。

例如，《条例》第二十三条规定，在历史文化名城、名镇、名村保护范围内从事建设活动，应当符合保护规划的要求，不得损害历史文化遗产的真实性和完整性，不得对其传统格局和历史风貌构成破坏性影响，明确了历史文化名城、名镇、名村保护范围内禁止进行的活动。第二十五条规定，在历史文化名城、名镇、名村保护范围内进行以下三类活动——改变园林绿地、河湖水系等自然状态的活动，在核心保护范围内进行影视摄制、举办大型群众性活动，其他影响传统格局、历史风貌或者历史建筑的活动，应当保护其传统格局、历史风貌和历史建筑；制定保护方案，经城市、县人民政府城乡规划主管部门会同同级文物主管部门批准，并依照有关法律、法规的规定办理相关手续。

《条例》还规定，历史文化街区、名镇、名村核心保护范围内的历史建筑，应当保持原有的高度、体量、外观形象及色彩等。在历史文化街区、名镇、名村核心保护范围内，不得进行新建、扩建活动。但是，新建、扩建必要的基础设施和公共服务设施除外。在历史文化街区、名镇、名村核心保护范围内，新建、扩建必要的基础设施和公共服务设施的，城市、县人民政府城乡规划主管部门核发建设工程规划许可证、乡村建设规划许可证前，应当征求同级文物主管部门的意见。在历史文化街区、名镇、名村核心保护范围内，拆除历史建筑以外的建筑物、构筑物或者其他设施的，应当经城市、县人民政府城乡规划主管部门会同同级文物主管部门批准。审批上述建设活动，审批机关应当组织专家论证，并将审批事项予以公示，征求公众意见，告知利害关系人有要求举行听证的权利。公示时间不得少于20日。

《条例》重点加强了对历史建筑的保护。《条例》规定，城市、县人民政府应当对历史建筑设置保护标志，建立历史建筑档案。县级以上地方人民政府可以从保护资金中对历史建筑的维护和修缮给予补助。历史建筑有损毁危险，所有权人不具备维护和修缮能力的，当地人民政府应当采取措施进行保护。任何单位或者个人不得损坏或者擅自迁移、拆除历史建筑。建设工程选址，应当尽可能避开历史建筑；因特殊情况不能避开的，应当尽可能实施原址保护。对历史建筑实施原址保护的，建设单位应当事先确定保护措施，报城市、县人民政府城乡规划主管部门会同同级文物主管部门批准。因公共利益需要进行建设活动，对历史建筑无法实施原址保护、必须迁移异地保护或者拆除的，应当由城市、县人民政府城乡规划主管部门会同同级文物主管部门，报省、自治区、直辖市人民政府确定的保护主管部门会同同级文物主管部门批准。历史建筑原址保护、迁移、拆除所需费用，由建设单位列入建设工程预算。

问：您一直关注城市文化危机问题，多次呼吁要重视城市化进程中大规模的“旧城改造”及走样的“新农村建设”对文化遗产的破坏，《条例》的出台是否有助于问题的解决？

答：当前，我国正处于高速发展时期，城市建设与文化遗产保护之间矛盾冲突加剧，由于我国受法律保护的不可移动文物数量偏少，由此造成大量文化遗产因缺乏法律的保护，在所谓“旧城改造”和在走样的“新农村建设”中快速地消失。破坏历史文化名城整体格局和风貌、损毁文物建筑和历史街区，破坏文化遗产原生环境、侵蚀古代文化遗址的现象仍然普遍存在。

解决历史文化名城、名镇、名村保护中存在的危机，一方面要强化国家的管理责任。要充分发挥政府在文化遗产保护中的主导作用。我国的文化遗产管理体系，应根据文化遗产保护等级进行行政管理制度设计，其中，国家文物行政部门应强化对高等级文化遗产的管理，其内容应包括国家历史文化名城、国家历史文化名镇和名村等。各级地方政府要深刻认识文化遗产作为稀缺的文化财富，是当地经济社会实现全面、协调和可持续发展的宝贵资源和不竭动力。应站在战略的高度看待文化遗产保护问题，以科学发展观为指导，正确处理经济社会发展中的文化遗产保护问题，避免把文化遗产视为“包袱”的短视行为。另一方面要强化公众参与保护的机制。随着我国社会经济事业的迅速发展，民众自觉参与文化遗产保护等社会公共事务的意识逐渐增强，参与的范围和深度日益扩大。文化遗产植根于特定的人文和自然环境，与当地居民有着天然的历史、文化和情感联系，这种联系已经成为文化遗产不可分割的组成部分。我们必须尊重和维护民众与文化遗产之间的关联和情感，保障民众的知情权、参与权和受益权。同时充分发挥民众监督作用，把文化遗产保护工作置于全社会的关注和监督之下。

《条例》对在历史文化名城、名镇、名村保护中，强化国家的管理责任，强化地方政府的责任，强化公众参与保护的机制，都有明确的规定，为解决历史文化名城、名镇、名村保护中的危机问题提供了强有力的法律支撑。

问:《条例》对历史文化街区保护也做出规定，是否对像北京旧城胡同—四合院等的保护有更加明确的指导意义?

答：肯定会有指导意义的。目前，列入联合国教科文组织《世界遗产名录》的项目中，有半数以上属于历史城区或历史街区，它们往往既保持有完整的历史风貌，又具有现代化的生活基础设施，成为令人向往的文化圣地。而在我国已有的世界遗产中，历史城区、历史街区和传统民居建筑群等类别的文化遗产项目则较少。

我在 3 月召开的全国政协十一届一次会议上提交了《关于北京旧城胡同 - 四合院整体申报世界遗产的提案》。北京旧城是文化古都的传统之根、文脉之本和风貌之基，其中不但蕴涵着极其丰富的文化信息和极为珍贵的文物古迹，而且拥有大量我国传统民居建筑的精华——四合院，其规模之宏大，保存之完整，在我国乃至世界建筑史上都占有重要的地位。一座座四合院相依，形成一条条胡同；一条条胡同相连，又构成一片片历史街区，从而形成既秩序井然又气象万千的特色风貌，体现出人与自然和谐相处的先进哲学思想。我建议，坚持对北京旧城胡同—四合院的整体保护。在胡同 - 四合院的保护整治过程中，积极探索既有利于历史街区整体保护，又有利于改善居民生活的整治方法。注意保护传统风貌和街巷肌理，坚持循序渐进、有机更新的方针，采取小规模、微循环、渐进式的方法，防止“大拆大建”的行为，避免“运动式”的改造，有计划、有步骤地推进旧城胡同—四合院的保护整治工作。我还建议启动北京旧城胡同—四合院申报世界文化遗产工作。

鉴于历史街区保护的重要性,《条例》明确了历史文化街区的定义,指经省、自治区、直辖市人民政府核定公布的保存文物特别丰富、历史建筑集中成片、能够较完整和真实地体现传统格局和历史风貌，并具有一定规模的区域。还规定，历史文化街区保护的具体实施办法，由国务院建设主管部门会同国务院文物主管部门制定。

问:《条例》出台后，国家文物局对其贯彻实施有什么要求?

答：无法可依可怕，有法不依更可怕。要清醒地认识到，过去发生的毁坏历史文化名城、名镇、名村的事，确实有一些是由于法规不健全造成的，但也有一些不是，因此，切不可认为《条例》一出台，历史文化名城、名镇、名村的保护就可以高枕无忧了。

国家文物局希望各地要结合本地实际情况，认真研究、落实《条例》，切实做好《条例》的贯彻工作。

首先要认真组织好学习、宣传和培训，使各级文物行政部门的工作人员特别是领导干部，地方各级党委和政府的主要领导，充分认识到贯彻实施《条例》对做好历史文化名城、名镇、名村保护工作的重要意义，明确历史文化名城、名镇、名村的保护应当遵循科学规划、严格保护的原则，正确处理经济社会发展和历史文化遗产保护的关系。必要时，要联合有关部门组织举办市长培训班、县长培训班和有规划、建设工作者参加的培训班，把学习《条例》作为必修课程。开展面向全社会的宣传活动，提高全社会保护历史文化名城、名镇、名村的意识，使广大人民群众自觉地加入保护历史文化名城、名镇、名村的队伍中来。

还要会同有关部门进一步完善相应的配套法规的建设，陆续出台历史文化名镇、名村的保护管理办法和历史文化名镇、名村保护规划的编制办法，形成一个比较完整的体系。

要加强对历史文化名镇、名村保护规划的指导，严格实施规划，落实文化遗产保护的要求，划定各级文物保护单位的保护范围，建设控制地带，划定历史街区的保护范围，把这些都作为规划的强制性内容，采取具体措施加以实施。

要迅速建立和完善历史文化名城、名镇、名村保护的工作制度，会同有关部门共同担起并做好历史文化名城、名镇、名村的保护和监督管理工作。

贯彻《历史文化名城、名镇、名村保护条例》座谈会（2008年5月13日）

兵马俑没有倒下

记者王军《瞭望新闻周刊》2008年第22期（2008年6月2日）

5月12日下午，四川彭州市白鹿镇回水村，青山环抱的全国重点文物保护单位“领报修院”之前，摄影师阿凯架好了相机，24岁的新娘于海娇已摆好优雅的造型，等待着镜头记录下这美丽的一刻。

突然山崩地裂一声巨响，大地剧烈晃动。一百年前，当地工匠用了整整13年建成的“领报修院”，在短短8秒钟之内轰然解体，在洁白的婚纱面前毁为一片废墟。

汶川大地震夷平了这处哥特式天主教建筑，再把地震波向外传递。7分钟后，3.9级地震在北京通州发生，市区震感明显，人们纷纷走出高楼，滞留于空旷地带。

“都江堰、大足石刻、兵马俑、应县木塔会不会出事？”身在北京的国家文物局局长单霁翔一下子急上心头。

都江堰是全国重点文物保护单位、世界文化遗产，它距离震中仅数十千米；

同为全国重点文物保护单位、世界文化遗产的大足石刻，位于受地震影响的重庆地区；俑坑内被列成方阵的兵马俑，会不会像多米诺骨牌般被成片震倒？

高67.31米的山西应县辽代木塔，是当今世界最高木塔，经历近千年风雨侵蚀和多次地震，塔身已有倾斜，它会不会经不起这一次折腾？

通往各受灾省市文物部门的电话，一次次从国家文物局拨出。

当日晚21时，《国家文物局关于做好震后文物保护工作的紧急通知》发出；至深夜零时，与受灾地区文物部门都联系上了。

各地不断报来文物受损情况——

都江堰：二王庙全部垮塌；伏龙观屋脊坍塌、屋面瓦片滑落；鱼嘴开裂。

大足石刻：地震影响较轻。

兵马俑：秦俑博物馆一号坑两件陶俑俑头偏斜；二号坑展柜中的中级军吏俑向右倾斜约5度；三号坑一件陶俑脚踏板、一件陶俑右披膊、一匹马头部及下颔部有轻度裂缝，一匹马右前腿从原修复处开裂。

应县木塔：地震之后依然屹立。

……

国务委员刘延东、文化部部长蔡武，相继就地震灾区文物保护做出批示。

5月19日至24日，单霁翔率国家文物局抗震救灾调查组赶赴四川、重庆、陕西、甘肃地震灾区，看望慰问灾区文物系统干部职工，实地调查了解灾区文物及文物系统受灾情况，研究、部署下一阶段文物抗震救灾工作。

回到北京之后，5 月 26 日，单霁翔接受了《瞭望》新闻周刊的独家采访。

文物密集区发生强震

问：你实地调查了这一圈，情况比预想的好还是坏？

答：比预想的要坏得多。文化遗产在这里特密集，仅重灾区成都、绵阳、阿坝、德阳四个地区的 39 个县、市，就有 1 处世界文化遗产、49 处全国重点文物保护单位；还有大量藏羌碉楼，它们已被列入申报世界文化遗产的预备名单。在这里，各级文物保护单位共 958 处，在全国也是很密集的。所以，一听说这里地震了，就非常担心。

我们在现场看到，大量文物建筑受损，情形惨烈。所幸像兵马俑这样的文物不在震中，目前，还没有发现大家都知道的馆藏传世精品受到损坏的情况。我们走访的这 4 个省市，按文物受损程度排列，四川最重，后 3 个省市文物的受损情况与四川不可同日而语，因为没有文物建筑彻底垮塌，都是大殿墙体出现裂缝、瓦片滑脱等情况，但在四川重灾区，大殿垮塌的现象比比皆是。我们回来之后，昨天（5 月 25 日），青川又发生 6.4 级强烈余震，它对文物造成的损失，目前还不清楚。

汶川大地震，给文化遗产带来前所未有的损失。据初步调查，在四川、重庆、陕西、甘肃、云南 5 省市，共有 143 处全国重点文物保护单位、226 处省级文物保护单位受到不同程度损害，共有 2766 件馆藏文物受损，其中珍贵文物 254 件。

四川省文物受损情况极其严重。截至目前，四川省共有 79 处全国重点文物保护单位和 169 处省级文物保护单位遭受损失；馆藏文物损失 1839 件，其中珍贵文物 151 件。最为严重的是世界文化遗产都江堰二王庙建筑群和全国重点文物保护单位云岩寺，文物建筑大面积坍塌，未倒塌的也全部成为危房；北川县文管所馆藏文物全部被毁。由于震区目前还不能深入，估计实际损失还会更大。

重庆市文物受损情况相对较轻。此次地震带来的损失共涉及 26 个区县和 4 个直属文博单位，造成重庆市 85 处文物保护单位和 13 处博物馆展厅、库房不同程度受损。其中，全国重点文物保护单位 13 处，市级文物保护单位 19 处，区县级文物保护单位 41 处，文物点 22 处，国家级历史文化名镇 1 处，市级历史文化名镇 1 处。文物保护单位受损主要是墙体倾斜、裂缝，屋顶瓦片脱落，部分垮塌，有的成为危险建筑。馆藏文物受损 12 件，其中，珍贵文物 1 件。

陕西省受地震影响的范围较大，但文物受损程度不及四川、甘肃。从震感来看，汉中、宝鸡两市尤为明显，破坏性大。从文物受损的地区来看，涉及汉中、宝鸡、西安、咸阳、安康、渭南、商洛等 7 市 35 县（区）。从受灾的程度来看，陕南重于关中，田野重于馆藏，保护设施差的重于设施好的，古建类和陶瓷类损坏较多。据统计，全省有 56 处文物保护单位发生灾情，其中 29 处全国重点文物保护单位、17 处省级文物保护单位、10 处县级文物保护单位均有不同程度的受损;308 件可移动文物受损，其中珍贵文物 41 件。但截至目前，全省未发生一起不可移动文物和保护设施完全坍塌现象。

甘肃省也是本次地震的重灾区。共有全国重点文物保护单位 20 处、省级文物保护单位 17 处、市县级文物保护单位 16 处、1 处历史文化名镇受到不同程度损害。16 座博物馆馆舍遭破坏。各级各类文物收藏单位共有受损文物 607 件（含民营博物馆藏品），其中珍贵文物 61 件。

云南省，共有 2 处全国重点文物保护单位、4 处省级文物保护单位、37 处市县级文物保护单位、2 座博物馆及文物库房受到不同程度损害。

都江堰劫后余生

问：都江堰的情况究竟如何?

答：都江堰是地震重灾区等级最高的文化遗产，我们 5 月 19 日下午飞抵成都双流机场之后，就直接赶往都江堰。我们去看秦堰楼，那里被震得路都被垮下来的砖瓦堵塞了；二王庙发生垮塌；伏龙观里面供有李冰父子像，也垮了不少，大殿和二殿之间的配房垮塌、屋脊塌陷、地面开裂下沉；省级文物保护单位奎光塔也在都江堰，出现倾斜，6 ~ 17 层出现裂缝，但不至于落架重修。最担心的都江堰水利工程，是世界文化遗产及全国重点文物保护单位的主体部分，主要由鱼嘴分水堤、飞沙堰溢洪道、宝瓶引水口组成，是李冰父子真正留下来的东西，而前面提到的受损的房子多是清代建的，都是后世修的。鱼嘴上面有 1 米厚的水泥，是新中国成立后铺的，我们看到，这上面有裂缝，都江堰管理局已对裂缝做了临时的灌浆处理。鱼嘴里面的石头如何?估计没有问题。它的保护层要重新做，问题不大。

问：江油窦圌山云岩寺是全国重点文物保护单位，听说这次受损特别严重。

答：云岩寺多处建筑发生倒塌，窦圌山出现大面积山体滑坡。我们在现场看到，上山的路被滚下来的石头堵住了，山路下陷一米多，窦圌山的一处山峰发生倾斜，峰顶上倒塌的寺庙已很难修复。

我们还考察了第一批全国重点文物保护单位平阳府君阙，发现文物本体出现裂缝和片状剥落现象。杜甫草堂博物馆的东方丈院落建筑垮塌 10 间，部分建筑屋脊断裂，屋面小青瓦滑落，围墙、山墙开裂。武侯祠也出现屋脊部分断裂，瓦片滑落，木构架脱榫等现象。

问：大足石刻呢?

答：地震发生后确实是非常担心，大足石刻那里有 80 多平方米的千手观音，我们特别怕那一千只手发生脱落现象，还好，这个情况没有发生，大足石刻没有明显受损的情况。

我们最担心的还有甘肃麦积山石窟，那里山体不好，又是丝绸之路申报世界文化遗产的项目之一。地震发生后，麦积山石窟部分塑像错位。麦积山文物管理部门做了大量工作，在第一时间，对塑像进行了紧急支护处理，避免了文物受到损失。

在陕西岐山县，全国重点文物保护单位太平塔受地震影响地基下陷，塔身倾斜，出现裂缝，这个塔在一个小学里，学校要求异地拆建，我们不同意，这是北宋的塔，一迁建，价值就会大受影响，它的倾斜可以修复。

问：地震重灾区还是藏羌碉楼的主要分布地区，这些碉楼的情况如何？

答：藏羌碉楼是防御性居住建筑，它们虽然建得高，但结构抗震，在这一地区分布上千处之多，以阿坝州的汶川、理县、茂县和甘孜州的丹巴最为密集，它们因地震受到的损失，目前还详细统计不了，有一部分已知受损，包括全国重点文物保护单位汶川县的布瓦村碉楼、马尔康县的直波碉楼、丹巴古碉群等，其中理县桃坪羌寨局部垮塌。

绵阳中心库房奇迹

在这次考察中，绵阳博物馆中心库房是最值得说的一件事情。我们这么多年，许多县的文管所就两三人，但保管的文物级别很高。我在一个地方看到，出土文物放在14 平方米的库房里，一排保险柜，里面有 9 件国家一级文物，几十件二级文物，但这个库房就像一个菜窖，盖上板，人睡在上面，说人在文物在。我说，如果把你绑走了呢？所以，我们主张建中心库房，如何建？就是对瓷器、铜器、书画等进行分类保护，恒温恒湿，文物上架，进囊匣，这个很重要，特别是对瓷器很安全。

中心库房在“八五”期间开始建设。“十一五”期间，国家发展改革委和国家文物局设立“国家‘十一五’抢救性文物保护设施建设专项规划”，对国有博物馆文物库房新建和改扩建、馆藏文物保管及安全设施建设等进行专项投入，其中也包括支持区域性文物中心库房建设项目。计划在内蒙古、黑龙江等省区的地市级城市建设 17 个中心库房。目前数量还是太少，我们计划争取发展改革委继续支持，加大投入，加快建设。建设中心库房有争议，有难度，因为中心库房建在地、市一级，各县领导往往不愿把文物交给上一级的中心库房代管，认为这是有去无回。

这次我最感动的就是绵阳中心库房，它建成一年了，绵阳的领导力度大，跟各县签订了代管协议，比如，有北川代管文物专柜，代管协议签得很清楚，目录也很清楚，5000 多件珍贵文物存进去了，结果在这次大灾中，只有一件破损，因为这件文物较大，没有放入囊匣，其余的都放入了囊匣，得以幸存。而一般文物没有进中心库房，结果全部损毁了。

因为被存入了这处中心库房，绵阳市所有的珍贵文物，包括北川、平武、安县、江油等重灾区的，都得到了保护，这是不幸中的万幸，是我们没有想到的事情，好像他们事先知道要地震似的。我一进中心库房，心情立刻就好了许多。这真是奇迹，否则地震就把这里的珍贵文物一网打尽了。这是悲情中唯一的一次安慰。

我们这么多地方落实不了中心库房，就在这里落实了，是因为主管副市长非常坚决，代管协议签得好，是代管，不是没收和上交，这让县里放心。北川县的文物库房被山体掩埋了，县文物部门的领导看到绵阳的库房保护好了北川的珍贵文物，特别感动，痛哭流涕。我们准备发通知，要求加快中心库房的建设。

相比之下，在甘肃礼县博物馆，共13件文物受损，其中一级文物3件，二级文物1件，未定级文物9件。为什么受损？就是保管条件不够，文物堆放在一起，没有进囊匣。我在那里下了死命令，要求以最快速度把珍贵文物转移到具有安全保管条件的地方去。

留下北川地震遗址

问：5月22日，温家宝总理考察北川时说，这座老县城可以作为地震遗址保留，变成地震博物馆。在这方面，国家文物局有何具体举措？

答：我们要认真研究、全面落实温家宝总理提出的建立地震遗址博物馆的重要指示精神，积极会同有关部门，经过科学论证，保护好北川地震灾害遗址。同时根据实际情况，在灾区有目的地保留一批地震灾害遗迹。包括此次局部震毁的部分文物建筑，也应在现状加固的基础上，作为震灾遗迹进行保护，供人们缅怀震灾遇难同胞，同时进行科学研究和抗震减灾教育。

唐山大地震的三处地震遗址已被公布为国保单位了。如果北川老县城留下来，今后人们可以到这里纪念凭吊。包括都江堰，如果能够有意识地留几处地震遗址，今后人们来参观都江堰世界文化遗产时，还可以到这些地方纪念凭吊。现在，北川在清理现场以备堰塞湖行洪，我很担心一清理就把遗址给清没了。如何既保证行洪的需要，又对遗址加以保护？我们正准备去现场调研。

问：国家文物局对下一步工作都有哪些安排？

答：我们要求必须做到：①加快建设中心库房；②珍贵文物必须进囊匣；③文物的展陈必须考虑防震要求。

我们将组成地震灾害文物保护专家组，实地帮助、指导灾区抗震救灾文物保护工作。近期的主要工作任务：一是对灾区受灾文物本体监测工作进行技术指导。指导灾区文物部门及时掌握受灾文物变化情况，并采取适当措施，防止次生灾害发生；二是指导灾区开展文物受损情况调查，进一步深入评估地震灾害对古建筑、古遗址和博物馆建筑及馆藏文物（包括出土文物）等的影响，对研究、制定下一步的文物保护工作计划、方案等提出意见和建议。

我们将适时召开全国文物抗震救灾工作会议，全面部署地震灾区文物抗震救灾相关工作。在财政部、发改委等有关部门的支持下，力争设立专项经费，对灾区文物抢险救灾、文物保护基础设施修复、馆舍维修、重建等相关文物保护工作给予必要支持。加强对重点工作、重点部位的检查、保卫力度，如文物保护工程和考古发掘工地、博物馆展厅、文物库房等的安全检查，坚决避免事故，特别是盗掘、盗窃文物等情况出现，确保人员、文物安全。

灾情发生后，各文博单位迅速启动应急预案，实施了 24 小时双值班制度，确保了人员和文物的安全。文物系统干部职工积极投入到当地的自救工作中，大多数博物馆和文物保护单位都开放了所管理的空地和广场，为当地群众提供紧急避难场所，成都金沙遗址博物馆 1 天就接待了约两万人。这些好的经验和做法都必须坚持下去。

国家文物局抗震救灾现场会（2008年5月22日）

一个伤口 一座遗址 一种缅怀
——国家文物局局长单霁翔谈地震遗址博物馆筹建

《中国文化报》2008 年 7 月 1 日

日前，本报记者在国家文物局召开的全国文物系统支援地震灾区文物抢救保护工作会议上得知，国家文物局已会同四川省人民政府等部门，组织有关方面的专家完成了《地震遗址博物馆项目建议书》、《5•12 地震遗址博物馆研究报告》，其他相关工作正在紧张有序地进行。我们不禁要回首从温家宝总理到社会各界人士对建立地震遗址博物馆的呼吁。灾难过后，各方积极行动，地震遗址博物馆的建立无疑是对逝者的缅怀，对生者的慰藉，也是对中华民族遭受此次重大灾难的一种祭奠。本报记者就地震遗址博物馆的筹建问题采访了国家文物局局长单霁翔。

问：5•12 汶川大地震是新中国成立以来破坏性最强、波及范围最广、救灾难度最大的一次地震，在造成巨大人员伤亡和财产损失的同时，也对众多珍贵的文化遗产和博物馆造成了前所未有的破坏。地震发生后，党中央、国务院对灾区文化遗产的抢救保护工作给予了高度重视。温家宝总理视察北川县时做出了要建立地震遗址博物馆的指示。社会各界也十分关注地震遗址博物馆的筹建问题。您认为建立地震遗址博物馆是基于怎样的考虑？

四川映秀镇（2008年5月30日）

答：建立地震遗址博物馆意义重大。5 月 22 日，温家宝总理在重返重灾区北川考察时明确指示，要将北川老县城作为地震遗址保留，变成地震博物馆，要保护好羌族特有的文化遗产。5 月 23 日召开的国务院抗震救灾总指挥部第 13 次会议，5 月 28 日召开的国务院灾后重建规划组第 1 次会议，也分别就地震遗址的保护工作进行了具体部署。建立地震遗址博物馆的设想得到了国内广大民众的热烈响应，不少知名人士纷纷呼吁建立地震遗址博物馆，以记忆这个具有历史意义的事件、表达对遇难者的哀思，同时发挥对社会进行防灾减灾科学教育等作用。大家普遍认为，建立地震遗址博物馆是党和政府高瞻远瞩、以人为本，践行科学发展观的具体体现。

建立遗址博物馆来记忆人类发展史上重大自然灾难，是世界各国或地区采取的一种普遍形式，这既是对逝者的缅怀与尊重，也是对生者的安慰与警示。灾难类遗址博物馆通过对具有代表性的人物、遗物、遗迹乃至灾难发生地整体环境、人类在灾难中抗争与表现的阐述与展示，以发挥记录、悼念、激励、警示、教育和科普等多方面的作用。日本阪神——淡路大地震纪念馆和中国台湾 9•21 地震教育园区等就是这类灾难性遗址博物馆的例子。

问：6 月 8 日，温家宝总理签署第 526 号国务院令，公布《汶川地震灾后恢复重建条例》。条例中有 7 处涉及文化遗产保护的内容，其中包括地震遗址博物馆的建设问题。这再一次体现了中国政府对文化遗产保护工作的高度重视。建设地震遗址博物馆，是一项复杂的系统工程，您认为需要遵循哪些原则？

答：我们将积极协助地震局等相关部门，按照国家级博物馆的建设标准，开展地震遗址博物馆建设的业务指导工作，并遵循如下原则：① 按照中央和国务院关于震后重建的统一部署，积极保护和引导社会舆论以及地方政府部门的热情，加强组织协调，统筹兼顾、科学规划、充分论证、稳妥有序地开展地震遗址博物馆建设的筹备工作；② 地震遗址博物馆应充分体现中华民族的自强不息、舍生忘死、无私奉献、团结奋进、众志成城的精神，体现正视灾难、关爱生命、尊重科学、以人为本的科学发展观；③ 地震遗址博物馆要突出遗址遗迹保护与展示，强调遗址的真实性、直观性以及独特的现场体验感觉；④ 对重要的遗址、遗迹要重点保护，经科学评价后可建议公布为省级或全国重点文物保护单位；⑤ 按照世界遗产保护的标准进行规划和管理，对旅游开发、服务设施以及陈列设施的规模和体量应予以严格限制，以保证地震遗址博物馆作为纪念地的庄重肃穆氛围。

问：您刚才提到了地震遗址博物馆要突出遗址遗迹的保护与展示，强调遗址的真实性、直观性。请问，地震遗址博物馆如何定位，如何确定其主体功能和内容？

答：有关地震遗址博物馆的定位问题，考虑到地震重灾区北川县城已确定异地重建、地震灾害遗迹种类多样以及突出事件集中等特点，选取部分代表性、典型性遗迹作为重点保护和展示对象，以保存和维持地震后的真实原貌。在展示方式上应采取多种形式，突出各类遗迹、遗物特征，同时增强公众与展示遗址遗迹的互动性，使观众能在视觉、听觉、触觉等方面得到充分的体验。

在地震遗址博物馆的主体功能上，应体现见证与展示、纪念与凭吊、科普与教育、科研与发展的多项功能。地震遗址博物馆通过展示地震的巨大破坏力和它造成的悲剧，见证中国人民面对特大灾难所表现出的大无畏精神、崇高境界和生命情感，以传承抗震救灾焕发出的伟大民族精神，也为生者及后人提供凭吊、缅怀和祭奠逝者的场所。在科普教育方面，可利用图像模型、数字影像等各种展陈手段向公众介绍地震发生的原理，普及防震、抗灾知识。另一方面，地震遗址也为地震学、地质学、建筑学以及防灾减灾等学科研究提供实物例证。

地震遗址博物馆的内容，包括具有代表性或纪念意义的遗迹，集中保存和展示各种实物资料的陈列馆和缅怀遇难者的纪念设施，具有参与性的科普中心及科研中心。同时，在展示陈列的内容上也将充分考虑地域特点和民族文化传统。

问：近日，国家文物局召开的全国文物系统支援地震灾区文物抢救保护工作会议，对全国文物系统支援地震灾区文物抢救保护工作进行了动员和部署。目前各项工作正紧锣密鼓地进行，请您简要介绍一下地震遗址博物馆筹建工作的进展情况。

答：为了落实温总理指示精神，按照中央和国务院关于震后重建的统一部署，国家文物局已会同四川省人民政府，联合组成地震遗址博物馆规划组，组织国家地震局、中国文化遗产研究院、清华大学等部门和机构的文物保护、博物馆、规划、地震、地质以及环境保护等领域的专家，对地震遗址博物馆的建设思路进行深入研究。目前，已经完成了《地震遗址博物馆项目建议书》、《5•12 地震遗址博物馆研究报告》，并开始对重点地震遗址、遗迹进行全面的调查、评估，已初步确定重点保护的具体对象和相关要求。

我们将组织协调相关文物部门做好北川县城地震遗址、遗迹保护工作，同时尽快组织地震、遗址保护、规划等方面专家，对北川县城地震遗址、遗迹进行全面的调查、评估，以初步确定重点保护的具体对象和相关要求。同时，指导四川省文物局动员社会各界特别是灾区各级政府和文化文物部门，广泛收集整理与本次地震相关的各类实物及文献资料。

文化遗产抗震救灾

记者文爱平 沈博《北京规划建设》2008 年第 4 期（2008 年 7 月出版）

世界文化遗产都江堰二王庙古建筑群全部垮塌，全国重点文物保护单位彭州领报修院坍塌成废墟，已列入申遗名单的理县桃坪羌寨局部垮塌……

汶川地震对文物造成的惨重损失，让文化遗产保护者痛彻心肺。全国政协委员、国家文物局局长单霁翔在视察了都江堰、窦圌山等受灾严重的文保单位后说：“非常震惊！看到的，完全超乎我们之前所想象的！”国家文物局副局长董保华在考察后指出：“此次四川的地震灾害可以用以下几个词来形容：触目惊心、惨不忍睹、损失巨大。”四川省文物局副局长赵川荣说：“这是新中国成立后对文物造成损失最大的一次天灾。”

近日，我们采访了刚从地震灾区考察回来的国家文物局局长单霁翔。

问：首先请您简单介绍一下汶川地震中文物受损的情况。

答：此次四川汶川地震在造成巨大人员伤亡和财产损失的同时，也对众多珍贵的文化遗产造成了前所未有的破坏。截至目前，国家文物局共收到四川、甘肃、陕西、重庆、云南、山西、湖北 7 省（市）文物行政部门关于文物受损情况的报告，共有 169 处全国重点文物保护单位（其中 2 处已列入世界遗产名录），250 处省级文物保护单位受到不同程度损害，共有 2 766 件馆藏文物受损，其中珍贵文物 292 件。

由于汶川地震震级达到 8 级，最大烈度 11 度，我们担心很多重要的文物可能会受损，当时最担心的就是都江堰，因为震中汶川隔都江堰不远。而都江堰让我们特别担心的就是至今仍在发挥着无坝引水、分洪减灾、排泄沙石作用的古代水利工程。1933 年 8 月 25 日，四川茂县叠溪镇发生震级 7.5 级的大地震，在那次地震中，都江堰古代水利工程受过损害，地震以后形成堰塞湖，蓄水 45 天，垮坝以后把金刚堤冲毁了一段。不过，让我们感到欣慰的是，汶川地震后，都江堰的水利工程基本上经受住了考验。

我们担心的还有重庆的大足石刻，它也是世界文化遗产。千手观音像数百年来一直没有进行大规模修缮，一千只手几乎都是悬空的，以前出现过个别手指往下掉的情况。此次地震，没有造成千手观音手或文物构件损坏的情况。

陕西兵马俑也是我们的担心所在。地震中它的受损情况也不太严重，就是遗址里有些隔墙出现了裂缝，另外有个别兵马俑曾修复连接的地方出现了开裂。

我们担心的麦积山石窟寺内的雕像，在地震中没有出现古代彩塑坍塌、损毁等情

四川映秀镇（2008年5月30日）

况。山西的应县木塔，它是世界上现存最高的木结构古代建筑，已经屹立千年，在这次地震中也没有受损。

汶川地震中，四川省文物受损情况最为严重，共有各级文物保护单位 1 060 处受到不同程度损害，其中，全国重点文物保护单位 83 处，省级文物保护单位 174 处，市、县级文物保护单位 803 处。馆藏文物 1839 件受损，其中，珍贵文物 189 件。另外，受损的还有中国历史文化名城 1 处，中国历史文化名镇 3 处，中国历史文化名村 1 处。重灾区成都、绵阳、阿坝、德阳四个地区文物建筑、博物馆垮塌，文物损毁非常严重。最为严重的是世界文化遗产都江堰二王庙建筑群和全国重点文物保护单位云岩寺，文物建筑大面积坍塌，未倒塌的也全部成为危房；“藏羌碉楼及村寨”损失也很惨重，特别是分布在汶川、北川、理县、茂县这四个地区的羌族，虽不像某媒体报道的“羌族碉楼及村寨夷为平地、非物质遗产‘人绝艺亡’”那样，但的确情况比较糟糕。目前，经过实地调查发现至少有一座碉楼从半腰倒塌了，另有一些碉楼的顶部出现了局部垮塌。碉楼这种具有防御性质的古建筑物是非常珍贵的，也是列入“申遗”名单的，对于它的修缮，还直接涉及老百姓重建家园的问题。所以，对于这些村寨、碉楼的修复，我们正在紧锣密鼓地制定方案，中国建筑设计研究院正全力以赴地进行设计。

问：文物受损情况如此惨重，下一步的修复计划你们有何考虑?

答：文物重建大约需要 3 ~ 5 年时间。目前，灾后文物抢救保护专项规划及评估工作取得了阶段性成果。在国家文物局和受灾地区文物部门等的共同努力下，已编制完成了《四川省“5•12”大地震文物受灾情况报告》、《四川省文物地震灾害专项评估报告》、《四川省“5•12”汶川大地震文化遗产抢救保护规划大纲》、《甘肃省灾后恢复重建文物保护专项规划》、《陕西省文物抢救保护修复规划大纲》、《四川省“5•12”大地震灾后不可移动文物保护修复经费需求估算》、《四川省“5•12”大地震灾后可移动文物修复保护和文物收藏单位维修重建经费需求估算》等 120 余万字的专项规划和评估报告，为下一步文化遗产抢救保护工作的开展奠定了科学的基础。

文物修缮也采取对口支援的方式，主要是支援技术力量。比如，四川有 1060 处文物保护单位受损，仅靠省内自身的设计和施工力量不可能完成如此庞大的修复计划，于是，我们动员全国力量，包括甲级勘察测绘单位，一级施工单位、甲级监理单位、国家一级博物馆、国家文物局所属各科研基地以及考古研究院等机构，投入对口支援。参与对口支援的单位，我们要求必须是一流的、有良好的业绩，特别是做过南方的古建筑修缮的单位。现在，希望投入对口支援的各单位十分踊跃。最近，我们召开了全国文物系统支援地震灾区文物抢救保护工作会议，对全国文物系统支援地震灾区文物抢救保护工作进行了动员和部署。目前，各项工作正紧锣密鼓地进行。

问：为什么将都江堰二王庙作为首批启动的修复项目？

答：因为二王庙是汶川地震受灾文物中保护级别最高的，它是世界文化遗产。国际社会及国际遗产界一些组织，包括教科文组织、国际古迹遗址理事会，对于二王庙古建筑群的震毁都相当关注，因此，它的修缮对于灾区重要文物能否及时得到抢救具有重要意义，也体现了我国政府在《世界遗产公约》中所承诺的保护文化遗产的决心。另外，都江堰是著名的文化遗产城市，也是一个风景旅游城市。都江堰对于整个风景旅游城市的支撑作用非常重要，都江堰的修缮无疑对灾区恢复城市功能、保持城市性质、振奋灾区群众重建家园的信心、支撑它的产业发展，如旅游业、宾馆业、餐饮业等，具有重大作用。早日恢复都江堰的世界文化遗产的景观及其服务社会的功能意义重大，所以我们选择了都江堰作为首个启动的修复项目，而都江堰受损需要抢险修复的主要是二王庙、伏龙观等古代建筑群，李冰父子于2200多年前修的水利工程，经过反复检查，没有发现大的损伤。

问：目前二王庙古建筑群修缮的工作进展如何？

答：早在5月14日，国家文物局副局长董保华就带队进入现场，采取措施对其次生灾害进行防治，并迅速安排勘察设计队伍进场对下一步修缮开展测绘与设计工作。目前，由清华大学建筑学院的吕舟教授带队，正在当地进行现场勘察、清场工作，为下一步的设计、施工做科学而缜密准备。

二王庙古建筑群已于6月30日开始开工修缮。不同的古建筑，开工的内容与意义不一样，如伏龙观，它没有继续受到山体滑坡、基础下沉等次生危害的威胁，可以根据编制的规划方案对其倒塌的墙、破坏的建筑结构和损坏的部件，进行正常的修缮。而二王庙的情况比较复杂，由于受到山体滑坡等的次生灾害的威胁，在开始施工前必须清理场地。清理场地是一项专业性很强的工作，要对废墟里面的建筑构件进行整理，如“深淘滩、低作堰”的影壁已经彻底垮下来了，但要将其构建仔细查找，尽量保留历史信息。二王庙的修复将尽可能利用原来的构建和珍贵文物信息，并注重建筑的基础，增强抗震性能。

问：古建的修复会采用什么样的抗震技术？它的设防烈度标准是什么？

答：增强抗震性能的最有效措施是严格按照传统工艺和质量的要求进行修缮。因为我国古代的木结构建筑物本身就具有较强的抗震性能。但是也要在基础处理等方面运用现代科学技术增强抗震性能。现在，隔震和消能减震技术在建筑中运用的越来越多。在修缮的过程中，我们会根据不同的古建筑群的体量、性质、材料选择不同的抗震方法。

古建筑群以明清建筑居多，当时没有设防烈度这一概念，现在的《建筑抗震设计规范》对于古建筑的设防烈度也没有明确规定，但是我们会根据其不同的地质结构、承载情况、功能等加以处理，虽然古建与现代建筑在结构体系方面有很大的不同，但是在修缮的过程中还是要参考现代建筑的抗震标准的。

问：温家宝总理考察时提出要在北川修建地震遗址博物馆的指示，目前，博物馆的筹建工作进展如何？

答：地震遗址博物馆的修建，主要由中国地震局来牵头进行，现在前期的研究工作正在有序开展，国家文物局组织编制了《5•12地震遗址博物馆研究报告》，主要是就其功能、性质、布局和国外相关设施做了一个初步的研究。为编制这个研究报告，共召开了三个座谈会：第一个座谈会是在四川召开的，有文化遗产保护系统和城市规划、建筑设计系统的专家参加；第二次座谈会主要有地震、地质、工程、国土资源等系统的专家参加，第三次座谈会主要是社科类的专家参加，如民族文化、羌族文化遗产保护等机构的专家。在三次座谈会的基础上，广泛吸取各方面的意见之后，我们编制了这本报告。

地震发生后，我们很快就布置了关于收集地震中值得保护的可移动文物的工作，如反映地震状态的实物资料和抗震救灾期间反映全党全国全军投入抗震救灾的实物，初步预算将收集10万件来作为地震遗址博物馆的藏品。

问：地震遗址博物馆是确定建在北川县吗？

答：地震遗址博物馆将以北川为中心修建。北川是我国唯一的羌族自治县，也是受这次地震影响最强烈的地区。此次地震从汶川开始，到北川形成高潮，所以北川遭受的损失最大，人员伤亡最集中，同时，最关键的一点，就是北川放弃了原来的老县城，要重新选址建一个新县城，这有利于整体遗址的保护。

地震遗址具有纪念、凭吊的功能，因此，地震遗址园内不是简单的一座建筑或一个纪念地，它具有更多方面的功能，特别是在情感方面的价值。纪念地可能有一些遇难者姓名和其基本情况的纪念设施，可以是纪念墙，也可以有长明火等。另外，也要保留一些曾出现过感人事件的特殊地点，总之，它是综合历史、科学、情感等各方面价值的一个纪念园区。

问：根据国际经验，当灾害（火灾、地震、洪水等）发生的紧急时刻，在最初的48小时对文物单位进行有效的处理与抢救，可以在很大程度上达到减小损失，为今后的修复创造条件的挽救目的。此次汶川大地震发生以后，48小时内我们对文物采取了哪些有效的处理与抢救措施？效果如何？

答：面对突发而来的重大灾害，5月12日地震发生当天，国家文物局迅速与地震波及的有关地区文物行政部门取得联系，了解文物受损情况，并连夜印发了《国家文物局关于做好震后文物保护工作的紧急通知》，要求各有关地区文物部门加强对抗震救灾工作的组织领导，启动应急机制，采取紧急措施，加强馆藏文物和不可移动文物的安全，及时做好灾情的上报工作。

灾情发生后，各文博单位迅速启动应急预案，疏散参观人群，紧急关闭开放馆舍，实施了24小时双值班制度，确保了人员和文物的安全。陕西秦始皇兵马俑博物馆在10分钟之内就紧急疏散了4 000名观众。

受灾地区文物系统干部职工在统一部署，统一领导下，冒着余震的危险，积极开展了文物抢险救灾工作。如都江堰市文物局迅速将文物从六层文物库房转移到一层，并将文物用海绵、软纸进行包裹，对藏品柜进行了支护加固，重庆中国三峡博物馆将易损文物撤离展线、移至库房；甘肃麦积山石窟对石窟内塑像进行了临时加固。

问：汶川地震对我国文物保护工作产生了哪些比较大的影响?

答：总结这次地震发生以来有关文物保护工作的情况，有经验也有教训。

第一个教训，是古建修缮时要尽量选用传统建材。如都江堰的古建在20世纪80年代进行修缮的时候，没有严格按照原工艺、原材料来修缮，为了防雨在屋瓦下面铺设了一层铁板，结果地震时很快就滑落了。

第二个教训，是今后原则上不鼓励县级办综合类博物馆。小型博物馆，特别是县级博物馆无论从保管条件、科研条件和研究水平上都达不到标准，在这次地震中文化损失严重。

同时，通过地震我们也总结了一条很重要的经验。绵阳市中心库房是国家文物局支持重点建设的全国第一批文物保护中心库房之一。2007年4月开始，绵阳市下属7个县市，包括北川、汶川等重灾区的2 997件国家珍贵文物，再加上绵阳县自己有2 000多件文物，总共有5 000多件文物进入中心库房，在这次地震中，仅1件受损，确保了绵阳各县市珍贵文物的安全。因此，今后全国有条件的地市均应借鉴绵阳经验，大力开展馆藏文物保存环境达标及区域性中心库房建设工作。

四川都江堰（2008年5月29日）

保护文化遗产 建设民族精神家园

记者赵亚莉《红旗画刊》2008 年第 8 期（2008 年 8 月 7 日出版）

文化遗产是人类珍贵的财富，是人类文明的瑰宝。中国是一个文化历史内涵极为渊源和丰富的国家，先祖们给我们留下了博大精深的历史文化，这里就包含了带有历史深深烙印和古圣先贤们智慧结晶的文化遗产。我国丰富的文化遗产沉淀蕴涵着中华民族特有的精神价值、思维方式、体现着中华民族强大的生命力和创造力。同时也是连接民族情感的纽带，是增进民族团结和维护国家统一及社会稳定的重要文化基础，也是维护世界文化多样性，促进人类共同发展的前提。文化遗产是不可再生的珍贵资源，一旦遭到破坏将造成无法弥补的损失，因此对文化遗产的保护就显得尤为重要。本刊记者就我国文化遗产事业发展等相关问题采访了国家文物局党组书记、局长单霁翔。

文物保护 长远之路

延绵千里的大运河、古老悠久的北京云居寺塔藏经洞及石经、风格别致的晋商大院、闻名海外的五台山佛教建筑群、嵩山古建筑群、充满诗意的江南水乡古镇、沉睡数百年的明清皇家陵寝……到目前为止，我国登录的不可移动文物有 40 余万处，有各级文物保护单位 7 万余处。其中全国重点文物保护单位 2351 处，省级文物保护单位近 7000 处，市、县级文物保护单位 6 万余处。中国拥有世界遗产 37 处，其中世界文化遗产 26 处。单霁翔说，一路走来，很不容易。

1982 年我国颁布《文物保护法》，2002 年重新修订。第二年，国务院颁布实施了《文物保护法实施条例》，国家有关部门和地方也颁布了一些行业性和地方性的保护法规。同时还加入了《保护世界文化和自然遗产公约》等文化遗产保护有关的国际公约。我国文化遗产保护事业日渐成熟。

2005 年底，国务院发布了《关于加强文化遗产保护的通知》，明确提出了新时期我国文化遗产保护的指导思想、基本方针和总体目标，加快了我国从“文物保护”走向“文化遗产保护”的进程。单霁翔说，这是新的发展时期赋予我们的新任务，一些重大课题亟待研究解决。例如如何在大型古代城市遗址特别集中的城市设立“国家文化遗产保护特区”，如何实施长城、大运河和丝绸之路等巨型，线型文化遗产的整体保护等等。每一个问题的解决，都需要付出艰辛的努力。

2005 年 10 月，国际古迹遗址理事会第 15 届大会在西安召开。会议通过了“保护历史建筑，古遗址和历史地区环境”的《西安宣言》。单霁翔说，这一国际性文件的重要性在于，在文化遗产保护的行业共识性宣言中提出“文化遗产是历史信息的载体，离开了背景环境，就将成为孤零零的标本”的重要观点。而这份宣言的通过，也使得中国的哲学思想，文物保护的理念以及西安的文化遗产保护经验，纳入文化遗产保护的国际规则之中，这是对世界文化建设工作的又一突出贡献，有着十分重要的意义。

此外，为了从规章制度上完善文物保护工作，单霁翔介绍说，近年来国家文物局共出台了 30 余个行政法规、部门规章和规范性文件，使得文物保护行政法规体系不断完善。

文化遗产保护任重道远，需要有长远的规划和切实的实施。单霁翔说，2005 年 12 月，《国务院关于加强文化遗产保护的通知》发布，通过对当前文化遗产保护形势的整体把握，明确提出了新时期的总体目标，为文化遗产保护事业的发展描绘了鼓舞人心的蓝图，同时，也对文化遗产保护的能力建设提出了更高的要求。为充分利用有限的资源配置，吸引社会各界更多地参与文化遗产保护，促进该项事业持续发展，牢牢掌握文化遗产保护工作的主动性，必须用前瞻性、战略性眼光继续做好四项基础工作：一是加强文化遗产法制建设；二是摸清文化遗产资源家底；三是加强文化遗产保护人才培养建设工作；四是构建文化遗产安全保障机制。他动情地说，我们就是要用一项项经得起历史检验的工作成果去绘制文化遗产事业的蓝图，使先民创造的辉煌文化遗产流传长远，子子孙孙永享不尽。

文物普查 战略之举

2005 年底在四川成都召开的全国文物局局长会议上，国家文物局提出了在“十一五”期间进行一次全国文物普查的设想，2006 年 5 月，时任国务委员的陈至立在国家文化遗产保护领导小组第一次会议上明确指出要组织开展第三次全国文物普查，此后，又批示同意了《文化部关于拟开展第三次全国文物普查工作情况的报告》。单霁翔说，这次大规模的文物资源调查工作，不仅是全国文物系统能力建设的大练兵，也是增强各级政府文物保护法律意识的大培训，更是动员全社会参与文化遗产保护的大宣传，文物安全暨文物行政执法工作也将进一步加强。此次全国文物普查已从 2007 年 4 月开始，至 2011 年 12 月结束，分 3 个阶段进行。普查的范围是我国境内（不包括港澳台地区）地上、地下、水下的不可移动文物，普查的内容以调查、登录新发现的不可移动文物为重点，同时对已登记的近 40 万处不可移动文物进行复查。

早在 20 世纪 60 年代和 80 年代我国分别进行过两次全国文物普查，如今几十年过去了，文化遗产事业发展的形势发生了很大变化，进行第三次全国文物普查是顺应形势之举。单霁翔说，文物遗产保护进入了最艰苦、最关键的历史时期缘于两个背景，一是城市化进程加速，城乡建设与文化遗产保护之间的矛盾异常尖锐；二是去年年底国务院发出《国务院关于加强世界文化遗产保护的通知》，我国第一次在国务院的文件中，用“文化遗产”取代用了几十年的“文物”一词，“文物”走向“文化遗产”有很多内涵，比如“谁来保护”，应该全民保护；比如“为谁保护”，应该为子孙后代保护；再比如“保护什么”，不仅宫殿、寺庙、古遗址、古墓需要保护，安徽民居等传统民居、上海苏州河沿岸建筑等工业遗产、酒泉卫星发射基地等科技遗产、哈尼梯田等农业遗产、京杭大运河等文化遗产廊道以及非物质文化遗产都应该被纳入保护的范围。可以说，文化遗产的保护对象和保护范围已经发生了很大的变化。单霁翔说，在这样的背景下，我们要进行文化遗产保护，必须先要弄清家底。目前，文物局已经完成了对全国重点文物保护单位和馆藏文物一级品的建档备案，完成了对全国文物保护单位的保护状况和馆藏文物腐蚀状况的调查，正在对所有文物档案进行数字化管理。

第三次文物普查从 2007 年 10 月起就全面展开了第二阶段工作，主要任务是以县域为基本单元，实地开展文物调查。该阶段的任务最为繁重，存在普查类别多、地域范围广、环境条件差，工作难度大等诸多困难。所获取信息数据资料的真实性、完整性、规范性事关普查的成败。目前，一些省份的田野普查工作进展扎实，已经获得了一些重要发现。截至今年一季度末，全国共新发现不可移动文物 33 281 处，复查 24 293 处。

单霁翔说，文物是国家不可再生的文化资源，此次全国文物普查是国情国力调查的重要组成部分，是提升全民文化遗产保护意识、确保我国文化遗产安全的一项战略性举措，对于促进我国文化遗产保护事业和国家经济社会发展全局具有十分深远的意义。下一步，国家文物局将积极推动建立文物资源调查普查登录长效机制。公布不可移动文物名录和文物保护单位，推动文化遗产事业发展。将普查工作和科学政策研究结合起来，探索文化遗产管理新模式。将普查工作和文物保护常规工作结合起来全面加强文化遗产保护基础工作。建立和应用全国文物信息系统，推动普查成果的行业与社会共享，吸引全民支持和参与文化遗产保护。他说，只有认识到文物普查对于促进我国文化遗产保护事业和国家经济社会发展全局具有的重要意义，才能更好地做好文化遗产保护工作，才能使我们珍贵的文化遗产得以世代相传。

新的时期 新的发展

国际城市化研究和发达国家城市化实践都表明，城市化率进入 30% 至 70% 之间时应该是一个加速发展期。那么中国的城市化进度将对文化遗产保护带来什么影响？单霁翔说，城市应是文化的载体，城市的历史变迁和发展进程使自身积累了大量的文化信息，所以城市本身就是文化遗产。但城市化进程的加快，也使更多的文化遗产面临更加严峻的保护形势，对文化遗产保护的要求也会越来越突出，文化遗产在城市中的地位就会越来越重要。这位曾任北京市规划委主任的官员“规划专家”对城市规划与文物保护有着独到的见解，他说，在历史性城市发展中，实施“整体保护旧城、积极发展新区”这一发展模式有利于保护与建设互不干扰。首先必须树立城市规划的保护观念，将文化遗产以及环境保护的理念贯彻到城市规划的各个层面。城市规划要树立文化遗产及其环境不是城市发展的包袱，而是城市发展的财富、资本和动力的观念。他还举例说，例如北京市在确定故宫保护范围的基础上广泛征求市民意见，划定占地13.77 平方千米的缓冲区，这就是注重保持和发扬城市特色，保护与城市血脉相连的传统历史文化，保留城市独一无二的特色，这样才能保留住城市的精神世界。

“新火相传—中国文化遗产保护年度杰出人物”颁奖典礼（2009年6月14日）

国家文物局局长单霁翔对彭卿云同志关于保护抢救地震灾区受损文物几个问题的答复

《中国文物报》2008 年 8 月 20 日

抗震救灾期间，《中国文物科学研究》杂志记者彭卿云曾就灾区抢救文化遗产问题书面专访国家文物局局长单雾翔。日前，单霁翔局长就此做出书面答复，对提出的问题特别是关于抢救修复的指导思想、原则等重要问题都作了明确的解答，对抢救灾区文化遗产工作具有现实指导意义。本报与《中国文物科学研究》特分别将其答复全文刊登，以供有关人员和广大读者参照。

（1）被损文物的基本情况；现有被损文物的轻重程度评估；完全夷为平地的文保单位所占比重；急需抢救修复工程所需人力、物力、财力的总体评估。

5•12 四川汶川地震给众多珍贵的文化遗产造成了前所未有的破坏。据统计，四川、甘肃、陕西、重庆、云南、山西、湖北 7 省（市）共有 169 处全国重点文物保护单位，250 处省级文物保护单位受到不同程度损害，包括 292 件珍贵文物在内的近 3 000 件馆藏文物受损。具体情况如下。

四川省：四川省共有 83 处全国重点文物保护单位（包括列入世界遗产名录的都江堰），174 处省级文物保护单位，803 处市县级文物保护单位受到不同程度损害。馆藏文物 1 839 件受损，其中，珍贵文物 189 件。重灾区成都、绵阳、阿坝、德阳四个地区文物建筑、博物馆垮塌和文物损毁非常严重。最为严重的是世界文化遗产都江堰二王庙建筑群和全国重点文物保护单位云岩寺，文物建筑大面积坍塌，未倒塌的也全部成为危房；北川县文管所保管的馆藏义物全部被毁。

甘肃省：甘肃省文物受损单位涉及 8 个市（州），共有全国重点文物保护单位 20 处，省级文物保护单位 17 处，市县级文物保护单位 16 处受到不同程度损害。16 座博物馆馆舍遭破坏，其中陇南市武都区博物馆馆舍和馆藏文物受损比较严重。607 件馆藏文物受损，其中珍贵文物 61 件。

陕西省：陕西省文物受损单位涉及 7 个市 35 县（区），共有全国重点文物保护单位 29 处、省级文物保护单位 17 处，县级文物保护单位 10 处受到不同程度损害。308 件馆藏文物受损，其中珍贵文物 41 件。

重庆市：重庆市文物受损单位涉及 26 个区县和 4 个市直属文博单位，共有全国重点文物保护单位 13 处，市级文物保护单位 19 处，县级文物保护单位 41 处受到不同程度损害。馆藏文物受损 12 件，其中珍贵文物 1 件。

云南、山西、湖北三省：云南省有 2 处全国重点文物保护单位，4 处省级文物保护单位，37 处市县级文物保护单位受到不同程度损害；山西省 有 1 处全国重点文物保护单位，1 处省级文物保 护单位受到不同程度损害；湖北省有 21 处全国重点文物保护单位，18 处省级文物保护单位受到不同程度破坏。

国家文物局组织编制了《汶川地震灾后文物抢救保护修复专项规划》，经专家评审后已于 7 月 20 日报送国家灾后重建规划组，该规划报告书对相关受损情况进行评估，对灾后文物抢救保护工作提出了资金总额、来源和资金分担方式的建议，进行了项目评估和经费预算。

（2）抢救修复的指导思想、原则；所分轻重缓急的基本标准；眼下抢救修复的重点；完全夷为平地的修复的可能性、必要性和科学性；"修旧如旧"的原则如何掌握 。

灾后文化遗产抢救保护工作要在国务院颁布的《汶川地震灾后恢复重建条例》以及受灾省区文化遗产抢救保护规划的指导下进行。在抢救修复的指导思想上，要全面落实科学发展观，坚持以人为本；坚持"保护为主、抢救第一、合理利用、加强管理"的文物工作方针；坚持统筹兼顾，区分保护工程的轻重缓急，优先实施重要文物的抢险加固和维修保护；注重灾区少数民族文物建 筑的抢救保护和工艺传承；区分遗产类别、保护等级、受损程度、分布区域和实施步骤，统筹兼顾、合理规划；坚持以地方为责任主体，在国家、全社会和各相关单位的有力支持下，重建灾区人民的精神家园。在抢救修复的原则上，要科学评估、分级保护；统一部署、分工负责；全面规划、突出重点；区分轻重缓急、分步实施。

当前确定的重点项目，我们根据文物等级和影响程度，确定世界文化遗产、全国重点文物保护单位、重要省级文物保护单位、部分市县级文物保护单位以及珍贵馆藏文物、区域性中心库房和少数民族物质文化遗产，为灾后文物抢救保护修复规划的重点项目。

6 月 30 日，四川省人民政府、国家文物局在都江堰市举行了世界文化遗产都江堰古建筑群抢救修复工程开工仪式。该项目预计工期 2 至 3 年。

同时，国家文物局还组织专家组赴汶川、理县、茂县等地，就羌族文化遗产受灾情况进行实地勘察和科学评估，编制专项抢救保护修复方案，协调编制茂县羌族博物馆重建规划。7 月 15 日，羌族碉楼与村寨抢救修复工程正式开工。

此外，全国重点文物保护单位彭州领报修院、新都宝光寺、罗江庞统祠墓等 10 余个文物抢救保护项目的前期准备工作也在有序推进，将陆续开工实施。

受灾文物抢救保护是一项繁重的工作，我们将根据灾区文物保护特性，通过对文物受损情况的科学评估和分类，区分轻重缓急，按照"抢险加固优先、遗产价值优先、服务社会优先"的三优先原则，依法合规、渐次开展，规范有序地推进工程项目。

在抢救修复过程中，我们要求有关单位严格遵循“修旧如旧”的原则，对于遭受不同损害的古建筑，采取相应的修缮措施。比如伏龙观，它没有继续受到山体滑坡、基础下沉等次生危害的威胁，可以根据编制的规划方案对其倒塌的墙、破坏的建筑结构和损坏的部件，进行正常的修缮，对原有的构件尽可能少更换。而二王庙的情况比较复杂，由于受到山体滑坡等的次生灾害的威胁，在开始施工前必须清理场地，清理场地是一项专业性很强的工作，要对废墟里面的建筑构件 进行整理，如“深淘滩，低作堰”的影壁已经彻底垮下来了，但要将其构件仔细查找，尽可能地保留历史信息。二王庙的修复将尽可能利用原来的构件和珍贵的文物信息，并注重建筑的基础，增强抗震性能。

（3）现已确定并已实施的对口负责制是可行有效的机制，但是如何统一掌控、管理，如何保证质量；对口负责制之外还有无其他形式，资金来源是否全部由国家统筹，群众集资、捐助是否可行有效，此举应如何对待。

由于灾后文物抢救修复工作任务异常繁重，仅靠受灾地区自身的设计和施工力量不可能完成，因此，我们动员全国文物系统开展对口技术支援工作。要求受灾省份要尽量为对口技术支援工作提供必要的工作条件，要摸清灾区文物保护单位、博物馆实际受损情况，及时与当地政府沟通，根据灾后重建规划，区分轻重缓急，明确需要援助的项目，并争取纳入受援项目计划。

对口支援的方式主要是支援技术力量。我们动员全国力量，包括甲级勘察设计单位、一级施工单位、甲级监理单位、国家一级博物馆、国家文物局所属各科研基地以及考古研究院等机构，投入对口支援。参与对口支援的单位，我们要求必须是一流的、有良好的业绩、特别是做过南方的古建筑修缮的单位。现在，希望投入对口支援的单位十分踊跃。最近，我们召开了全国文物系统支援地震灾区文物抢救保护工作会议，对全国文物系统支援地震灾区文物抢救保护工作进行了动员和部署。

同时，我们欢迎社会各界（包括企业和个人）积极参与灾后文物修复重建工作。目前，交通银行向成都杜甫草堂捐赠 900 万元，其他一些团体也提出了捐赠意向，用于震后文化遗产保护。

（4）抢救修复总体规划的主要内容、要点；实施过程中应注意的问题。

地震发生后，国家文物局迅速启动应急机制，成立抗震救灾应急保障协调小组和灾后文物保护协调小组，并组织多个专家组前往灾区实地考察评估。目前，灾后文物抢救保护专项规划及评估工作取得阶段性成果。在国家文物局和受灾地区文物部门等的共同努力下，已编制完成了《四川省“5•12”大地震文物受灾情况报告》、《四川省文物地震灾害专项评估报告》、《四川省“5•12”汶川大地震文化遗产抢救保护规划大纲》、《甘肃省灾后恢复重建文物保护专项规划》、《陕西省文物抢救保护修复规划大纲》、《四川省“5•2”大地震灾后不可移动文物保护修复经费需求估算》、《四川省大地震灾后可移动文物修复保护和文物收藏单位维修重建经费需求估算》等 120 余万字的专项规划和评估报告。

在震后文化遗产抢救保护实施过程中应注意这样几个方面的问题：① 要严格按照《中华人民共和国文物保护法》、《中华人民共和国文物保护法实施条例》涉及不可移动文物修缮的有关规定，在《汶川地震灾后恢复重建条例》以及受灾省区文化遗产抢救保护规划的指导下进行；② 要坚持规划先行的原则，充分尊重文化遗产抢救保护工作的科学规律，考虑到文化遗产保护工作的全面协调可持续发展，严格按照原工艺、原材料来修缮，认真吸取此次灾区馆藏文物保护工作的经验教训，确保工程质量，提高防震、抗震能力；③ 按照国家有关规定要求，制定具体的资金使用管理办法，加强跟踪管理，并自觉接受财政、审计、纪检、监察部门以及社会的监督。

全国文物系统支援地震灾区文物抢救保护工作会议（2008年6月20日）

文化遗产保护30年——访国家文物局局长单霁翔

本刊记者《国际人才交流》2008年第4期

立法为基，开创新局面

问：近年来，文化遗产保护工作日渐引起公众和媒体的兴趣，这与文化遗产事业的发展是分不开的。今年正值改革开放30周年，您认为改革开放30年来，我国文化遗产事业取得了哪些突出成就？

答：回眸改革开放以来的30年，我们由衷地感到，中国文化遗产事业呈现出蓬勃发展的喜人局面，迎来了历史上最为辉煌的发展时期。

文物立法，奠基之业。1982年11月，《文物保护法》公布实施，这是我国文化领域第一部由国家最高立法机构颁布的法律。随着2002年新修订的《文物保护法》颁布，一大批行政法规、部门规章和地方性法规陆续出台。目前，以《文物保护法》为核心，由行政法规、部门规章，规范性文件以及地方性法规共同构成的法律体系框架已经初步形成。这些“尚方宝剑”给我国文化遗产撑起一把“保护伞”，使文化遗产事业逐步步入有法可依的良性轨道。

2005年，国务院颁布《关于加强文化遗产保护的通知》，进一步明确了文化遗产保护工作的指导思想，总体目标和具体措施，并决定将每年6月份的第二个星期六设立为我国“文化遗产日”。中央财政和各级政府逐年加大文物经费投入力度。党的十七大进一步规划了文化建设的宏伟蓝图，把文化遗产保护提到新的高度。这些针对文化遗产保护的重大决策和战略举措，标志着我国文化遗产事业进入一个新的历史发展阶段，具有里程碑的意义。

近几年，特别是党的十六大以来，随着经济社会的快速发展，全社会珍爱文化遗产的良好氛围正在形成，文化遗产事业呈现出快速发展的势头；非物质文化遗产保护、工业遗产保护开始启动，有代表性的近现代建筑、“老字号”文化遗产保护工作积极推进，乡土建筑保护纳入新农村建设总体规划，线性文化遗产、文化景观、文化线路等类型文化遗产保护工作全面实施。

工程文化遗产保护积极推进。事关国计民生的三峡工程文化遗产保护工作已接近尾声，南水北调工程文化遗产保护工作进展顺利，西气东输、青藏铁路等工程文化遗产保护工作圆满完成。

第三次全国文物普查工作全面展开；“南海Ⅰ号”等沉船遗址的抢救性发掘工作引起社会广泛关注；世界遗产申报和文物外事工作亮点不断；博物馆免费开放工作稳步展开，一批国家重点博物馆相继落成，初步形成门类丰富、各具特色的博物馆发展新格局。

保护世界遗产，重中之重

问：当前，世界遗产对推动当地经济发展的重要作用有目共睹，国人的“申遗热”逐步升温。世界遗产申报是近年来文化遗产事业发展的亮点之一，请介绍一下中国世界遗产的相关情况。

答：加强世界遗产保护，体现了对文化多样化的尊重与捍卫。做好中国世界文化遗产的保护，是文化遗产事业的“重头戏”。30年来，中国世界遗产从无到有，数量稳步上升，门类不断丰富，世界遗产理念逐步深入人心。自1985年中国加入《保护世界文化和自然遗产公约》以来，我国已拥有世界文化遗产25处，自然和文化混合遗产4处，自然遗产6处，数量位居世界第三。

值得一提的是，在心理期待越来越大，而申报标准越来越高，申遗难度越来越大的情况下，近几年来，中国世界遗产申报捷报频传；高句丽遗址、澳门历史城区、殷墟、开平碉楼等项目相继申报世界遗产成功，成为中国文化遗产保护的一大亮点。事实上，缔约国每年的申报项目最终通过的不超过40%，能连续几年申报都获成功的国家更是凤毛麟角，而我国是仅有几个连续几年申报都获成功的国家之一。这表明，我国文化遗产在得到有效保护和管理的同时，也逐步走向世界，并被世界所认同。

问：30年来，中国世界遗产事业已是蔚然可观。请您简要介绍今年中国在世界遗产保护方面有哪些新的举措？

答：2008年世界文化遗产的主要工作有：争取福建土楼成功申报世界文化遗产；做好2009年五台山和嵩山历史建筑群申报项目准备工作。深化与相关国家和国际组织在丝绸之路申报世界文化遗产等项目的合作，在多次国际协调会议等前期工作基础上，积极推进与哈萨克斯坦、乌兹别克斯坦、塔吉克斯塔、吉尔吉斯斯坦、土库曼斯坦中亚五国联合申报丝绸之路世界遗产工作。组织完成我国48处文物点申报文本和保护规划的编制，计划于2008年9月向联合国教科文组织世界遗产中心提交文本。组织协调大运河沿岸相关省市，继续推进大运河保护和申报世界遗产的基础工作。加强世界文化遗产预备名单的动态管理，完善世界文化遗产保护管理监测机制。

国家名片，传承文化

问：当今时代，有人形象地把文化遗产比作“国家名片”，特别是近几年来的文物展览在各国产生良好的反响。请您介绍一下相关情况。

答：改革开放以来，我国文物外事工作取得重大进展，较好地配合了国家外交大局。特别是近年来,文物进出境展览日趋活跃、亮点纷呈。文物部门积极实施“走出去”和“引进来”战略,在国家外交总体布局指导下,以互利共赢为目的开展文物外事工作。

近年来，全国各地每年组织 70 余项出境文物展览，一批批中国文物正在世界各地“巡游”，作为“外交信使”向世界展示着古老灿烂的东方文明和改革开放以来中国的发展和繁荣昌盛；文物展览成为中法文化年、中俄国家年、中意文化年等重大国家交流活动中的亮点。

过去 5 年，我国接待了来自 70 个国家和地区多个入境文物展览,《伟大的世界文明》、《大英博物馆 250 年珍藏展》、《古代印度瑰宝展》等广大民众了解外国优秀文化开设了一个窗口。

文化遗产国际合作

问：近年来，文化遗产保护工作在促进与推动我国对外交往方面发挥了重要作用。请问，目前我国与哪些国家开展了文化遗产保护方面的交流与合作？

答：近年来，对外交流与合作的渠道不断拓宽、形式逐渐多样、内容不断丰富。国家文物局分别与印度、韩国、阿富汗、柬埔寨、意大利和越南等国的文化遗产部门签署关于文化遗产保护合作谅解备忘录。与意大利、秘鲁、印度、菲律宾等国签署政府间《防止盗窃、盗掘和非法进出境文物的政府间双边协定》。今年年初，国家文物局与斯里兰卡国家遗址部签署合作保护文化遗产协议。这些协议的签署，对扩大和深化双方合作与交流、推进与相关国家文化遗产保护工作的发展具有重要意义。

同时，我国文物工作者走出国门，开展了柬埔寨吴哥窟保护维修，蒙古国博格达汉宫保护维修，与肯尼亚合作考古研究等援外项目，获得有关国家政府和国际组织的高度评价。政府间文化遗产保护的交流与合作，加强了对外文化交流，增强了中华文化的国际影响力。

专业人才的国际培养也逐渐成为国际合作的重要内容。中意文化遗产保护中心合作培训项目取得阶段性成果，面向亚非国家举办的文化遗产保护培训项目持续开展，涉外合作研究和培训项目不断增多。这既是促进文化遗产保护领域交流与合作的见证，也为促进相互之间的友谊架起了一座座桥梁。

问：近年来，我国与相关国际组织在开展文化遗产保护交流与合作方面取得的成绩令人瞩目。请问我国与相关国际组织之间开展了哪些合作活动，取得哪些成果？

答：加强与国际组织之间的合作，是促进我国文化遗产事业发展的一种有效途径和重要方式，也是中国文化遗产事业走向世界的重要标志。这既可为中国的文化遗产保护注入新的理念、增加新的活力,也可增强中国在国际文化遗产保护领域的主动权和话语权。

近年来，我国成功承办第 28 届世界遗产大会、第 15 届国际古迹遗址理事会、第二届文化遗产保护与可持续利用国际会议、东亚地区文物建筑保护理念与实践国际研讨会、城市文化国际研讨会等重要国际会议；陆续形成《苏州宣言》、《西安宣言》、《绍兴共识》、《北京文件》、《城市文化北京宣言》等国际文件，这是第一批在我国形成的文化遗产保护的国际文件，表明我国在国际文化遗产保护领域发挥出越来越重要的作用，为我国文化遗产事业写下了浓墨重彩的一笔。

近年来，我国代表通过竞选担任国际古迹遗址理事会副主席、国际博物馆协会亚太地区副主席、国际文化财产保护与修复中心理事等职务，提高了我国在国际组织中的地位和影响。成功获得2010年国际博物馆协会第22届会员代表大会主办权。国际古迹遗址理事会国际保护中心在西安成立。中国文化遗产保护已经越来越得到国际同仁的认可和尊重，在世界上的影响与日俱增。

专业人才培养的国际合作

问：专业人才的国际合作培训是对外交流与合作的一项重要内容，目前这方面工作的进展如何？

答：近几年来，中国文化遗产保护领域大教育、大培训观念进一步强化，中外合作人才培养项目取得重要进展。国家文物局与相关国际组织和意大利、法国、日本、美国、澳大利亚等国家进行了富有成效的合作培训。从2001年开始，国家文物局与美国梅隆基金会合作，陆续选派19人赴美参加博物馆高级管理人员培训。2003年至2007年，国家文物局与法国国家遗产学院合作，举办了7期中国博物馆高级管理人员培训班，邀请法国专家授课，210人参加了培训。2003年至2007年，中国、意大利两国文化遗产管理部门在中国文化遗产研究院合作开展了两期文物保护修复培训项目，培养文物保护技术人员140余名。中日韩合作丝绸之路沿线文物保护修复人员培养计划正在顺利实施，将用5年时间培养各类专业人员100名。

我国面向亚非国家的国际培训工作也取得良好效果。近年来，受商务部委托，中国文化遗产研究院承办了非洲国家文物保护技术与管理培训班、亚非国家文物保护人员培训班、阿拉伯地区文物保护人员培训班等援外项目，培训各国文化遗产官员和技术人员130人，帮助他们了解中国文化遗产保护的法规政策、理念和技术措施，切实感受中华文明的源远流长和博大精深，感受改革开放以来中国文化遗产保护所取得的成就。

我们要坚持“请进来”和“走出去”相结合，积极参与国际文化财产保护与修复研究中心（ICCROM）的各项活动，进一步加强涉外文化遗产保护管理和专业人员培训，学习国际文博人才培养的先进模式，学习文物保护修复技术，提高国际交往能力，培养我国文化遗产保护管理与科学技术方面的高端人才。促进我国文化遗产事业与国际接轨，共同促进人类文明繁荣进步。

全国政协委员、国家文物局局长单霁翔：文化特色是建设国际旅游岛的关键

《人民政协报》2008 年 10 月 9 日

说起海南，人们首先想到的是热带雨林、沙滩海景、蕉风椰韵，其实，海南除了是旅游大省之外，还是文物大省。全国政协委员、国家文物局局长单霁翔介绍，考古发现海南岛一万年前就有古人类活动（三亚落笔洞），在漫长的历史长河中，海南岛各族人民在生产生活实践中创造了独特的文化形态。作为海洋大省，水下文物也是海南省最具特色的文物资源，200 万平方千米的南海水域内，水下文物资源十分丰富。国家对南海水下文物的保护已有规划。近年来，组织对南海水下文物资源进行了多次调查，已发现西沙海域沉船遗址 50 多处。目前海南全省有各级文物保护单位 300 余处。考察团专门考察海口石山火山群国家地质公园时，听到有关火山文化村落的介绍。单

海南省博物馆开馆仪式（2008年11月15日）

霁翔当即就对石山镇的美设村、荣堂村、儒豪村等三个古村落进行了考察，并获得重要发现。经了解，这些村落始建于明代，进入村庄犹如进入石头的世界，石屋、石墙、石门、石板路，无论是主屋，还是厨房等附属建筑，全部由火山喷发的气孔状玄武岩建成，一些建筑已经使用了7至8代人。村内随处可见石磨、石凳等生产和生活用具。“这些资源都是内地省份无可比拟的。充分发掘这些文化资源的深厚底蕴，完全可以形成享誉世界的文化品牌。”单霁翔说。

在单霁翔看来，推动国际旅游岛建设的一个关键问题是突出文化建设，展示文化特色。文化是旅游的灵魂，没有文化的旅游根基是肤浅的，没有文化的旅游必将失去市场的竞争力和吸引力，难以得到可持续发展。单霁翔说，国际旅游岛建设的文化特色，起码应当包括三个方面，一是充分发掘海南深厚的文化底蕴，二是形成国际旅游岛的文化品牌，三是促进人民群众文明程度的提高，营造浓厚的文化氛围。总之，要按照新的文化遗产保护理念，对海南文化遗产资源进行全面评估，在支撑国际旅游岛建设的过程中，实现积极保护和整体创造。同时也要充分利用现有文化设施，开拓新的领域，促进国际旅游岛的建设。

单霁翔表示，建设国际旅游岛要做好文保工作，加强博物馆建设是重要内容之一。如果能以海南省博物馆和博鳌论坛展示园区、自然博物馆、民族生态博物馆等，构成国际旅游岛的博物馆文化品牌，国家文物局将在展览组织、展品征集等方面加以支持，使反映中华民族五千年灿烂文明和发明创造的文物精品亮相国际旅游岛。其次，要加大南海水下考古的工作力度。目前，国务院部署的第三次全国文物普查工作正处于关键阶段，建议海南以此为契机，全面掌握海南的文化遗产家底，大力发掘研究海南的文化底蕴，规划文化遗产在国际旅游岛建设中的作用。设立文物行政管理部门，加快保护规划和设计方案编制进度，加强专项经费吸纳能力，使更多的文化遗产保护项目得以实现。

开拓创新是推动文物事业发展的不竭动力

记者江继兰《中国文化报》2008年10月14日

文物代表着一座城市的历史和灵魂。中国文物事业在改革、开放、发展的大道上阔步走过了30年的光辉历程。与全国其他战线凯歌高奏、捷报频传一样，文物事业呈现出蓬勃发展的喜人局面。为此，记者就中国文物事业30年的话题采访了国家文物局局长单霁翔。

问：今年是中国改革开放30周年。30年来，中国社会沧桑巨变，中国文物事业也走过了不平凡的30年。请您简要介绍一下改革开放以来中国文物事业的发展历程。

答：中国文物事业的发展与国家改革开放和现代化的发展进程风雨同舟、命运与共。30年来，中国文物事业的发展主要分为四个阶段：

第一个阶段是1978年至1982年，文物事业的恢复发展阶段。十一届三中全会后，随着党和国家工作重心的转移，文物战线在文物保护、法规制度等方面开展了大量卓有成效的工作。特别是1982年11月，第五届全国人大常委会第25次会议通过了《中华人民共和国文物保护法》，这是我国文化领域第一部由国家最高立法机构颁布的法律，标志着中国文物事业逐步走向法制化轨道，是新时期文物事业发展的一个里程碑。

第二个阶段是1983年至1991年，文物事业的探索发展阶段。这个时期，我国文物事业迈出对外开放的新步伐，文物基础工作取得进展；公布了第二批国家历史文化名城、第三批全国重点文物保护单位；文物保护和博物馆事业得到发展。

第三个阶段为1992年至2001年，文物事业的稳步发展阶段。1997年3月，国务院《关于加强和改善文物工作的通知》明确提出要努力建立适应社会主义市场经济体制要求、遵循文物工作自身规律、国家保护为主并动员全社会参与的文物保护体制；国务院核定公布第三批国家历史文化名城；先后公布第四、第五批全国重点文物保护单位，开展大规模的文物抢救保护工作。

第四个阶段是2002年至今，文物事业的持续发展阶段。突出表现在以下几点：2002年10月新修订的《文物保护法》颁布；2005年12月，国务院《关于加强文化遗产保护的通知》明确了文化遗产保护的指导思想、总体目标和具体措施；2007年第三次全国文物普查全面展开；2008年全国博物馆免费开放全面启动等。

问：十一届三中全会以来的30年，是我国改革开放和经济建设取得重大成就，综合国力大幅提升的30年。30年来，文物事业得到持续快速发展。基础工作是文物事业的重要方面，请您谈一下这方面取得的成就。

答：一是文物法制建设明显加快。30 年来，我国涉及文物事业的相关法律法规、部门规章和规范性文件等已经近 400 项。特别是自新修订的《文物保护法》颁布以来，国务院颁布了《文物保护法实施条例》、《长城保护条例》和《历史文化名城名镇名村保护条例》。此外，国家还颁布了 40 余个部门规章和规范性文件。一大批地方性法规陆续出台。以《文物保护法》为核心的法律法规体系框架已经初步形成，文物事业正在步入法制化、规范化的轨道。

二是文物资源调查建档工作成效显著。在 1981 年第二次全国文物普查的基础上，2007 年又启动了第三次全国文物普查。这一次文物普查无论从重视程度、动员深入、涵盖范围、资金力量、技术水平等方面都大大超过前两次普查。作为国情国力调查的重要组成部分，第三次全国文物普查是推动我国文物事业持续发展的一项战略性举措，对于提升全民文化遗产保护意识、确保我国文化遗产安全具有重要意义。

三是文物安全保障机制初步建立。30 年来，文物保护机构逐步健全。1978 年全国文物系统有各类文物保护机构 721 个，2007 年有 4 277 个，增加了近 6 倍。执法力度逐步加大，文物安全防范工作得到加强，防范和打击文物领域犯罪活动的力度加大。

四是文物队伍建设和文物科技发展势头良好。30 年来，全国文物从业人员从改革开放之初的 2.6 万人发展到 8.7 万人，知识结构、学历结构、职称结构都有了很大改善，形成了一支具有较高政治和业务素质、结构比较合理的文博工作队伍。科技的引领和支撑作用日益凸现。30 年来，有 19 项成果获得国家科技奖励，129 项获得文化部、国家文物局科技进步奖及文物保护科学和技术创新奖。

问：改革开放 30 年来，中国博物馆事业发展的成果有目共睹，公共服务能力不断提升。特别是近年来，博物馆陆续向公众免费开放，赢得了社会的广泛好评，请您介绍一下这方面的情况。

答：首先是博物馆体系日臻完善。博物馆数量大幅增加，1978 年底全国文物系统博物馆只有 349 个，截至 2007 年年末，全国文物系统有博物馆 1 722 个，增长了近 4 倍；特别是各部门、各系统、各行业和民间兴办的博物馆有了很大发展，目前全国博物馆总数已超过 2 400 个。随着一大批国家重点博物馆的相继落成，初步形成了门类丰富、特色鲜明的博物馆发展新格局。

其次是藏品保管逐步规范。目前全国博物馆藏品总量已达 2 000 万件（套），其中，文物系统博物馆藏品达 1 300 多万件（套）。重大馆藏文物保护修复工程的实施，国家文物保护科研基地的成立，一批文物中心库房的建设，百余项文物保护技术的研发、推广和应用等，大大提高了我国馆藏文物的科技保护水平。

再者，社会效益显著提升。30 年来，全国博物馆积极融入社会，更新服务理念，强化服务意识，充实服务内容，探索展示艺术和表现手法，注重高新技术和材料的合理利用，积极推进“三贴近”试点工作，使基本陈列和专题展览的主题内容、科技含量和艺术感染力都有较大提高。

最后，免费开放取得突破。改革开放以来，我国逐步完善博物馆对未成年人、老年人、军人、残疾人等社会特殊群体的门票减免费制度。2008 年，全国博物馆向社会免费开放工作正式启动。免费开放使更多的公众走进博物馆，加快了博物馆融入社区、融入校园、融入社会的步伐。目前，全国已有 700 个博物馆实现了完全免费开放，观众量比以往同期增长了 2 倍。

这 30 年来，我国不可移动文物保护、文物对外交流与合作、民间文物收藏等工作也取得重要进展，文物事业的社会效益和经济效益显著增强。

值得一提的是，全社会参与势头方兴未艾，文物保护的理念逐步深入人心。比如，国家设立“文化遗产日”以来，各级文物部门以“文化遗产日”为契机，不断拓宽宣传思路，各种宣传活动卓有成效，对不断涌现的保护文化遗产先进典型给予了积极的表彰和奖励。先进典型的示范作用得到有效发挥，一个全社会关心、爱护并参与文化遗产保护的热潮已初步形成。

问：中国文物事业 30 年的发展，给我们带来了哪些经验和启示呢?

答：30 年来，中国文物事业能够取得如此成就，归功于党和国家对文物事业的高度重视和坚强领导，归功于各级党委和政府的具体指导和全力支持，归功于广大人民群众及社会各方面的倾心关注和热情参与。

30 年来，文物事业发展的实践证明，解放思想是发展中国文物事业的一大法宝，改革开放是推动中国文物事业发展的必然选择，文物工作方针是指导中国文物事业科学发展的基本准则，法律法规是文物事业发展的主要依据，人民群众是中国文物事业的可靠基础和力量源泉，开拓创新是推动中国文物事业发展的不竭动力。

30 年来，我们努力开辟中国特色文化遗产事业发展道路，建立并不断完善中国特色文化遗产事业理论体系。当前，全党正在开展深入学习实践科学发展观活动。我们要以更加昂扬的精神状态，更加务实的工作作风，扎扎实实开展好深入学习实践科学发展观活动，推动文物事业又好又快发展。

从“数量扩张”走向“质量提升”——单霁翔局长谈博物馆发展

记者崔波 孙波《中国文物报》2008 年 12 月 12 日

问：在刚刚闭幕的宁波国际博物馆高峰论坛上，您讲到随着最后一个省级馆的落成开馆，我国博物馆的发展已从注重数量扩张发展到注重质量提升，博物馆事业进入了新的发展时期。对此各位代表反响热烈。请您具体介绍一下这方面的情况。

答:十一届三中全会以来，我国博物馆事业步入迅速健康发展的轨道。1978 年底，全国文物系统的博物馆只有 349 座，到 2007 年，已达 1 722 座，加上其他部门和民间兴办的博物馆，全国博物馆总数已超过 2 400 个，是改革开放初期的 6 倍多，是新中国成立初期的 114 倍。

同时，具有中国特色的博物馆体系日臻完善，综合类、社会历史类、革命纪念类、军事类、艺术类、自然类、地矿类、科技类、产业类、民族民俗类等多种类型博物馆竞相辉映，形成了以国家级博物馆为龙头、省级博物馆和重点行业博物馆为骨干，国有博物馆为主体、民办博物馆为补充，各行业和各种所有制博物馆各具特色、丰富多彩的新格局。

2008 年 11 月 15 日，海南省博物馆的建成开放，在我国省级博物馆建设史上具有标志性意义。同时一批具有相当规模和水平的地市级博物馆也相继建成，如湖州博物馆、苏州博物馆、扬州博物馆、常州博物馆、荆州博物馆、宁波博物馆等，对我国博物馆整体水平的提高及健康发展起到良好的示范带动作用。遗址类和生态类博物馆的迅速发展，对丰富博物馆种类、创新文化遗产保护方法，使文化遗产保护成果更多地惠及民众，产生了积极的作用。

在博物馆蓬勃发展的新形势下，如何能使我国的博物馆又好又快地发展，这就要求我们必须从注重数量发展转变到更加重视现有博物馆质量的提高，也要注重现代科学技术手段的应用，以提高我国博物馆各方面的科技水平，提升各项“软件”的科技含量，形成科技主导博物馆发展的新潮流，使博物馆的基础设施水平显著提升，硬件环境条件显著改善。当然更为重要的是要将博物馆为社会公众高水平的服务摆到更加突出的位置。博物馆发展必须按照科学发展观的要求，坚持“三贴近”的原则，为广大人民提供更好更多的精神产品。

问：您在会见国际博协主席阿历桑德拉•库敏斯时也讲到，博物馆发展要惠及大众已成为政府部门所重点考虑的。政府已经或将要制定哪些政策、措施来推进这一“民心工程”的实施？

答：博物馆具有公益性质是国际博物馆界的共识，欧美等发达国家将政府投资兴办的博物馆向特定群体或在特定时间减免门票是通行的做法。改革开放以来，我国在这方面的工作也取得了显著进展。2004年，浙江省博物馆在省级博物馆中率先向社会免费开放。文化部和国家文物局推动公共文化设施向未成年人等社会群体免费开放后，12部委等又联合印发了《关于公益性文化设施向未成年人免费开放的意见》，共同推动各级各类博物馆纪念馆向未成年人等特殊群体免费和优惠开放。2008年，在党中央、国务院的高度重视下，经过实事求是地分析研究和统筹谋划，启动了文化文物系统所属的博物馆、纪念馆向社会免费开放的试点工作。

博物馆免费开放体现了文化遗产保护惠及人民大众的理念，尤其是让低收入群体走进博物馆，享受文化遗产保护的成果。当然，博物馆、纪念馆免费开放也要从实际出发，重视文物保护与可持续利用。因此，我们在博物馆免费开放试点中，明确提出对于依托古建筑和古遗址、古墓葬建立的博物馆，暂不实行免费开放。

中国博物馆事业发展百年展开幕暨南通博物苑新展馆开馆仪式（2005年9月24日）

免费开放极大地调动了公民参观博物馆的热情，取得了显著的社会效益。2008 年 3 月以来，免费开放的博物馆共接待观众 1 亿多人次，其中试点博物馆接待 8 000 多万人次，为 2007 年同期的 2 倍至 3 倍。免费开放后观众结构呈现多元化趋势，其中低收入群体、农民工、村镇居民、老人和儿童的参观人数较免费开放前有了大幅度提高,更充分发挥了博物馆服务社会的职能。同时,免费开放引起了社会媒体的高度关注。如《人民日报》、《光明日报》以及人民网、新华网、新浪网、搜狐网等各类知名媒体，都对博物馆免费开放予以了大篇幅、长时间、多角度的跟踪报道。国家文物局在北京、上海、广州、西安四城市开展的公众调查也显示：在各类文化遗产保护与利用工作中，博物馆免费开放的公众关注度排名第一。

免费开放改变了博物馆冷清的局面，引起了全社会对博物馆文化建设的关心与支持。同时，对博物馆提高展示服务水平，更好地发挥社会功能提出了更高的要求。博物馆要以免费开放为契机，认真研究和把握博物馆运行规律，体现以人为本精神，更新服务理念，成为公众社会教育、文化休闲与旅游消费的理想场所。要根据博物馆的自身特点和发展规律，按照国家关于文化事业体制改革的要求和部署，加强体制和机制创新，不断提高我国博物馆的经营管理水平，切实提升展示服务水平，使文化建设成就更好更多地惠及人民大众。博物馆必须始终坚持社会效益第一的原则，必须以满足人民群众日益增长的精神文化需求为根本目的。

问：是的，正如您所说，免费开放后，博物馆引起了社会公众更多的关注，如何更好地利用社会各方面资源也应该是博物馆在进一步发展中需着重思考的一个问题吧。

答：博物馆是一项社会事业，博物馆的发展一方面需要各级政府积极扶持，同时也需要社会力量的积极参与。社会力量的参与包括多种渠道，一是社会力量建设博物馆，改革开放以来民间博物馆的发展就是一个显著的例子。不同行业或企业建设的博物馆,也使我们博物馆的种类更加丰富。在一些地区,由政府和社会力量共同投资办馆，或社会捐助博物馆事业经费、物资等。二是社会力量参与博物馆的管理，一些博物馆在管理上积极探索，如博物馆理事会制度的建立。理事会成员由政府相关部门的代表、馆长、职工代表以及热心博物馆事业的社会人士代表组成，搭建公众参与博物馆管理和监督机制的有效平台。三是我们一些大、中型博物馆都不同程度地建立博物馆之友、博物馆志愿者组织等，为博物馆的发展打下了坚实的社会基础，也为社会各界参与博物馆建设和服务提供了有效渠道。

博物馆的繁荣发展，需要社会力量的积极参与，同时博物馆只有主动融入社会，广泛吸纳社会力量参与，才能实现自身的发展繁荣。

问：您在讲话中曾提到，1983 年中国“重返国际博协”；2010 年，上海又即将举办国际博协第 22 届大会，我们更加感到中国博物馆与世界的距离近了。这也从一个侧面说明中国博物馆发展十分迅速，在国际博协中发挥了越来越大的作用。我们博物馆从业者很受鼓舞。您对博物馆今后的国际交往有哪些期望？

答：改革开放以来，我国的博物馆和有关行业协会积极参与国际博物馆界的交流与合作。在积极推动展览交流方面，近年来每年全国各地的博物馆赴境外举办的展览达七八十项，一些国内的博物馆还不断地与国外著名的博物馆合作组织或引进一批有影响的重要展览。博物馆的展览成为“中法文化年”“中意文化年”“中俄国家年”等系列活动中的闪光点。中国博物馆学会、中国自然科学博物馆协会和有关博物馆，积极参与国际博物馆协会、亚太地区博物馆协会开展的各项活动，促进学术交流。国际博协的 30 个国际专门委员会，多数与我国博物馆界建立和保持了紧密的合作关系。同时，一些中国的代表还在国际博协的各层次机构中担任了重要职务，直接参与了国际博协和博物馆界重要事务的决策和管理。可以说，在中国博物馆 30 年来取得的成绩中，都能看到国际交流影响的明显印迹。当然，这是由于改革开放，国际合作的加强，使得中国博物馆在国际博物馆界的影响越来越大。

为促进中外博物馆合作交流，提升我国博物馆的国际地位和影响，报经国务院同意，在外交部、财政部、文化部、国家文物局和上海市人民政府的大力支持下，2006 年 5 月，中国博物馆学会（国际博协中国国家委员会）经过艰苦努力，在法国巴黎召开的国际博协第 68 次咨询委员会暨第 109 次执行委员会会议上，促成上海市成功获得 2010 年国际博协第 22 届会员代表大会主办资格，这标志着我国博物馆事业得到了国际社会的广泛认可和尊重。同时也表明，我国博物馆界对国际博物馆事业做出了越来越大的贡献。

国际博物馆协会第22届大会开幕式（2010年11月7日）

还文化遗产以尊严 予人民群众以实惠——国家文物局局长单霁翔与记者座谈学习实践科学发展观几点体会

记者孙漪娜《中国文物报》2008 年 12 月 19 日

12 月 12 日，单霁翔在河北出席鸡鸣驿城抢修保护工程启动仪式时与媒体记者和当地工作人员座谈，介绍了国家文物局近期开展学习实践科学发展观的几点体会。他说，通过对文化遗产保护工作进行反思和讨论，我们认为现在的文化遗产保护工作在三个方面还存在不足：一是很多珍贵的文化遗产没有得到应有的尊严；二是文化遗产保护工作没有能够融入当地的经济社会发展；三是在很多情况下文化遗产保护的成果没有惠及到人民群众的实际生活。

单霁翔说，目前在全国很多地方都存在这种情况：文化遗产蓬头垢面、破烂不堪，在城市里被当地政府视为经济发展中的绊脚石，视为环境整治的死角，很多居住于其中的群众由于长期以来受到文化遗产保护要求的限制，生活水平无法得到全面改善，和居住在控制区外的人差距越来越大。而另一方面，我们的文化遗产保护部门在进行保护工作时，往往是划出严格的保护范围和控制地带，在其中实行专业的保护，但对如何使这些文化遗产在现实生活中焕发出生机与活力，促进当地的经济社会发展等方面考虑得不多。而文化遗产所在地的百姓，也认为考古发掘和文物修复就是彩条布里面专业人员的专业操作，很少有人意识到这也是自己的文化权益，更没有人告诉他们这一切与他们有着什么样的紧密关系，启发他们对故土历史的眷恋与自豪。

通过对这些现实情况的反思，单霁翔认为，文化遗产工作者在保护工作中应首先树立“文化遗产尊严”的观念，“让文化遗产在社会上不再是被人怜悯、被人遗弃甚至被一些人厌恶的对象，而是还其应有的尊严，成为当地的骄傲，为人们所尊重”。而文化遗产尊严的实现也需要另外两个“观念”的支撑，即文化遗产保护一定要考虑如何促进当地经济社会发展、文化遗产保护要惠及民众而不能伤害民众。单霁翔以西安大明宫遗址为例说明了三个“观念”的关系和重要性。上个世纪二三十年代始，大明宫遗址所在的道北地区是西安市出名的脏乱差和刑事案件多发地区，当地百姓生活水平较低、居住环境差，一直得不到改善。近几年，西安市启动了大明宫遗址公园保护与周边城市改造项目，清除350万平方米遗址面积上的不合理占压建筑，开工建设3.2平方千米的大型遗址公园，改善了10万老百姓的生活条件。在这个过程中，西安市并未增加财政支出经费，而是通过遗址所在地的增值潜力实现近80亿的融资，对遗址核心区进行保护和整治。五个拆迁办公室也没有出现别处常见的吵闹争执现象，反而是间间锦旗挂满墙。单霁翔说，这个曾被视为阻碍当地经济发展绊脚石的地区，现在已成为西安文化建设的一个亮点和城市发展新的起点。观念的转变带来了对遗址保护的重视，带动了地区经济的发展和社会稳定，也改善了当地群众的生活，使他们从文化遗产保护中得到实惠，发自内心地去爱护、保护。文化遗产得以实现自己的尊严，成为城市最美丽、最有魅力的地方。

海峡西岸文化遗产保护论坛（2007年4月25日）

福建在涉台文物保护中很重要——记者专访国家文物局局长单霁翔

记者陈尹荔《中国文物报》2008 年 12 月 31 日

12 月 26 日，涉台文物保护工程在泉州天后宫正式启动。为了这一天的到来，各界有识之士做了大量的努力。早在 3 月，国家文物局局长单霁翔就在全国两会上呼吁：宜尽早启动涉台文物保护工程，通过深入发掘、展示和传播涉台文物丰富的文化内涵，增进两岸同胞相互了解和骨肉深情。26 日，记者对专程前来泉州参加启动仪式的单霁翔进行了专访。

单霁翔说，启动涉台文物保护工程是十分必要的。涉台文物是两岸人民的共同文化遗产，是千百年来两岸民众的文化创造，是具有重大历史艺术和科学价值的文化遗存，保护涉台文物就是保护两岸共同的文化财富，对于增强两岸文化交流和沟通、促进祖国统一具有现实意义。涉台文物雄辩地证明了我国是一个多民族国家，全面客观真实地记录着两岸一家的历史事实，感召着今人为祖国统一做出努力。他还说，重视对一个文化内涵下形成的系列文化遗产的保护，是国际遗产保护的趋势和潮流。对涉台文物这类系列文化遗产的保护，不仅联系到了更广泛的区域对共同文化加以关注，而且促进了更多的文化交流，同时保护了文化的多样性。他还说，涉台文物的保护已经做了 3 年的工作，对于涉台文物的状况、资源、应该采取的措施、在来来生活中将发挥的作用，相关部门都作了比较深入研究。但总体而言，目前仍处于起步阶段，问题不少。现存的主要问题包括：许多具有重要价值的涉台文物保存状况堪忧，有的年久失修，濒临损毁危险；涉台文物点多面广，保护任务繁重，资金缺口较大；基础工作薄弱，研究水平较低，对涉台文物丰富的历史文化内涵的深入发掘、展示和传播严重不足，同时，反映海峡两岸历史渊源的文献资料和生产生活实物资料消逝速度加快，抢救和征集工作十分紧迫。

单霁翔说，在全国的涉台文物保护工作中，福建占有很重要的位置。经初步调查登记，全国涉台文物有 1 354 处，其中，福建就有 1 076 处，占了 80%。闽台两地亲缘、地缘、血缘关系更加密切，福建的涉台文物反映生产、生活、历史事件更加集中和全面，政治、经济、文化、科技、民俗都有体现，像百科全书一样博大精深，更加显出福建特有的地域文化。他认为，福建的涉台文物保护应该得到高度重视，不要当做一般的文化遗产，要赋予它们应有的尊严，把它们看做地方文化的骄傲。“要加强研究，注重福建的地域特点，认识到人民群众是涉台文物的创造者和主人，要充分尊重和利用海峡两岸人民的智慧，把涉台文物看做是我们能够面对未来可持续发展的资源和宝贵的财富。这样，我们的保护成果就会更加惠及广大人民群众。”他说。

11 月，应台湾沈春池文教基金会邀请，单霁翔以中华文物交流协会会长身份在台湾访问，并参加了由该基金会与台湾艺术大学合办的第一届海峡两岸南系古建艺术学术研讨会，还到台湾各地考察博物馆及古迹遗址等。“上个月，我参加了南系古建艺术的科学研讨会，走访了台湾的 9 个市县，感触很深。台湾的民众包括一些研究机构、学者、文物工作者，都对加强涉台文物保护、加强南系古建研究寄予很高的期望。保护涉台文物应该在民间这个层面、学术研究方面进行更深入的交流。”在单霁翔看来，海峡两岸关系，在最近出现了重大转机，进行涉台文物保护有一个好的外部环境，在下一阶段，涉台文物保护更加应该加大力度，使它更加有力地促进我们目前良好形势的发展，他还透露，相关部门准备用 5 年完成涉台文物保护工程。同时，作为第一批启动的涉台文物保护项目，泉州天后宫、闽侯昙石山遗址、福州三坊七巷—朱紫坊建筑群、东山关帝庙等 15 个文物保护单位，将得到中央财政 3 000 万元资金的支持。中央和各地方财政将成为涉台文物保护工程的主要资金来源。同时，涉台文物保护工程还将吸收民间资本参与。“涉台文物保护工程特别欢迎广大台湾同胞的参与、支持。”单霁翔说，目前不少台湾企业以及在大陆的台商都表示出了参与文物保护工程的愿望。此外，涉台文物保护工程还聘请了台湾历史学家、文物保护专家以及重要历史见证人作为顾问。

单霁翔强调，涉台文物的保护应该做到保护和合理利用相结合，充分运用传统工艺和现代科技，力保文物的真实性和完整性。保护形式应该多种多样，有些作为博物馆，有些作为宗教活动场所，有些是海峡两岸习俗的展示、展览，更多的是仍然有人居住的传统民居，这里边更有文化底蕴、文化积淀，它对于当地的乡土人情、风貌习俗反映更贴切，具有更加自然的生命力。他进一步指出，福建土楼的保护就是一个成功典型。在福建省委、省政府、地方政府的高度重视下，通过七八年时间的保护和整治，福建土楼成为世界文化遗产。“这些年，泉州市市委、市政府高度重视涉台文物保护工作，从历史文化名城到传统历史街区的保护，到文物建筑的保护和博物馆的建设，都是如此。海外交通史博物馆的新的展示，闽台缘博物馆的建设，就是明证。实际上这些对于提升城市的文化层次，换来新的城市定位，都是重要成果。并且，我觉得这些成果还将不断地放大，不断地取得新的效果。”他说。

单霁翔积极鼓励社会各界来参与涉台文物保护，他认为人民群众的日常保护是最重要的。他还说，要加强反映两岸关系的专题博物馆建设，积极探索更具知识性、趣味性、参与性和亲和力的展示方式，并积极组织文物展览赴台湾展出，不断深化两岸在文物保护方面的交流与合作。

“今天涉台文物保护工程之所以能够启动，之所以能够得到国家发改委、财政部、文化部、国台办的高度重视和评价，就是因为我们福建省文物文化部门做了大量的、实实在在的、卓有成效的基础工作。有了福建省各级领导的重视，福建省的涉台文物保护工作一定会有令人期待的美好前景。”单霁翔最后表示。

第一届海峡两岸南系古建艺术学术研讨会（2008年11月25日）

国家文物局局长单霁翔专访

本刊通讯员《中国博物馆》2009 年第 1 期

博物馆免费开放政策的实施不仅是推动我国博物馆繁荣发展的重要举措，也是我国文化遗产保护惠及人民群众的实际行动。随着免费开放工作的深入开展，近期，本刊通讯员特就此热点话题对国家文物局局长单霁翔进行了专访，同时，单霁翔局长也对本刊的主办单位中国博物馆学会换届后的新一届理事会提出了新的要求与希望，提纲挈领地指明了本刊在文化遗产传播中所应发挥的作用。

问：2008 年启动的博物馆免费开放，是当前公众和媒体关注的热点话题之一。请您简要介绍一下，一年多来免费开放工作的进展情况。

答：博物馆、纪念馆向全社会免费开放是一项实实在在的文化惠民政策。通过此举让广大民众都有机会享受博物馆的文化魅力，既是博物馆自身社会责任的体现，也是保障和发展人民群众基本文化权益的重要途径。

在各地、各部门的共同努力下，全国博物馆、纪念馆免费开放呈现出安全、平稳、有序的良好态势。截至 2008 年年底，全国有 1007 个博物馆、纪念馆陆续向社会免费开放，其中列入 2008 年免费开放试点名单的 505 个博物馆、纪念馆有 500 个已免费开放，只有 5 个博物馆、纪念馆因改扩建或重新布展没有对外开放，另有 507 个博物馆主动向社会免费开放。在 269 个全国爱国主义教育示范基地（包含部分博物馆、纪念馆）中，已有 147 个向社会免费开放。

这 1007 个博物馆、纪念馆免费开放以来，2008 年观众人数突破 1.54 亿人次，其中 500 个试点博物馆、纪念馆观众 1.18 亿人次，分别是 2007 年的 1.6 倍和 1.74 倍，有的博物馆、纪念馆观众人数甚至增长了 10 倍之多。免费开放提升了博物馆、纪念馆的展示水平，促进了博物馆、纪念馆社会功能的有效发挥。

问：免费开放是当前乃至今后一个时期全国文物系统的一项重点工作。请问，2009 年免费开放工作将要达到什么样的目标？下一步将采取哪些新的举措推动此项工作？

答：2009 年全国免费开放的博物馆、纪念馆预计新增 325 个，加上去年已开放的博物馆纪念馆，全国免费开放博物馆纪念馆总数将达到 1 332 个，约占文化文物部门归口管理博物馆纪念馆和全国爱国主义教育示范基地总数的 77%。考虑到文物安全及承载能力，文物建筑及遗址类博物馆仍暂不实行全部免费开放，继续对未成年人、老年人、现役军人、残疾人和低收入人群等特殊群体实行减免门票等优惠政策。2009年中央财政拟安排免费开放专项经费20亿元，重点补助地方博物馆纪念馆免费开放所需资金，鼓励改善陈列布展和举办临时展览，支持重点博物馆纪念馆提升服务能力。

进一步做好博物馆、纪念馆免费开放工作，是一项长期而紧迫的任务。我们清醒地看到，与社会发展的要求相比，与人民群众的期待相比，博物馆、纪念馆免费开放工作还存在一些不相适应的地方：有的博物馆、纪念馆管理方式粗化，创新意识不够，运行机制滞后，专业队伍薄弱；有的博物馆、纪念馆优秀陈列展览匮乏，展示水平和服务质量不高，教育活动和文化产品匮乏，缺乏吸引力、感染力；经费保障、绩效考评、协调机制等相关政策和配套措施需进一步完善，体制机制改革有待深化等。

免费开放为博物馆事业迎来了一个前所未有的发展机遇。下一步，我们将按照科学发展观的要求，紧紧抓住增强活力、改善服务这两个关键环节，积极推动博物馆管理体制和运行机制创新，建立保障免费开放工作的长效机制，努力提高工作水平，使博物馆、纪念馆的职能发挥更加充分、组织更有活力、运行更为高效，更好地为爱国主义教育服务，为青少年思想道德建设服务，为建设社会主义核心价值体系服务。首先，要把体制机制创新作为推动免费开放工作的重中之重。在政府部门的宏观调控、协调和指导下，努力建设成为现代公益事业主体，使博物馆、纪念馆的生机和活力明显增强，更好地适应免费开放新形势的需要。其次，要提升展览的质量和水平。充分发挥省级以上博物馆的龙头作用，整合区域博物馆藏品、展览、人才、技术、管理、资金等资源，不断创新陈列展览的内容、形式和手段。第三，逐步建立博物馆、纪念馆的财政保障机制，研究建立博物馆、纪念馆多元化投入机制，鼓励社会力量进行捐赠，拓宽博物馆、纪念馆经费来源渠道，研究推动博物馆、纪念馆机制改革和管理创新，优化内部资源配置，提高运行效率。第四，加快《博物馆条例》制定步伐，完善博物馆法规、标准、规范体系。

问：2008年12月9日，中国博物馆学会完成换届工作，您对新一届理事会有哪些要求和希望？

答：中国博物馆学会是由国家文物局主管的全国性的博物馆行业组织。多年以来，中国博物馆学会紧密团结和联系全国博物馆工作者以及广大关心热爱博物馆事业的社会各界人士，充分发挥行业优势，在组织学术活动、出版学术刊物、承担国家研究课题、搭建博物馆交流合作平台、提供会员服务、加强自身建设等方面，做了大量的、富有成效的工作，取得了可喜的成绩。在实现自身宗旨、履行行业职责和构建社会主义和谐社会的伟大实践中，日益成为推动我国博物馆文化繁荣发展和博物馆学术研究不断深入的一支重要力量。

2008年12月9日中国博物馆学会召开了第五届会员代表大会。通过选举，产生了以张柏同志为理事长的新一届理事会。本届理事会的五年任期，恰逢我国社会主义市场经济更加完善、文化体制改革不断深入、政府职能积极转变的新时期。在这个新时期中，博物馆赖以生存和发展的经济基础、体制环境和社会条件发生了深刻变化。

特别是全国博物馆免费开放试点工作开展以来，博物馆的社会职能与责任显著增强，博物馆与公众的互动性逐步提升，博物馆服务社会、融入社会的步伐明显加快，从而为博物馆事业和博物馆学会的发展提供了新的机遇。我们希望新一届理事会能够紧紧抓住这一难得历史时机，积极推动博物馆事业和学会工作的新发展，并强调要注意做好三个方面的工作。

一是加强学术性，使学会成为全国博物馆行业的学术中心。博物馆学作为一门研究博物馆的科学理论和工作方法的科学，在国际上已经有数百年的历史，但在我国还处于探索和起步阶段。特别是面对当前我国博物馆事业快速发展的大好形势，迫切需要一个深入、系统、实用、有中国特色的博物馆理论体系来指导博物馆业务工作的顺利进行，支撑博物馆事业的科学发展。这就要求中国博物馆学会进一步强化学术理论工作，不断加强学会的学术性，使学会形成一个既能开展学术交流，又能承担研究职能的全国博物馆行业的学术中心组织。积极团结和动员全国广大博物馆工作者，通过开展学术研讨、组织业务培训、承担科研任务等多种形式的学术活动，促进全国博物馆行业学术研究的繁荣和发展，促进博物馆学术理论的普及、先进技术的推广，促进博物馆专业人才的成长和提高，促进新理念、新技术与实际工作的结合。

二是加强服务性，使学会成为一个服务于全国博物馆的服务平台，随着国家文物行政部门进一步转变博物馆管理职能，按照政事分开的原则，将把更多业务性、事务性工作交由社会团体或中介机构承办。同时，以激发博物馆内部活力为核心，全力推动博物馆体制机制改革，进一步扩展与深化博物馆免费开放工作。面对这样的新局面，要求新一届理事会以服务为宗旨，积极为文物行政部门服务，为博物馆行业服务，为广大博物馆工作者服务。为文物行政部门服务，要体现在当好参谋助手上，体现在完成工作任务的质量上，借助自身的人才和学术平台优势，充分发挥凝聚行业各方面力量的桥梁作用，积极参与、全力配合，承担并完成好国家文物行政部门交办的有关业务工作；为博物馆行业服务，要体现在沟通协调上，体现在社会影响广泛的活动上，积极地在规范行业评价体系、促进社会力量参与博物馆建设的实践以及推动国内外博物馆交流与合作等方面工作中，发挥更大的作用；为广大博物馆工作者服务，要体现在搭建工作平台上，体现在力所能及办好事、办实事上，努力使学会的工作融入社会、服务社会、贴近百姓、惠及百姓。

三是加强开放性，使学会树立面向国际博物馆界的良好形象。2010 年 11 月，国际博协第 22 次大会将在上海召开。在未来一年多的时间里，中国博物馆学会要继续做好 2010 年国际博协大会的筹办工作。作为国际博协中国国家委员会，学会要以高度的责任心和使命感，积极投入到国际博协 2010 年大会的各项筹备工作中，按时高质量完成各项筹备任务，把 2010 年大会办成特色鲜明、成果丰硕、令人难忘的一次高质量学术盛会。同时，要紧紧抓住此次大会的契机，积极推动中国博物馆的国际化进程，要广泛号召和认真组织国内博物馆界积极参与到会议的筹备、组织联络和各种学术活动中来，以开放的心态和主动的姿态，加强与国际博物馆界的交流与合作，在展示我国博物馆事业发展成就的同时，要学习国际上先进的博物馆管理经验和做法，全面提升我国博物馆的水平。

我们相信，只要把握学会的职能与定位，学会今后的各项工作一定能够再上一个新台阶。我衷心希望，新一届理事会能够在未来五年的工作中思想共识、工作合力，把中国博物馆学会建设成为国内有权威、国际有影响的中国博物馆行业的核心组织和中坚力量。

问：您十分重视文化遗产的传播工作。5月25日国家文物局在北京召开了由众多媒体参加的“文化遗产与传播”论坛,您在会上做了主旨发言。您认为《中国博物馆》如何更好地发挥其在文化遗产传播中的作用?

答：文化遗产作为中华文明的精粹，是振兴中华文明，推动文化大发展大繁荣的基础。博物馆是收藏与保护文化遗产的基地，宣传博物馆是传承与传播文化遗产的有效途径。《中国博物馆》作为国家文物局主管的全国性博物馆行业刊物，应当承担宣传博物馆传承文化遗产的重任。2009年初，刊物进行了全面改版，这是新一届理事会顺应中国博物馆发展新形势、新要求做出的一项重要举措，在改版的过程中充分听取了各方专家学者的意见与建议，目前看来这次改版是成功的，下一阶段，学会的新一届理事会应当继续关注刊物的各方面工作，使改版后的刊物在新形势下发挥其应有的积极作用。我认为这种积极作用主要体现在以下三个方面。

首先是窗口作用。刊物要忠实地当好博物馆事业的宣传窗口。认真地宣传党和国家关于文物博物馆事业的大政方针，宣传国家和地方文物行业部门的政策法规，宣传各地博物馆优秀的工作经验，宣传国内外博物馆相关行业、相关领域、相关技术的新发展、新动向；还要充分利用国际国内两种资源、两个市场，努力推动博物馆相关出版产品通过各种渠道进入国外主流市场，扩大对外交流，积极实施“走出去”战略。

其次是平台作用。作为国家文物局主管的全国性博物馆刊物,《中国博物馆》应充当全国博物馆与博物馆工作者之间的交流平台。第一是立足于社会发展的大背景；第二是立足于博物馆事业建设本身的需要，满足广大博物馆工作者的需要。发布国内外博物馆学的重要著述、观点、理念，引发思想的碰撞，推动中国博物馆学术研究的发展与繁荣。

最后是纽带作用。刊物作为中国博物馆学会联系广大会员的纽带，要立足刊物，面向全国博物馆行业和广大会员做好服务工作，积极地传达学会的各种服务信息，反映基层博物馆和普通会员的心声诉求，密切学会与会员之间的联系。与此同时刊物也应成为国内外优秀的临时展览进行展示与交流的纽带，为国内展览走出去、国外展览走进来提供一个良好的机会。

《中国博物馆》在下一阶段的工作中要将“学术性、服务性、开放性”作为办刊宗旨，要通过宣传普及与文化遗产相关的知识让更多的人分享文化遗产蕴涵的丰富价值，增强民众对文化遗产的保护意识，努力形成全社会关心、爱护并参与文化遗产保护的氛围。让更多的人形成保护文化遗产的正确的理念，是刊物要承担起的责任，也是在文化遗产传播中刊物将要起到的作用。

刊物还应注意加强内部管理，提高服务能力，在保证刊物质量、提高学术水平的基础上，增强刊物的运营活力，处理好精神文明建设与市场经济发展的关系，处理好社会效益与经济效益的关系，要与社会发展融为一体，努力做好社会发展的宣传工作，让刊物无愧于《中国博物馆》这一品牌。

最后，预祝《中国博物馆》成为中国博物馆界的核心期刊，并为中国博物馆学术的发展发挥更大的作用。

北京大学文化遗产专题演讲（2010年4月21日）

福建在涉台文物保护中很重要
——访国家文物局局长单霁翔

记者陈尹荔《福建日报》2009 年 2 月 11 日

国家文物局局长单霁翔在去年全国“两会”呼吁：宜尽早启动涉台文物保护工程，通过深入发掘、展示和传播涉台文物丰富的文化内涵，增进两岸同胞相互了解和骨肉深情。11 个月过后，涉台文物保护工程终于在我省泉州天后宫正式启动。日前，就涉台文物保护相关问题，记者采访了单霁翔。

保护涉台文物，就是保护两岸共同的文化财富

单霁翔说，重视对一个文化内涵下形成的系列文化遗产的保护，是国际遗产保护的趋势和潮流。涉台文物是两岸人民的共同文化遗产，是千百年来两岸民众的文化创造，是具有重大历史艺术和科学价值的文化遗存，保护涉台文物就是保护两岸共同的文化财富，对于增强两岸文化沟通与交流、促进祖国统一具有现实意义。

单霁翔表示，涉台文物的保护目前尚处于起步阶段，现存的主要问题包括：许多具有重要价值的涉台文物保存状况堪忧，有的年久失修，濒临损毁危险；涉台文物点多面广，保护任务繁重，资金缺口较大；基础工作薄弱，研究水平较低，对涉台文物丰富的历史文化内涵的深入发掘、展示和传播不足；反映海峡两岸历史渊源的文献资料和生产生活实物资料消逝速度加快，抢救和征集工作十分紧迫。

涉台文物保护，福建占有很重要的位置

闽台地缘相近、血缘相亲、文缘相承、商缘相连、法缘相循，单霁翔说，在涉台文物保护工作中，福建占有很重要的位置。经初步调查登记，全国涉台文物 1 354 处，其中福建就有 1 076 处，占 80%。福建的涉台文物保护要赋予它们应有的尊严，把它们看做地方文化的骄傲，不要当做一般的文化遗产。“要加强研究，注重福建的地域特点，认识到人民群众是涉台文物的创造者和主人，要充分尊重并利用海峡两岸人民的智慧，把涉台文物看做是我们能够面对可持续发展的资源和宝贵的财富。这样，我们的保护成果就会更加惠及广大人民群众。”

去年11月，单霁翔以中华文物交流协会会长身份访台。“我走访了台湾的九个市县，感触很深。台湾的民众包括一些研究机构、学者、文物工作者，都对加强涉台文物保护、加强南系古建研究寄予期望。保护涉台文物，应该在民间这个层面、学术研究方面进行更深入的交流。”

准备用五年时间，完成涉台文物保护工程

单霁翔透露，相关部门准备用五年时间完成涉台文物保护工程。作为第一批启动的涉台文物保护项目，泉州天后宫、闽侯县石山遗址、福州三坊七巷—朱紫坊建筑群、东山关帝庙等15个文物保护单位，将得到中央财政3 000万元资金支持。中央和各地方财政将成为涉台文物保护工程的主要资金来源。同时，涉台文物保护工程还将吸收民间资本参与。目前不少台湾企业以及在大陆的台湾商家都表示出了参与文物保护工程的愿望。

单霁翔强调，涉台文物的保护应该做到保护和合理利用相结合，充分运用传统工艺和现代科技，力保文物的真实性和完整性。保护形式应该多种多样，有些作为博物馆，有些作为宗教活动场所，有些作为海峡两岸习俗的展示、展览，更多的是仍然有人居住的传统民居，这里边更有文化底蕴、文化积淀，它对于当地的乡土人情、风貌习俗反映更贴切，具有更加自然的生命力。

台北故宫博物院（2008年11月24日）

追索流失的国宝 守住今天的国门
——国家文物局局长单霁翔就佳士得拍卖圆明园铜像接受本报专访

记者刘琼《人民日报》2009 年 3 月 6 日

佳士得公司不顾中国政府和社会各界的强烈反对，于法国当地时间 2 月 25 日在巴黎拍卖了第二次鸦片战争期间被劫掠的圆明园鼠首和兔首铜像，中外舆论反映强烈。正在北京参加两会的全国政协委员、国家文物局局长单霁翔因此成为中外记者采访的焦点。他代表国家文物局就大家关心的相关问题接受了本报独家专访。

通过外交和法律手段实现非法流失文物回归

问：人们已经注意到国家文物局对整个事件的鲜明态度，但人们更想知道整个事件中，国家文物局做了哪些努力？

答：2008 年 10 月，国家文物局获悉佳士得公司将拍卖圆明园鼠首、兔首铜像，立即启动相关工作预案，向各方表明中国政府反对拍卖被劫掠和非法流失境外的中国文物的一贯立场。同时为防止借拍卖之机炒作、哄抬被劫掠文物价格的行为，国家文物局发布了《关于被盗或非法出口文物有关问题的通知》，要求各级文物行政部门劝阻我境内的博物馆及其相关机构和个人参与竞拍、购买任何被盗或非法出口的中国文物。我们主张通过外交和法律的手段，按照国际社会处理非法流失文物返还问题的法律框架和原则，实现非法流失出境的文物回到中国。

在此期间，国家文物局一直保持与佳士得公司驻华和亚洲区代表的交涉与沟通，并正式致函其亚洲区总裁表明中国政府反对拍卖圆明园铜像的立场。要求该公司停止拍卖被劫掠的圆明园文物，明确表示我们不希望由于此事件影响佳士得公司在中国的业务活动。

问：您如何评价“追索圆明园流失文物律师团”等社会力量的作用？

答：促进文物返还原属国，是各国政府义不容辞的责任，更是文化财产原属国人民不容剥夺的基本文化权利。国内外各界人士通过各种形式积极追索圆明园铜像，充分反映了中国公众和国际社会反对拍卖圆明园文物，希望文物回归中国的普遍呼声。

我们愿意与社会各界和有关国家、国际组织共同推动中国流失文物的返还。

促进文物返还原属国是国际社会普遍共识

问：您能具体谈一些我国政府成功实施文物追索的案例吗？

答：依据国际公约和双边协定，我国多次成功追索了非法流失境外的中国文物。如 1998 年从英国索回走私出境的文物 3 400 余件。2001 年从美国佳士得索回走私出境的河北曲阳五代王处直墓彩色石雕像。2003 年从香港佳士得索回被盗的河北承德珍贵文物 49 件，从美国索回陕西西安汉墓中被盗掘的 6 件陶俑。2008 年从丹麦索回走私出境的文物 156 件。

同时，通过与国外有关博物馆和收藏者的沟通、合作，多批流失文物被归还中国。如 2001 年加拿大国家美术馆将龙门石窟石雕佛像 1 件归还中国。2004 年、2005 年海外华侨将龙门石窟佛造像捐赠回国。2005 年瑞典东亚博物馆将 1 件汉代陶马俑归还中国。2008 年日本美秀博物馆无偿归还我国被盗的山东博兴北朝石刻菩萨造像。

追索流失文物同时防止新的文物流失

问：能否简单介绍一下国家文物局对今后文物追索工作的打算？

答：我们在积极追索历史上流失文物的同时，首先应当做好国内现有文物的保护管理工作，把好国门，防止出现新的文物流失。我们已经在全国设立了 14 个国家文物进出境审核管理处，不断加强文物进出境审核的科学化、信息化、规范化管理。其次，要进一步加强法规建设，特别是不断完善关于打击盗窃、盗掘和走私的国内法规体系，使我们开展国际文物追索时，具备更加有力的国内法规支撑和依据。国内的文物收藏机构和收藏者也应当有这方面的法律意识，不去购买来路不明的文物，更不能为盗窃、盗掘、走私文物的犯罪分子销赃。第三，进一步加大流失海外中国文物的调查工作力度，支持国内专业机构投入更多的经费和人员力量，有计划地开展包括圆明园流失文物在内的专题研究，全面收集、整理和研究流失海外的中国文物有关情况，准确掌握流失文物的基本面貌和重点文物的翔实信息。第四，积极地通过外交和国际合作努力，加快解决历史上流失文物的返还问题。我们将更加主动地参与文物返还的国际合作，增强我国在国际文物返还领域的话语权。

推动流失海外文物回归——全国政协委员单霁翔访谈录

记者王慧峰《人民政协报》2009 年 3 月 6 日

两尊 150 年前被英法联军从圆明园掠走的兽首铜像被拍卖，好似揭开了中华民族的一块陈年伤疤，更勾起了人们对于流失海外的中国文物命运的关注。

圆明园铜兽首只是我国流失海外文物的一个缩影。有资料显示，在全世界 47 个国家的 200 多家博物馆中，有 164 万件中国文物，而包括民间收藏在内的流失海外的中国文物总数，至少在 1700 万件以上，远远超出我国本土博物馆藏品总量。面对这些数字，人们不禁感叹，它们回家的路在哪儿？有多远？

3 月 5 日，全国政协委员、国家文物局局长单霁翔就这些问题接受了本报记者专访。

此次拍卖事件必将对流失文物返还领域乃至文化遗产事业发展起到积极促进作用

问：圆明园兽首因为那段悲壮的历史印记，承载了中国人太多的民族情感。佳士得方面不顾中国政府及民间的强烈反对而执意拍卖的行为更是受到了大多数中国人的唾弃。大家都非常关注作为国家文物局局长的您，对这一事件的看法。

答：国家文物局一直坚决反对拍卖圆明园文物等非法流失的中国文物，认为这种行为有悖于相关国际条约的基本精神，将严重损害中国人民的文化权益和民族感情。我们处理佳士得拍卖非法流失文物的原则立场，也得到了社会各界的支持。国内外各界人士通过各种形式积极追索圆明园兽首铜像的努力，充分反映了中国公众和国际社会反对拍卖圆明园文物，希望文物回归中国的普遍呼声。

我感到遗憾的是，虽然经各方面努力，现在相关圆明园文物仍未能回归祖国。但是从整件事情上看，此次拍卖事件引起了社会公众对流失文物返还问题的广泛关注和积极参与，是一次对文化遗产保护理念和法制观念的认知、探讨和提升的过程，必将对流失文物返还领域乃至文化遗产事业的发展起到积极的促进作用。

问：圆明园兽首拍卖的结果出乎很多人的意料，舆论对蔡铭超参拍兽首后拒绝付款的这种行为也有多种说法，您如何评价？

答：我们已经多次申明立场并正式下发通知文件，要求各级文物行政部门尽量劝阻我境内机构和个人参与竞拍、购买任何被盗或非法出口的中国文物，包括战争期间被劫掠出境的中国文物。明确要求政府设立的文物收藏机构以及登记注册的各类博物馆，不得购买被盗或非法出口的文物。我要说的是，有关竞拍行为纯属个人行为，国家文物局在其召开新闻通气会前对此毫不知情。

问：相较国内学者、网民等民间的激烈反映，政府部门的反映似乎冷淡了很多。我们也注意到出现了一些指责有关部门不作为的声音。身为国家文物局局长，您怎么看待这样的指责？

答：事实上，国家文物局在去年 10 月获悉佳士得公司将拍卖圆明园鼠首、兔首铜像后，就立即启动了相关工作预案，向各方表明中国政府反对拍卖被劫掠和非法流失境外的中国文物的一贯立场。

为了防止借拍卖之机炒作、哄抬被劫掠文物价格的行为，国家文物局发布了《关于被盗或非法出口文物有关问题的通知》，要求各级文物行政部门采取切实措施，劝阻我境内的博物馆及其相关机构和个人参与竞拍、购买任何被盗或非法出口的中国文物。也就是说我们不赞成国内各博物馆购买各类非法流失出境的中国文物。我们主张通过外交和法律的手段，按照国际社会处理非法流失文物返还问题的法律框架和原则，实现非法流失出境的文物回到中国。

其实在正式拍卖前，我们一直保持与佳士得公司驻华和亚洲区代表的交涉与沟通，并正式致函亚洲区总裁表明中国政府反对拍卖圆明园兽首铜像的立场，要求该公司停止拍卖被劫掠的圆明园文物，更明确表示我们不希望由于此事件影响佳士得公司在中国的业务活动。虽然佳士得方面也曾表示愿与中国政府合作的积极态度，但从未像有关媒体最近报道的以低价向中国政府转让兔首和鼠首铜像。当然最终，他们还是不顾中国政府和社会各界的强烈反对，如期进行了拍卖活动。

鉴于佳士得方面不顾中国政府和人民的强烈反对坚持拍卖圆明园兽首铜像，国家文物局依法对今后佳士得拍卖公司在华相关业务活动采取必要的措施。此项更为严格的管理措施仅限于对佳士得拍卖公司提交的文物进出境申请行为。这并不影响被劫掠文物回归中国。

问：我国政府并未主动提起诉讼追索这些流失海外的文化财产，其中有怎样复杂的原因？

答：虽然中法两国都是 1970 年公约即《关于禁止和防止非法进出口文化财产和非法转让其所有权的方法的公约》的缔约国，但由于相关国际公约不适用于公约生效前被盗或者非法出境的文物，因此，对于 1970 年公约生效前被掠夺、盗窃、盗掘和走私出境的中国文物，我国政府的基本态度是：不承认其合法性，不赞成以购买方式买回文物；坚持对非法出境文物进行追索的权利，积极通过国际协商与合作进行追索；欢迎和鼓励国内外友好人士或机构，通过捐赠、归还等方式促成中国流失文物的回归；深化文物返还领域的国际合作，积极参与联合国教科文组织制定第二次世界大战期间流失出境的文物相关原则，以及起草促进流失文物返还宣言等相关工作，表明我国追索非法流失境外文物的坚定立场，争取我国的合法权益；呼吁国际社会应当依据文物返还的基本原则，进一步重视和加快解决因战争等原因被劫掠文物的返还问题，推动这一问题取得实质性的进展。

启动我国流失海外文物的回归之路，堵住中国文物非法外流的“黑洞”

问：在此次事件中，由北京律师刘洋发起成立的中国“追索圆明园流失文物律师团”和一些民间人士表现得异常积极，您如何评价他们所做的努力？

答：促进文物返还原属国，是国际社会的广泛共识，也是各国政府义不容辞的责任，更是文化财产原属国人民不容剥夺的基本文化权利。近期国内外有关人士以各种形式积极追索和促成圆明园文物回归中国的努力，充分反映了中国公众和国际社会反对拍卖圆明园文物，希望文物回归中国的普遍呼声。我们愿意与社会各界和有关国家、国际组织按照国际社会处理非法流失文物返还问题的法律框架和原则，共同推动中国流失文物的返还工作。

中国文物的非法流失既有历史问题，也是一个不容回避的现实问题。社会公众对此次拍卖事件的关注和探讨，必将对我们的工作及整个流失文物返还领域发展起到积极的促进作用。我还愿意再强调一次，社会公众和各相关机构文化遗产保护理念和意识的提升是今后防止文物流失、促进文物返还的强大动力和有效保障。

问：回购、依法追索和捐赠是目前海外流失文物回归的三条主要途径，您曾明确表态不赞成回购，称“回购流失海外文物是对走私活动的纵容”。那么在目前，如何启动我国海外流失文物的回归之路？

答：中国政府根据海外流失文物的不同情况，采取的对策也不同。我要说明的是，我们仅对于非法盗掘走私出境的中国文物禁止回购，并按照国际公约，依靠国际合作依法追索。而对于国外博物馆和收藏者收藏的中国文物，只要是合法出境的，我们不会提出追索要求；对于因贸易等原因现存境外的中国文物，我们会根据我国博物馆收藏的需要有选择地征集。

此外，我们开展的“流失海外的中国文物调查”工作全面收集、整理和研究流失海外的中国文物的有关情况，为文物追索工作提供重要的基础信息和研究平台。

问：最后还有一个与圆明园兽首铜像无关的问题。去年底，您曾率大陆文物界人士参访台北故宫博物院，近日，两岸故宫的院长也正式实现了互访。未来两岸文物界还会有什么进一步的合作？

答：海峡两岸文物是两岸人民的共同文化遗产。加强两岸文物交流，对于增强两岸文化沟通与交流具有现实意义。作为国家文物局局长，我很高兴看到目前两岸文物交流与合作所萌发出的良好态势，也很乐意为推动两岸文物交流做出自己的努力。

去年两会期间，我就曾呼吁尽早启动涉台文物保护工程，通过深入发掘、展示和传播涉台文物丰富的文化内涵，增进两岸同胞相互了解和骨肉深情。去年，我走访了台湾的 9 个市县，深深感觉到台湾民众包括一些研究机构、学者、文物工作者，都对加强涉台文物保护、加强南系古建研究寄予期望。

基于虽有两个故宫博物院，但故宫只有一个的共识，以及两个博物院的收藏都是中华民族文化遗产的事实，两岸故宫合作交流是大势所趋。自 2003 年起，两岸故宫的有识之士已就举办“三希堂”联合展进行了试探性接触。2009 年伊始，两岸故宫博物院已实现互访，并就今年举办雍正特展等达成重要共识。随着两岸故宫合作的不断深入，其交流将不仅限于文物展览资源的共享，学术研讨、保护技术合作等也将逐步纳入日程。

签署中国、希腊防止盗窃、盗掘和非法进出境文物的谅解备忘录（2008年2月26日）

单霁翔委员就“圆明园兽首文物拍卖”事件答本报记者问

本报全国“两会”专题报道组《中国文物报》2009 年 3 月 11 日

近来，有关圆明园兽首拍卖事件引起多方关注，社会各界人士纷纷发表对此事的看法，大家一致谴责佳士得拍卖公司违反有关国际公约基本精神，执意拍卖圆明园流失文物的做法。但同时，在有关律师团赴法提起诉讼和中国公民在拍卖会上“拍而不买”的问题上，社会各界表达出各种不同声音，有的甚至出现对相关法律法规和国家政策的误读。近日，全国政协委员、国家文物局局长单霁翔接受本报记者采访，对“圆明园兽首文物拍卖”事件做出全面回应。

问：佳士得公司不顾中国政府和社会各界的强烈反对，于当地时间 2 月 25 日在法国巴黎拍卖了第二次鸦片战争期间被西方列强劫掠的圆明园鼠首和兔首铜像。请问国家文物局对此作何评价？

答：针对佳士得执意拍卖原属圆明园海晏堂十二生肖鼠首和兔首铜像的行为，国家文物局曾多次表态，我在这里再次重申我们的态度：①国家文物局认为佳士得方面坚持拍卖被劫掠的圆明园文物，违背了相关国际公约的精神和文物返还原属国的国际共识，损害了中国人民的文化权益和民族感情，将对其在中国的发展造成严重影响。②国家文物局坚决反对并谴责所有拍卖非法出境文物的行为。③国家文物局不赞成境内机构和个人参与竞拍、购买任何被掠夺、被盗或非法出口的中国文物。④国家文物局不承认对被劫掠文物的非法占有，并将继续依照相关国际公约和中国法律规定，通过一切必要途径追索历史上被盗和非法出口的文物。

问：一些媒体和公众都存在这样的疑问，为什么国家文物局未以法律诉讼的方式追索这些流失境外的文物，在整个事件中国家文物局做了哪些努力和工作？

答：虽然中法两国都是 1970 年公约，即《关于禁止和防止非法进出口文化财产和非法转让其所有权的方法的公约》的缔约国，但由于相关国际公约不适用于公约生效前被盗或者非法出境的文物，因此，对于 1970 年公约生效前被掠夺、盗窃、盗掘和走私出境的中国文物，我国政府的基本态度包括以下几点。

（1）不承认其合法性，不赞成以购买方式买回文物。

（2）坚持对非法出境文物进行追索的权利，积极通过国际协商与合作进行追索。

（3）欢迎和鼓励国内外友好人士或机构，通过捐赠、归还等方式促成中国流失文物的回归。

（4）深化文物返还领域的国际合作，积极参与联合国教科文组织制定第二次世界大战期间流失出境的文物相关原则，以及起草促进流失文物返还宣言等相关工作，表明我国追索非法流失境外文物的坚定立场，争取我国的合法权益。

（5）呼吁国际社会应当依据文物返还的基本原则，进一步重视和加快解决因战争等原因被劫掠文物的返还问题，推动这一问题取得实质性的进展。

这一段时间以来，在职责范围和现行国际、国内法律框架下，国家文物局主要在以下方面进行了积极努力。

（1）国家文物局在2008年10月获悉佳士得公司将拍卖圆明园鼠首和兔首铜像后，即启动相关工作预案，并多次表明中国政府反对拍卖被劫掠和非法流失境外的中国文物的一贯立场。随着整个事情发展，积极保持与媒体联系，努力回应公众呼声，增进公众对流失文物返还领域内相关情况和理念的了解。

（2）为防止借拍卖之机炒作、哄抬被劫掠文物价格的行为，国家文物局于2008年11月就发布了《关于被盗或非法出口文物有关问题的通知》，要求各级文物行政部门采取切实措施，劝阻我境内的博物馆及其相关机构和个人参与竞拍、购买任何被盗或非法出口的中国文物。也就是说我们不赞成国内各博物馆购买各类非法流失出境的中国文物。我们主张通过外交和法律的手段，按照国际社会处理非法流失文物返还问题的法律框架和原则，实现非法流失出境的文物回到中国。

（3）在此期间国家文物局有关负责人一方面保持与佳士得公司驻华和亚洲区代表的交涉与沟通，并正式致函亚洲区总裁表明中国政府反对拍卖圆明园铜像的立场，要求该公司停止拍卖被劫掠的圆明园文物，也明确表示我们不希望由于此事件影响佳士得公司在中国的业务活动。

（4）鉴于佳士得方面不顾中国政府和人民的强烈反对，坚持拍卖圆明园兽首铜像，2009年2月，国家文物局发出通知，要求各国家文物进出境审核管理处依法对今后佳士得拍卖公司在华相关业务活动采取必要的措施。

问：您如何评价“追索圆明园流失文物律师团”法律诉讼行为和有中国公民对圆明园两件兽首“拍而不买”的行为？

答：促进文物返还原属国，是国际社会的广泛共识，也是各国政府义不容辞的责任，更是文化遗产原属国人民不容剥夺的基本文化权利。国内外各界人士通过各种形式积极追索圆明园铜像的努力，充分反映了中国公众和国际社会反对拍卖圆明园文物，希望文物回归中国的普遍呼声。遗憾的是虽经各方面努力，现在相关圆明园文物仍未能回归祖国。但是从事件整体上看，此次拍卖事件引起了社会公众对流失文物返还问题的广泛关注和积极参与，是一次对文化遗产保护理念和法治观念的认知、探讨和提升的过程，必将对流失文物返还领域乃至文化遗产事业的发展起到积极的促进作用。

至于有关竞拍活动纯属个人行为，我局在其召开新闻通气会前毫不知情，更未参与。国家文物局《关于审核佳士得拍卖行申报进出境的文物相关事宜的通知》是在法律框架内，对今后佳士得拍卖公司在华相关业务活动所采取的必要措施。此项更为严格的管理措施仅限于对佳士得拍卖公司提交的文物进出境申请行为，并不会影响被劫掠文物回归中国。

问：能否简要介绍一下我国海外流失文物的现状和我国政府在促成海外流失文物回归方面的基本原则？

答：中国历史悠久，文化遗产资源丰富。但近代以来，我国大量历史文化遗产遭受损失，目前，流失海外的文物主要有三种情况：一是19世纪后半叶至20世纪上半叶西方殖民者以学术考察为幌子进行盗掘而流失出境的。例如，斯坦因、斯文•赫定、伯希和、大谷光瑞等人打着“文化考察”、“地理探险”幌子，对我国西北地区的石窟、壁画和古文化遗址进行的肆意盗窃和非法挖掘。二是战争劫掠流失出境的。例如，1860年“英法联军”对“万园之园”圆明园进行的野蛮掠夺和焚烧、1900年“八国联军”在北京对皇室珍宝的疯狂劫掠、日军侵华战争期间对中国文物的劫掠等等。三是国内不法分子盗窃盗掘与奸商非法贩运出境的。例如，1928年，军阀孙殿英率部对清东陵陵寝的野蛮盗掘和贩卖。20世纪80年代中期以后，为牟取暴利而盗掘古墓葬、古遗址，盗窃文物，非法交易并将其走私海外的犯罪行为，对我国的文物安全构成极大威胁，造成了新一轮的文物非法流失。

由于流失境外的中国文物情况复杂，中国政府会根据海外流失文物的不同情况，采取不同对策。对于国外博物馆和收藏者收藏的中国文物，只要是合法出境的，我们不会提出追索要求；对于因贸易等原因现存境外的中国文物，我们会根据我国博物馆收藏的需要有选择地征集；对于非法盗掘走私出境的中国文物，我们禁止回购，并且会按照国际公约，依靠国际合作依法追索。

问：近年来，我国政府在文物追索国际合作方面做了哪些工作？

答：打击文物走私和促进文物返还原属国，也已经成为国际社会普遍共识。联合国教科文组织1970年《关于禁止和防止非法进出口文化财产和非法转让其所有权的方法的公约》和国际统一私法协会1995年《关于被盗或者非法出口文物的公约》正是这些共识的集中体现。我国于1989年加入了联合国教科文组织1970年公约，1997年加入了国际统一私法协会1995年公约，充分表明了我国政府对国际社会促进流失文物返还的原则、精神的尊重和支持，也为我国与有关国家之间的文物返还国际合作奠定了重要的法律基础。

同时，我国积极推进与有关国家之间的文物返还双边合作。先后与秘鲁、印度、意大利、菲律宾、希腊、智利、塞浦路斯、委内瑞拉等国签署了防止盗窃、盗掘和非法进出境文物的双边协定，并已经取得了初步成效。2009 年 1 月，我国又和美国签署了《中华人民共和国政府和美利坚合众国政府对旧石器时代到唐末的归类考古材料以及至少 250 年以上的古迹雕塑和壁上艺术实施进口限制的谅解备忘录》，美方对部分中国考古材料和艺术品实施进口限制。美国是中国文物的主要流向国，谅解备忘录的签署使我国在防止文物非法流失、打击文物走私方面取得了重大进展。实践证明，加强文物返还国际合作，通过法律、外交等途径追索非法流失的中国文物，对于抢救保护文化遗产，维护国家文化权益，打击文物犯罪活动，都具有十分重要的意义和深远的影响。

问：通过您刚才所介绍的这些国际合作方式，我们在实施文物追索方面取得了初步进展，能否列举部分案例？

答：依据国际公约和双边协定，我国多次使用法律手段成功追索了非法流失境外的中国文物。如 1998 年从英国索回走私出境的我国文物 3 400 余件。2001 年从美国佳士得索回走私出境的河北曲阳五代王处直墓彩色石雕像。2003 年从香港佳士得索回被盗的河北承德珍贵文物 49 件，从美国索回陕西西安汉墓中被盗掘的 6 件陶俑。2008 年从丹麦索回走私出境的我国文物 156 件。

此外，在部分存在法律障碍或当事方具有强烈友好意愿的情况下，通过与国外有关博物馆和收藏者的沟通、合作，多批流失文物归还中国。如 2001 年加拿大国家美术馆将龙门石窟石雕佛像 1 件归还中国。2004 年和 2005 年海外华侨将龙门石窟佛造像捐赠回国。2005 年瑞典东亚博物馆将 1 件汉代陶马俑归还中国。2008 年日本美秀博物馆无偿归还我国被盗的山东博兴北朝石刻菩萨造像。

问：对于实施海外流失文物追索，国家文物局今后有哪些工作安排？

答：中国文物的非法流失既有历史问题，也是一个不容回避的现实问题。社会公众对此次拍卖事件的关注和探讨，必将对我们的工作及整个流失文物返还领域发展起到积极的促进作用。我们将在既有工作基础上加强以下方面。

首先，在积极追索历史上流失文物的同时，做好国内现有文物的保护管理工作，把好国门，防止出现新的文物流失。我们已经在全国设立了 14 个国家文物进出境审核管理处，建立了一支经验丰富、忠于职守的文物鉴定审核专业人员队伍，不断加强文物进出境审核的科学化、信息化、规范化管理。

其次，要进一步加强法规建设，特别是不断完善关于打击盗窃、盗掘和走私的国内法规体系，使我们开展国际文物追索时，具备更加有力的国内法规支撑和依据。

第三，进一步加大流失海外的中国文物的调查工作力度，支持国内专业机构投入更多的经费和人员力量，有计划地开展包括圆明园流失文物在内的专题研究，通过长期不懈的努力，全面收集、整理和研究流失海外的中国文物的有关情况，准确掌握流失文物的基本面貌和重点文物的翔实信息，为文物追索工作提供重要的基础信息和研究平台。

第四，积极通过外交和国际合作努力，加快解决历史上流失文物的返还问题。我们将更加主动地参与文物返还的国际合作，充分阐述我国追索非法流失文物的原则立场，增强我国在国际文物返还领域的话语权，维护我国的文化权益。积极支持和参与教科文组织制定二战流失文物原则宣言的相关工作，使这一文件能够充分体现文物返还原属国的基本精神，成为相关领域国际合作的普遍准则和指导方针，并为战争期间流失文物等返还问题确立公认的国际准则，推动圆明园文物等流失文物返还中国。

最后，我还愿意再强调，社会公众和各相关机构文化遗产保护理念和意识的提升是今后防止文物流失、促进文物返还的强大动力和有效保障。我们要求各级文物部门认真学习和大力宣传我国关于文物追索的政策方针，号召、推动国内的文物收藏机构和收藏者树立这方面的法律意识和良好理念，不去关注和购买来路不明的文物，对此方面行为保持警觉，更不能为盗窃、盗掘、走私文物的犯罪分子销赃。

郭炎先生捐赠文物仪式（2011年11月19日）

我国新发现文物点16万处——全国政协委员、国家文物局局长单霁翔谈文保

记者郭鲲 李琦《京华时报》2009年3月12日

昨天，全国政协委员、国家文物局局长单霁翔在接受记者采访时表示，在第三次全国文物普查中，我国新发现不可移动文物16万余处。根据调查，目前仅近三成全国重点文保单位消防过关，他建议设立国家文物安全专项经费，加大对文物保护单位和博物馆的安全投入。

一、关于灾区文物

将对北川地震遗址整体保护

问：目前地震灾区的文物保护工作进展怎样？

答：汶川地震后，四川省受损严重的全国重点文物保护单位有83处、省级文物保护单位有174处，市、县级文物保护单位有814处。我们已经提交了一份《5•12汶川地震遗址、遗迹保护及地震博物馆规划建设方案》，建议对北川老县城、汶川县映秀镇、绵竹市东汽汉旺厂区和都江堰市虹口深溪沟等4处典型地震遗址、遗迹进行保护。其中北川老县城处于此次大地震的震中，伤亡与损失巨大。在灾后重建中，北川县城被确定为实施异地重建，考虑到地震及次生灾害遗迹种类以及突出事件集中等特点，我们准备将北川县城作为地震遗址实施整体保护，并在北川建立地震遗址博物馆等纪念设施。

问：对灾区文物保护工作大约投入多少钱？

答：国家文物局，四川省文物局专门编制了《文物抢救保护修复专项规划》，这个规划已被纳入《汶川地震灾后恢复重建规划》之中。其中列入的不可移动文物抢救保护项目有153项，可移动文物修复有2 731件（套），少数民族物质文化遗产保护项目23项，总资金概算为31.8989亿元。规划中明确文物保护抢救恢复重建资金以国家财政投入为主。

二、关于文物普查

新发现16万处文物点

问：我们现在进行的第三次全国文物普查情况如何？和前两次比有什么变化？

答：我们现在所用文物的数据基本来自第二次文物普查，那还是上个世纪 80 年代的，已经 25 年了。第二次普查虽然得出了中国有不可移动文物 40 万处的数据，但只是个约数，每一处文物的状况到底如何并没有准确记载。如今其中不少文物已经由于各种原因不复存在。根据目前的统计情况，截至 2008 年年底，正在开展的第三次全国文物普查又新发现不可移动文物 16 万余处。

三、关于世遗保护

逐步建立三级监测

问：去年底，我们国家的世界文化遗产洛阳龙门石窟内出现了未经审批兴建别墅的情况。目前我国对世界遗产的保护是一种什么状态？

答：别墅是盖在洛阳龙门石窟建设控制地带内，严重违规，但是当地的世界文化遗产部门却不知情，也从另一方面暴露了世界遗产保护监管上的问题。

国内有一些部门，例如住房与城乡建设部、国土资源部利用卫星等高科技手段，实现了对城市规划区、风景名胜区内违法建设的实时监控。而在世界文化遗产领域，这方面的投入几乎没有，我们希望通过卫星对世界文化遗产进行监控。

对世界文化遗产的监控保护，我们将逐步建立起国际、省以及世界文化遗产地三级监测，和联合国教科文组织国际监测的多层面监测体系。

四、关于文物安全

仅三成重点文物保护单位消防过关

问：去年 2 月 11 日，韩国国宝崇礼门被一场大火付之一炬，我国在文物安全方面有哪些举措，以避免崇礼门事件？

答：崇礼门有着 600 多年历史，被韩国政府定位国宝。它的烧毁引起了全球文物保护领域的高度警惕，也给我国文物保护工作敲响了警钟。为此，公安部、国家文物局下发通知，要求凡是有文物建筑的地方当年内要完成消防预案的制定。

文物局近来对 2011 处全国重点文物保护单位和 246 座重点博物馆的消防情况进行了调查，当前文物消防安全形势十分严峻，其中全国重点文物保护单位的消防经公安机关验收的只占 27.47%，重点博物馆消防验收过关的只有 55%。我们发现有的文物建筑内还在使用电热器具、煤气、石油液化气的问题，有的还在未被开放为宗教活动场所的文物建筑内烧香、点灯、烧纸。所以今年国家文物局要加强文物火灾隐患的整改，同时建议公安部牵头，组织一次全国性文物建筑和博物馆消防安全专项检查，消除各类火灾隐患。

问：近年来随着文物市场升温，文物盗窃、盗墓等现象似乎有抬头之势？

故宫博物院文物安全检查（2007年4月30日）

答：目前损害文物建筑、损毁古墓葬、破坏文物原生环境的现象确实时有发生。据公安部统计，全国每年破获文物犯罪案件约 2 000 余起，一些文物犯罪活动还开始跨区域、跨国境、犯罪手段也呈现专业化、暴力化趋势。

我认为，文物安全保护的当务之急是加大文物保护单位和博物馆安全防范设施配备的经费投入。我们已经建议设立国家文物安全专项经费，争取在 2015 年前完成所有全国重点文物保护单位和重点博物馆的安全防范设施建设。

中国古代发明创造的集中研究与展示
——全国政协委员、国家文物局局长单霁翔就“指南针计划”接受本报专访

记者文宣《中国文物报》2009年3月18日

日前，全国政协委员、国家文物局局长单霁翔就“指南针计划”的相关问题接受本报记者专访。

问：“指南针计划”的重要性表现在哪些方面？请阐释项目的开展和行业的发展、和谐社会建设、提高国家软实力等方面的关系。

答：一是实施“指南针计划”是弘扬民族文化、振奋民族精神的重要战略举措。系统研究文化遗产的历史价值、艺术价值和科学价值，推广介绍一批我国古代发明创造的成果，并通过陈列展示、影像作品和科普读物等多种形式加以广泛传播，对落实“三贴近”要求，满足广大人民群众日益增长的精神文化需求，增强民族自豪感和凝聚力，激励海内外炎黄儿女积极投身中华民族伟大复兴的光辉事业，具有重要的现实意义。

二是实施“指南针计划”是维护世界文化的多元化和国家文化安全的紧迫任务。

三是实施“指南针计划”是实施自主创新发展战略的有机组成部分。

四是实施“指南针计划”是促进文化遗产保护领域整体发展，促进社会主义文化大发展、大繁荣的时代要求。通过对古代发明创造相关文化遗产展示理念、展示手段以及综合运用现代科技等方面的研究与推广，能够推出一系列贴近生活、贴近实际、贴近群众的专题展示，并在提高文化遗产保护部门的业务水平，促进文化遗产保护领域整体水平向前发展的同时，带动和促进推出一批适合我国现代教育需求的多个层次、多种形式的教学、科普读物、影视做品、数字化成果等等，进而通过现代化的传媒手段占领文化阵地，弘扬传统文化，开展爱国主义教育，培育自主创新的科学精神，促进社会主义文化大发展、大繁荣。

问：“指南针计划”前期研究和专项试点已进行2年，取得了哪些突破性成果，对以后研究有何作用？

答：在中宣部和文化部的指导下，在财政部的大力支持下，国家文物局于2006年完成了“指南针计划”专项立项可行性研究工作，组织专家进行了立项论证工作；

2007年以来，组织实施了一批分专项规划编制和专题试点工作，取得了一系列成果，为“指南针计划”的全面实施奠定了坚实基础。2008年，继续组织开展专题试点工作，并在其基础上，于奥运会期间，与中国科协合作举办了“奇迹天工——中国古代发明创造文物展”，展示了“指南针计划”的阶段性成果，展览受到了党和国家领导人的高度赞扬和社会公众的广泛关注。

（1）完成了对已有研究成果和史料的分类梳理工作。

组织有关单位对中国科学技术史相关学术专著和论文进行了分类编目，并对照近年来最新的考古发现进行了初步分析。

（2）编制完成7大主体类项目规划及实施方案。

（3）组织实施了“指南针计划”试点工作。

（4）通过专题展览、科普读物、电视专题片等手段展示宣传最新研究成果。

奥运期间，与中国科协共同主办“奇迹天工——中国古代发明创造文物展”。展览通过271件珍贵文物，运用最新研究成果，并配以模型、场景、图片等辅助展品及多媒体演示，真实再现我国在古代丝绸印染、青铜铸造、造纸印刷和瓷器制作等方面取得的卓越成就和古代科技的丰富内涵，充分体现了中华民族先辈们的伟大智慧和创新精神，有力证明了中华文明的发展史就是一部中华民族的持续创新史。展览得到党和国家领导人的高度肯定，以及社会各界的一致好评，为“指南针计划”的全面实施，营造了良好的舆论氛围，并依托1本图录、4本科普图书和1部电视专题片，将展览的影响力进一步延伸。

“指南针计划”时间跨度长、涉及范围广、工作任务重，涉及文化遗产、科学和技术、国民教育等诸多方面，是以促进国家自主创新和文化遗产保护为目的，局部重点突破带动整体全面提高的战略性引导项目。已开展的试点项目以某项发明创造的起源和鼎盛时期为突破口，积极探索，取得了良好的成效，并在宣传展示、科学研究、成果转化和组织管理等方面积累了宝贵的经验，为“指南针计划”的全面实施奠定了坚实的基础。

问：“指南针计划”专项领导小组已于2月17日成立，各领导成员之间的责任是什么，国家文物局作为领导小组办公室将如何协调各方面的关系？

答：领导小组主要负责从宏观规划和建设的方向组织、协调和指导专项的实施，确定指导思想和工作原则，审定实施规划和方案，决定专家指导委员会人员组成，协调各部门、单位的工作，对专项实施中的重大事项做出决策并管理监督专项资金的使用等。国家文物局作为领导小组办公室将积极为领导小组各成员单位做好服务工作；定期汇总专项实施情况，探索管理模式，总结经验，为领导小组提供决策依据；协调组织各项目组和相关单位贯彻落实领导小组议定事项。

问：项目时间跨度长、涉及范围广、工作任务重，将如何实施？

答：

1. 加强组织领导，完善组织机构建设

为保证“指南针计划”如期、高质、高效地达到预期目标，建议由中宣部、教育部、科技部、财政部、文化部、国家文物局等有关部门，以及中国科学院、中国工程院、中国社会科学院、中国科协、中央电视台等有关单位，联合成立“指南针计划”领导小组。领导小组下设领导小组办公室，同时组建专家指导委员会、“指南针计划”国家中心，为“指南针计划”的实施建立一个强有力的组织体系。

2. 加大投入力度，设立专项经费

建议中央财政设立“指南针计划”专项资金，主要用于：对承载中国古代发明创造的文化遗产进行专项调查登记和系统研究；推出若干古代发明创造专题的博物馆展览展示；利用各种媒介如图书、影像、网络等进行科普文化宣传；抢救保护古代发明创造涉及的濒危传统工艺和工程技术等。各地也应设立相应的专项资金。同时，积极吸纳社会资金。

3. 研究制定《“中国古代发明创造国家名录”入选标准》，公布首批中国古代发明创造国家名录

2008年年底前，完成《“中国古代发明创造国家名录”入选标准》研究制定工作。组织开展中国古代发明创造的文化遗产调查，汇集整理国内外有关史料并进行系统地科学验证，于2009年正式公布首批中国古代发明创造国家名录。

4. 组织中国古代发明创造的立项攻关，抢占中国古代发明创造研究的国际学术制高点

组织中国古代发明创造的立项攻关，采用多学科交叉渗透、多重证据法相互印证，全面启动对印证、佐证中国古代发明创造的文化遗产的专项调查、研究、展示，运用文献学方法、考古学方法、实验室方法、工程模拟方法、国际对比方法等多学科交叉渗透、多重证据法相互印证的系统综合研究方法，开展多领域专题研究，抢占中国古代发明创造研究的国际学术制高点，形成以我国为中心的中国古代发明创造国际学术研究中心。

5. 策划“中国古代发明创造”系列专题片，弘扬中华文明，开展科普教育宣传

策划“中国古代发明创造”系列专题片，结合“奇迹天工——中国古代发明创造展”的成果，优先启动专题片“丝绸织染”“青铜铸造”“造纸印刷”和“瓷器制作”的拍摄制作工作，弘扬中华文明，广泛宣传科学和技术对人类社会发展产生的深远影响，培育全社会的科学精神，激发全社会的创造活力。

6. 建设“指南针计划”门户网站，开展中国古代发明创造“进教材、进课堂”活动

建设“指南针计划”门户网站，并面向中小学生重点实施中国古代发明创造“进教材、进课堂”活动，把中国古代发明创造的伟大成果作为开展科普教育活动的重要内容，运用多种手段展示传播其科技内涵，让广大人民群众充分认识和了解中国古代重大创造发明成果，继承和发扬中华民族的伟大智慧，不断增强民族自尊心、自信心、自豪感。

7. 举办常设展览和专题展览，使其成为弘扬中华文化、进行爱国主义教育、开展科学普及活动的重要基地

组织对中国古代发明创造进行复原、再现，举办常设展览和专题展览，提高观众参与度，加强互动性展示内容和手段，让参观者体验古代发明创造的具体过程，体验中国古代科学家和发明家的聪明才智，使其成为弘扬中华文化、进行爱国主义教育、开展科学普及活动的重要基地。

问：项目所需投入大，为了保证国家的经费合理使用，项目实施中如何管理经费？

答：专项实施中，将建立一套完整的适合“指南针计划”的专项调查、整理、挖掘、研究和展示的管理体系，主要包括政策体系、标准规范体系、评估体系和项目管理体系等，如《“指南针计划”总体规划》、《“指南针计划”专项管理办法》、《“指南针计划”专项资金管理办法》、《“指南针计划”调查评估工作手册》、《“指南针计划”科学评价办法》《“指南针计划”绩效考评管理办法》等，为专项的实施提供强有力的依据和支撑。专项经费使用将严格按照相关规定执行，确保绩效。

中国文物保护科学和技术成果汇报展（2010年12月14日）

抢救坎儿井的启示……——全国政协委员、国家文物局局长单霁翔谈文化遗产保护

记者杨桦《人民政协报》2009 年 3 月 30 日

3 月 18 日至 20 日，在新疆吐鲁番举办了一个特殊的培训班——由国家文物局主办的坎儿井保护与利用培训班。水利专家对学员们进行了《吐鲁番地区坎儿井保护与利用》、《吐鲁番地区坎儿井保护工程措施》等方面知识的培训。150 多位来自吐鲁番和哈密地区在基层从事坎儿井保护、维修和管理的能工巧匠集中在一起，从文化遗产保护的角度进行了学习和交流。

3 月 22 日晚，记者电话联系了刚从新疆回来的全国政协委员、国家文物局局长单霁翔。他就坎儿井的保护与利用问题接受了记者的专访。

坎儿井是新疆各族人民创造和保护的

问：单霁翔委员，听说您刚从新疆坎儿井保护与利用培训班回来，并亲自给 150 多名学员授课。请您谈一下举办此次培训班的目的？

答：从国家文物局的层次上，针对特定的文化遗产举办专题培训班是很少有的。我们很高兴地看到，倡导保护坎儿井工作得到了当地干部群众的积极响应。我们认为，由经过培训、掌握了传统技艺的民众参与文化遗产保护工程，可以取得意想不到的多重效果。

问：当地群众在坎儿井保护中发挥了哪些作用？主要还存在哪些困难？

答：坎儿井是新疆各族人民创造的，也是新疆各族人民保护下来的。据我们了解，目前，由各村庄、村民小组负责各自坎儿井的日常保护和维修。群众自发组成维修和掏捞队，基本上每年都要进行必要的掏捞、清淤等，有水的坎儿井加固防坍塌的任务很重，每条坎儿井的掏捞清淤费用约 2 万元。当地维吾尔族农民还自发制定了《坎儿井村民公约》，自觉遵守，共同保护好坎儿井。目前存在的主要困难是缺钱和缺人力。由于坎儿井自身的构造情况，开凿、延伸、掏捞、修复和加固的成本较高，不仅高于明渠，而且也高于机井取水。由于资金的匮乏，修缮、加固力量相对薄弱，而无法实施全面、集中的有效保护和加固工作，使得坎儿井的坍塌现象比较普遍。因此，当地政府和文物部门必须在坎儿井保护中发挥积极作用。

保护坎儿井，既要现代方式也要传统技艺

问：目前保护坎儿井采取的是哪种方式？

答：采取的是现代方法和传统技艺相结合的方式。说起来还有一段故事。

2006 年国家决定划拨 6 000 万元资金，抢救加固 100 条坎儿井。设计部门编制了两套修缮方案，一是采取套用水泥涵管支撑坎儿井壁的加固方法；二是拟采用锚杆、喷 PS 等加固井壁的方法。经过分析，前者对文物本体原状改变过多，影响文化遗产的真实性，而后者成本过高，每修缮一条坎儿井需要 450 万元左右。这两种现代维修方法都不适合大范围使用。

如何既有效保障坎儿井的输水功能，又妥善保护文化遗产的真实性？去年 11 月，我和自治区文物部门同事一起，专程到吐鲁番走访民众。当时，我们看到夜幕降临时，吐鲁番群众点着篝火正在修缮坎儿井。我们了解到，当地村民建造维修坎儿井已有一套成熟的传统工艺，如挖沉沙池、井口构筑土堆及井盖、定期掏捞暗渠等。他们每年都自筹资金维修坎儿井，每条只需 2 万元。

由此，我们认为最好的办法还是传统手段与现代方法结合：在一些关键部位及结构薄弱、险情严重的部位，可使用现代方法，进行抢救性保护；其他部分应尽可能沿用民间传统修缮方法，充分调动当地民众的积极性，在对当地民众进行文化遗产保护知识培训的基础上，由当地能工巧匠带领民众，按照传统工艺开展自救式修缮。

问：除了能节约大量资金外，以传统技艺和现代技艺相结合的方式修缮坎儿井还有哪些积极意义？

答：充分利用传统技艺进行坎儿井的抢救保护除了能节省大量资金，还实现了三个方面的协调统一：一是实现了文化遗产保护和利用的统一。以传统技艺对坎儿井进行的维修，既未改变文物原状，又使原本即将枯竭的坎儿井再次焕发生机，满足了当地民众的取水需要。二是实现了保护文化遗产和提高当地人民生活水平的有机统一。这样既可以确保工程质量，又可以实现“以工代赈”，使当地

新疆吐鲁番地区坎儿井维修加固工程启动仪式（2009年12月17日）

民众通过辛勤劳动增加收入。三是实现了传统技艺的传承与发展的统一。由专业人员用传统技艺培训当地民众，可以最大限度地保持文化遗产的历史原状，这样既保护了物质遗产，又保护了非物质遗产。

保护文化遗产，我们有信心

问：请你谈一下，近年来各级政府在坎儿井保护中做了哪些工作？

答：自 20 世纪 80 年代初，新疆坎儿井即纳入各级政府的保护视野，从调研、立法、规划、投资保护等方面做了大量工作。在此略举一二。

截至 2004 年，新疆已全面启动坎儿井保护利用的规划编制工作，并投入部分资金建立保护区，对干涸坎儿井进行全面科学的抢救修复。

2006 年，新疆维吾尔自治区水利部门开始对吐鲁番—哈密地区的坎儿井实施大规模加固维修，部分样板工程经过一年多的施工已经完工，整个保护工程总投资预计超过 2 亿元。

2006 年，“坎儿井地下水利工程”被国务院公布为全国重点文物保护单位，并被国家文物局列入《申报世界文化遗产预备名单》。新疆坎儿井迈出了申遗的第一步。

同年 9 月，在各级人大代表和政协委员的长期呼吁下，新疆维吾尔自治区人民代表大会常务委员会审议通过了《新疆维吾尔自治区坎儿井保护条例》，并于 2006 年 12 月 1 日起正式实施。

自坎儿井被国务院公布为全国重点文物保护单位、列入世界文化遗产预备名单以来，吐鲁番地区文物局立即着手开展坎儿井保护的前期工作，吐鲁番地区也将坎儿井列为农业水利的一部分进行维修保养，并组织吐鲁番坎儿井研究会、吐鲁番地区水利局、吐鲁番地区水科所对吐鲁番地区坎儿井的地理位置、基本资料、图片资料、所属水系等进行系统的调查，形成完整的普查报告，以期尽快实施保护工程，从而改善坎儿井的保存和使用状况。

问：坎儿井的事例对于我们保护其他的文化遗产有着怎样的启示？

答：文化遗产与当地经济社会发展，特别是与当地人民群众现实生活之间有着日益密切的联系，要充分尊重这种联系，将其提升和转化为文化遗产保护与传承的动力，使文化遗产保护的成果惠及广大人民群众。这也使我们对建立“国家保护为主，动员全社会共同参与”的文化遗产保护体制有了更深刻的认识，也有了更坚定的信心。

摸清长城资源家底 为实施科学保护奠定基础
——国家文物局局长单霁翔就有关明长城资源调查相关问题接受本报记者专访

记者孙波《中国文物报》2009 年 4 月 22 日

长城是人类文明史上最伟大的建筑工程之一，其以建造时间之长，工程之浩繁，分布地域之广，影响力之大，成为举世关注的焦点。为了保护好长城这一人类的共同文化遗产，2007 年，国家文物局联合国家测绘局开展长城资源调查，以彻底摸清我国长城资源的家底，为长城保护管理的良性发展打下坚实基础。经过两年的艰苦工作，2009 年 4 月 18 日，明长城资源数据终于向社会公布。近日，国家文物局局长单霁翔就明长城资源调查有关问题接受本报记者专访。

问：在一些中国老百姓的眼中，“万里长城”似乎是个基本的国情常识。为什么还要开展这次长城资源调查工作，其主要意义是什么？

答：要回答这个问题，需要先廓清对长城的两个认识误区：首先，“万里长城”这个说法不够确切，原有数字是根据明代文献资料记载统计出的结果，并无实地调查依据；其次，长城并不只是一道单独的城墙，而是由城墙、敌楼、关城、墩堡、营城、卫所、镇城烽火台等多种防御工事所组成的一个完整的防御工程体系。

在本次调查之前，各地对长城曾做过不同程度的考古调查，但由于各地未统一开展工作，调查内容也各有侧重，部分地区没有进行整理和汇总，故没有形成翔实、完整而系统的资料，对长城的总体情况没有完全掌握。可以说，我们对长城的家底远没有准确掌握。这种情况严重制约了长城保护政策的出台和执行，影响了具体保护计划、措施的制定和实施，已经成为长城保护、研究等工作深入开展的瓶颈。开展长城基础调查工作已经成为文物工作者的共识，也为社会各界广为关注。

2005 年 11 月，国务院同意了《长城保护工程（2005—2014 年）总体工作方案》，该保护工程的目标是：争取用较短的时间摸清长城家底、建立健全相关法规制度、理顺管理体制，在统一规划的指导下，科学安排长城保护维修、合理利用等工作，并依法加强监管，从根本上遏制对长城的破坏，为长城保护管理工作的良性发展打下坚实基础。《方案》明确本次长城资源调查的工作目标为：全面准确掌握全国历代长城的规模、分布、构成、走向及时代、自然与人文环境、保护与管理现状等基础资料，测量长城长度，产生长城基础地理信息和长城专题要素数据，发布长城长度等重要信息。建立科学、准确、翔实的长城记录档案和长城资源信息系统，为编制长城保护规划、开展长城保护工程、加强保护管理和进行科学研究提供依据。

根据这一工作目标，我们确定了调查的对象为构成长城防御体系的长城本体、附属设施以及长城体系的相关遗存。调查的内容为上述调查对象的现存状况、存在的各类破坏性因素，影响长城及其景观的自然和人文环境，以及以“四有”为中心的文物保护管理情况。根据调查获得的数据和资料，我们将形成长城记录档案、长城资源考古调查报告和长城资源信息系统等调查成果。

问：国家测绘局和国家文物局联合组建长城资源调查队伍，是此次长城资源调查工作的重要特点，请问在实地调查中，两局是如何组织协调、密切配合开展工作的？同以往相比，此次长城资源调查工作有哪些不同之处？

答：此次长城资源调查工作取得圆满成功是文物和测绘部门分工协作、发挥各自优势的结果。为更好地完成我国长城资源调查工作，建立长城文物记录档案和长城资源管理信息系统，2006 年 10 月 26 日，国家文物局与国家测绘局达成了关于开展长城地理信息资源调查的合作协议。2007 年 4 月，两局联合组成了国家长城资源调查工作机构，负责长城资源调查的组织、协调及重大问题的决策。国家文物局副局长童明康和国家测绘局副局长李维森任组长，国家文物局文物保护司和国家测绘局国土资源司兼任领导小组办公室的工作。在实地调查中，文物部门负责开展田野调查，进行现场勘查、考古测量，做好信息采集和登录工作。测绘部门负责提供资料和技术支持，测量长城长度，产生长城基础地理信息数据。

由于两部门分工明确，配合紧密，此次调查成果取得前所未有的突破，表现在：一是在调查对象和内容上，此次调查的对象、内容更加丰富，包括长城本体、附属设施、相关遗存等，以及长城周边的自然与人文环境、保护与管理现状等都是调查内容。二是在调查方法上，除沿用以往的田野考古调查的方法，还采用 GPS 定位系统、红外测距仪、数码照相等先进设备和现代测绘技术手段，确保所获资料数据的全面精确。三是在成果的要求及其质量控制手段上，我们制定了科学完整的技术路线和一套技术标准，并在调查实施过程中，采取了一系列措施，保证了技术路线的有效实施和技术方法的标准化管理。四是在调查成果上，此次长城资源调查不仅获得了包括长城长度在内的长城基本状况资料，还将形成完整的长城档案、建立长城资源信息系统、编写长城资源调查报告等。这些调查成果将为长城的保护和管理，以及长城研究、宣传和展示等提供坚实的基础。

问：此次长城资源调查工作涉及省份之多，专业技术性之强，工作强度之大，是以往某一单项文化遗产资源调查工作所无可比拟的。在此情况下，长城资源调查工作如何获得社会各方面的支持与协作？

答：长城资源调查是一项综合性文化遗产保护的工程。自2006年项目启动以来，国家文物局组织了大规模的调查研究，形成了长城资源调查工作的总体布局和基本工作模式。

第一，科学组织，密切合作。确立了由文物部门和测绘部门联合进行调查工作、国家级与省级两级负责的基本模式。同时，在中国文化遗产研究院（原中国文物研究所）建立了长城资源调查工作项目组，负责落实领导小组的决策，具体组织和协调调查工作。长城沿线15省（区、市）也先后建立了相应的调查管理机构，按照国家领导小组的部署和相关标准规范领导本省（区、市）的长城资源调查工作。同时，建立了明确的省级责任制，按照“各省统一组队调查、统一调配人员”的原则，各省文物部门都抽调最具专业水平和敬业精神的考古、古建、历史等方面的业务骨干统一组队开展调查，保证了对调查工作有效、有力的领导和一线调查队伍的基本专业素养。

第二，先试点，后推广，确保调查质量。为科学、规范地开展调查工作，国家文物局安排了河北、甘肃两省进行野外调查试点，根据试点工作实际情况，长城资源调查工作项目组参照相关行业标准、技术规范，组织制定了《长城资源调查工作总体方案》和《长城资源调查工作规程》，详细规定了调查工作的技术路线，同时设计了长城资源调查的各类登记表、汇总表、调查管理办法、工作规范和技术标准，并汇总印制为《长城资源调查工作手册》，发放至各调查队，对调查的技术工作进行了严格的规范。此外，还组织了技术培训工作，基本做到了对一线调查队员进行全员培训的要求。

第三，新技术应用和传统调查相结合，做好长城数据定量和定性工作。比如，在野外调查阶段，采取现场考古调查的基本方法，对长城本体、附属设施和相关遗存进行定性判定，测绘人员通过GPS坐标点定位、测量。在此基础上，文物调查和测绘人员合作按照1:10000的成图精度，采用数字摄影测量的方法，进行像控点测量、外业调绘与内业数据采集，进行长城长度测量与长城带状专题数据的计算工作。

问：此次长城资源调查工作面临哪些主要困难？

答：一是长城遗存类型丰富、保存状况复杂，需要通过综合分析才能对遗存性质进行判定，要求调查队员具备丰富的野外调查工作经验和较高的专业素质；二是调查人员要严格按照《长城资源调查工作手册》的要求和规定进行长城要素的数据采集，要熟练掌握现代数字技术，规范性要求高；三是长城时间跨度长、空间绵延分布大，历史发展沿革变化复杂，相关文献检索和资料整理任务艰巨；四是长城所处的地理环境十分险峻，工作条件艰苦，对调查人员的业务技能和身体素质有很高要求。令人感到欣慰的是，调查人员克服了这些困难，并圆满完成了明长城野外调查任务。我也借这个机会向他们表示慰问和感谢。

问：此次长城资源调查工作有哪些主要收获，取得哪些关键性数据？

答：此次长城资源调查是新中国成立以来对长城进行的首次全面调查，主要取得以下收获。

首先，通过调查，基本摸清了明长城资源家底，掌握了明长城的分布、走向、墙体及附属设施、自然与人文环境、保护和管理现状。调查确认明长城分布于我国北京、天津、河北、山西、内蒙古、辽宁、陕西、甘肃、宁夏、青海10个省（区、市）的156个县的县域范围。长城东端起点位于东经124° 30′ 56.70″，北纬40° 13′ 19.10″，明代隶属于辽东镇，现隶属于辽宁省丹东市振安区虎山乡。西端起点位于东经98° 12′ 1.1″，北纬39° 44′ 36.32″，明代隶属甘肃镇肃州卫，现属嘉峪关市，具体地点嘉峪关市峪泉镇嘉峪关村1组西0.80千米嘉峪关关城南6.13千米。调查确定，明长城现存总长度为8 851.8千米。按墙体材质分类，土墙长度为1 828.9千米，石墙长度为3 411.3千米，砖墙长度为249.6千米，山险墙长度为197.4千米，山险长度为2 192.8千米，壕堑长度为359.7千米。按墙体保存状况分类，保存较好的墙体长度为513.5千米，保存一般的为1 104.4千米，保存较差的为1 494.7千米，保存差的为1 185.4千米，地面遗迹已消失的为1 961.6千米。调查确定，明长城现存关堡1 176座，烽火台5 723座，其他相关遗存共1 026处，其中有许多新的重要发现。长城遗迹的这些新发现，进一步加深了我们对长城建筑及其历史沿革的认识。

第二，此次调查得到的长城基础资料，为各地划定保护范围和建设控制地带、编制保护规划、制定保护修缮方案、设置围护装置、加强“四有”工作等提供了支持。如北京市文物局出资100万元，以延庆县为试点，委托延庆文委编制《延庆县长城文物保护总体规划》。北京市将在6个区县规划编制基础上形成《北京市长城保护规划》。目前，相关专家已对延庆县境内40多座与长城相关的城堡进行了调查，保护规划的初稿正在编制当中。

第三，调查得到的资料经过整理，将形成完整的长城档案。明长城资源调查总报告和长城沿线10省（区、市）的调查报告的编纂工作于2009年初陆续开始，各省的报告拟于2009年底完成编纂和出版工作。各省还根据本省长城的分布状况，开始进行了一系列的专题研究，并已取得部分成果，编辑出版了部分专题报告。例如，北京正在筹备出版《长城建筑测绘图集》，陕西正在筹备出版《三十六营堡》等。其他许多省（区、市）也正在进行选题和各项准备工作。此外，长城资源调查工作记录档案的建档工作也在各地陆续开展。

第四，通过调查，各地为文物考古工作培养了人才、锻炼了队伍。国家文物局在河北、甘肃调查试点摸索经验和研制标准规范的基础上，于2007年3月9日至20日举办了为期15天的全国长城资源调查总领队及长城资源调查业务主管人员培训班，受训人员计127人。各省对长城资源调查人员进行了全员培训，共计培训527人。调查过程中，国家文物局、国家测绘局多次举办沟通、调研、答疑、讨论等专题会议，控制调查、测绘质量，统一认识。通过参加此次实地野外调查工作，文物部门又涌现出一批能吃苦、能战斗的精兵强将和长城研究专业人才。

问：您刚才提到，此次长城调查不仅是数据上的计量，还包括保存现状的调查。

请问现在长城的保存现状如何？

答：我对长城保存现状可用一个成语形容，即“喜忧参半”。

忧的是，由于时间久远，加上自然与人为破坏，多处长城段落保存状况较差，从整体上来看，长城保护状况不容乐观。以明长城为例，我国明长城总长度为 8 851.8 千米；其中人工墙体长度为 6 259.6 千米（按照《长城资源保存程度评价标准》，保存较好的仅有 513.5 千米，不足总长的 10%，保存一般的 1 104.4 千米，约占总长度的 20%。而已消失的有 1 961.6 千米。

喜的是，长城保护工作逐渐得到社会各界的关注、支持和参与，对长城的保护管理逐渐加强。① 国家和各级地方人民政府投入大量人力、物力对长城进行了抢救维修。例如，2008 年 6 月完工的山海关长城保护工程，国内 6 个省市十余支专业队伍参与了相关项目，包括关城及东罗城 6 000 米古城墙地基加固、现状保护、重点修缮、修复等，总投资 2 亿多元。② 一些地方人民政府为辖区内的长城划定了保护范围，有的设立了专门保护管理机构。例如，北京八达岭、居庸关及云台等均建立了专门保护管理机构，划定了保护范围和建设控制地带。③ 一些地方政府、文物行政管理部门还颁布了长城保护的地方性法规、管理条例。例如，辽宁省葫芦岛市人民政府颁布了《葫芦岛市九门口长城保护管理规定》，天津市文物局发布了《天津市黄崖关长城保护管理规定》，北京市人民政府颁布了《北京市长城保护管理办法》等。尤其是2006年国务院颁布的《长城保护条例》作为第一个针对专项文化遗产发布的行政法规，为长城保护提供了有很强针对性和可操作性的政策法规支持，对加强长城的保护和管理工作具有重要的意义。除此之外，长城沿线各级文物行政部门设立了长城保护员，对长城进行巡视检查和日常看护，为及时发现和处理长城保护存在的问题发挥了重要作用。

但同时还应该看到，目前长城保护管理体制混乱、力量薄弱的问题依旧存在，对长城还缺乏系统的监测和管理。我们将吸收、借鉴国际先进管理理念，建立长城保护专家咨询制度，建立长城巡查、巡视制度，及时发现和解决长城保护中存在的问题。

问：目前，明长城田野调查已经结束，下一步还将开展哪些工作？

答：明长城田野调查结束后，我们将按照《长城资源调查总体工作方案》，统一部署，积极着手开展以下工作。

第一，抓紧进行明长城调查资料的整理与汇总。田野调查的完成仅仅是明长城资源调查工作的第一步，而相关资料整理工作的好坏直接关系到调查成果的质量，也是建立长城档案、编写长城资源调查报告、建立长城资源信息系统的关键。长城资源调查获得的资料和数据数量巨大、种类繁多，既有大量文字记录，还包括照片、录像、图纸、拓片及摹本等多媒体资料。要使这些材料有序可查、方便利用，尚需有一个严谨、细密的整理汇总过程。

第二，组织有关专家和技术人员按照相关规定对调查资料进行检查、验收与评估。检查验收工作将以县为单元组织，各省文物部门检查验收合格后，由国家的长城资源调查工作项目组进行检查验收。要通过专业检查、验收与评估保证资料质量，使各类调查资料能够为长城保护、研究服务。

第三，建立长城资源管理信息系统。长城资源调查数据量庞大且分散，传统的人工管理方法难以适应新形势下对管理效率和科学性要求。我们将充分采用 3S 技术、数据库技术、网络技术等现代高新技术，对长城的各类档案记录、数据资源进行采集、处理、整合，建立集成化的资源信息系统。通过管理信息系统对长城调查数据进行检查汇总、整合分析、一体化集成管理，为全面、系统地认识、研究、管理、保护长城提供可靠的决策依据。

第四，建立明长城资源调查成果档案，并进行备案。长城资源调查成果档案是调查的重要成果，系统、科学地建立长城档案，旨在对调查得到的各类数据、资料和信息进行保存，以期加强对长城的保护、利用和研究，为开展长城研究、制定长城保护规划提供基础材料。

第五，编写长城调查报告。调查报告不仅使我们能够全面了解调查的组织、经过、技术路线及工作方法，集中反映调查成果，同时也是开展长城学术研究的重要内容。通过编写调查报告对获得的大量资料进行梳理、研究，为业内、业外人士提供最权威的研究资料。

问：国家文物局对于秦汉及其他时代长城资源调查工作作何安排？

答：按照《长城资源调查工作总体方案》安排，长城资源调查分为明长城调查、秦汉长城调查和其他时代长城调查三个阶段。按照计划，2009 年 12 月，完成秦汉长城的调查、测量与数据入库；2010 年 12 月，完成其他时代长城的调查、测量与数据入库。现在距秦汉长城田野调查任务的完成时间已不足 8 个月，任务非常艰巨。但我们相信，有在明长城资源调查工作中所建立起的工作基础和培养起的人才队伍，我们一定能够保质保量完成既定目标任务。

相关链接：

（一）长城的价值

长城是世界上修建时间最长、体量最大、内容最为丰富的世界文化遗产，是中华民族在漫长发展历史中的杰出创造，在全世界范围内都具有突出和普遍的价值。

联合国教科文组织世界遗产委员会评价长城：约公元前 220 年，一统天下的秦始皇，将修建于早些时候的一些断续的防御工事连接成一个完整的防御系统，用以抵抗来自北方的侵略。在明代（公元 1368 ～ 1644 年），又继续加以修筑，使长城成为世界上最长的军事设施。它在文化艺术上的价值，足以与其在历史和战略上的重要性相媲美。

历史价值：长城的修建几乎历经整个封建社会的发展，绵延持续了 2 000 多年的时间，见证了整个中国封建历史。具有各时代各自不同的特点，反映了一定历史时期的人类社会活动、社会关系、上层建筑和经济基础以及利用自然、改造自然和当时的生态环境的状况、当时的社会安定状况和军事防御能力。

艺术价值：长城体现出高度的建筑艺术，敌台、烽火台高大雄伟，城墙沿山脊修筑，起伏曲折，气势磅礴；长城体现出高度的景观艺术，是融入风景名胜中的人文景观；长城有丰富的浮雕、碑刻、塑像等造型艺术品。

科学价值：长城的规划设计体现出科学价值。其选址布局在重要道口、山口、山海交界处，设立关城，既便于交通，又有利于防守，由城墙、敌楼、关城、墩堡、营城、卫所、镇城烽火台等构成完整的军事防御体系；长城的结构、材料和工艺体现出当时的科技水平。它所经地形极为复杂，又就地取材、因地制宜采用夯土、块石片石、砖石混合等结构，坚固实用；长城本身是战时运送士兵的交通要道，平时又供信使及商旅往来；长城记录着 2000 多年来建筑技术、防御技术不断进步的过程。

（二）长城保护工程的背景及主要内容

2005 年，国务院批准了《长城保护工程（2005—2014 年）总体工作方案》。长城保护工程的目标是，争取用较短的时间摸清长城家底、建立健全相关法规制度、理顺管理体制，在统一规划的指导下，科学安排长城保护维修、合理利用等工作，并依法加强监管，从根本上遏制对长城的破坏，为长城保护管理工作的良性发展打下坚实基础”。

其主要内容为：①开展长城资源调查，建立长城文物记录档案；②编制《长城保护总体规划》，划定保护范围和建设控制地带；③制定《长城保护条例》，建立健全配套法规。国务院已于 2006 年 12 月 1 日正式颁布施行，这是我国第一部专为一项文化遗产颁布的专项法规。④建立健全配套法规；⑤理顺长城保护管理体制，明确长城保护责任；⑥深入开展长城保护宣传教育工作；⑦加强长城保护科学研究；⑧科学制定长城保护修缮计划，完成重点地段维修方案编制和重点部位抢救工程；⑨依法加强监管，严惩对长城的破坏行为；⑩增加对长城保护工作的经费投入。

（三）长城资源调查的背景

长城保护工程的第一项内容就是开展长城资源调查，力求摸清长城家底，扭转长城保护工作的被动局面。长城资源调查的目的是，全面、准确掌握全国历代长城的规模、分布、构成、走向及其时代、自然与人文环境、保护与管理现状等基础资料。

明长城资源调查是长城资源调查的开端，2006 年 10 月，国家文物局和国家测绘局签署协议合作开展明长城资源调查工作。自 2007 年始，在河北、甘肃两省试点经验的基础上，长城资源调查全面展开。至 2008 年年底，明长城资源调查工作圆满完成，长度数据量测工作通过验收。

全面科学地“梳理”我国古代发明创造
——专访全国政协委员、国家文物局局长单霁翔

记者王慧峰《人民政协报》2009 年 4 月 23 日

“深入挖掘、整理和研究这些文化遗产所蕴藏的重要价值，充分展示我国古代发明创造，探究其形成的历史渊源和背景，对于继承和弘扬民族创新精神，形成符合时代要求的具有中国特色的创新文化，动员亿万民众增强自主创新能力，以及维护世界文化多元化和国家文化安全都有着重要作用。”日前，全国政协委员、国家文物局局长单霁翔就“指南针计划”的相关问题接受了本报记者专访。

问：推出“指南针计划”的初衷是什么？想要达到什么样的目的？

答：长期以来，由于对我国古代发明创造在人类进步和社会发展中的作用和地位认识不够，因此一直未能对实证古代发明创造的文化遗产开展调查系统整理、研究展示和抢救传承工作。

实施“指南针计划”，通过对文化遗存缜密的科学研究，以历史记载与文化遗产实物相结合的实证材料，将逐步树立中国古代发明创造的科学地位，揭示中华民族自古以来非凡的生命力和创造力，有利于探明我国古代发明创造的起源与发展脉络，捍卫以“四大发明”为代表的一系列中国古代发明创造的归属权，增强国际社会对中华文明的认知与认同，推动中华文化走向世界。

更为重要的是，通过系统总结中华民族社会生产、生活等诸多领域的发明创造及其产生的历史背景、社会背景、人文科技环境，重新审视我国古代科技创新的辉煌历程，有利于营造当今自主创新的科技体制、教育体制和社会环境，激发国民的聪明智慧，提高全民族的整体创新能力。

问：“指南针计划”大致涵盖什么样的具体内容？这一计划有没有明确的时间表？

答：“指南针计划”由农业、水利、矿冶、轻工、纺织、食品、营造、人居环境、交通、机械与仪器、军事技术、医疗技术、文化传播，以及数字化展示等 14 个主体类项目，以及总体战略规划研究、专项调查、建章立制、机构建设、基础数据库（群）及门户网站建设、教育与培训、展览展示、学术交流、舆论宣传等 9 个基础类项目，共计 23 个项目组成，各项目之间相互关联，互为支撑。

“指南针计划”实施三步走战略，第一阶段（2006 年至 2008 年）是区域试点和重

点专题研究及展示宣传阶段；第二阶段（2009 年至 2013 年）是全面展开和多领域专题研究及展示宣传阶段；第三阶段（2014 年至 2015 年）是完善和健全科研与展示宣传相关规范标准，建立长效机制，及中国古代发明创造研究理论提升阶段。

问："指南针计划"前期研究和专项试点已进行两年多了，大家比较关心目前取得了哪些突破性成果？

答：2007 年以来，国家文物局组织实施了一批专项规划编制和专题试点工作，取得了一系列成果，为"指南针计划"的全面实施奠定了坚实基础。目前已经完成了对已有研究成果和史料的分类梳理工作，完成了《实证中国古代发明创造的可移动文物初级目录》、《实证中国古代发明创造的不可移动文物初级目录》、《涉及中国古代发明创造的考古发掘报告初级目录》和《研究和记载中国古代发明创造的文献初级目录》的编纂工作。同时，积极探索了现代科学技术在中国古代发明创造研究中的应用，为"指南针计划"的实施奠定了良好的资料基础和技术储备。

我们组织有关高等院校、科研院所和文物博物馆单位，完成了农业、人居环境、材料加工、纺织、医学及诊治保健器材、水利工程、数字化展示等 7 个主体类项目分专项规划及实施方案的编制工作，提出了"指南针计划"各分专项实施的工作思路、主要任务、保障措施及经费投入测算。同时，国家文物局还研究制定了"指南针计划"专项管理办法，组织研发了"指南针计划"ERP 综合管理系统，为"指南针计划"健康有序地开展提供了决策依据和制度保障。

此外，我们还组织实施了"指南针计划"试点工作，选择了一批国内研究基础较好、文物史料丰富的古代发明创造，围绕青铜器、陶瓷、纺织品、水利工程、盐业、营造和人居环境、造纸印刷等 7 个领域，从重点研究、科普教育、展览展示、学术交流等方面开展试点工作，探索了中国古代发明创造的调查方式、评估方法、展示手段和科普途径，为全面实施"指南针计划"提供了宝贵的经验。

广东海上丝绸之路博物馆（2009年12月24日）

坚冰已经打破——单霁翔就签署中美《谅解备忘录》答记者问

记者王润《中外文化交流》2009年第4期

2009年1月15日，中国驻美大使周文重与美国务院助理国务卿戈利·阿玛利女士在美国国务院签署《中华人民共和国政府和美利坚合众国政府对旧石器时代到唐末的归类考古材料以及至少250年以上的古迹雕塑和壁上艺术实施进口限制的谅解备忘录》，至此，这项长达10年之久的艰苦谈判终于划上一个圆满句号。1月19日，国家文物局局长单霁翔就有关问题接受记者专访。

问：不少读者对《谅解备忘录》十分关注，请简要介绍其内容。

答：中美关于限制进口中国文物《谅解备忘录》共4条，19款，有效期5年，经双方同意可予修订或顺延。按照《谅解备忘录》达成的共识，美国政府依照其《文化财产公约实施法》，将限制以下考古材料进口美国：原产于中国和代表中国的文化遗产、从旧石器时代到唐代结束（907年）的考古材料和至少250年以上的古迹雕塑和壁上艺术，包括将由美国政府公布的清单上所列的各类金属物、陶瓷、石材、纺织品、其他有机物质、玻璃和绘画，但中华人民共和国政府签发许可或其他证件证明这种出口不违反中国法律的除外。本《谅解备忘录》所指受限旧石器时代物品的时限从公元前75000年开始。

中美关于限制进口中国文物的《谅解备忘录》明确中美两国政府的责任和义务，主要内容为加大两国公民教育力度、利用文物普查，清点遗址、扩大考古研究并提高公众对文化遗产的重要性认知、扩大保护文化遗产的资金、人才及专业技术投入力度，制止盗劫和偷窃于内地的文物流入港澳地区、加强海关监管效能并提高海关人员鉴别能力。两个政府加强以文化、教育和科学为目的的国际合作，推动两国博物馆、相关机场及人员的交流，加强文物市场的管理，依法准许销售和出口某类文物，加强亚洲的区域合作，定期相互交换信息，加强执法，减少文化财产的非法贩运等。

问：中美两国都是1970年联合国教科文组织《关于禁止和防止非法进出口文化财产和非法转让其所有权的方法的公约》的缔约国，为何两国又签署该《谅解备忘录》?

答：为确保1970年《关于禁止和防止非法进出口文化财产和非法转让其所有权的方法的公约》的贯彻实施，联合国教科文组织在多次会议上倡导和鼓励各国之间签署双边协定，以打击文物盗掘和走私行为。此前，中国已与秘鲁、印度、意大利、菲律宾、希腊、智利、塞浦路斯、委内瑞拉等8个国家签署“防止盗窃、盗掘和非法进出境文物”的双边协定，美国也先后与11个国家签署了类似协定。因此中美两国《谅解备忘录》的签订，既是遵守相关国际公约规定，使代表中国丰富文化遗产的不可替代的考古材料免遭盗劫而采取的文化遗产保护行动，也是遵循相关国际惯例的行为。

问：您刚才提到，我国此前已与其他8个国家签署过类似协议，该《谅解备忘录》同以往签署的双边合作协议有何不同？其签署对防止文物盗窃、盗掘和打击文物走私有何积极意义？

答：中美《谅解备忘录》就有关进口文物清单、时间限制、合作方式等都有较明确和详细的规定，使有关合作更具可操作性。

中美两国政府有关限制进口文物《谅解备忘录》的签署，是有效阻止中国文物非法流入美国的重要举措。同时，此《谅解备忘录》的签署，标志中美文化遗产领域交流与合作进入新的阶段，不仅向世界表明中美两国政府共同合作保护文化遗产的决心，对增强文物流失国打击文物走私、追索流失文物的信心，促进国际社会更加重视保护人类共同的文化遗产，对世界文化遗产的保护亦将产生积极的影响。

问：中美双方就《谅解备忘录》中“指定清单”有无事先沟通？

答：2002年6月，中方应美方要求，依据《中华人民共和国文物保护法》提供《中国限制出口文物举要》，《举要》提供了金属器、陶瓷器、玉石器、书画、丝织品、纸制品、骨角器、竹木器等500件具代表性的文物照片及其说明，文字说明除描述文物造型特点、文物器身图纹外，还介绍该文物造型及器身图纹的发展变化。美方是参考中方提供的资料按文物类别编制的“指定清单”，“指定清单”将为美国各海关检索入境中国文物提供参考依据。

问：我们注意到，这个谈判前后长达10年之久，历经3届美国政府，对此请您简要予以介绍。

答：1998年，美国驻华使馆向国家文物局提出，鉴于中美两国均为联合国教科文组织1970年《关于禁止和防止非法进出口文化财产和非法转让其所有权的方法的公约》缔约国，中国政府可根据美国为实施“1970年公约”颁布的《文化财产公约实施法》，向美国政府要求限制进口非法入境美国的某几类中国考古或人类学文物，并为此签署一项中美双边协议。国家文物局随即组织有关人员起草有关文本，并于1999年上报国务院批准，通过外交途径正式向美国政府提出限制进口文物的要求。2002年11月13日，中国政府向美国政府递交附有“文物举要”的《中华人民共和国政府为保护其文化遗产按照联合国教科文组织1970年公约向美国政府提出限制进口文物之申请》。

2005 年，中美双方先后 3 次互相派员就有关具体问题进行探讨和接触。

然而，迫于美国部分博物馆长、艺术品交易商和古董商的压力，美国务院 2006 年秋季做出推迟对中国所提出限制中国艺术品及文物进口要求的决定。该决定受到美国考古界及相关法律研究机构的批评。中国外交部和国家文物局也积极做美方主流博物馆、文博机构、文化遗产领域专业人士的工作，表明中方态度、观点。2008 年 5 月，与美国签署限制进口中国文物双边协定被列入中美第四战略对话内容，且于当年多次磋商并终于今年初签署《谅解备忘录》。

问：为何《谅解备忘录》明确规定禁止进口美国的中国文物应为旧石器时代到唐末的考古材料和 250 年以上的古迹雕塑和壁上艺术？

答：任何一项国际公约在缔约国生效，都必须得到本国立法机关的批准才能产生法律效力。虽然美国是联合国教科文组织 1970 年《关于禁止和防止非法进出口文化财产和非法转让其所有权的方法的公约》的缔约国，但其在美国的批准实施却不顺利。为促使保证该项公约实施的特别法律通过，美国会经过长达 10 年的辩论，终于 1983 年通过“文化财产公约实施法案 19862 号”，即 1983 年 1 月由美国总统签署的《文化财产公约实施法案》，该法案第 3 章 302 款明确规定“被认为具有考古学价值的物品必须：①具有文化价值；②至少 250 年的历史；③科学地挖掘、秘密或偶尔挖掘出的地下物品及地面或水底发掘的物品”。在美国以往同其他国家签署的类似进口限制协议中，都严格遵守这一年代限制，有的甚至增加了更为苛刻的地区限制。如美国与萨尔瓦多签署的相关协议，其中明确仅对“卡拉苏西亚地区的史前手工艺品”实施进口限制；在与玻利维亚地区的相关协议中，仅对“科罗曼地区的艾马拉古代纺织品”实施进口限制；在与危地马拉的相关协议中，仅就“佩滕地区”的文物实施进口限制，等等。经过中方的积极努力，《谅解备忘录》对“从旧石器时代到唐代结束（公元 907 年）的考古材料和至少 250 年以上的古迹雕塑和壁上艺术”实施进口限制。

我们认为，“从旧石器时代到唐代结束（公元 907 年）的考古材料和至少 250 年以上的古迹雕塑和壁上艺术”也符合中方利益。相信随着双方合作的不断深入，中方将积极推进对限制更多文物进入美国达成一致。

问：目前，中国非法流失海外文物的基本状况如何，中国政府以何种态度应对这些流失文物？

答：近代以来，中国非法流失境外文物主要有三种情况，一是 19 世纪后半叶至 20 世纪上半叶，斯坦因、斯文•赫定等人在“文化考察”幌子下对我国西北地区石窟、壁画和古文化遗址盗窃和非法挖掘的文物。二是“英法联军”、“八国联军”及日本侵华期间的战争盗窃、盗掘、掠夺流失出境的文物。三是新中国成立后尤其 20 世纪 80 ～ 90 年代期间，被盗窃、盗掘并走私出境的中国文物。

由于流失境外的中国文物情况复杂，我们将区分不同情况，采取不同方式。对非法盗掘走私出境的中国文物，政府不会出钱购买，则按照国际公约，依靠国际合作依法追索。对国外博物馆和收藏者收藏的中国文物，只要系合法出境，我们不会提出追索要求。对于因贸易等原因现存境外的中国文物，我们会据博物馆收藏的需要有选择地征集。虽然相关国际公约不适用于追索公约生效前被盗或非法出境的文物，但对19世纪后半叶至20世纪上半叶被列强掠夺出境的中国文物，我国政府一直不承认其合法性，也不放弃追索的权利。国家文物局积极通过国际合作，依据我国法律和国际公约，对新中国成立以来特别是20世纪80年代以来被盗窃、盗掘并走私出境的文物开展追索。

问：中国政府为打击文物盗窃和走私做了哪些工作？

答：中国政府一贯重视打击盗掘、盗窃、非法交易和走私文物等犯罪活动，并为此采取一系列措施。

第一，加强法制建设，加大执法力度，构建打击盗窃、盗掘和走私文物非法出境的法律法规体系。新中国建立后，我国及时建立文物进出境管理制度，迅速改变旧中国文物严重外流的状况。2007年，文化部、国家文物局修订颁布《文物进出境审核管理办法》和《文物出境审核标准》，大幅度修改文物出境限制年限，保护力度加大。同时，根据《文物保护法》的要求，国家文物局在全国14个省、市，与省级人民政府联合组新中国成立家文物进出境审核机构，行使文物行政执法权，对进出境文物依法审核许可。未来的几年，国家文物局将在所有省会城市建立文物进出境审核机构，确保中国文化遗产的安全。

第二，加强政府各部门间的协作，建立长效工作机制和快速反映机制。文物行政管理部门依法对境内文物，包括地下埋藏文物、博物馆藏品、民间收藏文物、文物出境鉴定等进行宏观管理和业务指导；公安部门依法对盗窃、盗掘、走私等违法犯罪行为予以打击；工商行政管理部门依法监管文物流通领域，规范文物流通秩序，取缔非法经营的机构和场所；海关按照《海关法》，参照文物出境标准和其他有关规定，依法对文物出入境进行监管，打击文物走私犯罪。

第三，努力加强国际合作，积极签署打击文物走私的政府间双边协定。中国政府加入的《关于禁止和防止非法进出口文化财产和非法转让其所有权的方法的公约》、《关于被盗或者非法出口文物的公约》、《保护世界文化遗产和自然遗产公约》、《武装冲突情况下保护文化财产公约》等四个国际社会和国际组织有关保护文化遗产的国际公约，与美国、意大利等9个国家签署防止盗窃、盗掘和非法出境文物的双边协定。此外，还与印度、韩国、阿富汗、柬埔寨、意大利和越南等国的文化遗产部门签署关于文化遗产保护合作谅解备忘录。

问：《谅解备忘录》的签署，对美国博物馆继续收藏和展出中国文物产生什么影响？对中国博物馆有何影响？

答：《谅解备忘录》第10条规定："中华人民共和国政府认识到，美国的博物馆依照本《谅解备忘录》将受到限制，不能获得某些考古物品，因而同意其博物馆也将同样不谋取原盗劫于中国大陆、后非法出口到国外的此类受限考古物品，除非卖方或捐助者提供从中国大陆合法出口的证据，或可核查的文件，证明该物品是在美国实施进口限制之前离开中国大陆的。”即今后美国所有的博物馆将不能再购买和收藏《谅解备忘录》规定的非法出境的中国文物。当然，出于对美国公众对中国文物的欣赏和喜爱，中美两国政府将推动博物馆加大文物的展览交流，以使美国公众有更多机会以合法的渠道接触中国丰富的文化遗产。

在此，我要特别强调中国博物馆回购和收藏流失海外的中国文物问题。以往，一些中国大陆地区博物馆在此问题上有些误区，甚至将回购非法盗掘和流失海外文物视为一种爱国举动，其实这是对非法盗掘和走私活动的纵容行为。因此，《谅解备忘录》第 10 条明确规定“此规定适用于中国大陆任何博物馆在中国大陆地区以外的收购品，且仅适用于依照本《谅解备忘录》所涉、从旧石器时代到唐代末（公元 907 年）代表中国文化遗产的各类考古物品，以及至少 250 年以上的古迹雕塑和壁上艺术”。也就是说，中国大陆的博物馆同样不得在海外市场购买非法流失海外的中国文物。

问：中美《谅解备忘录》签署后还有哪些重要工作？与其他国家同类协议的签署进展如何？

答：可以预见，中美《谅解备忘录》的签署标志中美合作打击文物盗掘和走私活动有了良好开端，下一步双方将就《谅解备忘录》所涉内容的具体实施继续磋商。相信不久的将来，两国将在文物追索、人员培训、技术交流、学术合作、陈列展览等方面进行更加充分的交流与合作。同时，中国政府将继续做好与我国非法流失文物的其他主要目的国签署相关协定的工作。《谅解备忘录》中对中国政府所承担的义务提出了要求，因此，中国政府将加强文物安全工作、加大打击盗掘、走私文物力度，并明确要求中国大陆境内所有博物馆等机构禁止购买和收藏非法出土、走私的文物。

与美国国务院座谈《谅解备忘录》（2011年10月27日）

接受凤凰卫视专访

记者吴小莉《问答神州》栏目组 2009 年 5 月 9 日

问：您不下十次走进灾区考察工作，回望一年，对灾区的文物抢救和保护，有怎样难忘的记忆和感触?

答：感触最深的是人，人的生命价值；是人的精神，自强不息的精神。

前天晚上，我们来到了四川阿坝藏族羌族自治州的茂县，在岷江左岸，我们看到广场上羌族和各族民众自发的围起里外两层大圈，欢快地跳着“锅庄”。这与前次我到茂县时看到的情景形成强烈反差，感受完全不同。那时，茂县城内，一片寂静，人们住在帐篷和木板房内，为基本生活而担忧，半夜里发生了余震，甚至能够清晰地听到大地发出恐怖的声音。仅仅一年的时间，人们擦干了眼泪，清洗了身上的泥土，脸上充满了阳光,开始了更加富有活力的新生活。昨天上午,我们参加了“茂县纪念‘5•12’抗震救灾一周年”大会，一大早，来自全县各个羌寨的 5 000 多民众，穿着艳丽的民族服装，从四面八方汇集到县城，纪念这个拥有古老文明的民族，再次战胜了特大的自然灾害，实现新的崛起。大会隆重而简朴。在大会结束前，上百名少年儿童演唱了一首“感恩的心”，打动了全场。人们欣慰地看到孩子们在这一年间成长起来了，知道了感恩，懂得了坚强。当“歌唱祖国”的歌声响起来时，我们已经热泪盈眶，正如歌中唱到的“我们战胜了多少苦难，才得到今天的解放……”正是，灾害使我们更加意志坚强，使我们的祖国更加繁荣兴旺。这就是这次我去四川灾区的感受。

这是我一年来，第 11 次去四川地震灾区执行任务，每一次进入灾区，我都看到通过抗震救灾，发生的新的变化，深切地感受到，面对灾难，举国奋起，铸就了伟大的抗震救灾精神，特别是灾区民众面对特大自然灾害，所凝聚和迸发出来的感天动地的伟大力量，更是令人难忘。

同时，我也深刻地体会到，凝聚民族精神的重要载体是文化遗产。五千年的文明进程，在中华大地上留下了难以计数的文化遗存，这是我们民族的精神家园，是中华民族和全人类共同的文化财富，保护好文化遗产是每一个文物工作者，也是全体民众的神圣责任和历史使命。这种责任感和使命感，使我们勇敢面对任何困难和考验。

5•12 大地震，给众多珍贵的文化遗产造成了前所未有的损毁和破坏。据统计，仅四川省就有 1 071 处不可移动文物受损，其中，地震造成了 169 处全国重点文物保护单位受到不同程度损害，同时，还有将近 3 000 件可移动馆藏文物受损。

地震发生后，党中央、国务院领导针对文化遗产抢救保护，先后做出数十次重要指示和批示。2008年7月，第一笔总理应急资金，3000万元，很快就下达到各级重灾区的文物保护单位，用于文化遗产抢救保护。同时文化遗产保护作为灾后恢复重建的重要任务，被正式纳入了重建规划，充分表明国家对于文化遗产保护的重视。

问：地震发生一年来，国家文物局开展了哪些文化遗产抢救修复行动，有哪些进展?

答：地震发生后，国家文物局迅速组织全国文物系统的力量，抢救地震中受损的文化遗产。我和同事们度过了令人难忘的50个日日夜夜。地震发生不到30天，我们就编制完成了地震灾区文物损失调查报告、文物抢救规划大纲和文物抢救保护经费估算。地震发生后不到50天，我们就编制完成了文物抢救保护修复专项规划、完成了一批重点文物抢险修缮工程的设计方案。

50天奋斗的成果令人欣慰。在2008年6月颁布实施的《汶川地震灾后恢复重建条例》中,就将文化遗产抢救保护列为重要内容。6月30日,在地震发生后不到50天，世界文化遗产都江堰古建筑群保护修缮工程就正式开工,7月15日,“羌族碉楼与村寨”抢救保护工程正式开工，从而启动了灾区文化遗产抢救修缮的一系列重点工程。

三天前，地震灾后最大的文化遗产保护工程，四川博物院建成开放；两天前，世界文化遗产，都江堰—青城山古建筑群的重要组成部分，天师洞皇帝祠抢险修缮工程顺利竣工；昨天，地震中损毁的茂县羌族博物馆新馆又正式奠基。目前，已经编制完成了160多项重点文物保护单位的抢险修缮方案，修缮资金也已经陆续到位，大规模的文化遗产抢救保护工程和博物馆建设，将在灾区各地全面展开。

灾后文化遗产抢救保护工程，也给我们带来了文化遗产保护的创新实践，例如位于理县的桃坪羌寨，是灾后民族地区开工的第一个文物抢救保护工程，工程由谁来实施成为首先遇到的问题，我们经过研究，采取了由具有国家文物保护工程资质的单位进行管理和监理，组织以当地羌族民众为主的保护修缮队伍进行施工的方案。开工前，举办了两期羌族建筑传统技艺工匠培训班，授课教师既有文物专家，也有70多岁的羌族建筑技艺传承人，课程包括羌族建筑特征及木作、瓦作、石作，以及文物保护知识，并由老工匠手把手传授施工技艺。经过培训的100多名羌族工匠，参加了桃坪羌寨的碉楼与碉房抢险修缮工程，由此也为羌族地区培养出了一支掌握羌族传统房屋建造技艺的工程队伍，使羌族独具特色的建筑文化得以传承，得到了当地民众的积极参与和拥护。

这一实践，使我们认识到，“羌族碉楼与村寨”是千百年来当地民众的智慧创造，当地民众最知道这些文化遗产对于自己现实生活的意义。因此，民众应该成为文化遗产保护的重要力量。当组织起来，经过培训，掌握传统技艺的民众，积极参加文化遗产抢救保护工程，可以取得意想不到的效果。

① 当地民众用自己的双手重建和维护自己的家园，必然增强对家乡的自豪感、荣

誉感和责任心，确保各项保护工程的质量。② 可以实现“以工代赈”，使当地民众通过辛勤劳动，增加收入，改善自己的生活。③ 也是最重要的一点，通过当地民众积极参加大规模的保护修缮工程，可以使更多的民众掌握修缮技术，使传统技艺得以世代传承。

在新时期，文化遗产保护不仅使保护对象获得应有的尊严，而且与当地经济社会发展，特别是与当地民众现实生活之间有着密切的联系，要充分尊重这种联系，将其提升和转化为文化遗产保护与传承的动力，使文化遗产保护的成果惠及广大人民群众。人民群众是文化遗产的创造者、使用者和守护者，是文化遗产的真正主人，人民群众的积极参与和支持，是文化遗产事业赖以存在和发展的决定性力量，也是文化遗产事业的未来和希望。

问：通过开展此次“5•12”汶川地震灾后文化遗产抢救保护工作，我们可以得到哪些启示？

答：造成重大破坏的四川汶川特大地震既是一场灾难，也是一个严峻挑战，回望一年来的灾后文化遗产抢救保护工作，我们有以下几点体会。

一是扎实的基础工作是做好灾后文物规划编制和抢救保护的重要基础。2002 年以来，国家文物局要求全国文物系统重点要抓好文物法制建设、全面摸清文物家底、加强文物人才培养、建立文物安全保障等四项基础工作。这些基础工作在这次的抗震救灾文物抢险修缮中发挥了重大作用。

例如国家文物局在国家财政的支持下，计划在“十一五”期间建设 100 座文物中心库房，旨在将分散在各地的不具备安全保管条件的可移动文物，保管在更好的环境中。其中作为试点在 2007 年建设了绵阳市博物馆中心库房，恰恰就是这个中心库房，在此次地震中立下大功，由其所代管的全市 7 个县的 5 000 余件珍贵文物，仅有 1 件受损。

二是把文化遗产抢救保护工程与民生工程相结合，文化遗产保护成果惠及民众。在此次灾后文化遗产抢救保护工作中，我们选择了与老百姓生活、居住息息相关并受到严重损坏的文物保护单位，比如都江堰古建筑群、理县桃坪羌寨、茂县黑虎羌寨、汶川的布瓦羌寨、萝卜寨等，率先实施清理支护、编制保护规划和抢修方案、开展抢救保护工程，得到了当地群众的积极支持、参与和认同。

三是开展灾后文化遗产抢救保护工程的同时，发掘、整理和传承民族传统营造技艺。在率先启动羌族文化遗产抢救保护工作的同时，有针对性地举办少数民族地区文物保护技术培训班，注重吸收藏羌民族传统工匠参与文化遗产抢救保护工程，在保护和传承羌族文化遗产的同时，通过灾后恢复重建，也为四川少数民族地区培养出一支或几支当地专业技术队伍。

问：在目前工作的基础上，国家文物局下一步对震后文化遗产抢救保护有哪些工作安排？

答：第一，加快推进灾后文化遗产抢救保护工程。重点抓好已完成修缮方案的文物保护单位的抢救保护项目，优先实施受灾较重、关系民众生产生活的文物保护单位的修复工程。例如争取在今年完成都江堰古建筑群中伏龙观的抢救保护工程，力争在2010年全面完成二王庙抢救保护工程。同时，积极开展江油云岩寺、领报修院、平武报恩寺等一批受损严重的全国重点文物保护单位的抢救保护工作。

第二，进一步加强藏羌民族文化遗产的保护。重点推进藏羌地区文化遗产抢救保护工程进度，同时结合工程的实施，继续抓好民族地区文物抢救保护技术队伍的培训工作，在2009年举办两期藏羌地区传统工匠培训班。

第三，以项目为核心，抓好项目库储备工作。按照灾后重建规划要求，区分轻重缓急，组织相关资质单位，做好灾后恢复重建项目储备。力争在2009年上半年完成39个极重灾区省级文物保护单位的保护规划、维修保护方案的编制工作。待灾后文化遗产抢救保护专项资金到位后，即可立即开展工程实施。

第四，抓好“地震文物”征集、馆藏文物保护修复和极重灾区博物馆新馆建设等工作。重点加强地区中心文物库房建设，推广绵阳经验，拟在2010年前，在四川地区建设8处区域级文物中心库房，完善馆藏文物保管标准，确保馆藏文物安全。

关于地震博物馆，建立遗址博物馆来记忆人类发展史上重大自然灾难，是世界各国或地区采取的一种普遍形式，这既是对逝者的缅怀与尊重，也是对生者的安慰与警示。灾难类遗址博物馆通过对具有代表性的人物、遗物、遗迹乃至灾难发生地整体环境、人类在灾难中抗争与表现等的阐述与展示，以发挥记录、悼念、激励、警示、教育和科普等多方面的作用。目前，汶川地震遗址遗迹保护和博物馆建设工程已列入国务院公布的《汶川地震灾后恢复重建总体规划》。分别在绵阳市的北川老县城、阿坝藏族自治州的映秀镇、德阳市的汉旺镇和都江堰市的深溪沟等，同时，积极开展“地震文物”征集工作，现已征集“地震文物”10余万件。

问：中国是有着悠久历史文化积淀的文化遗产大国，随着社会经济的日益发展，文化遗产工作正日益受到国内国际各界的高度关注。目前，中国文化遗产事业面临怎样的发展形势？存在哪些机遇和挑战？国家文物局对此有何应对之举？

答：就中国文化遗产保护的总体情况而言，我认为，当前文化遗产事业面临着前所未有的机遇，也面临着前所未有的挑战。

谈到机遇，最值得欣慰的是，社会各界对于文化遗产保护的重要性逐渐达成共识，若干年前，例如针对某一处文化遗产，在城市建设中是“拆”还是“保”，经常引起争论的话，那么今天社会各界，包括新闻媒体，会旗帜鲜明地要求保护，无论从政府层面，还是到社会层面，文化遗产保护日益得到更加广泛的重视和关注。

国家对于文化遗产事业越来越重视，也可以从几个方面得到证实。

在法律保障方面，文化遗产保护得天独厚。目前就整个文化领域而言，只有一部法律，就是《中华人民共和国文物保护法》。这部法律于1982年颁布实施，2002年又进行了全面修订，内容从原来的 8 章 33 条，增加到 8 章 80 条。明确了新时期的文物工作方针，即“保护为主、抢救第一、合理利用、加强管理”。文物保护法和文物工作方针，成为了我们今天开展文化遗产保护工作的行动指南。

在机构设置方面，在国家编制总体严格控制的前提下，这几年来给国家文物行政机构增加了人员和编制，各省、自治区、直辖市以及所辖市、县的文物行政部门也在逐渐加强，这些对于全国的文化遗产保护是有力的保障。

在资金投入方面，中央财政文物保护专项资金，1978 年只有 700 万元人民币，2002 年我到国家文物局工作时，每年也只有 2.5 亿元，而 2008 年达到了 31.2 亿元。近两年，每年几乎都翻一番，可见，文化遗产保护的经费投入明显加大。

所有这些都表明，当前文化遗产事业面临着前所未有的机遇，但是所面临的挑战也是前所未有。

挑战主要来自于当前经济社会发展阶段。国际上有个通行的说法，就是人均 GDP 在超过 3 000 美元至 8 000 美元之间，是文化遗产保护最为困难的时期。就我国来说，也有明显的表现。当人均 GDP 在 1 000 美元以下时，一般的家庭支出主要是“衣”和“食”，顶多是穿得体面一些，吃的营养一些。那时家里花几十元人民币，就要开“家庭会议”研究研究。当人均 GDP 在 1 000 美元至 3000 美元时，一般的家庭支出主要是“用”，特别是家用电器的购买，从电视、洗衣机、电冰箱，到空调、电脑等。这时家里花几百元人民币，也要开“家庭会议”进行研究。而当人均 GDP 在 3 000 美元至 8 000 美元时，一般的家庭支出开始转向“住”和“行”，即居民开始纷纷购买自己家的住房和汽车。

如果说前两个阶段，经济发展和文化遗产保护之间的矛盾还不够突出的话，那么进入第三个阶段，人们的住房大量需求必然带来城市建设和房地产开发的高潮；大家都需要私家车，道路和基础设施建设也会形成高潮。于是，城乡建设与文化遗产保护的矛盾必然异常尖锐和突出。对于文化遗产的保护都是一种挑战。

而今天我国大部分城市的发展，都处在人均 GDP 在 3 000 美元至 8 000 美元发展阶段，因此必然是文化遗产保护最关键、最艰苦，最困难的历史时期，特别是“旧城改造”引发的“建设性破坏”，成为城市建设与文化遗产保护之间最尖锐的矛盾，对地上地下的不可移动文物造成严重威胁。

大规模城乡建设对于文化遗产的冲击、影响和破坏，很多经济发达国家都经历过。特别是 20 世纪 50 ~ 60 年代，欧洲不少国家的历史街区都曾出现“大拆大建”的情况，对文化遗产造成了无法挽回的破坏，至今他们回忆起那些往事还是倍感惋惜。

当然，人均 GDP 超过 8 000 美元时，当大多数家庭拥有了自己的住房，拥有的私家车的时候，一般的家庭支出将开始出现新的变化，主要用于文化娱乐、体育健身、外出旅游和私人收藏等方面，城乡建设将趋向平衡缓和，全社会的教育程度达到新的水平，对文化遗产的保护将会更加重视。

但是，我国的大部分地区，还要经过今后 20 ~ 30 年的时间才能进入城乡建设的平稳发展时期。今后 20 ~ 30 年，还将是我国城市化发展最快的时期，也是大规模城乡建设最集中的时期，无疑更是文化遗产保护最关键的时期。因此还需要我们加倍努力，争取使更多的文化遗产完整地保留下来。这是我们的职责所在，必须毫不懈怠。

从我国城市化的水平看，目前正面临由初级阶段向中级阶段的转变。2000 年，我国的城市化率超过了 30%，标志着我国进入城市化快速发展阶段，也进入了走出低收入国家而向中等收入国家发展的新时期。我国在“十一五规划”中明确城市化率的目标为：2010 年达到 47%。每年平均增长速度为 0.8 个百分点。照此发展，到 2020 年，我国的城市化水平将达到 60%。

18 世纪中叶，欧洲工业革命促进了人类城市文明的快速发展。英国用了 180 年的时间，将城市化率从 30%提高到 60%。而此后这一进程一再提速，美国用了 90 年，日本用了 60 年，而在我国大约只需要 20 ~ 30 年时间就将完成这一进程。可见在我国这一发展阶段，时间过程短，建设强度大，投入密度高，既是“黄金发展期”，也是“矛盾凸现期”。

坦率地说，我们一些地方在发展理念上存在着一些偏差，不能正确处理好文化遗产保护与经济社会发展之间的关系。有些地方为了追求经济效益，拆除历史街区，拓宽传统道路，在历史城区内兴建大广场、大绿地、景观大道和高层建筑，使文化遗产及其周围环境遭到不可逆的伤害，也使城市文化特色丧失殆尽。

我国目前登录的不可移动文物 40 万余处，其中有各级文物保护单位 7 万余处。包括全国重点文物保护单位 2 351 处，省级文物保护单位近 8 000 处。我国先后核定公布了 110 座国家历史文化名城，157 处国家历史文化名镇、名村。我国已拥有世界遗产 37 处，其中世界文化遗产 26 处，文化和自然混合遗产 4 处，自然遗产 7 处。

我国现有博物馆 2 400 余座，收藏文物 2 000 多万件，各类博物馆每年举办 10 000 项左右展览，接待观众 2.56 亿人次。每年有近 100 项文物展览在世界各地展出。2008 年 4 月，全国的博物馆开始实施向全社会免费开放。我国民间收藏文物群体逐渐扩大，文物监管旧货市场稳步发展，文物艺术品拍卖行业迅速崛起。

2005 年 12 月，《国务院关于加强文化遗产保护的通知》发布实施，对于我国文化遗产事业来说，是一个重要的转折点。这是我国第一次以“文化遗产”为主题词的政府文件，无论是从认识上，还是从实践上，都是一次飞跃。当前，我国文化遗产事业正在经历从“文物保护”到“文化遗产保护”的历史性转型，通过几年来的实践，我认为，与“文物保护”相比，“文化遗产保护”的内涵和外延都在逐渐深化和扩大。

在内涵方面，文化遗产保护更加注重世代传承性和公众参与性。

世代传承性强调，文化遗产的保护、利用和传承是一个历史过程。每一代人都既有分享文化遗产的权利，又要承担保护文化遗产并传于后世的历史责任。作为当代人，我们不能因为现时的优势而有权独享，甚至随意处置祖先留下的文化遗产。我们只是一个过程，未来世代同样有权利传承这些文化遗产，吸取祖先的智慧和力量。因此，我们不仅要为自己，也要为子孙后代妥善保管，使文化遗产“子子孙孙永葆用”。

公众参与性强调，文化遗产保护不是各级政府和保护工作者的专利，而是广大民众的共同事业，每个人都有保护文化遗产的权利和义务。广大民众是文化遗产事业赖以存在和发展的决定性力量。因此，必须尊重和维护民众与文化遗产之间的关联和情感，在文化遗产保护中保障民众的知情权、参与权和受益权。只有全体民众都积极投入到文化遗产保护之中，才能使文化遗产保护形成强大的社会意志，取得真正的成效。

大量的事例可以证明，我国的广大民众是有觉悟和讲感情的。在这里，我想讲两个普通民众保护文化遗产的生动事迹。

第一件事，发生在陕西省宝鸡市眉县的杨家村，2003 年 1 月 19 日，王宁贤等 5 位农民，在村边劳动取土时，意外发现了一处储满珍贵文物的窖藏，他们意识到这是些无价之宝，应该赶快报告政府。于是他们进行了分工，有人保护现场，有人跑去报告。当文物保护人员赶来一看，惊呆了，被眼前的精美文物所震惊，被农民的行为所感动。出土的 27 件青铜器，距今 2 800 多年，件件都有铭文，件件都是“国宝”。后经专家考证，这批青铜器具有极高的历史、艺术和科学价值。于是，农民们的壮举，被评为 2003 年度“全国十大考古新发现”之一。新闻媒体对这一事迹作了集中报道，带来了很好的社会反响，特别是当地民众深受鼓舞，引发出一系列感人的事迹不断涌现。在 2003 年至 2006 年的短短 4 年中，竟然在同一地区又连续出现了 11 批农民群体在生产劳动中发现文物后，自觉报告文物部门或将出土文物上交国家的事迹。经他们保护下来的出土文物足以丰富一座博物馆的陈列。但是，一次次令人们兴奋不已的不仅是那些出土面世的稀世珍宝，更是那些朴实无华的护宝农民群体，是他们的高尚行为铸就了震撼人心的“宝鸡农民护宝精神”。

第二件事，发生在当时年人均收入不足 700 元的贵州省黎平县地坪乡，当 2004 年 7 月 20 日，一场百年未遇的洪水咆哮着冲毁全国重点文物保护单位地坪风雨桥时，当地数百名侗族村民竟自发地跃入洪水，拼死打捞风雨桥构件，随后村民们沿着河继续寻找，走过一座座村寨，请人们把已经打捞上来的风雨桥构件还给他们，经过三天三夜的奋争，从贵州打捞到广西，抢救回了 73% 以上的风雨桥构件，特别是桥上的 28 根大型构件无一遗漏地被运回了村庄，使风雨桥如今得以重建，上演了一幕我国文化遗产保护史上的壮举。我去参加风雨桥的复建仪式时，看到全乡民众载歌载舞，场景十分感人。我问一位老人，村民和风雨桥为什么有如此深的感情，老人告诉我，地坪风雨桥连接着上寨村和下寨村，这里共生活着 1500 余位侗族群众。风雨桥既是他们休闲、节庆的场所，也是侗族青年行歌坐月、谈情说爱的地方。当地人以此为自豪，把它当做村寨的精神财富，祖祖辈辈都将守护它当成自己的义务。他说：花桥是侗族人生命中的桥，孩子们是唱着“地坪花桥传万代”的侗族大歌长大的。地坪人就是在这种氛围中成长、生活，爱护花桥、保护花桥的意识已经溶入了他们的血液，他们为花桥做任何事情都如同呼吸般自然，文物保护的民众意识在这里得到了最强烈的表达。

这样两件动人心弦的事实充分表明，文化遗产保护作为一项利在当代，功在千秋的社会公益事业，需要动员广大民众的积极参与。只有当地居民倾心地、持久地自觉守护，才能实现文化遗产应有的尊严，有尊严的文化遗产才具有强盛的生命力。为此，国务院还设立了我国的“文化遗产日”，即将每年6月的第二个星期六，规定为“文化遗产日”，进一步增强全社会的文化遗产保护意识。今年的“文化遗产日”是6月13日。

今天，在文化遗产保护的外延方面，也呈现出若干发展趋势。

一是在文化遗产的保护要素方面，从重视单一要素的遗产保护，向同时重视由文化要素与自然要素相互作用而形成的“混合遗产”、“文化景观”保护的方向发展。文化遗产的产生和发展与所处自然环境密不可分。我国自古以来崇尚人与自然和谐共处，名山大川更是人文胜景荟萃之处，形成文化与自然遗产相互交融的重要特性。

二是在文化遗产的保护类型方面，从重视“静态遗产”的保护，向同时重视“动态遗产”和“活态遗产”保护的方向发展。文化遗产并不意味着死气沉沉或者静止不变，她完全可能是动态的、发展变化的和充满生活气息的。许多文化遗产仍然在人们的生产生活中发挥着重要作用，不断地吸纳更多的新鲜元素，充满着生气与活力。

三是在文化遗产的保护空间尺度方面，从重视文化遗产“点”、“面”的保护，向同时重视“大型文化遗产”和“线性文化遗产”保护的方向发展。文化遗产保护的视野已经从单个文物点，或古建筑群、历史文化街区、村镇，扩大到空间范围更加广阔的“大遗址群”、“文化线路”、“文化遗产廊道”等。

四是在文化遗产保护的时间尺度方面，从重视“古代文物”、“近代史迹”的保护，向同时重视“20世纪遗产”、“当代遗产”的保护方向发展。当前，我国社会生活的各个方面都在发生急剧变化，原有的生产生活方式及其实物遗存消失速度加快。如不及时加以发掘和保护，我们很可能将在极短的时间内彻底忘却昨天的这段历史。

五是在文化遗产的保护性质方面，从重视重要史迹及代表性建筑的保护，向同时重视反映普通民众生活方式的“民间文化遗产”保护的方向发展。例如对“传统民居”、“乡土建筑”、“工业遗产”、“老字号遗产”的保护。这些过去常常被认为是普通的、大众的而不被重视。但是它们具有鲜明的民族性、地域性特征，是文化多样性的重要表现形式。

六是在文化遗产的保护形态方面，从重视“物质要素”的文化遗产保护，向同时重视由“物质要素”与“非物质要素”结合而形成的文化遗产保护的方向发展。物质与非物质文化遗产的区分只是其文化的载体不同，二者所反映的文化元素仍然是统一和不可分割的。因此，物质和非物质文化遗产必然是相互融合，互为表里。

这些发展趋势表明，今天，关于文化遗产保护的认识已经发生了很大变化，总的趋势是由注重物质财富，向注重文化内涵、再向注重精神领域，不断进步。与文物保护的概念相比，文化遗产保护的概念更为宽广、更为综合、更为深刻。

我认为，当前文化遗产保护要突出强调三点认识。一是新时期文化遗产应拥有自己的尊严；二是文化遗产事业应融入经济社会发展；三是文化遗产保护成果应惠及广大民众。

这三点认识是从近年来两项文化遗产保护实践中得到的。

第一是大明宫考古遗址公园的建设。大明宫遗址，位于西安道北地区，是240多年间唐王朝的统治中心，也是遗存至今的我国古代规模最为宏大的宫殿区，遗址面积达3.2平方千米，相当于4个明清故宫的面积。但是，在解放以前，这里就成为了城市贫民的聚居地点，特别是，大批黄泛区的河南老乡，当年沿着陇海铁路逃荒到西安城下，在城墙北面道北地区的大明宫遗址附近落户，逐渐形成西安“南富北贫”的格局。几十年来，道北地区由城乡结合部，变为“城中村”，老百姓的生活环境，始终伴随着环境污染、交通堵塞、犯罪率高等问题。

长年在大明宫遗址上面生活和生产劳动的民众，由于受到遗址保护的长期影响，对比遗址区以外日渐富裕起来的民众生活差距增大，深感自身生活水平和质量的差距明显，心理极不平衡。大明宫遗址更是在不断增加的人口压力下不堪重负，人们的生产生活与遗址保护之间的矛盾越来越尖锐。为了谋求生活的改善，人们不断在遗址上搭棚建屋、打井造园、饲养家畜，种植林木等，造成遗址夯土流失、城墙倾倒、河道淤平，严重威胁大明宫遗址的安全。另一方面，长期以来各级政府始终把大明宫遗址作为城市发展的负担，改善城市环境的包袱。

但是，随着人们对文化遗产态度的转变，随着“大遗址”整体保护的推进，随着建设大遗址公园的思路的成熟，近年来西安市政府转变观念，不再把大明宫遗址当做城市的包袱，而认识到这里应该成为城市的宝贵财富、成为城市发展的动力和资本。这一思想观念的转变带来了奇迹的发生。

西安市将大明宫遗址及周边的19.6平方千米的城市用地统一规划，加以宏观控制，随后向国内外推出大明宫国家遗址公园的概念，告知社会各界大明宫遗址将是最美丽、最有文化气息的城市公园，大明宫遗址周边将是环境最为优美，升值潜力最大的地区，于是，这一地区的土地价格由每亩50万元，迅速提升至每亩200多万元。此项城市财政收益促进了大明宫遗址的整体保护进程，一次性对3.2平方千米的大明宫遗址范围内，不合理占压遗址的建筑物实施整体拆迁，短短几个月的时间内，共拆除建筑面积350万平方米，妥善安置居民10万人，以及数以百计的企事业单位，投入资金达80亿元。

在这一过程中，城市获得了一个大型文化公园，10万民众的生活得到了改善，文化遗产得到了积极保护。这一多赢的成果，来自于大明宫遗址价值的体现，来自于将文化遗产由“包袱”变“财富”的思想转变。

今天，发展是解决文化遗产事业面临所有问题的关键。通过对大明宫遗址公园的建设，使我认识到转变观念在文化遗产保护中的无比威力。长期以来，大型古代城市遗址保护，与其所在区域经济社会发展和广大民众生产生活改善，存在着尖锐的矛盾。其原因在于我们所采用的保护措施仅限于死看硬守，在保护范围内对公众活动，尤其是对长期生活在遗址保护范围的民众生产生活进行限制，使他们的生存状况难以改变。

今天，通过对大遗址实施积极地保护，带动了地区的文化氛围，改善了城市的环境，提高了民众的生活水平，带动了相关产业的发展，文化遗产保护的成果感动了社会各界，得到了更加广泛的支持。大明宫遗址被拆迁群众送来的上百面锦旗就充分证明了这一点。通过大明宫遗址保护的成果证明，文化遗产不代表落后，不代表贫穷，不代表脏乱，大遗址能够成为城市中最美丽的地方，成为改善人们生活环境价值最大的地方。只有将大遗址保护融入当地城市建设规划和经济社会发展计划之中，成为其中积极的因素，才能真正体现出文化遗产的价值，实现文化遗产的尊严，有尊严的文化遗产才能焕发出无比活力。

去年 10 月，我们邀请十几座历史文化名城的城市市长，共同举办了“大遗址保护高峰论坛”，这些拥有重要大遗址城市的主要决策者，通过西安大明宫遗址公园的建设深受启发，纷纷表示要学习西安的经验，会后迅速启动各自城市的大遗址公园建设。

第二是坎儿井地下水利工程保护。坎儿井是一种特殊庞大的地下水利工程设施，其基本方式是通过人工掏挖，将融冰化雪水渗漏所形成的地下水源引流至绿洲，用于居民饮用及农业灌溉。新疆地区的坎儿井是各族民众，在借鉴其他地区工程技术的基础上，根据本地自然条件和水文地质特点进行的水利工程建设，其构造主要由竖井、暗渠、出水口、明渠、蓄水池等部分组成。

吐鲁番地区坎儿井是勤劳智慧的当地民众的伟大创造，这一创造使在极端干旱酷热地区生活的各族人民具备了持续而坚强的生命力，孕育出人与自然和谐相处的绿洲文化，推动世界文化的交汇融合，形成丰富多彩的地域文化。应该说，没有坎儿井就没有吐鲁番、就没有绿洲。坎儿井不仅是一项伟大的水利工程，同时也蕴涵着极为深厚的文化底蕴，作为文化遗产所代表的特殊的人类文化精神受到各界的广泛关注。

吐鲁番地区坎儿井地下水利工程始建于汉代，部分在清代开凿，自古以来一直是绿洲经济发展的重要支柱，在当今社会仍然发挥着十分重要的作用。截至 2006 年 12 月，吐鲁番地区坎儿井总数为 1 091 条，总长度为 3 736.4 千米。但是，其中有水的只有 331 条，760 条已经干涸。目前年径流量仍然达到 2.1 亿立方米，可以灌溉 13.23 万亩农田。

我们调查的一些村庄与坎儿井关系极其密切，当地民众生产生活用水基本依靠坎儿井水。例如恰特卡勒村所属的坎儿井就直接为将近 5 000 人，6 000 亩葡萄园提供着必不可少的水源，而位于郭勒布依乡的五条有水坎儿井，每天灌溉近两千余亩农田。因此可以说，坎儿井仍然是乡村不可缺少的灌溉和生活用水之一，是吐鲁番地区的生命之源。

但是，近年来坎儿井地区地下水位持续下降。由于20世纪90年代以来，在吐鲁番及哈密盆地大量建造机电井站，抽水直接灌溉耕地，同一地区机电井与坎儿井之间争采同一浅层地下水，造成水量大减，导致相当部分坎儿井迅速衰退，干涸的速度加快。同时，由于当地群众资金匮乏，掏挖、维修坎儿井不及时，引发坍塌加剧，客观上形成了坎儿井的衰败趋势。

不久前，吐鲁番行署副专员来局反映，国家为抢救坎儿井水利工程，决定2007年补助维修资金6 000万元，大约修缮每条坎儿井约需40万元左右。但是就在这笔经费即将下达的时候，2006年“坎儿井地下水利工程”被公布为全国重点文物保护单位。于是新疆有关部门组织编制了三条坎儿井的抢救性保护加固工程方案，拟采取套涵管加固方式，或采取用锚杆加固、喷PS等方法加固坎儿井井壁的方式，平均每条修缮经费要300 ~ 400万元。对此，吐鲁番地区领导十分着急。既担心由于列入全国重点文物保护单位，国家原定的补助经费不再下拨，又担心由文物部门组织修缮，造价太高，难以实现。

经过调研，我们认为，坎儿井作为仍在使用的、与人民群众生活和生产密切相关的文化遗产，维护其使用功能，从而确保其生命的延续，保证其在人们生活用水、农业灌溉方面发挥重要作用，造福当地民众的生活和生产，是保护的首要目标。在保护与修缮过程中，应注重传统手段与现代方法的结合，尽可能沿用民间传统的坎儿井修缮方法，充分调动当地民众的积极性和聪明才智，沿袭他们祖祖代代的传统技艺，在对当地民众进行文化遗产保护知识培训的基础上，由当地能工巧匠，带领组织起来的当地民众，按照传统工艺和方式开展自救式修缮。

这样做，可以调动坎儿井使用者参与文化遗产保护的积极性，当地民众最知道坎儿井对于他们生活的意义，修自己村庄的坎儿井会保持高度责任心，确保工程的质量；可以节省经费，传统的施工方法和淘挖清理办法，将大大降低成本，节约修缮资金，并可以实现“以工代赈”，当地民众通过辛勤劳动增加收入，保护工程直接惠及当地民众；最重要的，这种修缮方式，可以最大限度地保持坎儿井的历史原状，对遗产的真实性实现最小干预，同时，使当地更多的民众掌握坎儿井保护修缮的传统技艺，有利于坎儿井文化的弘扬与传承，实际上也是对这种非物质文化遗产的保护。

作为文化遗产工作者，我们现在很重视一个理念——要让更多的民众从文化遗产保护中受益，文化遗产不能变成城市的包袱。文化遗产保护作为公益性事业，也更加要注意自身的社会公共形象，更广泛地取得社会的理解和支持。不应该把自己封闭起来，更不应该孤立于社会之外，使更多决策者认识到文化遗产是城市发展的动力、资源和宝贵财富；使公众认识文化遗产离我们并不遥远，就在我们身边，我们唱的民谣，我的生活习惯、房子、家具，都可能是文化遗产，保护它们不仅是政府的事，使文化遗产变成美丽的地方，让她的历史气息、文化氛围，为人们带来欢乐和灵感。

还有更重要的一点是，在文化遗产保护工作中，我们要贯彻信息公开、科学决策的原则，努力通过媒体，使广大民众参与进来，通过理性的意见表达，在尊重民意的基础上形成决策。让社会各种力量通过公众舆论的动员，成为文化遗产事业的重要帮手和监督员。只有全体民众都积极投入到文化遗产事业，维护和实现自身的文化权益，才能变“少数的抗争”为“共同的努力”，文化遗产保护才能取得真正的成效。

问：广为世人关注的第三次全国文物普查有哪些新进展？

答：摸清家底，把有价值的文化遗产明确地告诉社会，是我们的责任。如果文物部门都没有弄清家底，没有告诉公众，那是我们的失职。现在我们正在开展第三次全国文物普查，就是这个目的。我们国家已经有两次文物普查，文物保护领域因此受益匪浅。第一次是 1956 年，第二次 1981 年。通过普查，登记在册的不可移动文物 40 万处，陆续公布为各级文物保护单位。目前，我国已公布国家级 2 351 处、省级 8 831 处、市县级 58 371 处；国家历史文化名城 110 座，中国历史文化名镇名村 251 座；此外，拥有世界遗产 37 处。

第三次全国文物普查自 2007 年启动。这一次文物普查无论从重视程度、涵盖范围、资金力量、技术水平等各个方面都大大超过前两次普查。目前，已经获得了一些重要发现。截至 2008 年 12 月 31 日，全国共有 2748 个县级行政区域启动了实地文物调查，调查启动率为 96%；全国共到位 2008 年度文物普查经费 55 990.5 万元；全国参与文物普查工作人员共计 45 017 人；全国共调查登记不可移动文物 268 338 处，其中新发现 160 928 处，复查 107 410 处。一些省区市的工业遗产、乡土建筑、20 世纪遗产等新类型文化遗产调查取得进展。现在已经进入第三次全国文物普查实地调查的攻坚阶段，国家文物局将继续开展好下一阶段的工作，全力以赴投入第三次全国文物普查，将我国文化遗产保护事业的整体水平推进到一个新的高度。

可以预期的是，为期 5 年的第三次全国文物普查结束时，我国文化遗产资源将远远超出我们现在所知的 40 万处。文化遗产的类型将更加丰富，保护视野将更加开阔，当然保护力度也要加大，保护手段要更加丰富，保护体系要更加完善。

问：作为中国文物事业的掌舵人，您对中国文化遗产事业发展战略和规划有着怎样的期望？

答：作为国家文物管理部门，国家文物局负责组织、协调和监督全国范围内的物质文化遗产保护工作，其工作必须充分体现政府在文化遗产保护中的主导作用。

我们也深知，文化遗产保护任重道远，需要有长远的规划和切实的实施。2005 年 12 月的《国务院关于加强文化遗产保护的通知》，通过对当前文化遗产保护形势的整体把握，明确提出了新时期的发展战略，目标是建立比较完备的文化遗产保护制度，最终目的是文化遗产得到全面有效保护，实现的途径是保护文化遗产成为全社会的共同行动。

建立比较完备的文化遗产保护制度。文化遗产事业是以公益性为主的文化事业。

新中国成立以来，经过60年的努力，我们建立了以国家保护为主的保护管理体制，保护文化遗产首先是各级政府的责任，在设立文物保护机构、在文物资源调查、保护规划的制定、重大工程建设中的文物保护、历史文化名城（街区、村镇）的保护、文物维修、博物馆建设等方面，要发挥政府主导作用。在《文物保护法》的框架下，我们还将继续完善文物保护法律法规体系；建立健全符合我国文化遗产资源分布、类型特点的多层次文物保护单位和博物馆工作体系；拓展与文物保护相关的调查、发掘、记录、保护、展示、传播等工作领域；扩大从事文物保护的工作者队伍和专家学者群体；建设保障广大人民群众文化权益和精神文化需求的社会服务机制等等。

文化遗产得到全面有效的保护。1982年颁布了《中华人民共和国文物保护法》，2002年修订，核心是保护。坚持保护文化遗产的真实性和完整性，坚持依法保护和科学保护。其中，文物安全是第一位的。当前我国文化遗产安全形势严峻，损毁破坏文化遗产及其原生环境的事件频频发生，盗窃、盗掘、走私文物等犯罪活动和安全事故不断发生。全国不可移动文物40余万处，有2 400座博物馆，馆藏文物2 000万件(套)。全国文物系统职工总数为8.7万人，即使所有人员都投入到一线，人均守护4处不可移动文物及200件馆藏文物也是十分艰巨的任务。为减少和遏制文物违法事件的发生，近年来我们“重拳”频出：连续4年在全国范围内开展文物行政执法专项督察，对几起严重违法的典型案例，采取了坚决而果断的措施，取得了明显的效果。我们将进一步加强与公安、海关、工商等部门配合，加大了防范和打击盗掘、盗窃、走私文物等犯罪活动的力度；积极寻求与国际社会合作，共同打击文物犯罪活动。我国加入了保护文化遗产的相关国际公约，并在国际公约的框架下与意大利等8个国家签署了防止盗窃、盗掘和非法进出境文物的双边协定。特别是今年年初，在进行了10年的艰苦谈判后，我们与中国文物非法进口国之一的美国签署了限制进口中国文物的谅解备忘录，向世界表明中国政府愿与国际社会合作，共同努力保护人类文化遗产的坚强决心。

保护文化遗产成为全社会的自觉意识和共同行动，是我的心愿和理想，我们也在积极努力。首先是转变发展观念，文化遗产事业必须融入经济社会发展。去年，我对在浙江安吉建设生态博物馆进行了调查研究。生态博物馆的理念在20世纪80年代传入我国，20多年来，先后在贵州、广西、云南、内蒙古等民族文化丰厚，而经济发展相对滞后的地区，建设了一批生态博物馆，取得了一些积极的研究成果，但是在实际运作和实施效果方面，却始终不很理想，主要原因是当地政府和民众迫切希望在短期内摆脱贫困的热望，与生态博物馆可持续发展的理念之间缺少融合。安吉位于南太湖上游，黄浦江源头，是国家生态县，全县森林覆盖率、出水水质达标率、空气质量等均处于全国前列，被称为气净、水净、土净的“三净之地”。同时安吉历史悠久，古迹众多，拥有丰富的文化遗产资源，但当地政府却因为与周边县市的发展差距不断拉大而倍感压力。生态博物馆理念的引进，顺应了城市化的加速进程中人与自然环境和谐发展的迫切要求，为当地经济社会发展找到了契合点。

另一个需要转变的发展观念是文化遗产保护成果必须惠及广大民众，使人民群众在参与文化遗产保护上“各尽其能”，在共享文化遗产保护成果上“各得其利”。西安大明宫遗址保护的实践就是这一理念的诠释。在我国已公布的2 351处全国重点文物保护单位中，符合大遗址标准的共583处，其中大型古代城市遗址近200处，他们往往和现代城市交叠或位于近郊区。国际城市化研究和发达国家城市化实践都表明，城市化率进入30%至70%之间时，应该是一个加速发展期。城市加速发展所带来的对城市中文化遗产保护的压力和风险是前所未有的，这突出表现为大遗址保护与日趋紧张的城市土地资源的矛盾、与城市基础设施建设及开发的矛盾、与大遗址所在区域人民群众生产生活的矛盾。一方面是不断增加的人口压力使大遗址不堪重负。另一方面，以往的保护措施往往局限于对长期生活在遗址上的民众生产生活进行限制，导致他们的生活状况难以改善。西安大遗址保护保护的探索就很能说明问题。西安大明宫遗址是目前国内保存最完整的唐代宫殿遗址。遗址核心区面积达3.2平方千米。从1940年代开始，这里成为河南黄泛区移民的聚居地。70年来，遗址所在的道北地区由城乡结合部，变为“城中村”，人们的生活，始终伴随着环境污染、交通堵塞、景观杂乱、犯罪率高等问题。2007年开始的大明宫国家遗址公园建设项目，首先是遗址区域内的10万百姓受益，生活环境得到了明显改善，带动了遗址所在地区的经济社会发展。大遗址保护是文物保护的龙头，大遗址保护已经成为地方政府的共识。各地都在积极探索，洛阳提出整体保护隋唐城的行动方案，郑州提出整体保护商城遗址的行动方案，朝阳提出整体保护牛河梁红山文化遗址的行动方案，杭州提出整体保护良渚遗址和南宋临安城遗址的行动方案。大遗址保护的实践，不仅使文物保护受益，也使当地百姓受益，地方经济发展受益，使我倍感振奋。

提到全社会共同支持和参与文化遗产保护的目标，我感触良多。我在文物界任职多年，看过很多文化遗产。最令我痛心的是，文化遗产没有尊严。一些地方文物本体保护状况很差、周边环境恶劣，成为城市或乡村的角落，蓬头垢面，当地百姓生活艰难，难以产生对历史文化、对家乡的骄傲感、自豪感，文化遗产保护也就难以获得理解与支持。从大明宫的保护项目中，人们深刻感受到当文化遗产获得应有尊严之后，所焕发出的无限价值和巨大能量。事实表明，只有充分认识文化遗产的价值，才能赋予文化遗产尊严；只有真正实现文化遗产的价值，才能还文化遗产尊严。

丰富的文化遗产资源是我们民族的骄傲，也是全人类的共同财富。保护和传承文化遗产是我们肩负的历史责任，也是全社会的共同事业，我对此充满信心。